Jörg Fischer · Thomas Buchholz · Roland Merten (Hrsg.)

Kinderschutz in gemeinsamer Verantwortung von Jugendhilfe und Schule

Jörg Fischer
Thomas Buchholz
Roland Merten (Hrsg.)

Kinderschutz in gemeinsamer Verantwortung von Jugendhilfe und Schule

VS VERLAG

Bibliografische Information der Deutschen Nationalbibliothek
Die Deutsche Nationalbibliothek verzeichnet diese Publikation in der
Deutschen Nationalbibliografie; detaillierte bibliografische Daten sind im Internet über
<http://dnb.d-nb.de> abrufbar.

1. Auflage 2011

Lektorat: Stefanie Laux

VS Verlag für Sozialwissenschaften ist eine Marke von Springer Fachmedien.
Springer Fachmedien ist Teil der Fachverlagsgruppe Springer Science+Business Media.
www.vs-verlag.de

Umschlaggestaltung: KünkelLopka Medienentwicklung, Heidelberg
Gedruckt auf säurefreiem und chlorfrei gebleichtem Papier
Printed in Germany

ISBN 978-3-531-17811-0

Inhalt

III Perspektiven gelingender Kinderschutzkooperation von Jugendhilfe und Schule

Jörg Fischer | Thomas Buchholz | Roland Merten

Kinderschutz als gemeinsame Herausforderung für Jugendhilfe und Schule – eine Einführung

Kinderschutz als gesellschaftliche Herausforderung

Das Thema Kinderschutz steht mit der breiten Diskussion um tragische Fälle von Kindeswohlgefährdungen seit mehreren Jahren im Fokus der öffentlichen Wahrnehmung, der politischen Debatten und auch der fachlichen Auseinandersetzung. Für alle am Kinderschutz beteiligten Professionen und Institutionen ergeben sich aus dieser Diskussion eine Vielzahl von tief greifenden Ergänzungen und Veränderungen. Diskussionsbedarf entsteht vor allem um die Optimierung der Verfahrensabläufe in der Erkennung und Bearbeitung von Verdachtsmomenten auf Kindeswohlgefährdung und der Stärkung der Zusammenarbeit zwischen den beteiligten Institutionen. Die Etablierung eines Kinderschutzgesetzes auf Bundesebene beweist die anhaltende Brisanz dieser Thematik und die Fortführung der Bemühungen um eine weitere Verbesserung.

Unter dem Stichwort ‚Frühe Hilfen' werden hierbei insbesondere Unterstützungsleistungen und Kontrollaufgaben im Bereich der Kinder- und Jugendhilfe sowie im Gesundheitswesen beschrieben. Ausgangspunkt der aktuellen Modernisierungsbemühungen sind demnach Hilfen, die sich an Kinder und deren Eltern vor und nach der Geburt richten sowie auf die ersten Lebensjahre konzentrieren. Damit verbunden ist die Etablierung eines professionellen Selbstverständnisses in dem eindeutig der kontrollierende Blick auf das kindliche Aufwachsen eine zunehmende Bedeutung erfährt (vgl. Hensen/Schone 2010: 329; Schimke 2009: 58).

Als Resultat der Bemühungen um die Verbesserung des Kinderschutzes kann in der Folge des 13. Kinder- und Jugendberichtes der Bundesregierung ebenso von Möglichkeiten zur Kooperation festgestellt werden (vgl. BMFSFJ 2009: 228ff.). Kennzeichnend hierfür ist die intensivierte Zusammenarbeit zwischen Jugendhilfe und dem Gesundheitswesen mit dem Ziel, Aspekte eines gesunden

Aufwachsens stärker in den Blick zu nehmen. Mit diesen Bemühungen wird ein Ansatz zur Kooperation gestärkt, der sich nicht nur auf die Verbesserung der Zusammenarbeit innerhalb einer Institution oder zwischen den Akteuren in einem Handlungsfeld selbst, sondern bewusst auf das Zusammenwirken zwischen verschiedenen Institutionsbereichen mit differierenden Handlungslogiken, Funktionen und Strukturen bezieht.

Jugendhilfe als Akteur im Kinderschutz

Für die Jugendhilfe selbst bedeuten diese Veränderungen im Kinderschutz eine Verschiebung der Leistungspalette. So ist zu beobachten, wie nicht nur die politische und fachliche Aufmerksamkeit, sondern auch die finanziellen Ressourcen verstärkt in den frühkindlichen Bereich gelenkt werden (vgl. Merten 2010: 131). Neben Optimierungen im Kinderschutz kann der beschlossene Ausbau des Systems der Kindertagesbetreuung als entscheidende Ursache für diese Entwicklung betrachtet werden. Damit einher geht – nebenbei bemerkt – eine finanzielle, personelle und programmatische Schwächung von Handlungsfeldern der Jugendhilfe, die sich etwa im Bereich der Jugendarbeit und Jugendsozialarbeit mit dem Aufwachsen von jungen Menschen im Jugendalter beschäftigen (vgl. Züchner/Schilling 2010: 64f.). Für die Jugendhilfe ergeben sich durch die Debatte um den Kinderschutz somit neben fachlichen Veränderungen auch handlungsfeldübergreifende Modifikationen, die zu einer Verschiebung des Leistungsgefüges aber auch des fachlichen Selbstverständnisses im Blick auf das Kind und seine Eltern führen.

Im Verlauf der weiteren Diskussion um einen optimalen Umgang bei Verdachtsmomenten auf Kindeswohlgefährdung wurde zunehmend deutlich, dass neben einem Fokus auf das frühkindliche Aufwachsen sowie das Zusammenwirken von Jugendhilfe und Gesundheitswesen (vgl. Bundesarbeitsgemeinschaft der Kinderschutz-Zentren 2008) darüber hinaus die Aufmerksamkeit in der Verbesserung des Kinderschutzes auf alle kindlichen Altersstufen erweitert werden soll. Aus dieser Vergrößerung des Fokus ergibt sich ein Auftrag an weitere, am kindlichen Aufwachsprozess beteiligte Institutionen, den Kinderschutz aktiv wahrzunehmen und sich den modifizierten Prämissen auf der rechtlichen und fachlichen Ebene zu stellen.

Schule als Akteur im Kinderschutz

In erster Linie ist mit dieser Erweiterung des Kooperationsauftrages zur Verbesserung des Kinderschutzes neben der Jugendhilfe die Schule angesprochen. Schule verfügt als Institution über einen einzigartigen Zugang zu Kindern und ihren Lebensalltag. Die Schulpflicht sowie der tagtäglich mehrstündige Aufenthalt von Kindern in der Schule führen dazu, dass Lehrerinnen und Lehrer über sehr vielfältige und intensive Möglichkeiten verfügen, um gefährdende Lebenssituationen von Kindern wahrnehmen, entsprechend analysieren, Hilfe anbieten und vermitteln sowie die weitere Entwicklung begleiten zu können. Der Schule kommt insofern die zentrale Bedeutung innerhalb des kindlichen Aufwachsens zu, wenn es darum geht, niedrigschwellig und frühzeitig individuelle Bedarfe festzustellen. Dennoch sind im Verständnis der Schule zum Kinderschutz einige Spezifika feststellbar.

So verfügt die Schule über kein ausgeprägtes Selbstverständnis, sich selbst als eine zentrale Instanz in der Wahrnehmung und Umsetzung des Kinderschutzes zu begreifen (vgl. bspw. Fischer in diesem Band). Kinderschutz als Thema für die Schule ist in vielen einschlägigen Handbüchern vergeblich zu suchen. Anstelle von Problemen, die Kinder haben, findet plakativ ausgedrückt eine intensive Auseinandersetzung zu Problemen statt, die Kinder machen.

Ungeachtet ihrer zentralen Bedeutung verfügt die Zusammenarbeit zwischen Schule und Jugendhilfe trotz jahrzehntealter einzelner Ansätze etwa in der Schulsozialarbeit über keine fest gefügte und allgemein verinnerlichte Tradition. Kooperation zwischen Schule und Jugendhilfe besteht vielmehr aus einem losen, temporär und sachlich eingegrenzten Zusammenwirken, welches auf dem hohen Engagement einzelner Akteure in Schule und Jugendhilfe beruht. Ein vernetzt wirkendes Zusammenwirken beider Instanzen entwickelt sich derzeit ansatzweise.

In der Beschreibung der Ausgangslage kann demzufolge als Zwischenfazit festgehalten werden, dass nicht nur die Jugendhilfe im Rahmen der Verbesserung des Kinderschutzes vor enormen Herausforderungen steht, sondern dass insbesondere die Schule derzeit einen Wandel in ihrem Selbstverständnis zum Kinderschutz durchlebt. In der gemeinsamen Verfolgung des Kinderschutzgedankens ergibt sich eine bedeutende Überschneidung der Interessenlage. Künftig ist daher ein wachsender Bedarf an Expertise zu einer Übernahme gemeinsamer Verantwortung im Kinderschutz durch Jugendhilfe und Schule zu erwarten.

Über dieses Buch

Vor dem Hintergrund einer bislang nicht systematisch erfolgten Abgleichung des Kinderschutzgedankens in Jugendhilfe und Schule dient dieses Buch dazu, die jugendhilfe- und schulinternen Optimierungsbemühungen sowie die darauf beruhenden Ansätze zum kooperativen Handeln zwischen den beiden Handlungssystemen zu analysieren. Angesichts der damit verbundenen Themenbreite versteht sich dieser Sammelband nicht als eine abschließende Darstellung des

Kooperationsgefüges, sondern als ein erster Versuch der systematischen Auseinandersetzung in einem bislang unterbelichteten Handlungsfeld von Bildungs- und Sozialpolitik. Durch das Finden gemeinsamer Bezüge von Jugendhilfe und Schule zum Kinderschutz werden nicht nur sich überschneidende Interessen im Sinne gemeinsamer Analyse- und Handlungsschritte herausgearbeitet. Vielmehr soll dieser Sammelband auch der Konturierung von kindlichen Bedürfnissen in der institutionellen Bearbeitung von Jugendhilfe und Schule dienen, um die spezifische Verantwortung aller beteiligten Institutionen zu stärken.

Aufbau des Buchs

Im ersten Teil des Herausgeberbandes werden die Grundlagen für eine gemeinsame Verantwortung zum Schutz von Kindern und Jugendlichen beschrieben. *Merle Hummrich* und *Gunther Grasshoff* nehmen in ihrem Beitrag eine Verhältnisbestimmung von Familie, Jugendhilfe und Schule vor. Das Verhältnis zwischen diesen Sozialisations- und Bildungsinstanzen sind der Ausgangspunkt, von dem aus Kooperation im Kinderschutz in geteilter Verantwortung von Jugendhilfe und Schule gedacht werden müssen. Anschließend nimmt *Günther Deegener* eine empirische Bestimmung des Ausmaßes und der Ursachen von Kindeswohlgefährdung bei Kindern und Jugendlichen im schulpflichtigen Alter vor.

Dem Grundlagen setzenden ersten Teil des Bandes folgt der zweite Teil, in dem die Autorinnen und Autoren den kooperativen Kinderschutz auf Sicht der Schule analysieren. In einer Nebeneinanderstellung grenzt *Wolfgang Behlert* das schulische Erziehungsrecht (Art. 7 GG) vom elterlichen Erziehungsrecht (Art. 6 GG) ab und beschreibt mögliche auftretende Beschränkungen des Elternrechts. In seinem Essay „Schule als Verursacher von Kindeswohlgefährdungen“ stellt *Dieter Greese* die provokante These in den Raum, dass Schule ein Ort sein kann, die kindeswohlgefährdende Situationen produziert – ein Tabuthema. Der Autor setzt sich in seinem Plädoyer dafür ein, dass bei der Diskussion um Ursachen für Kindeswohlgefährdung nicht reflexartig auf die Eltern geschaut wird, sondern auch andere und damit unter anderem institutionelle Ursachen in den Blick genommen werden.

Anschließend beschreibt *Thomas Buchholz* Handlungsverpflichtungen von Schule zum Schutz von Kinder und Jugendlichen, wie sie sich aus den gesetzlichen Bestimmungen ergeben. Dabei werden auch die aktuellen Entwicklungen des Bundeskinderschutzgesetzes (BKiSchG) einbezogen. Der Beitrag von *Simone Börner* geht über die Beschreibung der rechtlichen Grundlagen hinaus. In ihrem Beitrag entwirft die Autorin ein Beobachtungsschema für Lehrerinnen und Lehrer bei Bekanntwerden von Anzeichen auf eine Kindeswohlgefährdung.

In ihren Ausführungen überträgt sie ein offenes Beobachtungsverfahren auf den Handlungsbereich des Kinderschutzes in Schule.

In den nachfolgenden Beiträgen nehmen die Autorinnen und Autoren eine empirische Analyse von Schule im Kooperationsfeld Kinderschutz ein. Die Autoren *Wolfgang Edelstein*, *Rebekka Bendig* und *Oggi Enderlein* untersuchen Beeinträchtigungen des kindlichen Wohlbefindens in Schule, die insbesondere den Bestimmungen der UN-Kinderrechtskonvention einerseits durch Belastungen der kindlichen Gesundheit in der Schule, andererseits durch soziale und psychologische Erfahrungen, die Kindern massenhaft Anlass zur Klage geben, entgegen laufen.

Die Rolle von Schule im Kinderschutz-System nehmen anschließend *Andreas Jantowski* und *Susann Ebert* in den Blick. Die Autoren untersuchen, welchen Stellenwert Lehrerinnen und Lehrer dem Kinderschutz in ihrer täglichen Arbeit an Grundschulen beimessen und wie er vor Ort umgesetzt wird. Dieser Teil des Bandes wird mit einem Beitrag von *Michael Retzar* abgeschlossen, in dem die Auswirkungen der Belange des Kinderschutzes aus institutioneller Sicht für die Schule sowie aus professioneller Sicht für den Lehrerberuf hinterfragt werden.

Die Ausführungen im dritten Teil des Bandes analysieren und diskutieren Kooperationsmöglichkeiten von Jugendhilfe und Schule im Kinderschutz aus Sicht der Jugendhilfe. *Christian Schrapper* geht der Frage nach, inwieweit die Jugendhilfe mit ihren Leistungen (beispielhaft anhand der Hilfen zur Erziehung) und ihrem Schutzauftrag dazu beitragen kann, dass Kinder in der Schule besser gefördert und Lehrerinnen und Lehrern mit den Eltern wieder unbelasteter miteinander umgehen können. Eng hieran schließt sich der Beitrag von *Karl-Hein Braun* an, der am Beispiel der Kinderrechte die Bedeutung und Rolle der Schulsozialarbeit diskutiert und Entwicklungsperspektiven für dieses Handlungsfeld der Jugendhilfe aufzeigt.

Als Standard in der Jugendhilfe haben sich seit der Einführung von §8a SGB VIII die Entwicklung von Kooperationsvereinbarungen zwischen den Trägern der öffentlichen und der freien Jugendhilfe etabliert. *Sigrid Bathke* untersucht in ihrem Beitrag, inwieweit sich diese Verfahrensweise auch im Kooperationsbereich von Schule und Jugendhilfe etabliert hat. Dabei stützt sich die Autorin auf empirische Ergebnisse, die im Rahmen eines Forschungsprozesses am Institut für Soziale Arbeit in Münster gewonnen wurden. Daran schließt sich der Beitrag von *Christiane Meiner* an. Sie rezitiert die Ergebnisse einer bislang unveröffentlichten empirischen Untersuchung, die in Sachsen durchgeführt wurde und die Kooperationsstrukturen zwischen Jugendhilfe und Schule in Fällen erzieherischer Hilfen erhob. Eine qualitative Untersuchung zur Kooperation von Jugendhilfe und Schule wurde im Rahmen des Sonderforschungsbereichs 580 an der Friedrich-Schiller-Universität in Jena durchgeführt. Die Autoren *Karl-Friedrich*

Bohler und *Tobias Franzheld* skizzieren anhand der Auswertung von Experteninterviews die interinstitutionelle Zusammenarbeit von Jugendamt und Schule in drei Jugendamtsbezirken.

Der nachfolgende Beitrag von *Peter Mosser* nimmt mit seinem Fokus auf eine spezifische Gefährdungsform, dem sexuellen Missbrauch, eine Sonderstellung in der Reihe der Beiträge ein. Der Autor grenzt in einem ersten Schritt unterschiedliche Formen von sexueller Gewalt an Kindern und Jugendlichen und kommt zu dem Schluss, dass es nicht ausreicht, sexuellen Missbrauch im Rahmen traditioneller Wahrnehmungsschablonen zu betrachten. Anschließend beschreibt der Autor Perspektiven im Umgang mit dieser Gewaltproblematik in Schule und Jugendhilfe.

Der letzte Teil des Bandes trägt Perspektiven für die Zusammenarbeit von Jugendhilfe und Schule im Kooperationsfeld des Kinderschutzes zusammen. Den Einstieg nimmt *Jörg Fischer* mit der Hinterfragung des bildungspolitischen Vernetzungsansatzes der lokalen Bildungslandschaft als Teil einer sozialpolitischen Kinderschutzstrategie vor. Die Kommune wird hierbei als eine politische Ebene beschrieben, in der eine gemeinsam gedachte Bildungs- und Sozialpolitik etabliert und die bislang versäulte Bearbeitung von kindlichen Bedürfnissen durch vernetzte Kooperation überwunden werden kann. Anschließend geben *Hans Brügelmann* und *Axel Backhaus* einen Einblick in das Schulnetzwerk „Blick über den Zaun", dessen Anliegen u.a. darin besteht, Kinder zu mehr Partizipation und Verantwortungsübernahme zu erziehen. Kinder durch die Förderung sozial-emotionaler Kompetenzen zu stärken, ist auch das Anliegen im Beitrag von *Thomas Buchholz*. Der Autor stellt Möglichkeiten zur Resilienzförderung im schulischen Alltag vor und eröffnet anschließend Perspektiven für die Zusammenarbeit von Jugendhilfe und Schule in einem Gesamtsystem aus Bildung, Erziehung und Betreuung.

Eine Perspektive ganz anderer Art gibt Hans *Günther Homfeldt*. Der Autor ergänzt die Verantwortung von Jugendhilfe und Schule für das Wohl von Kindern und Jugendlichen um einen weiteren Akteur – die Gesundheitshilfe. Dabei stellt Homfeldt gesundheitsbezogene Hilfen für Kinder, Jugendlichen und deren Familien in den Mittelpunkt seiner Ausführungen.

Der Band wird mit dem Beitrag von *Maren Wichmann* „Kinderrechte und Kinderschutz in der Ganztagsschule" abgeschlossen. Der Blick wird in diesem Beitrag auf ein spezifisches institutionelles Setting, der Ganztagsschule, gerichtet. Zugleich kann der Beitrag als ein Plädoyer für die Wahrung der Rechte des Kindes, die ungeteilte Wertschätzung und Achtung von Kindern sowie deren Beteiligung an sie betreffenden Entscheidungen gelesen werden. Dies sollte zum Standard in institutionellen Bildungskontexten werden.

Die Herausgeber danken allen Autorinnen und Autoren dieses Buchs für ihre fachlichen Beiträge und die ausgezeichnete Form der Zusammenarbeit. Ein ganz besonderer Dank geht an die Herren Christoph Huth, Robert Römer und Martin Weber, die mit einem hohen Maß an Ausdauer und Energie für die technische Bearbeitung der Beiträge gesorgt haben.

Literatur

Bundesarbeitsgemeinschaft der Kinderschutz-Zentren (Hrsg.) (2008): In Beziehung kommen... – Kindeswohlgefährdung als Herausforderung zur Gemeinsamkeit. Köln: Eigenverlag.

Bundesministerium für Familie, Senioren, Frauen und Jugend (BMFSFJ; Hrsg.) (2009): Dreizehnter Kinder- und Jugendbericht. Bericht über die Lebenssituation junger Menschen und die Leistungen der Kinder- und Jugendhilfe in Deutschland. Bundestagsdrucksache 16/12860. Berlin.

Hensen, Gregor/Schone, Reinhold (2010): Kinderschutz und Frühe Hilfen für Familien als Planungsthema. In: Maykus, Stephan/Schone, Reinhold (Hrsg.): Handbuch Jugendhilfeplanung. Grundlagen, Anforderungen und Perspektiven. Wiesbaden: VS Verlag für Sozialwissenschaften. 329-348.

Merten, Roland (2010): Jugend und Armut – Herausforderungen angesichts einer vergessenen Generation. In: Fischer, Jörg/Merten, Roland (Hrsg.): Armut und soziale Ausgrenzung von Kindern und Jugendlichen. Problembestimmung und Interventionsansätze. Grundlagen der Sozialen Arbeit, Band 26, Baltmannsweiler: Schneider Verlag Hohengehren. 131-159.

Schimke, Jürgen (2009): Brauchen wir eine neue Konzeption des Kinderschutzes? Neue Entwicklungen im Rechtsverhältnis zwischen Eltern, Kind und Staat. In: ISA-Jahrbuch zur Sozialen Arbeit. Münster: Waxmann. 58-70.

Züchner, Ivo/Schilling, Matthias (2010): Nach dem sozialpädagogischen Jahrhundert – zur aktuellen Entwicklung des Arbeitsmarktes für soziale Berufe. In: Neue Praxis, 40. Jahrgang, Heft 1/10. 56-69.

Merle Hummrich | Gunther Graßhoff

Lieben, Zeigen, Helfen – eine Verhältnisbestimmung von Familie, Schule und Jugendhilfe

Mit Familie, Schule und Jugendhilfe sind drei Instanzen angesprochen, die in unterschiedlichen Reichweiten und Konstellationen Aufgaben der Förderung, Bildung und Erziehung von Kindern und Jugendlichen übernehmen. Dabei sind die auf professionell pädagogisches Handeln gerichteten Bereiche Schule und Jugendhilfe nicht kongruent, aber doch deutlich zu unterscheiden von den naturwüchsigen familialen (vgl. Oevermann 2001) Beziehungen. Alle drei Bereiche können in deutlichem Spannungsverhältnis zueinander stehen, sie können aber auch förderlich und unterstützend aufeinander bezogen sein und damit den Sozialisations- und Individuationsprozess von Kindern und Jugendlichen begünstigen.

Um sich über die gemeinsamen und differenten Zuständigkeiten und Aufgabenbereiche von Familie, Schule und Jugendhilfe einen ersten Überblick zu verschaffen, soll in diesem Beitrag mit einer strukturtheoretischen Grundlegung begonnen werden, die eine erste heuristische Verhältnisbestimmung vornimmt. Weil aber die Beziehungen sich jeweils auch zwischen den einzelnen Handlungsbereichen ausformen, sind im zweiten Kapitel die unterschiedlichen Beziehungskonstellationen zu beleuchten. Drittens soll es darum gehen, die Bedeutung der einzelnen Bereiche für Kinder und Jugendliche und des Zusammenwirkens von Familie, Schule und Jugendhilfe für die kindliche und jugendliche Individuation herauszuarbeiten. In einem kritischen Resümee wird dann diskutiert, ob es unter Bedingungen der Annahme zunehmender Entdifferenzierung pädagogischer Zuständigkeiten (vgl. Struck 1994, 1996) nicht zu einer pädagogischen Vereinnahmung von Kindheit und Jugend kommt und unter welchen Bedingungen Familie, Schule und Jugendhilfe differenziert kooperieren können.

1 Familie, Schule, Jugendhilfe – strukturtheoretische Bestimmungen

In dem Satz „*Ich werde dir helfen*" bringt Franz Hamburger 2007 die Strukturlogik der Jugendhilfe unter machttheoretischen Gesichtspunkten auf den Punkt. Dabei bezieht sich Hamburger zunächst auf die Machtdefinition von Weber (vgl. Weber 1980):

> „Macht bedeutet jede Chance innerhalb einer sozialen Beziehung den eigenen Willen auch gegen Widerstreben durchzusetzen, gleichviel, worauf diese Chance beruht". (ebd.: 28)

Unterschieden werden dabei Herrschaftsformen, die mit Macht verbunden sind. In professionell-pädagogischen Beziehungen spielen dabei die legale und die charismatische Herrschaft eine Rolle. Legal, weil jemand, der/die professionell-pädagogisch handelt einer „unpersönlichen Ordnung gehorcht, an welcher er seine Anordnungen orientiert" (ebd.: 125); charismatisch, weil die bürokratische Ordnung in persönliche Beziehungen übersetzt werden muss und der/die pädagogisch Handelnde in dieser Beziehung als „Übersetzer" anerkannt werden muss (vgl. ebd.: 140)[1] – Hamburger (vgl. Hamburger 2007: 60) spricht in diesem Zusammenhang von institutioneller und persönlicher Macht, die als Herrschaft ausgeübt werden kann. Als hilfsbedürftig (an-)erkannt zu werden, erfordert dabei die Einordnung in ein Herrschaftsverhältnis, dem der/die Hilfsbedürftige unterliegt, also: die Unterwerfung unter eine anerkennungsfähige Existenz (vgl. Butler 2001) – unter die funktionalen Bestimmungen von Hilfsbedürftigkeit und die ihr innewohnenden personalisierten Kontrollmechanismen des Helfens. Dabei macht besonders der persönliche Aspekt die Beziehung anfällig für Diffundierungen und Entgrenzungen, die daraus resultieren, dass die funktionale Macht in den persönlichen Beziehungen und ihren Hilfeversprechen („Ich werde dir helfen") zwar spezifisch ausgerichtet (auf Hilfe) sind, aber ihre Umsetzung diffus ist, Im Mittelpunkt steht eine Beziehungsstruktur, in der es um Hilfe geht, die „Ich" (der/die ExpertIn) „dir" (dem/der KlientIn) gewährt. Damit ist ein Autoritätsverhältnis begründet, das im Kern auf Anpassung/Normalisierung (vgl. Foucault 2006) gerichtet ist: Diejenigen, die in der Anpassungsfähigkeit unterliegen und sich als hilfsbedürftig erweisen, erfahren Anerkennung – mit Honneth (vgl. Honneth 1994) müsste man sagen: moralische Anerkennung – da ihnen als Rechtssubjekte spezifische Leistungen zustehen. Damit liegt eine

1 Damit müsste man streng genommen von einer Veralltäglichung charismatischer Herrschaft sprechen, da es sich nicht um epheme Beziehungen, sondern um eine Dauerbeziehung handelt, die rationalisiert und institutionalisiert ist, das heißt: verwaltungsförmig gebunden (vgl. Weber 1980: 142).

grundsätzlich paradoxe Struktur vor: Wenn man sich, um Hilfe in Anspruch nehmen zu können, bereits unterwerfen und anpassen muss, geht es in Hilfebeziehungen letztlich um eine Anpassung Angepasster. Schließlich verweisen die diffusen Anteile darauf, dass ein professionell-reflexiver Umgang mit dem eigenen sozialpädagogischen Verfügen über den/die hilfsbedürftige/n Andere/n notwendig ist, damit sich die diffusen Anteile nicht entgrenzend verkehren und aus dem Hilfeversprechen und seiner kontrollierenden Implikationen keine Bedrohung (diese kommt besonders in der Umkehrung des Satzes: „Dir werde ich helfen" zum Ausdruck) wird (vgl. Hamburger 2007: 62).

Für schulische Beziehungen weitergedacht, lässt sich nun fragen, wie sich die Beziehungsstruktur hier auf den Punkt bringen lässt. Dies lässt sich an einem Satz festmachen, der es ebenfalls mit der Provokation des „Ich werde dir helfen" aufnehmen kann: *„Ich werde es dir zeigen.*" In diesem Satz ruht, wie im ersten auch gleichwohl Versprechen, wie auch Bedrohung. Die Bedrohung kommt hier jedoch auch erst dann vollgültig zum Ausdruck, wenn man die Satzkonstruktion umkehrt: „Dir werde ich's zeigen." Lässt man es bei dem ursprünglichen „Ich werde es dir zeigen" so steht das Versprechen des Zeigens im Vordergrund, das Ricken (vgl. Ricken 2009) als zentrales Strukturmoment schulpädagogischen Handelns ausmacht. Hierbei bezieht er sich auf Prange, der davon ausgeht „dass das Zeigen diejenige Operation ist, durch die das Erziehen gekennzeichnet ist" (Prange 2009: 15). Die dahinterstehende Plausibilitätskonstruktion besagt, dass Lernen ohne Fokussierung kaum möglich ist und einfache Ableitungsmodelle (Lernen resultiert aus Lehren und umgekehrt) überwunden werden können (vgl. Ricken 2009: 114). Das Zeigen ist dabei (wie das Helfen) in Intersubjektivitätsverhältnisse eingebunden und insofern werden auch hier Anerkennungsbeziehungen thematisch. „Ich" (LehrerIn) zeige „Dir" (SchülerIn) etwas. Dieses „etwas" macht nun den Kern der schulischen Anerkennungsbeziehung aus, denn es thematisiert die Sache/den Unterrichtsinhalt. Dies schließlich setzt eine Anerkennungsbeziehung voraus, in der der/die Lernende die Wissensasymmetrie anerkennt und sich ihr und der Sache unterwirft. Die Wissensasymmetrie ist zwar durch die Institutionalisierung von Schule im Bereich der legalen Herrschaft als rationalisiert zu bezeichnen, ihre Anerkennung muss jedoch (und hier kommt wieder die charismatische Herrschaft ins Spiel) in den Vermittlungsbeziehungen jeweils hergestellt werden (vgl. Weber 1980). Wird die sachliche Zentrierung der Beziehung jedoch verlassen, so dominiert eine Beziehungslogik, die prinzipiell Gefahr läuft, die pädagogische Intention der Vermittlung zu unterlaufen (vgl. Helsper/Kramer/Hummrich/Busse 2009), indem Entgrenzungen oder instrumentalisierende Verwendungen von SchülerInnen stattfinden (vgl. Wernet 2003, Hummrich 2010, Graßhoff 2008a). Hier wird der Anteil personaler Macht der Lehrer-Schüler-Beziehung dominant und aus dem Vermittlungsversprechen („Ich werde es dir zeigen“) wird eine Willkürherrschaft („Dir werde ich’s zeigen“), in der die Normalisierung und Anpassung an allgemeinverbindliche Regeln hinter den persönlichen Regeln der Lehrperson zurücktritt[2]. Aus der reflektierten Bezugnahme auf die Übersetzung funktionaler in persönliche Macht, wird eine diffuse Bedrohung.

Obwohl es sich bei beiden Berufskulturen also um professionalisiert-pädagogische Beziehungsarrangements handelt, die Gemeinsamkeiten darin aufweisen, dass das machtvolle Arrangement sich auch in Machtmissbrauch umkehren kann (vgl. Durkheim 1984), zeigt sich ein deutlicher struktureller Unterschied, der mit den hier skizzierten unterschiedlichen Handlungslogiken des „Ich werde dir helfen“ und „Ich werde es dir zeigen“ auf den Punkt gebracht wurde. Denn das Helfen ist ja zunächst unspezifisch und nicht wie das Zeigen bezogen auf eine Sache. Im Helfen konstituiert sich eine Beziehung zwischen KlientIn und ExpertIn, die darauf gerichtet ist lebenspraktische Autonomie wiederherzustellen. In der schulischen Sachorientierung hingegen konstituiert sich eine Beziehung, in der es darum geht, lebenspraktische Autonomie durch „etwas“, nämlich die Wissensvermittlung, herzustellen.

Familie ist von diesen beiden professionellen Formen des Helfens und Zeigens zu unterscheiden. Will man die familialen Beziehungen auf einen Satz bringen, der die generationale Beziehungsdynamik ebenso zuspitzt, fällt das schwerer als im Fall der sozial- und schulpädagogischen Beziehung. *„Ich werde dich lieben“* oder *„Ich werde für dich sorgen“* scheinen uns in diesem Zusammenhang zwei mögliche Satzkonstruktionen, die das Versprechen, das Eltern durch ihre Elternschaft strukturlogisch an ihr Kind geben, formulieren[3].

---

2 Deutlich nachvollziehbar wird diese Wendung funktionaler in persönliche und willkürliche Macht in der vielzitierten Lehrer-Schüler-Interaktionl „Wann geben Sie uns die Klassenarbeiten wieder.“ Der Lehrer, der antwortet „Nächste Woche“ und erhält Widerspruch durch den Schüler: „Oh, Sie haben sie doch schon drei Wochen.“ Darauf entgegnet der Lehrer: „Und wenn ich sie fünf Wochen hätte.“ Worauf der Schüler sagt: „Meine Mutter denkt schon, ich hätte sie weggeschmissen.“ Ein vollständiger Nachvollzug der Interpretation von Wernet (2000) ist hier leider nicht möglich, aber hier wird besonders in der Entgegnung „und wenn ich sie fünf Wochen hätte“ die entgrenzende und willkürherrschaftliche Wendung eines „Dir werde ich’s zeigen“ deutlich. Der Lehrer, der hier sachlich eingestehen müsste, dass er selbst eine Regelübertretung begangen hat (er hat die Klassenarbeiten länger als drei Wochen), artikuliert, dass er aufgrund seiner Position die Arbeit so lange behalten darf, wie es ihm beliebt. Er droht dem Schüler latent: „Dir werde ich’s zeigen – wenn du weiterfragst, dann behalte ich die Arbeiten noch länger.“ Der Einwand des Schülers, dass seine Mutter denke, er hätte die Arbeit weggeschmissen, verweist dabei auf eine Zurücknahme des Vorwurfs und zugleich auf die Möglichkeit, eine weitere, mächtigere Instanz ins Spiel zu bringen: die Mutter, die als Rechtsperson eben nicht der Lehrer-Schüler-Beziehung unterliegt.

3 Es ist uns klar, dass hier zunächst eine idealtypische Konstruktion bemüht wird, die nicht mit der Realität jeder Familie übereinstimmt. Dennoch ist es uns wichtig, diese idealtypische Unterscheidung zunächst zu treffen, um die unterschiedlichen Strukturlogiken in Familie, Schule und

Sie fassen angemessen die Beziehungslogik der Familie als diffuse, um Liebe und emotionale Anerkennung zentrierte Einheit. Dies artikuliert sich auch darin, dass die Umkehrung sich nicht als bedrohliche Variante auslegen lässt. Vielmehr offenbart sich hier die familiale Strukturlogik als um Liebe und Nähe zentrierte Einheit, die auf einer konstitutiven Körperbasis beruht und in der die Beziehungen wechselseitig ausschließlich sind und diejenigen begründungspflichtig sind, die Themen ausschließen (nicht die, die sie – wie in Schule und Jugendhilfe – einbringen) (vgl. Oevermann 2001). Selbstverständlich sind dabei Familien zwar auch eingebunden in eine gesellschaftliche Ordnung, von der Macht ausgeht, denn die Affektbasiertheit und das Inzesttabu sind funktionale Bedingungen gesellschaftlichen Erhalts (vgl. Lévi-Strauss 1981), ebenso wie die Kindzentriertheit eine machtvolle Anforderung an die Eltern formuliert, ihr Verhalten gegenüber dem Kind zu kontrollieren (vgl. Foucault 2006). Jedoch verweisen die benannten Kernsätze auf diffuse Beziehungen, in die jede weitere Beziehungsform (Hilfe oder Lehre) eingelagert ist (vgl. Hummrich 2010, 2011).

In Anlehnung an die strukturtheoretischen Bestimmungen zu Familie und Schule von Helsper und Hummrich (vgl. ebd. 2008) kann für Familie, Schule und Jugendhilfe die oben vorgenommene idealtypische Bestimmung wie folgt illustriert werden (vgl. Abb. 1). Hier zeigt sich einmal mehr, dass Familie, Schule und Jugendhilfe im Kern unterschiedliche Bereiche darstellen. Während jedoch Familie und Schule in einem Komplementärverhältnis stehen und nicht ersetzbar sind, besitzt der Bereich der Jugendhilfe im Prozess des kindlichen und jugendlichen Aufwachsens eine besondere Stellung, man kann sagen: Jugendhilfe tritt dort auf den Plan, wo grundlegende Funktionen der Familie ausfallen oder Jugendliche in ihrer Bildung, Erziehung, gesellschaftlichen Integration oder im Lernen gefährdet sind.

Jugendhilfe deutlich zu machen und daran aufzuzeigen, welche Macht- und Ordnungsstrukturen einander jeweils entsprechen und inwiefern sie sich unterscheiden. Dies ist eine wichtige Vorrausetzung für eine Verhältnisbestimmung, die die gemeinsame „Arbeit am Kind/Jugendlichen“ in den Blick nimmt.

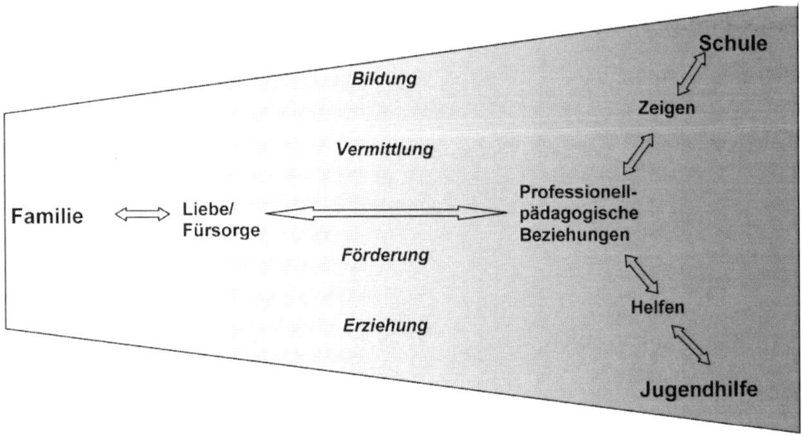

Abbildung 1: Typologische Merkmale von Familie, Schule und Jugendhilfe

Jugendhilfe ist gefordert, flexibel auf die Familienmilieus und Schulkulturen zu reagieren und ihr Handeln den je spezifischen Konstellationen und Haltungen anzupassen. Dabei kann es zu unterschiedlichen Strukturkonstellationen kommen, in denen Jugendhilfe entweder komplementär zur Schule arbeitet oder Schule und Jugendhilfe sich in ihrer familialisierenden Ausrichtung wechselseitig den Rang ablaufen, wobei sie in Konflikt mit den familialen Aufgaben geraten. So entstehen in der gemeinsamen Arbeit an der Bildung, der Vermittlung, der Erziehung, der Förderung und Stützung sowie der Integration unterschiedliche Passungskonstellationen, die sich zwischen übergriffigen Interpenetrationen und komplementärem Wechselspiel ansiedeln lassen. Um diese Verhältnisse näher in den Blick zu bekommen, betrachten wir im Folgenden die möglichen wechselseitigen dualen Konstellationen zwischen Familie, Schule und Jugendhilfe.

2 Duale Konstellationen und ihre Bedeutung in Familie, Schule, Jugendhilfe

2.1 Das spannungsvolle Verhältnis von Familie und Schule

Familie und Schule können vor dem Hintergrund der in ihnen unterschiedlichen Beziehungskonstellationen als Komplementärverhältnis gedacht werden. Dies lässt sich unter anderem an der Gymnasialrede von Hegel aus dem Jahre 1835 nachvollziehen, in der er Schule als eine Art „Mittel-Sphäre“ zwischen Familie und Gesellschaft beschreibt (vgl. Hegel 1995), „die das Kind aus dem Kreis der Liebe, der Empfindung und Neigung in das Element der Sache“ hin zur „Welt“ führt (vgl. ebd.: 48). Wie später Durkheim fasst auch Hegel Familie und Schule als unterschiedliche Funktionsbereiche: Während es in der Familie um emotional nahe Beziehungen geht, ist die Schule für Wissensvermittlung und Normierung zuständig (vgl. Durkheim 1984). Familie und Schule ergänzen einander:

> „Ein Kind, das nur in der Familie erzogen wird, wird das Ding der Familie; es klatscht alle ihre Eigenheiten ab, alle Züge und alle Schrullen der Familienphysiognomie (…). Die Schule befreit von dieser zu engen Abhängigkeit“ (ebd.: 187)

durch unpersönliche Disziplin und die Vermittlung allgemeiner Moralvorstellungen (vgl. ebd.: 188). Parsons (2000) fügt dem hinzu, dass Schule nach der Familie die erste Instanz ist, die auf der Grundlage nicht-biologischer Merkmale Statusdifferenzierungen vornimmt.

Mit diesen knappen sozialphilosophischen und klassisch-soziologischen Bestimmungen sind nun zwei Felder eröffnet, die bei der Betrachtung der Verbindung von Familie und Schule bearbeitet werden müssen: Zum einen die Komplementarität von Familie und Schule, die für beide Handlungsbezüge unterschiedliche Anerkennungsbeziehungen zugrunde legt (1); zum anderen die Frage nach der Statusdifferenzierung und ihrer Prozessierung in der Schule (2).

(1) Legt man den dialektischen Anerkennungsbegriff von Honneth (1994) zugrunde, so müssen drei Anerkennungsbegriffe unterschieden werden: emotionale, moralische und individuelle Anerkennung (und ihre jeweiligen Missachtungsformen). Emotionale Anerkennung ist durch affektive, emotionalisierte Beziehungen gekennzeichnet, wie wir sie in Liebes- und Freundschaftsbeziehungen finden. In der moralischen Anerkennung geht es um die Anerkennung als Gleiche/r unter Gleichen und die Verinnerlichung von Normen und Regeln, die allgemeingültig sind. Und individuelle Anerkennung ist dann gegeben, wenn jemand persönliche Wertschätzung aufgrund der individuell erbrachten Leistung erfährt. Idealtypisch können somit im Anschluss an die obigen Bestimmungen die Anerkennungsbereiche Familie und Schule zugeordnet werden: Emotionale Anerkennung fällt dann in den Bereich der Familie, während es in der Schule um moralische und individuelle Anerkennung geht (vgl. Hummrich 2011). Jedoch legt die Familie auch den Grundstein für die Erfahrung der anderen Anerkennungsformen, etwa indem in der ödipalen Krise normative Regeln Gegenstand der familialen Interaktion sind und (moralische) Achtung entsteht – aus Angst um den Verlust emotionaler Anerkennung und Fürsorge (vgl. Honneth 1999). In der Schule geht es vorrangig um die Erfahrung von Anerkennung unter

generalisierten Bedingungen: man wird an allgemein geltenden Normen und Leistungsmaßstäben gemessen. Umgekehrt werden aber auch Dimensionen der individuellen Anerkennung in die Schule hineingetragen: Wenn es etwa um den Erwerb von Bildungsabschlüssen als Voraussetzung für soziale Positionierung und Platzierung geht, so sind die Milieubindungen der Familie hier nicht ohne Bedeutung. Familie und Schule stehen also in einem Wechselverhältnis, in dem die Familie auch abhängig ist, von der Macht der Schule über die Platzierungsmöglichkeiten der Kinder. Aus diesem Grund spricht Tyrell (vgl. Tyrell 1987) von einer „Überanpassung der Familie an die Schule".

(2) Dieses Wechselverhältnis spielt nun auch eine maßgebliche Rolle bei der Statusdifferenzierung durch Schule. Denn wenn mit dem Erwerb von schulischer Qualifikation individuelle Anerkennung in Form von Statusdifferenzierung erfolgt, so ist diese Differenzierung nicht voraussetzungslos. Die familiale Herkunft – Leistungsvergleichsstudien wie PISA weisen immer wieder darauf hin – ist ausschlaggebend für den schulischen Erfolg und damit auch für die Statusdifferenzierung, die durch die Schule reproduktiv erfolgt. Nicht nur die schulische Leistung und Leistungsfähigkeit sind somit Grundlage der Statusdifferenzierung, sondern auch das primäre Bezugsmilieu und die hierin eingelagerte Familie. Um dies kurz zu erklären, kann mit Bourdieu argumentiert werden: Dieser zeigt nicht zuletzt in der gemeinsam mit Passeron angefertigten Untersuchung „die Illusion der Chancengleichheit" (Bourdieu/Passeron 1971), dass Kinder keineswegs voraussetzungsfrei auf die Schule treffen, sondern die primären Erfahrungen aus den unterschiedlichen Milieus ihnen eine unterschiedliche Anschlussmöglichkeit an das Schulsystem ermöglicht. Dabei vermittelt jede Familie – so Bourdieu (vgl. Bourdieu 2006) – ihrem Kind mit dem kulturellen Kapital ein bestimmtes Ethos, eine Vorstellung davon, was es mit Bildung erreichen kann und im schulischen System erreichen soll. Zugleich erfahren vor allem die Kinder Wertschätzung, die an die schulischen Vorstellungen von Begabung anschließen können und damit „die Übertragung des kulturellen Erbes" (ebd.: 46) zu sichern versprechen. Veranschaulicht wird diese Erkenntnis etwa in der Studie von Paul Willis (vgl. Willis 1979) zu „Spaß am Widerstand". Willis rekonstruiert hier, dass der Widerstand von Jugendlichen aus der Arbeiterschicht nicht nur eine Autonomiebewegung darstellt, sondern indem sie sich unter Bezug auf das, was in der Welt der erwachsenen männlichen Arbeiterschaft wertgeschätzt wird, selbst ausgrenzen.

2.2 Zur Sozialpädagogisierung des Schulischen

Nun entsteht rund um die komplementäre Gegenüberstellung eine breite Kritik, die sich auf den Umgang mit Kindern und Jugendlichen einerseits, auf die

Unmöglichkeit von Chancengleichheit aufgrund der Statusunterschiede von Kindern und Jugendlichen andererseits beziehen. Beiden Kritiken ist eine modernitätskritische Haltung gemeinsam, die unter anderem in der Verstärkung reformpädagogischer Bildungsbemühungen oder ein Votieren für die stärkere Einbeziehung der kindlichen/jugendlichen Lebenswelt mündet. In diesem Zusammenhang wird dann auch die Forderung laut, dass schulische Bildungsgänge sich an die Bedingungen einer sich verändernden Kindheit anpassen müssten.

Die Aufgabe der Integrationshilfe, die vormals der Jugendhilfe vorbehalten war, wird somit als schulische Aufgabe ausgewiesen – dies lässt sich sehr deutlich an der Ganztagsschuldiskussion nachvollziehen (vgl. Holtappels u.a. 2007). Neben der Integration vormals außerschulischer Angebote soll dabei auch an Stadtteilarbeit angeknüpft werden (vgl. Appel 2005) – eine Aufgabe, die zuvor oft sozialpädagogisch geprägt war (Stadtteilzentren, Jugendzentren usw.). Und die verstärkte Einbeziehung von SchulsozialarbeiterInnen soll gewährleisten, dass schulische Probleme, die sozial bedingt sind, orts- und zeitnah bearbeitet werden können und dass Familie, Schule und Sozialarbeit gemeinsam an dem Auftrag arbeiten können „Kinder und Jugendliche zur Lebensbewältigung zu befähigen (vgl. ebd.: 184).

Der Effekt der Sozialpädagogisierung kann vor diesem Hintergrund als zweifach bedingt beschrieben werden: Erstens, wird in dem hier angerissenen Diskurs darauf Bezug genommen, dass das Schulische und das Familiale alleine nicht ausreicht, um gesellschaftliche Integration zu leisten (wie das in den oben genannten Komplementärmodellen angelegt war). Vielmehr müssen Konzepte entwickelt werden, welche die Modernisierungsrisiken ‚auffangen' und Kindern aus riskanten Lebenslagen in der Schule Anschlussmöglichkeiten bieten (vgl. Züchner 2007). Hier wird unter anderem auf die Attraktivität der Zusammenarbeit von Jugendarbeit und Schule hingewiesen, da „aufgrund der allgemeinen Schulpflicht alle Kinder und Jugendliche erreicht werden können" (Seckinger/van Santen 2009: 194). Zweitens, bedeutet die Sozialpädagogisierung der Schule eine Integration bisher außerschulischer Bereiche in die Schule. Damit werden jedoch auch Handlungsbereiche, die zuvor von der Schule getrennt waren, schulisch kontrollierbar. Die enge Zusammenarbeit eröffnet Anschlussoptionen für Jugendliche, die vorher nicht erreicht wurden, bedeutet aber auch eine schulische Kontrolle der außerschulischen Bereiche (vgl. ebd.).

Wie sozialpädagogisches Handeln in die Schule integriert wird, ist wesentlich auch von der Ausgestaltung der Schulkultur abhängig. So gibt es Schulen, die aufgrund ihrer Lage im sozialen Brennpunkt von jeher eng mit sozialpädagogischen und Jugendhilfeeinrichtungen kooperieren und die ihr Schulprogramm und –profil auch auf ein kooperatives Miteinander ausrichten. Dies geschieht zum Beispiel, in dem Handlungsansätze entwickelt werden, welche an die Lebenswelten der Schülerinnen und Schüler anschließen und sich darauf ausrichten, Familie und ggf. auch Jugendhilfe zu integrieren (vgl. Hummrich/Helsper/Graßhoff 2007).

Jedoch ist die Vermittlung von sozialpädagogischen und schulischen Handlungsansätzen nicht immer ganz spannungsfrei. Denn zum einen kann es sein, dass durch die Struktur des Helfens die der Wissensvermittlung unterlaufen wird – wie dies mithin auch in reformpädagogischen und beziehungsorientierten Schulen der Fall ist (vgl. Hummrich 2011). Zum anderen ist es möglich, dass SozialpädagogInnen schulisch vereinnahmt werden, indem sie als Ermöglicher von Unterricht verwendet werden (vgl. Seckiger/van Santen 2009). Hier muss die ganz allgemeine kritische Frage gestellt werden, inwieweit eine durch eine weitausgreifende Schule und eine nicht mindere umfassende Jugendarbeit Jugend als solche nicht zunehmend institutionellen Rahmungen ‚unterworfen' wird und Autonomieentwicklung hinter der Normierung und Anpassung letztendlich kaum noch ermöglicht wird.

2.3 Familie und Jugendhilfe

Wie im ersten Teil bereits angedeutet stellt die Jugendhilfe mittlerweile nicht nur ein komplexes Gefüge von unterschiedlichen sozialpädagogischen Dienstleistungen für Kinder, Jugendliche und ihre Familien dar, sondern weist auch strukturelle Unterschiede zur Institution Schule auf. Der spezifische Vermittlungsauftrag der Schule korrespondiert in der Jugendhilfe mehr oder weniger mit dem Hilfeauftrag, der je nach den Aufgaben in den unterschiedlichen Handlungsfeldern der Jugendhilfe differiert. Aus diesem Grund wird hier die Konstellation von Familie und Jugendhilfe in unterschiedliche Aufgabenbereiche gegliedert (vgl. Jordan 2000). Das Feld der Jugendhilfe kann über das Kontinuum des Interventionscharakters rekonstruiert werden (vgl. Hamburger 2003: 160f), welches von der Begleitung von grundlegenden Sozialisationsinstanzen wie z.B. Familie (Familienbildung) bis hin zu der Durchführung von sozialpädagogisch relevanten Prozessen der Ausgliederung (z.B. Inobhutnahme) reicht. Eine Differenzierung nach unterschiedlichen Aufgabenfeldern der Jugendhilfe ist insofern notwendig, da sich diese Interventionsformen vor allem im Hinblick auf helfende und kontrollierende Aspekte stark unterscheiden und in unterschiedlichen Graden familiale Lebenswelten tangieren. Es sollen im Folgenden analytisch drei verschiedene Dienstleistungsbereiche der Jugendhilfe skizziert (vgl. Jordan 2000) und zur Familie vermittelt werden. Der Anlass der Intervention lässt sich in dieser Differenzierung für die Frage nach dem Verhältnis von Familie und Jugendhilfe gut aufzeigen.

- *Jugendhilfe als allgemeine Förderung der Erziehung und Bildung*: Quantitativ nimmt dieser Bereich der Jugendhilfe, welcher das gesamte Spektrum der Kindertagesbetreuung abdeckt, den größten Raum ein. In den letzten Jahren hat sich das Selbstverständnis und die Anforderungen in diesem Segment sehr stark von einer eher betreuenden hin zu einer erziehenden und bildenden Institution gewandelt. Potenziell nutzen fast alle Familien dieses Angebot der Jugendhilfe (annähernd 95%) für Kinder im Alter bis zu sechs Jahren. Das Verhältnis von Kindertagesstätten und Familien wird aktuell vor allem dadurch strukturell nivelliert, dass aufgrund einer größeren Aufmerksamkeit im Bereich des Kinderschutzes Kindertagesstätten wichtige Funktionen im präventiven Netzwerk unterschiedlichster Akteure einnehmen. Ein weiterer wichtiger Bereich der allgemeinen Förderung stellt die Jugendarbeit dar. Jugendarbeit umfasst eine breite Palette von Angeboten, die in unterschiedliche Facetten ausdifferenziert sind. Zentrales Merkmal der Jugendarbeit ist jedoch die Freiwilligkeit des Angebots, die Partizipation der Adressaten und die Gruppenorientierung (vgl. Thole 2000: 260). Jugendarbeit findet sowohl institutionalisiert in Form von offener Kinder- und Jugendarbeit (Jugendzentren, mobile Jugendarbeit, Jugendfreizeitstätten) wie auch in unterschiedlich weltanschaulich geprägten Verbänden statt.
- *Beratungs- und Unterstützungsangebote*: Im Unterschied zur allgemeinen Förderung reagieren Angebote von Beratung und Unterstützung auf spezifische Problem- und Bedürfnislagen von Kindern, Jugendlichen und deren Familien. Sie sind als Zwischenglied zwischen Angeboten der allgemeinen Förderung von allen jungen Menschen und den erzieherischen Hilfen im Einzelfall angesiedelt. Rechtlich verbinden sich unter diesen Angebote eine Vielzahl von Hilfen: unterschiedliche Beratungsangebote für Familien, Sozialpädagogische Interventionen in akuten Krisen, schulbezogenen Erziehungshilfen (Hort, Schulsozialarbeit) und die Jugendsozialarbeit.
- *Hilfen zur Erziehung*: Hilfen zur Erziehung sind einzelfallbezogene Hilfen, die voraussetzen, dass „eine dem Wohl des Kindes oder Jugendlichen entsprechende Erziehung nicht gewährleistet ist" (§ 27 SGB VIII). Insofern ist mit der Feststellung eines erzieherischen Bedarfs immer ein Defizit in der Erziehungsfähigkeit der Familie verbunden. Während klassisch vor allem stationäre Formen der Hilfen zur Erziehung bedeutsam waren, haben sich die Hilfen vor allem seit Beginn der 90er Jahre des vergangenen Jahrhunderts flexibilisiert und ausdifferenziert. Neben der Heimerziehung bzw. anderen Formen der stationären Unterbringung von Kindern und Jugendlichen außerhalb der Familie spielen vor allem ambulante und teilstationäre Hilfen eine qualitativ und quantitativ zunehmende Rolle. Auch im Feld der Hilfen zur Erziehung haben somit ambulante und teilstationäre Hilfen Vorrang vor

stationären. Mit familienunterstützenden (z.B. Sozialpädagogische Familienhilfe) oder familienergänzenden (z.B. Tagesgruppe) Hilfen wird damit an den Ressourcen der Familien angeknüpft.

In dieser kurzen Skizze sollte deutlich werden, dass die Implikationen für Eltern und Kinder in diesen Bereichen der Jugendhilfe jeweils unterschiedliche sind. Während die allgemeine Förderung potenziell alle Menschen adressiert, sind mit den Hilfen zur Erziehung einzelfallbezogene Erziehungsdefizite verbunden. Der pädagogische Zugriff auf Familien in den hier aufgeführten Feldern der Jugendhilfe wird damit größer[4]. Jugendhilfe kann damit schließlich mindestens drei unterschiedliche Bedeutungskonstellationen für Familie beinhalten:

(1) Im Kindergarten nimmt Jugendhilfe strukturell die Position einer Bildungseinrichtung ein. Man kann davon sprechen, dass eine widersprüchliche Einheit von „Helfen" und „Zeigen" vorliegt, auch wenn die formale und rechtliche Zugehörigkeit zur Jugendhilfe bestehen bleiben. Besonders sichtbar werden diese strukturellen Differenzen vor allem dort, wo die Jugendhilfe und die Einrichtung zu Kooperationen gezwungen sind, z.B. bei der Übergangsgestaltung von der Kindertagesstätte in die Grundschule. Für Familien bedeutet diese Aufgabenbestimmung der Jugendhilfe einerseits die Möglichkeit, Bildungsförderung zum Beispiel im Kindergarten einfordern zu können, gleichzeitig diffundiert jedoch der institutionelle Zugriff auf Kinder und Jugendliche im Hinblick auf ihren Bildungserfolg immer entgrenzter in die familiale Lebenswelt.

(2) In der Schulzeit dominieren dann die Beratungs- und Unterstützungsangebote der Jugendhilfe. Die Kooperation von Jugendhilfe und Schule in diesem Aufgabenspektrum ist – dies wurde im vorhergehenden Abschnitt bereits gezeigt – mit Herausforderungen verbunden, die auch die Familie betreffen. Denn Beratungs- und Unterstützungsangebote implizieren auch eine Normierung der Familien, vor allem dann, wenn sie unter dem „Deckmantel" des Kinderschutzes schulisch verordnet werden. Zugleich werden vormals familiale Bereiche sozialpädagogisch angeeignet.

(3) Besonders deutlich wird dieser Widerspruch bei den Hilfen zur Erziehung, die strukturell mit einer Disqualifizierung von Familien (auf Zeit oder dauerhaft verbunden sind (vgl. Streuli 2004)). Voraussetzung ihrer Gewährung ist ein erzieherischer Bedarf. Dieser Aufgabenbereich der Jugendhilfe zielt damit darauf ab, Eltern in ihrer Erziehungsfähigkeit zu unterstützen bzw. diese herzustellen und ist dabei am deutlichsten mit Kontroll- und Machtaspekten verbunden.

4 An dieser Stelle kann die Überlegung nicht weiter geführt werden, wie auch in dem präventiven Charakter der Jugendhilfe u.U. sehr massive Eingriffe in die familiale Lebenswelt begründet werden (vgl. Flösser 2001).

Für alle Aufgabenbereiche der Jugendhilfe kann von einer Entgrenzung des sozialpädagogischen im Hinblick auf Familien gesprochen werden. Familien können auf sich ausdifferenzierende Angebote der Jugendhilfe zurückgreifen, die jedoch potenziell immer tiefer in familiale Lebenswelten intervenieren.

Im nächsten Schritt werden diese ambivalent strukturierten Verhältnisbestimmungen noch einmal nach unterschiedlichen Passungskonstellationen ausdifferenziert und nach den Individuationspotenzialen für Kinder- und Jugendliche hin befragt.

3 Die Bedeutung unterschiedlicher Passungstypen von Familie, Schule und Jugendhilfe für den kindlichen und jugendlichen Individuationsprozess

Welche biografische Bedeutung hat also das unterschiedliche Zusammenspiel von Familie, Schule und Jugendhilfe? Welche Individuationschancen und -risiken implizieren unterschiedliche Passungskonstellationen? Wir gehen diesen Fragen im folgenden Abschnitt nach, indem wir Idealtypen entwerfen, deren intergenerationale Beziehungskonstellationen in allen drei Handlungstypen unterschiedlich ausfallen.

Dabei ist im *Typus I* eine *Komplementarität von Familie und Schule* angelegt. Dieser Typus kommt weitgehend ohne Hilfen zur Erziehung aus, denn es wäre anzunehmen, dass in seinem Fall die Bezugnahme von Familie und Schule aufeinander wechselseitig ist, das heißt: die Familie trägt für die „Beschulbarkeit“ der Kinder Sorge und erweist sich für den Bereich der emotionalen Anerkennung als zuständig, während die schulischen Bereiche die Wissensvermittlung betreffen und im Kern auf moralische und individuelle Anerkennungsbeziehungen ausgesichtet ist. Bei diesem Typus sind – dies lässt sich an unterschiedlichen qualitativen Studien zum Zusammenspiel von Familie und Schule zeigen (vgl. Hummrich 2011, Helsper/Kramer/Hummrich/Busse 2009) – Familie und Schule funktional differenziert und Generationsbeziehungen klar unterschieden. Individuationschancen entstehen in diesen Beziehungskonstellationen insbesondere dort, wo die Differenz von Familie und Schule Möglichkeitsräume für eigene Positionierungen lässt – also die beiden Handlungsbereiche gerade nicht homolog strukturiert sind. Jugendhilfe tritt hier vor allem im Sinne einer konventionellen Nutzung (frühpädagogischer Erziehung) auf den Plan und ergänzt das Komplementaritätsverhältnis, ohne eine Position (also etwa die Familie) zu ersetzen.

Anders bei *Typus II*: der *Komplementarität von Familie und Jugendhilfe*. Zwar ist eine auf die Adressaten bezogene Forschung ist immer noch randständig (vgl. Graßhoff 2008b) und eine professions- bzw. institutionelle Forschungsperspektive dominant (vgl. Bitzan/Bolay/Thiersch 2006), doch zeigen Ergebnisse aus der Biografieforschung zu gescheiterten Bildungs- und Ausbildungsverläufen von Heranwachsenden in der Jugendhilfe (vgl. Helsper u.a. 1991; Nölke 1997), dass im Fall des gelingenden Zusammenspiels von Schule und Jugendhilfe familiale Strukturproblematiken kompensiert werden können (vgl. auch Nölke 1994). Das Passungsverhältnis dieser zentralen Sozialisationsinstanzen entscheidet darüber, ob Jugendliche in schwierigen Lebenslagen die Jugendhilfe als biographisch anschlussfähig erleben oder nicht. In den Fallstudien wird deutlich, dass Jugendhilfe zu einer „Freisetzung eigener Fähigkeitspotenziale, der Veränderung der Selbst- und Fremdeinschätzung und damit einhergehender Reformulierung der eigenen Biographie" (Helsper u.a 1991: 250) beitragen kann. Entscheidend für diesen Prozess sind vor allem die reflexive Bearbeitung der Paradoxien einer institutionellen Ersatzerziehung und die professionelle Gestaltung pädagogischer Generationsbeziehungen. Zu ähnlichen Ergebnissen kommt auch Finkel (vgl. Finkel 2006) in ihrer biographischen Studie mit Mädchen in der Heimerziehung. Zentrale Voraussetzung für Individuationschancen von Kindern und Jugendlichen in der Jugendhilfe ist die Anschlussfähigkeit zwischen individueller biographischer Erfahrung und institutioneller Unterstützungsleistungen.

Der dritte Typus (*Typus III*) ist der der *Konstruktion von Adressaten*: Jugendhilfe ist hier im Spannungsfeld von Helfen und Normierung zu verstehen. Es sind aber auch solche Konstellationen rekonstruierbar, in denen das professionelle soziale Unterstützungssystem der Jugendhilfe für Kinder- und Jugendliche weiter problemverschärfenden Einfluss hat. Die mögliche Ausgestaltung der pädagogischen Beziehungen ist ein zentraler Faktor, der jugendliche Individuation beschränken kann. Aufgrund der Diffusität der pädagogischen Beziehungen in der Jugendhilfe, vor allem in den familienersetzenden Hilfen, nehmen potenzielle Konflikte affektiv hoch aufgeladene Züge an. Das bedeutet eine außerordentlich hohe professionelle Anforderung an die Sozialpädagogen im Feld (vgl. Nölke 1994; Dörr/Müller 2006).

Die Passgenauigkeit der Hilfe ist unter dem Blickwinkel der Individuation von Kindern- und Jugendlichen von zentraler Bedeutung. Lediglich unter der Voraussetzung einer Anschlussfähigkeit individueller biographischer Erfahrung und institutioneller Unterstützungsleistung (vgl. Finkel 2004) können Kinder- und Jugendliche Autonomie fördernde Erfahrungen machen. Es zeigt sich somit, dass das gesamte organisationskulturelle System (vgl. Klatetzki 1993) über den Verlauf der Hilfe entscheidet.

4 Zwischen pädagogisierender Vereinnahmung und pädagogischer Unterstützung – ein kritisches Resümee

Über die zugespitzten Versprechen jeweiliger Sozialisationsinstanzen an Kinder und Jugendliche wurden die strukturellen Unterschiede und Gemeinsamkeiten von Familie, Schule und Jugendhilfe ausdifferenziert. Gemeinsam ist ihnen die Sorge um das Kind, seine Erziehung und Bildung, wobei die Jugendhilfe dann, wenn das Kind bzw. der oder die Jugendliche die Schule besucht, vor allem in familienunterstützender oder –ersetzender Form auf den Plan tritt, also dann, wenn die Familie ihr Versprechen „Ich werde dich lieben" nicht einlöst. Jugendhilfe und Schule haben gemeinsam, dass es sich um organisierte, institutionalisierte und professionalisierte Formen der Bildung, Hilfe und Unterstützung handelt, wobei sie sich komplementär zur Familie entfalten können oder eine Dominanz im Erziehungsverhältnis gewinnen können. In diesem Zusammenhang wurde herausgearbeitet, dass sowohl das schulische Versprechen „Ich werde es dir zeigen" als auch das Jugendhilfeversprechen „Ich werde dir helfen" bedrohliche Implikationen hat und mit ihnen machtvolle Normierungs- und Kontrollfunktionen verbunden sind.

In dieser Ambivalenz ist schließlich auch das Thema ‚Kinderschutz in gemeinsamer Verantwortung von Jugendhilfe und Schule' zu verstehen. Die gemeinsame Verantwortung setzt dort an, wo Familie in Bezug ihr Kerngeschäft – die emotionale Anerkennung – versagt, wo Kinder familial missachtet und misshandelt werden. Hier besteht der Anspruch, dass Kinder (und Jugendliche) beobachtet werden, dass Familien kontrolliert werden und das Kindeswohl wiederhergestellt wird. Schule wird im Fall der Verantwortungsübernahme dann nicht mehr lediglich Vermittlungsinstitution sein, die an der Leistung und der leistungsbezogenen Haltung der Kinder orientiert ist, sondern an seiner gesamten Person. Damit ist jedoch verbunden, dass das Kind zum Gegenstand umfassender Beobachtungen wird, dass sich der panoptische Blick auf Kinder (und Jugendliche) ausweitet und dass sie institutionell vereinnahmt werden. Hinzu kommt, dass selbst familialisierte Schulen (vgl. Hummrich 2011, Hummrich/Helsper/Graßhoff 2007) und auch sozialpädagogische Hilfeleistungen (Hamburger 2007) die emotionale Anerkennung der Familie nicht ersetzen können und sich die damit verbundene Liebe als pädagogische Haltung fordern oder organisieren lässt, ohne zum Teil in massive Entgrenzungen zu führen. Dies liegt u.a. darin begründet, dass professionell pädagogische Beziehungen, welche die Kinder schützen sollen, auf der Grundlage vertikaler Machtbeziehungen organisiert sind.

Diese Machtbeziehungen wurden im vergangenen Jahrhundert – etwa bei Bernfeld (vgl. Hörster/Müller 1994) und Neill (1994) – immer wieder zum Gegenstand kritischer Auseinandersetzungen und Forderungen nach professioneller Reflexion (vgl. Combe/Helsper 1996) und werden es wohl auch bleiben (müssen) – gerade wenn Schule und Jugendhilfe neue Kooperationsformen finden. Doch gerade hier treten „spezifische Grenzen wissenschaftlicher Gewissheit" (Hamburger 2007: 74) auf den Plan, denn die pädagogische Unterstützung benötigt, wenn sie nicht in Vereinnahmung, absolute Kontrolle und totale Institutionen münden will, diffuse Anteile, die wissenschaftlich nicht vermittelt werden können und die gleichzeitig fähig sind, familiale und persönliche Potenziale (der Kinder und Jugendlichen) zu erkennen und zu unterstützen, so dass die eigene Beteiligung am Prozess der Bildung und Erziehung überflüssig wird.

Literatur

Appel, Stefan (Hrsg.) (2005): Handbuch Ganztagsschule. Praxis, Konzepte, Handreichungen. Schwalbach/Ts.: Wochenschau-Verlag.

Bitzan, Maria/Bolay, Eberhard/Thiersch, Hans (Hrsg.) (2006): Die Stimme der Adressaten. Empirische Forschung über Erfahrungen von Mädchen und Jungen mit der Jugendhilfe. Weinheim: Juventa-Verlag.

Böllert, Karin (2001): Prävention und Intervention. In: Otto/Thiersch (2001): 1394-1398.

Bourdieu, Pierre (2006): Wie die Kultur zum Bauern kommt. Über Bildung, Schule und Politik. Hamburg: VSA-Verlag.

Bourdieu, Pierre/Passeron, Jean-Claude (1971): Die Illusion der Chancengleichheit. Stuttgart: Klett-Cotta-Verlag.

Butler, Judith (2001): Psyche der Macht. Das Subjekt der Unterwerfung. Frankfurt a.M.: Surhkamp Verlag.

Combe, Arno/Helsper, Werner (1996): Pädagogische Professionalität. Frankfurt a.M.: Suhrkamp Verlag.

Dörr, Margret/Müller, Burkhard (Hrsg.) (2006): Nähe und Distanz. Ein Spannungsfeld pädagogischer Professionalität. Weinheim: Juventa-Verlag.

Durkheim, Emil (1984): Erziehung, Moral und Gesellschaft. Frankfurt a.M.: Suhrkamp Verlag.

Finkel, Margarete (2004). Auf der Suche nach Selbständigkeit. Erinnerung und Verarbeitung von Heimerziehungserfahrungen als Bildungsprozess. In: Neue Praxis 34.(2). 203-213.

Finkel, Margarete (2004): Selbständigkeit und etwas Glück. Einflüsse öffentlicher Erziehung auf die biographischen Perspektiven junger Frauen. Weinheim: Juventa-Verlag.

Finkel, M. (2006): Heimerziehung und Biographie. Über die Anschlussfähigkeit zwischen biographischer Erfahrung und institutioneller Unterstützung. In: Bitzan/Bolay/Thiersch (2006): 39-56.

Foucault, Michel (1967): Von andere Räumen. In: Dünne/Günzel (2006): 317-329.

Graßhoff, Gunther (2008a): Zwischen Familie und Klassenlehrer. Pädagogische Generationsbeziehungen jugendlicher Waldorfschüler. Wiesbaden: VS Verlag.

Graßhoff, Gunter (2008b): Theoretische Überlegungen zu einem empirischen Programm sozialpädagogischer Adressatenforschung. In: Neue Praxis 38(4). 399–408.

Hamburger, Franz (2003): Einführung in die Sozialpädagogik. Stuttgart: Kohlhammer Verlag.

Hamburger, Franz (2007): „Ich werde dir helfen." Über Macht und Ohnmacht von Pädagogen in den alltäglichen Auseinandersetzungen der „Hilfen zur Erziehung." In: Brumlik/Merkens (2007): 59-76.

Hegel, Georg Wilhelm Friedrich (1995): Gymnasialrede am 2. September 1811. In: Apel/Grunder: 46-55.

Helsper, Werner/Hummrich, Merle (2008): Familien. In: Coehlen/Otto: 371-381.

Helsper, Werner/Kramer, Rolf-Torsten/Hummrich, Merle/Busse, Susann (2009): Jugend zwischen Familie und Schule. Eine Studie zu pädagogischen Generationsbeziehungen. Wiesbaden: VS Verlag.

Helsper, Werner/Müller, Hans Joachim/Nölke, Eberhard/Combe, Arno (1991): Jugendliche Außenseiter. Zur Rekonstruktion gescheiterter Bildungs- und Ausbildungsverläufe. Opladen: Westdeutscher Verlag.

Holtappels, Heinz.-Günther/Klieme, E./Rauschenbach, Thomas/Stecher, Ludwig (Hrsg.) (2007): Ganztagsschule in Deutschland. Ergebnisse der Ausgangserhebung der „Studie zur Entwicklung von Ganztagsschulen" (StEG). Weinheim/München: Juventa-Verlag.

Honneth, Axel (1994): Kampf um Anerkennung. Zur moralischen Grammatik sozialer Konflikte. Frankfurt a.M.: Suhrkamp Verlag.

Honneth, Axel (1999): Die zerissene Welt des Sozialen. Sozialphilosophische Aufsätze. Erweiterte Neuauflage, 2. Auflage. Frankfurt a.M.: Suhrkamp Verlag.

Hörster, Reinhard/Müller, Burkhard (1994): Jugend, Erziehung und Psychoanalyse. Zur Sozialpädagogik Siegfried Bernfelds. Neuwied: Luchterhand.

Hummrich, Merle (2010): Exklusive Zugehörigkeit. Eine raumanalytische Betrachtung von Inklusion und Exklusion in der Schule. In: Sozialer Sinn 1/2010. 3-32

Hummrich, Merle (2011): Jugend und Raum. Exklusive Zugehörigkeit in Familie und Schule. Wiesbaden (im Erscheinen).

Hummrich, Merle/Graßhoff, Gunther/Helsper, Werner (2007): Möglichkeiten der empirischen Ausdifferenzierung (reform-) pädagogischer Beziehungen. In: Graßhoff et. al.: 211-242.

Jordan, Erwin (2000): Kinder- und Jugendhilfe. Einführung in Geschichte und Handlungsfelder, Organisationsformen und gesellschaftliche Problemlagen. Weinheim: Juventa-Verlag.

Klatetzki, Thomas (1993): Wissen, was man tut. Professionalität als organisationskulturelles System. Bielefeld.

Lévi-Strauss, Claude (1981): Die elementaren Strukturen der Verwandtschaftsbeziehungen. Frankfurt a.M.: Suhrkamp Verlag.
Neill, Alexander Sutherland (1994): Theorie und Praxis der Antiautoritären Erziehung: Das Beispiel Summerhill. Reinbek bei Hamburg: RoRoRo-Verlag.
Nölke, Eberhard (1994): Lebensgeschichte und Marginalisierung. Hermeneutische Fallrekonstruktionen gescheiterter Sozialisationsverläufe von Jugendlichen. Wiesbaden: VS Verlag.
Oevermann, Ulrich (2001): Die Soziologie der Generationenbeziehungen und der historischen Generationen aus strukturalistischer Sicht und ihre Bedeutung für die Schulpädagogik. In (2001): Kramer/Helsper/Busse: 78-128.
Parsons, Talcott (2000): Die Schulklasse als soziales System. In: Baumgart (2000): 99-115.
Prange, Klaus (2009): Warum operativ? Zur Begründung der operativen Pädagogik. In: Berdelmann/Fuhr (2009): 15-28.
Ricken, Norbert (2009): Zeigen und Anerkennen. Anmerkungen zur Form pädagogischen Handelns. In: Berdelmann/Fuhr (2009): 111-134.
Seckinger, Mike/van Santen, Eric (2009): Jugend in der Kinder- und Jugendhilfe – Vom Fokus zum Rand? In: Homfeldt/Schulze-Krüdener (2009): 186-209.
Streuli, Elisabeth (2004): Macht und Ohmacht in der Heimerziehung. Macht-, Ohnmachts- und Befähigungsaspekte in der Personal-Klientinnen-Interaktion im Kinder- und Jugendheim; Schlussbericht zuhanden der Aktion DORE des Schweizerischen Nationalfonds SNF und der Kommission für Technologie und Innovation KT, Projekt Nr. 102347. Basel: HPSABB.
Struck, Peter (1994): Neue Lehrer braucht das Land. Darmstadt: Wissenschaftliche Buchgesellschaft.
Struck, Peter (1996): Die Schule der Zukunft. Darmstadt: Wissenschaftliche Buchgesellschaft
Thole, Werner (2000): Kinder- und Jugendarbeit. Eine Einführung. Weinheim: Juventa-Verlag.
Tyrell, Hartmann (1987): Die „Anpassung“ der Familie an die Schule. In: Oelkers/Tenorth (1987): 102-125.
Weber, Max (1980): Wirtschaft und Gesellschaft. 5. Auflage. Tübingen: Mohr Verlag.
Wernet, Andreas (2000): Einführung in die Interpretationstechnik der Objektiven Hermeneutik, Opladen: Westdeutscher Verlag.
Wernet, Andreas (2003): Pädagogische Permissivität. Schulische Sozialisation und pädagogisches Handeln jenseits der Professionalisierungsfrage, Opladen: Westdeutscher Verlag.
Willis, Paul (1979): Spaß am Widerstand. Gegenkultur in der Arbeiterschule. Frankfurt a.M.: Suhrkamp Verlag.
Züchner, Ivo (2007): Ganztagsschule und Familie. In: Holtappels (2007) et. al.: 314-331.

Günther Deegener

Ausmaße und Ursachen von Kindeswohlgefährdung bei Kindern im schulpflichtigen Alter

1 Häufigkeiten der Formen der Kindesmisshandlung

1.1 Körperliche Misshandlung

1.1.1 Neueste Untersuchungsergebnisse

1.1.1.1 Befragung von Jugendlichen

Baier et al. (2009) führten 2007/2008 eine für Deutschland repräsentative Befragung von Schülern 9. Klassen durch mit folgenden Fragen zur erlittenen elterlichen Gewalt in Kindheit (vor dem 12. Lebensjahr) und Jugend (in den letzten 12 Monaten): Eine runtergehauen; hart angepackt oder gestoßen; mit einem Gegenstand geworfen; mit einem Gegenstand geschlagen; mit der Faust geschlagen/getreten; geprügelt, zusammengeschlagen. Die Häufigkeit der Gewalthandlungen konnten auf folgender Skala eingestuft werden: Nie; 1- oder 2mal; 3- bis 12mal; mehrmals pro Monat; einmal pro Woche; mehrmals pro Woche. Für die Häufigkeit und Schwere der elterlichen Gewalt wurde in folgende Kategorien eingeteilt:

1. Keine elterliche Gewalt
2. Selten leichte elterliche Gewalt: Ein bis 12 Mal mindestens eine der drei erstgenannten Übergriffe erlebt.
3. Häufige leichte elterliche Gewalt: Wie unter 2., aber mehrmals pro Monat oder öfter erlebt.
4. Seltene schwere elterliche Gewalt: Ein bis 12 Mal mindestens eine der drei letztgenannten Gewalthandlungen erlitten.
5. Häufige schwere elterliche Gewalt: Wie unter 4., aber mehrmals pro Monat oder häufiger erlitten.

6. Seltene elterliche Misshandlung: Ein bis 12 Mal mit der Faust geschlagen/getreten worden oder entsprechend häufig geprügelt/zusammengeschlagen worden.
7. Häufige elterliche Misshandlung: Wie unter 6., aber mehrmals pro Monat oder öfter erlitten.

Auf dieser Grundlage ergaben sich die in Tabelle 1 angeführten Häufigkeiten. Dabei wurde ein deutlicher Zusammenhang zwischen der erlittenen elterlichen Gewalt in der Kindheit und der Jugend gefunden:

> „Cramers V weist hier einen für sozialwissenschaftliche Zusammenhangsanalysen außergewöhnlich hohen Wert von 0.76 auf, d.h. Jugendliche, die bereits in ihrer Kindheit elterlicher Gewalt ausgesetzt waren, tragen auch in der Jugend noch ein erheblich höheres Risiko, Opfer gewalttätiger Übergriffe ihrer Eltern zu werden". (Baier et al. 2009: 52)

Tab. 1: Erlittene elterliche Gewalt in Kindheit und Jugend (vgl. Baier et al. 2009: 52)

Gewaltkategorien	**Gewalt in der Kindheit (vor dem 12. Lebensjahr)**	**Gewalt in der Jugend (in den letzten 12 Monaten)**
Keine elterliche Gewalt	42,1 %	73,4 %
Selten leichte Gewalt	40,5 %	20,2 %
Häufig leichte Gewalt	2,2 %	0,7 %
Selten schwere Gewalt	12,3 %	4,7 %
Häufig schwere Gewalt	3,0 %	1,0 %
Seltene Misshandlung	7,0 %	3,2 %
Häufige Misshandlung	2,0 %	0,9 %

1.1.1.2 Befragung von Kindern

Baier et al. (2010) stellen die Ergebnisse einer repräsentativen Befragung von Viertklässlern zur erlittenen elterlichen Gewalt vor, die 2007/2008 an Grundschulen durchgeführt wurde. Erfragt wurde, wie häufig (nie; 1- oder 2mal; 3- bis 6mal; noch häufiger) in den letzten vier Wochen vor der Befragung fünf elterliche Gewalthandlungen erlebt wurden, die dann nach in folgende Gewaltkategorien eingeteilt wurden:

1. Keine elterliche Gewalt
2. Selten leichte elterliche Gewalt: Ein- oder zweimal eine runtergehauen bekommen, hart angepackt oder gestoßen oder mit einem Gegenstand beworfen worden.
3. Häufige leichte elterliche Gewalt: Wie unter 2., aber mindestens dreimal.

4. Schwere elterliche Gewalt: Das Kind wurde geschlagen oder getreten oder geprügelt oder zusammengeschlagen.

Die Häufigkeiten dieser elterlichen Gewaltkategorien sind in Tabelle 2 aufgeführt. Jungen waren signifikant häufiger von elterlicher Gewalt betroffen als Mädchen. Kinder, bei denen mindestens ein Elternteil arbeitslos war, erlitten deutlich häufiger elterliche Gewalt als Kinder von nicht-arbeitslosen Eltern (31,9 % vs. 23,1 %).

Tab. 2: Häufigkeit erlittener elterlicher Gewalt in den letzten vier Wochen (vgl. Baier et al. 2010: 268)

Gewaltkategorien	Gesamtstichprobe	Mädchen	Jungen
Keine elterliche Gewalt	75,8 %	78,9 %	72,7 %
Selten leicht elterliche Gewalt	17,8 %	16,5 %	19,1 %
Häufig leichte elterliche Gewalt	2,9 %	2,2 %	3,6 %
Schwere elterliche Gewalt	3,5 %	2,4 %	4,6 %

1.1.2 Zusammenfassende Häufigkeitsschätzungen elterlicher körperlicher Gewalt

Grundlage einer eigenen Abschätzung zur Häufigkeiten von körperlicher Misshandlung waren die folgenden Veröffentlichungen zwischen 1997 bis 2008 mit hinreichend aussagekräftig erscheinenden Stichproben (weitere detailliertere Angaben in Deegener, 2009):

Pfeiffer & Wetzels (1997); Wetzels & Pfeiffer (1997); Pfeiffer, Wetzels & Enzmann (1999); Luedtke und Lamnek (2002); Bussmann (2002 a, b, c; 2005, 2006); Libal & Deegener (2005); Baier (2008); Hahlweg, Heinrichs, Bertram, Kuchel & Widdecke (2008). Die Erhebungszeiträume bei diesen Befragungen lagen zwischen 1992 bis 2008, wobei sich die Untersuchungsstichproben und -methoden weiter unterschieden nach folgenden Punkten: Befragung von Kindern/Jugendlichen oder Eltern; Zeiträume der Periodenprävalenz (z. B. bis Vollendung des 12. oder 16. Lebensjahres oder in der gesamten Jugend); Art und Weise der elterlichen körperlichen Gewalthandlungen; Kategorienbildungen nach unterschiedlichen Ausprägungsgraden der körperlichen Gewalthandlungen durch Eltern (z. B. leichte Züchtigung/schwere Züchtigung/seltene Misshandlung/gehäufte Misshandlung.

Beim Versuch, die Untersuchungsergebnisse vier Kategorien körperlicher Erziehungsgewalt zuzuordnen, ergaben sich meine folgenden Abschätzungen für die heutigen Häufigkeiten der körperlichen Misshandlung von Kindern und Jugendlichen:

Tab. 3: Häufigkeiten der körperlichen Misshandlung von Kindern und Jugendlichen

Völlig bis weitgehend körperstrafen-freie Erziehung	Züchtigung		Misshandlung	
	leichte bzw. seltene	schwere bzw. häufige	leichte bzw. seltene	schwere bzw. häufige
25% - 35%	**30% - 40%**	**15% - 20%**	**5% - 10%**	**5%**

In etwa 25 bis 35 % der Elternhäuser liegt danach eine völlige bis weitgehend körperstrafenfreie Erziehung vor. Körperliche Züchtigungen (also z. B. Ohrfeigen, mit Stock schlagen, mit Gegenstand nach dem Kind werfen) werden in 30 bis 40 % der Elternhäuser in leichter bzw. seltener sowie 15 bis 20 % in schwerer bzw. häufiger Ausprägung angewendet. Eindeutige körperliche Misshandlungen wie z.B. zusammenschlagen, würgen oder Verbrennungen zufügen erleiden Kinder in leichter bzw. seltener Ausprägung in etwa 5 bis 10 % sowie in schwerer und häufiger Ausprägung in 5 % der Elternhäuser.

Bussmann (vgl. Bussmann 2005: 47) teilte die von ihm befragten Familien nach den Eltern-Antworten zu diesen und anderen Erziehungsmaßnahmen in die vier Sanktionsgruppen auf (Abb. 1). Die Abbildung führt 12,5 % gewaltbelastete Familien aufgrund der Befragung von Eltern im Jahre 2005 an – aufgrund der Befragungen von Kindern und Jugendlichen errechneten sich allerdings 21,3 % gewaltbelastete Familien für 2005.

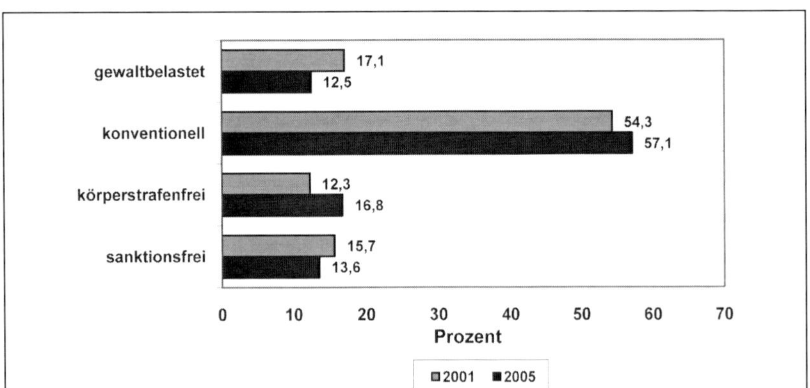

Abb. 1: Sanktionsgruppen nach Bussmann aufgrund von Elternbefragungen in den Jahren 2001 und 2005

Die sogenannten sanktionsfreien Eltern würden nach Bussmann nur „sehr selten" diese körperlichen und andere Sanktionen anwenden, also durchaus nicht völlig darauf verzichten. Bei der als körperstrafenfrei eingestuften Erziehung würden Eltern „ebenfalls weitgehend auf Körperstrafen" verzichten, sie also dennoch anwenden. Eltern konventioneller Erziehung würden häufiger leichte körperliche Strafen einsetzen und nur „weitgehend" auf schwere Körperstrafen verzichten, während die gewaltbelastete Erziehung eine überdurchschnittliche Häufigkeit bei schweren Körperstrafen aufweisen würde.

Obwohl insgesamt in den Erhebungen von Bussmann z. T. sehr deutliche Verbesserung zum Ausdruck kommen (vgl. Bussmann1995; 1996), besteht weiterhin bis heute ein sehr hohes Ausmaß an Körperstrafen und vor allen Dingen eindeutiger körperlicher Misshandlung in der Erziehung. Bussmann (vgl. Bussmann 2006: 21) stellt zusammenfassend einerseits fest, dass „die Verbreitung von Gewalt in der Erziehung ... zwar weiter allmählich" abnimmt, muss aber andererseits auch einräumen, dass „die Zahl gewaltbelasteter Familien und insbesondere misshandelter Kinder und Jugendlicher ... nahezu unverändert" ist. Außerdem muss berücksichtigt werden, dass körperliche elterliche Misshandlung noch sehr viel mehr als die in den angeführten Untersuchungen aufgeführten erfragten Handlungen umfasst, nämlich z. B.: Stoßen von der Treppe; Schleudern gegen die Wand; eigenen Kot essen und Urin trinken lassen; Vergiftungen; Einklemmen in Türen oder Autofensterscheiben; usw. usf.

1.2 Sexueller Missbrauch

Beim sexuellen Missbrauch geht Ernst (vgl. Ernst 2005: 77) aufgrund ihrer Auswertung der Forschung davon aus, dass etwa 10 bis 15 % der befragten Frauen sowie etwa 5 % der Männer bejahen, bis zum Alter von 14 oder 16 Jahren „mindestens einen unerwünschten oder durch die ‚moralische' Übermacht einer deutlich älteren Person oder durch Gewalt erzwungenen sexuellen Körperkontakt" erlebt zu haben. Nach eigener – allerdings sehr grober – Schätzung liegen für verschiedene Schwergrade etwa folgende Häufigkeiten vor:

Tab. 4: Häufigkeiten verschiedener Schweregrade sexuellen Missbrauchs

sehr intensiver sexueller Missbrauch z.B. versuchte oder vollendete vaginale, anale oder orale Vergewaltigung; Opfer musste Täter oral befriedigen oder anal penetrieren	15 %
intensiver sexueller Missbrauch z.B. Opfer musste vor Täter masturbieren; Täter masturbierte vor Opfer; Täter fasste Opfer an die Genitalien an; Opfer musste Täter an die Genitalien anfassen	35 %
weniger intensiver sexueller Missbrauch z.B. Täter versuchte, die Genitalien des Opfers anzufassen; Täter fasste Brust des Opfers an; sexualisierte Küsse, Zungenküsse	35 %
sexueller Missbrauch ohne Körperkontakt z. B. Exhibitionismus; Opfer mußte sich Pornos anschauen	15 %

1.3 Vernachlässigung

Für Deutschland liegen keine wissenschaftlich seriös erhobenen Angaben zur Häufigkeit der verschiedenen Formen von Vernachlässigung (körperliche Vernachlässigung, seelische Vernachlässigung, medizinische Vernachlässigung, kognitive Vernachlässigung, mangelnde Beaufsichtigung) vor.

Für die USA ergaben sich für 2007 im Rahmen der Meldepflicht von Misshandlungen und aufgrund des National Child Abuse and Neglect Data Systems die in Abbildung 2 angeführten Prozentzahlen. Es zeigt sich die herausragende Bedeutung der Vernachlässigung unter den Misshandlungsformen mit 59 % (s.a. McCarroll, 2008, zu entsprechenden Befunden zu Häufigkeit dieser Misshandlungsarten in der US-Armee zwischen 2001 bis 2004).

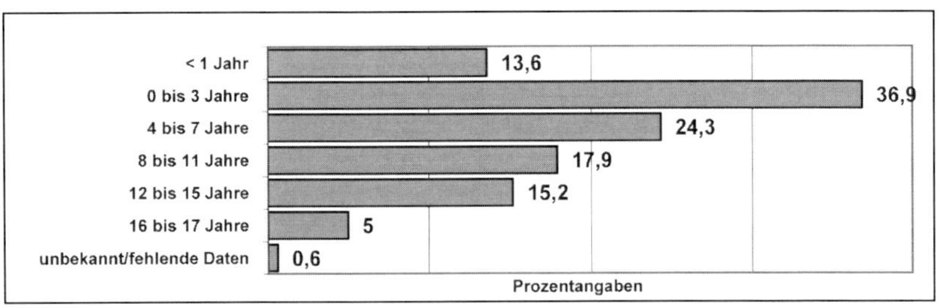

Abb. 2: Häufigkeiten der Misshandlungsformen in den USA 2007 (U.S. Department of Health/Human Services 2009: 26)

In 13,6 Prozent der Fälle erfolgte die Vernachlässigung im 1. Lebensjahr, in gut einem Drittel zwischen 0 bis 3 Jahren und bis einschließlich 7 Jahren waren es 61,2 Prozent der Fälle (Abbildung 3). Ein solcher Gipfel in den ersten Lebensjahren liegt bei den anderen Misshandlungsarten nicht vor (Abbildung 4).

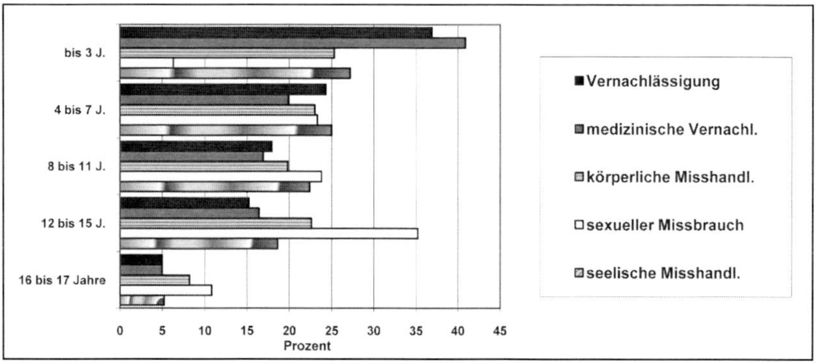

Abb. 3: Alter der vernachlässigten Kinder in den USA 2007 (U.S. Department of Health/Human Services 2009: 28)

Bei den Vernachlässigungsarten besteht gegenüber den anderen Misshandlungsarten ein eindeutiger Gipfel in den ersten drei Jahren bei kontinuierlicher Abnahme in den späteren Altersgruppen, allerdings immer noch im Vergleich zu den anderen Misshandlungsarten bedeutsam hohen Häufigkeiten. Das Ausmaß der körperlichen sowie der seelischen Misshandlung liegt relativ konstant etwa zwischen 19 bis 27 Prozent und nimmt erst ab bei den 16 und 17 Jährigen. Der sexuelle Missbrauch weist einen Häufigkeitsgipfel bei den 12 bis 15 Jahre alten Kindern auf mit 35,2 Prozent, bei den 4 bis 7 sowie 8 bis 11 Jahre alten Kindern sind es jeweils etwa 23 Prozent, bei den Kindern bis zu drei Jahren 6,3 Prozent.

Es gilt wohl allgemein für die westlichen Demokratien, dass Vernachlässigung als die häufigste Form der Kindesmisshandlung anzusehen ist (siehe z. B. England: Department for Children, Schools and Families 2008; Australien: Australian Institute of Health and Welfare 2009; Kanada: Trocmé et al. 2005).

1.4 Seelische Misshandlung

Auch die Datenlage in Deutschland zur Häufigkeit seelischer Misshandlung ist als völlig ungenügend zu bezeichnen. Ein kleiner Anfang kann in den folgenden Zahlen von Bussmann (2005) zur Häufigkeit (zusammengefasst: sehr häufig/häufig/manchmal/selten/1- bis 2-mal) verschiedener Erziehungsmaßnahmen gesehen werden:

Tab. 5: Vergleich der Häufigkeiten seelischer elterlicher Erziehungsmaßnahmen (vgl. Bussmann 2005: 45f)

	Elternbefragung		Kinder- und Jugendlichenbefragung		
	2001	2005	1992	2002	2005
Kind niederbrüllen	40,0	45,7	52,5	57,2	65,1
Nicht mehr mit dem Kind reden	29,1	25,3	36,8	43,6	42,1

Danach muss eher von einer leichten Zunahme von seelischen Sanktionen ausgegangen werden. In diese Richtung weisen auch Befunde von Baier (2008) über eine Abnahme elterlicher Zuwendung (u. a. Belobigung, in den Arm nehmen, trösten): „Der Rückgang ... bedeutet, dass während 1998 noch 74,7% aller Jugendlichen von einer hohen Zuwendung berichteten, dies 2005/06 nur noch 71,6% taten“ (Baier 2008: 51).

1.5 Partnergewalt

Da dass Miterleben elterlicher Partnergewalt vergleichbare Folgen aufweisen kann wie die ausgeführten Formen der Kindesmisshandlung und dementsprechend das Kindeswohl auch massiv beeinträchtigen werden kann, sei auch knapp auf die Häufigkeit von Partnergewalt eingegangen. Allein in die etwa 400 Frauenhäuser flüchten in Deutschland jährlich rund 45.000 Frauen, wobei weiter angenommen wird, dass etwa die gleiche Zahl privates Obdach vor ihren Partnern suchen (Rückert 2001). Auf der Grundlage von Jahresberichten von drei Frauenhäusern wurden 49.500 bis 67.500 Kinder hochgerechnet, die pro Jahr mit ihren Müttern vor der Gewalt des (Ehe-)Partners in ein Frauenhaus flüchten (Kavemann et al. 2001).

In einer Untersuchung von Müller und Schröttle aus 2004 wurden repräsentativ Frauen im Alter von 16 bis 85 Jahren nach erlittener Partnergewalt befragt, wobei „mindestens jede vierte Frau (25 %) ..., die in einer Partnerschaft gelebt hat, körperliche (23 %) oder – zum Teil zusätzlich – sexuelle Übergriffe (7 %) durch einen Beziehungspartner ein- oder mehrmals erlebt hat“ (Müller/Schröttle 2004: 31).

Von den Frauen, die Gewalt in der Paarbeziehung erlebt hatten, gaben 23 % an, die Kinder hätten davon nichts mitbekommen und 11 %, sie wüssten nicht, ob die Kinder etwas davon mitbekommen haben. In der großen Mehrheit der Fälle aber hatten die Kinder die Gewalt der Eltern miterlebt oder gerieten sogar in die tätliche Auseinandersetzung mit hinein (vgl. Müller/Schröttle 2004: 278):

Tab. 6: Von Kindern miterlebte Partnergewalt

Die Kinder ...	Prozent
... haben die Situation angehört	57,1 %
... haben die Situation gesehen	50,0 %
... gerieten in die Auseinandersetzung mit hinein	20,6 %
... haben versucht, mich zu verteidigen oder zu schützen	25,0 %
... haben versucht, meinen Partner zu verteidigen	2,0 %
... wurden selber körperlich angegriffen	9,8 %
... haben nichts mitbekommen	23,0 %
... weiß nicht, ob Kinder etwas mitbekommen haben	11,1 %
keine Angaben	0,4 %

(Mehrfachnennungen möglich; Fallbasis: alle gewaltbelasteten Paarbeziehungen mit Kindern im Haushalt, N = 485)

1.6 Zusammenfassung

Zusammengefasst zum Ausmaß von familiärer Gewalt (Kindesmisshandlungen und miterlebter/-erlittener Partnergewalt), dass wir noch sehr weit von dem entfernt sind, was der Paragraph 1631 des Bürgerlichen Gesetzbuches als Norm vorgibt, nämlich: „Kinder sind gewaltfrei zu erziehen. Körperliche Bestrafungen, seelische Verletzungen und andere entwürdigende Maßnahmen sind unzulässig“. Wenn es im Rahmen der Prävention von Gewalt wichtig ist, humanitäre Einstellungen und Zivilisation den nachwachsenden Generationen immer wieder sehr bewusst neu zu vermitteln und vor allen Dingen vorzuleben, so sind wir Erwachsenen bezüglich dieses Vorlebens in Familie, Kindergarten, Schule, Beruf, Politik, Medien und Freizeit noch zu oft auf einem eher niedrigen Entwicklungsstand und sollten uns verstärkt zu dem weiter entwickeln, was in § 1 Abs. 1 Sozialgesetzbuch VIII für junge Menschen als „eigenverantwortliche und gemeinschaftsfähige Persönlichkeit“ angestrebt wird.

Zu ergänzen ist, dass im vorliegenden Rahmen nicht auf weitere Formen von Gewalt in der Familie eingegangen wurde wie körperliche Gewalt unter Geschwistern, sexuelle und körperliche Gewalt gegen alte Menschen sowie unter Mitgliedern über die Kernfamilie hinaus.

2 Gewalterfahrungen außerhalb der Familie

2.1 Gewalt in der Schule

Es erscheint sinnvoll, hier auf bereits angeführte Untersuchungen zurückzugreifen, um auf die Überlagerungen von Gewalterfahrungen in verschiedenen Lebensbereichen hinzuweisen (ansonsten siehe z. B. Schwindt et al. 1997; Pilz 2005).

2.1.1 Jugendlichenbefragung

In der unter 1.1.1.1 angeführten Befragung Jugendlicher von Baier et al. (2009) wurde auch die in der Schule erlittene Gewalt untersucht mit folgenden Fragen (bezogen auf das letzte Schulhalbjahr; Antwortkategorien: Nie; 1- oder 2mal; 3- bis 6mal; mehrmals pro Monat; einmal pro Woche; mehrmals pro Woche):

Gewalt von Mitschülern: Absichtlich geschlagen oder getreten worden; erpresst und gezwungen worden, Geld oder Sachen herzugeben; eigene Sachen absichtlich kaputtgemacht worden; gehänselt oder hässliche Dinge gesagt worden; aus gemeinsamen Unternehmungen ausgeschlossen worden; wie Luft behandelt und absichtlich nicht mehr beachtet worden.

Gewalt durch Lehrkräfte: vor anderen Schülern lächerlich gemacht worden; richtig gemein behandelt worden; geschlagen worden.

Es ergaben sich die in Tabelle x angeführten Häufigkeiten. Hervorzuheben ist, dass 2,5 % der Schüler angaben, im letzten Schulhalbjahr von Lehrkräften ein- oder mehrmalig geschlagen worden zu sein (siehe auch Pilz, 2005)

Tab. 7: Häufigkeit erlittener Gewalt durch Mitschüler und Lehrkräfte (vgl. Baier et al. 2009: 57)

Gewalthandlung (abgekürzte Fragestellungen)	nie	1- oder 2mal	3- bis 6mal	Mindestens mehrmals pro Monat
Geschlagen oder getreten	79,1 %	15,5 %	3,2 %	2,2 %
Erpresst oder gezwungen	98,4 %	1,0 %	0,3 %	0,3 %
Sachen kaputtgemacht	86,3 %	10,7 %	1,7 %	1,3 %
Gehänselt oder hässliche Dinge	56,1 %	27,3 %	8,4 %	8,2 %
Aus Unternehmungen ausgeschlossen	89,3 %	7,8 %	1,6 %	1,2 %
Wie Luft behandelt	79,8 %	14,5 %	1,1 %	2,7 %
Lehrkraft: lächerlich gemacht	73,2 %	20,0 %	1,3 %	2,8 %
Lehrkraft: gemein behandelt	72,6 %	17,7 %	1,9 %	4,7 %
Lehrkraft: geschlagen	97,5 %	1,5 %	0,1 %	0,7 %

2.1.2 Kinderbefragung

Auch bei der unter 1.1.1.2 angführten Befragung von Kindern wurden vergleichbare Inhalte zur erlittenen Gewalt in der Schule durch Mitschüler untersucht. Die Tabelle 3 gibt die Häufigkeiten für verschiedenen Gewalterfahrungen wieder, bezogen auf die letzten vier Monate vor der Befragung.

Tab. 8: Häufigkeiten von Gewalterfahrungen in der Schule bei Viertklässlern (vgl. Baier et al. 2010: 289)

Gewalthandlung (abgekürzte Fragestellungen)	nie	1- oder 2mal	3- bis 6mal	häufiger
Von anderen Schülern geschlagen oder getreten worde	78,3 %	17,4 %	2,6 %	1,8 %
Gezwungen worden, etwas zu tun, was man nicht wollte	92,5 %	5,7 %	1,0 %	0,9 %
Mit Absicht eigene Sachen kaputtgemacht worden	92,9 %	6,0 %	0,6 %	0,5 %
Gehänselt worden oder hässliche Dinge über sich gesagt worden	67,7 %	23,4 %	5,2 %	3,7 %
In der Pause nicht bei anderen Kindern mitspielen dürfen	76,9 %	17,2 %	2,9 %	3,1 %
Durch andere Schüler wie Luft behandelt und absichtlich nicht mehr beachtet worden	83,4 %	12,8 %	2,3 %	1,5 %
Gerüchte über sich verbreitet worden, die nicht wahr gewesen	77,0 %	17,9 %	2,8 %	2,4 %

2.2 Gewalterfahrungen durch Medien

Kindler et al. (2009) referieren folgende Ergebnisse über deutsche Untersuchungen zur Häufigkeit der Konfrontation mit pornografischen Inhalten im Internet und über das Handy (7ff.):

- Medienpädagogischer Forschungsverbund Südwest (2004):
  - Repräsentative Befragung von Kindern/Jugendlichen im Alter von 12 bis 19 Jahren.
  - 45 % der Befragten, die das Internet nutzten, gaben an, schon einmal auf pornografische Seiten gestoßen zu sein. Der Anteil lag bei den 12 Jahre alten Kindern bei 15 % und stieg an auf 52 % bei den Jugendlichen im Alter von 16 bis 17 Jahren.
- Altstötter-Gleich (2006):
  - Befragt wurden in einer groß angelegten Studie Schüler im Alter von 11 bis 18 Jahren.

  - Etwas mehr als 60% der Stichprobe konnten auf Anfrage eine im Internet gesehene Szene mit sexuellem Inhalt konkret beschreiben.
- Medienpädagogischer Forschungsverbund Südwest (2008b):
  - Repräsentative Befragung deutscher Kinder im Alter von 6 bis 13 Jahren.
  - 8 % berichteten, dass sie im Internet schon einmal Seiten gesehen hätten, die ihnen Angst gemacht hätten oder unangenehm gewesen seien.
- European Commission (2007):
  - Fast alle der in 29 Ländern befragten Kinder und Jugendlichen zwischen 9 bis 14 Jahren wurden schon einmal mit pornografischen Inhalten im Internet konfrontiert.
- Medienpädagogischer Forschungsverbund Südwest (2008a):
  - Repräsentative Befragung von Kindern/Jugendlichen im Alter zwischen 12 und 19 Jahren.
  - 7 % gaben an, schon einmal pornografische oder Gewalt darstellende Dateien auf das Handy geschickt bekommen zu haben.

In der o.a. Untersuchung von Viertklässlern (Baier et al. 2010) wurden die Kinder auch danach gefragt, ob sie schon einmal Filme gesehen oder Spiele gespielt haben, welche erst ab 16 oder 18 Jahren zugelassen sind. 43,5 % gaben an, schon einmal einen solchen Film gesehen zu haben, und 30,7 % bejahten dies für das Spiel.

Auch in diesem Rahmen kann nicht ausführlich auf weitere Gewalterfahrungen durch Medien eingegangen werden wie z. B. ‚Happy Slapping' (Fotografieren von Gewalttaten und Verbreitung über Internet/Handy und Mobbing im Internet.

2.3 Weitere Gewalterfahrungsbereiche

Der Vollständigkeit halber sei auf weitere Lebensbereiche hingewiesen, in denen Kinder/Jugendliche mit Gewalt konfrontiert werden können: Körperliche, psychische (Mobbing) und sexuelle Gewalt auf Straßen und Plätzen, im Verein oder bei anderen Freizeitbeschäftigungen.

3 Risiko- und Schutzfaktoren von Kindeswohlgefährdungen/ Kindesmishandlungen

3.1 Grundlegende Modellvorstellungen

Die Ursachen von Kindesmisshandlungen können den folgenden Ebenen eines übergreifenden Bezugssystems zugeordnet werden:

- Individuelle Ebene:
  z.B. Merkmale der Biografie und Persönlichkeit wie belastete Kindheit, psychische Störungen, Drogen- oder Alkoholmissbrauch, Minderbegabungen, mangelnde Fähigkeiten im Umgang mit Stress und bei der Lösung von Konflikten, mangelndes Wissen über die Entwicklung von Kindern
- Familiäre Ebene:
  u.a. Partnerkonflikte, gestörte Eltern-Kind-Beziehungen, beengte Wohnverhältnisse
- Soziale/kommunale Ebene:
  z.B. kein sozial unterstützendes Netzwerk der Familie, Kriminalitätsrate in der Gemeinde, sozialer Brennpunkt
- Gesellschaftlich-kulturelle Ebene:
  z.B. hohe Armutsquote, Toleranz gegenüber Erziehungsgewalt und aggressiven/gewaltförmigen Konfliktlösungen).

Innerhalb dieser Ebenen und auch zwischen ihnen bestehen zahlreiche Wechselwirkungen, bei denen spezifische Faktorenkombinationen im Gesamtkontext die Wahrscheinlichkeit von Misshandlungen/Kindeswohlgefährdungen erhöhen oder auch reduzieren. Kein Faktor ist allerdings typisch für Kindesmisshandlungen, jeder kann auch in Familien auftreten, in denen es nicht zu Kindesmisshandlungen kommt.

Werden dabei dann nicht nur die Risikofaktoren berücksichtigt, durch die sich die Wahrscheinlichkeit zur Gewalt erhöht, sondern auch die Schutzfaktoren mit erfasst, welche die Wahrscheinlichkeit zur Gewalt und auch die Folgen von Gewalt vermindern können, so ergibt sich folgendes Bild:

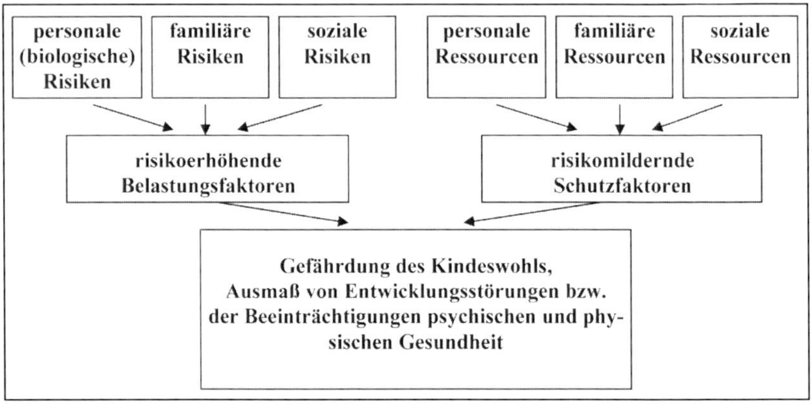

Auf der einen Seite die Risikofaktoren im personalen, familiären und sozialen Bereich, auf der anderen Seite die entsprechenden Ressourcen, die dann jeweils zu den risikoerhöhenden Belastungsfaktoren und den risikomildernden Schutzfaktoren zusammengefasst werden, wobei dann deren Wechselwirkungen das Ausmaß der Kindeswohlgefährdung bzw. der Entwicklungsstörungen sowie Beeinträchtigungen der psychischen und physischen Gesundheit bestimmen.

3.2 Risikofaktoren

Aufgrund der Forschung (Überblick bei Egle & Hoffman 2000; siehe auch die Forschungsübersicht von Krahé & Greve 2002 zu den Ursachen von Aggression und Gewalt sowie die Übersichten des Deutschen Jugendinstituts zu situativen, kindlichen, elterlichen und sozialen Risikofaktoren von Kindeswohlgefährdungen von Reinhold & Kindler 2005a,b,c sowie Seus-Seberich 2005) können folgende Risikofaktoren für eine - hier zunächst ganz allgemein – positive, gesunde Entwicklung von Kindern als gesichert angesehen werden:

- Niedriger sozioökonomischer Status
- Große Familie und beengte Wohnverhältnisse, soziale Ghettos
- Belastungen der Eltern mit
  - psychischen Störungen
  - schlechter Schulbildung
  - schwerer körperlicher Erkrankung/Behinderung
  - Alkohol- oder Drogenabhängigkeit
  - starker beruflicher Anspannung (beider Eltern oder des alleinerziehenden Elternteils)

- Trennungen/Verluste von Elternteilen durch
  - Scheidung, Tod
  - frühe mütterliche Berufstätigkeit (außer Haus) im 1. Lebensjahr ohne feste, dauerhafte Bezugsperson für das Kind
- Trennungen von anderen wichtigen Bezugspersonen, z.B. Geschwistern, engen FreundInnen, Großeltern
- Chronische Disharmonie in der Familie
  - Ehekonflikte, Erziehungsprobleme, Gewaltklima
  - Kriminalität in der Familie
- Mütter-Merkmale
  - Alleinerziehende
  - Teenager-Mütter
  - sehr alte Mütter
  - nicht verheiratete Mütter
  - schlechte Schulbildung
- Väter-Merkmale
  - permanente Abwesenheit in der frühen Kindheit
  - autoritäre Väter
  - Arbeitslosigkeit
  - sehr junge oder sehr alte Väter
  - schlechte Schulbildung
- Häufig wechselnde Beziehungen im Zusammenhang von
  - Umzügen, Schulwechseln, Trennung von Elternteilen, Stiefeltern, Heimaufenthalten usw.
- Kindesmisshandlung (körperliche, seelische, sexuelle, vernachlässigende)
- Mangelnde soziale Unterstützung
  - soziale Isolierung der Familie
  - mangelnde familiäre Bindungen bzw. soziale Unterstützung in der Verwandtschaft
  - schlechte Kontakte zu Gleichaltrigen
- Geringer Altersabstand zum nächstjüngeren Kind (kleiner 18 Monate)
- Erhebliche Belastungen durch Geschwister
- Uneheliche Geburt
- Geschlecht: Jungen sind vulnerabler als Mädchen

Die Interpretation solcher Risikofaktoren sollte vorsichtig erfolgen. Ein einzelner Faktor müsste schon relativ ausgeprägt vorhanden sein, um die Wahrscheinlichkeit des Auftretens von Entwicklungsstörungen beim Kind stark zu erhöhen. In der Regel sind es mehrere Risikofaktoren, die gemeinsam wirken und dann zu einer verhängnisvollen Entwicklung für Eltern und Kinder führen. Aber auch diese Risikofaktoren müssen dann nicht jeder für sich ein sehr großes Ausmaß aufweisen, um zu ausgeprägt negativen Auswirkungen auf die Kinder zu führen. Laien fallen häufig nur herausragende, besonders erschütternde und stark traumatisierende Ereignisse ein, wenn sie an Kinder denken, die sehr stark unter ihren Mitmenschen leiden. Nicht selten führen aber verschiedene Faktoren mit jeweils nur geringer Ausprägung aufgrund ihrer Wechselwirkungen schnell zur Eskalation.

Lösel et al. (2004) fanden z. B. zwar signifikante, aber letztlich nur mäßig bedeutsame Zusammenhänge zwischen einzelnen Aspekten elterlichen Erziehungsverhaltens und kindlichen Verhaltensproblemen. Sie untersuchten aber auch die Auswirkungen der Kumulation ungünstiger Erziehungsmerkmale, wobei jeweils als ein Risiko gezählt wurde,

> „wenn Mütter oder Väter zu jenen 10 Prozent der Eltern gehörten, die am meisten körperlich straften, am wenigsten engagiert waren, am inkonsistentesten erzogen, am wenigsten mit ihrer Erziehung zufrieden waren oder in anderen Erziehungsmerkmalen ungünstige Ausprägungen berichteten" (Lösel 2004: 10).

Bei der untersuchten Stichprobe stieg die Anzahl der Verhaltensprobleme in Abhängigkeit von der Häufigkeit der Erziehungsrisiken kontinuierlich an: Lagen z. B. keine Erziehungsrisiken vor, wurden im Mittel fast 9 Verhaltensprobleme gefunden, während bei vier und mehr Erziehungsrisiken im Mittel etwas mehr als 15 Verhaltensprobleme auftraten.

Ähnliche Beschreibungen von Risikofaktoren finden sich in der Literatur für Kindesmisshandlungen, wobei die folgende Auflistung sich weitgehend auf die umfassende Literaturübersicht von Bender und Lösel (2005) mit Schwerpunkt auf körperliche Misshandlung stützt:

Merkmale der Eltern

Demographische Variablen:

- Je jünger die Mütter bei der Entbindung, je höher Misshandlungsrisiko
- Jüngere Mütter höheres Misshandlungsrisiko als ältere Mütter
- Große Kinderzahl höheres Misshandlungsrisiko

Psychische Störungen und Persönlichkeitsmerkmale

- Misshandelnde Eltern überzufällig häufig depressiv
- Negative Befindlichkeiten wie erhöhte Ängstlichkeit, emotionale Verstimmung, Unglücklichsein können das Misshandlungsrisiko erhöhen
- Gleiches gilt für erhöhte Erregbarkeit, geringe Frustrationstoleranz, Reizbarkeit verbunden mit Impulskontroll-Störungen

- Stress und Gefühl der Überbeanspruchung erhöhen das Misshandlungsrisiko
- Erhöhtes Misshandlungsrisiko bei Alkohol- und Drogenproblemen
- Erziehungsstil mit vielen Drohungen, Missbilligungen, Anschreien erhöht das Risiko zur körperlichen Misshandlung
- Dissoziale, soziopathische bzw. psychopathische Eltern (uneinfühlsam, manipulativ, impulsiv, bindungsarm) neigen zu Kindesmisshandlungen
- Überhöhte Erwartungen an die Kinder, auch in Verbindung mit mangelnden Kenntnissen über die kindlichen Entwicklungsnormen, erhöhen das Misshandlungsrisiko
- Befürwortung körperlicher Strafen senkt die Schwelle zur körperlichen Kindesmisshandlung
- Eigene Gewalterfahrungen
- Eigene Gewalterfahrungen in der Kindheit erhöhen das Risiko, diese auch selbst in der Erziehung auszuüben. Die Rate dieses Gewalttransfers wird auf etwa 30% geschätzt.

Merkmale des Kindes

Demographische Merkmale

- Tendenzen zu Häufigkeitsgipfeln für Misshandlungen in der frühesten Kindheit und der Pubertät
- Tendenzen zu häufigerer körperlicher Misshandlung von Jungen

Physische Merkmale

- Mangelgeburten, geringes Körpergewicht führt zu erhöhtem Misshandlungsrisiko
- Gleiches gilt für gesundheitliche Probleme, Entwicklungsverzögerungen, Behinderungen

Verhaltensprobleme

- Schwieriges Temperament bei Kleinkindern (schwer zu beruhigen, Schlafstörungen, Schreikinder, Fütterstörungen) erhöhen das Risiko zu Misshandlungen
- Bei Kindern mit Verhaltensproblemen (externalisierenden wie internalisierenden) erhöht sich das Misshandlungsrisiko

Merkmale des direkten sozialen Umfeldes

Unterschicht und Arbeitslosigkeit

- Geringe finanzielle Ressourcen und Abhängigkeit von staatlicher Unterstützung erhöht das Risiko zu Misshandlung und Vernachlässigung
- Arbeitslosigkeit bei Männern erhöht das Risiko für körperliche Misshandlung

Wohngegend und Nachbarschaft
- Wohngegend und Nachbarschaft mit hoher Gewaltrate und hoher Armutsrate erhöhen das Misshandlungsrisiko

Soziales Netzwerk
- Soziale Isolierung, wenig Kontakte zu Verwandten erhöhen das Misshandlungsrisiko
- Das Gleiche gilt für Familien mit wenig sozialer Unterstützung, vielen Umzügen

Kulturelle und gesellschaftliche Faktoren
In diesem Bereich müssen folgende Faktoren beachtet werden, die die Schwelle zu (körperlicher) Gewalt reduzieren können: Erziehungseinstellungen und -praktiken (auch in unterschiedlichen ethnischen Gruppen), hohe Armutsrate bzw. hohe Anzahl von Sozialhilfeempfängern, Normen/Gesetze der Gesellschaft gegenüber körperlichen Strafen, Ausmaß der staatlichen Hilfen/Jugendhilfemaßnahmen, gesellschaftliche Verbreitung von Gewalt und Ausmaß von Gewalterfahrungen in Kindheit und Jugend.

Kindler (2009) konnte aufgrund seiner Literaturrecherche von 15 Längsschnittstudien insgesamt 22 Faktoren extrahieren, die sich in mindestens zwei dieser Studien als Vorhersagefaktoren für frühe Vernachlässigung und Misshandlung bewährt hatten und deren Rolle als Risikofaktor er als am ehesten „gesichert" ansieht. Er ordnet diese Faktoren den in der folgenden Tabelle aufgeführten acht Bereichen zu, wobei für inhaltlich eng verwandte, aber in verschiedenen Untersuchungen unterschiedlich benannte Risikofaktoren ein einheitlicher Begriff gewählt wurde.

Grobindikatoren der sozialen Lage der Familie:
- Medicaid (sozialhilfeartige Leistung in den USA zur Finanzierung medizinischer Behandlungskosten z. B. für Menschen mit geringem Einkommen/Armut)
- Armut/Sozialeinkommen
- Niedriger Bildungsstand

Lebenssituation der Familie:
- Häufige Umzüge
- Partnerschaftsprobleme/-gewalt
- Sozial isoliert, wenig Unterstützung

Persönliche Voraussetzungen von Mutter/Vater für die Bewältigung von Fürsorgeaufgaben:
- Geringer mütterlicher IQ
- Mutter sehr jung

- Mutter selbst Gefährdung erfahren
- Mutter/Vater in Fremdbetreuung
- Geringes Selbstvertrauen, self-efficacy

Psychische Gesundheit Mutter/Vater:

- Mutter psychisch auffällig
- Mutter depressive Anzeichen
- Mutter emotional instabil
- Mutter impulsiv/aggressiv

Verhalten während der Schwangerschaft und Haltung gegenüber Schwangerschaft und dem Kind:

- Unzureichende Vorsorge
- Ungewolltes Kind, negativ gegenüber dem Kind
- Negative Attributionen, unrealistische Erwartungen

Fürsorgeanforderungen durch Kind und Geschwister sowie Geschichte der Fürsorge für andere Kinder:

- Geringes Geburtsgewicht
- Schwieriges Kind
- Mehrere kleine Kinder versorgen

Beobachtbares Fürsorgeverhalten Mutter/Vater:

- Problematisches Fürsorgeverhalten

3.3 Schutzfaktoren und Ressourcen

In den als aussagekräftig anzusehenden Untersuchungen wurden vor allen Dingen die folgenden biographischen Schutzfaktoren von Entwicklungsstörungen (nach Egle und Hoffmann 2000: 21; s.a. Bettge, 2004 sowie die umfassende Übersicht zu diesem Bereich im Themenheft „Resilienz, Ressourcen, Schutzfaktoren – Kinder, Eltern und Familien stärken" der Zeitschrift Kindesmisshandlung und Vernachlässigung, 10, 1, 2007):

- dauerhafte gute Beziehung zu mindestens einer primären Bezugsperson
- seelisch gesunde Eltern
- sicheres Bindungsverhalten in der frühen Kindheit
- Großfamilie, kompensatorische Elternbeziehungen, Entlastung der Mutter
- gutes Ersatzmilieu nach frühem Mutterverlust
- wenig konflikthaftes, offenes und auf Selbständigkeit orientiertes Erziehungsklima
- überdurchschnittliche Intelligenz
- robustes, aktives und kontaktfreudiges Temperament

- internale Kontrollüberzeugungen, hohe Selbstwirksamkeits-Erwartungen (d.h. das Gefühl, die Probleme und Konflikte und zukünftigen Lebensaufgaben bewältigen zu können)
- sicheres Bindungsverhalten
- wenig kritische Lebensereignisse
- positive Schulerfahrungen
- soziale Förderung (z.B. Jugendgruppe, Schule, Kirche)
- verlässlich unterstützende Bezugsperson(en) im Erwachsenenalter.

Trotz des Vorhandenseins von z.T. erheblichen Risikofaktoren können also diese Schutzfaktoren eine recht gesunde Entwicklung ermöglichen, sogar bei ausgeprägten Traumatisierungen, wie sie schwere und langwährende Kindesmisshandlungen darstellen. Sie bewirken dies offensichtlich durch den Aufbau u. a. der folgenden Eigenschaften:

- positives Selbstwertgefühl
- geringes Gefühl der Hilflosigkeit
- starke Überzeugung, das eigene Leben und die Umwelt zu kontrollieren
- positive Sozialkontakte und soziale Unterstützung
- hohe soziale Kompetenz, gute Beziehungen
- gutes Einfühlungsvermögen
- hohe Kreativität, viele Interessen
- gute kognitive Funktionen.

Die negativen Folgen für Kinder, die in der Kindheit häufiger misshandelt oder stark vernachlässigt wurden, können nach Bender und Lösel (2000: 58) dann gemindert werden,

- wenn sie eine gute und dauerhafte Versorgung durch eine andere Person erhalten,
- wenn sie eine positive emotionale Beziehung zu einem anderen Erwachsenen (z.B. Verwandte, Lehrer, Pfarrer) haben, der auch als ein Modell für die positive Problembewältigung dienen kann,
- wenn sie lern- und anpassungsfähig bzw. gute soziale Problemlöser sind,
- wenn sie einen Bereich haben, in dem sie Erfahrungen der Kompetenz und Selbstwirksamkeit entwickeln können (z.B. akademischer, sportlicher, künstlerischer oder handwerklicher Natur),
- wenn sie emotionale Unterstützung, Sinn und Struktur auch außerhalb der Familie finden (z.B. in Schule, Heim oder Kirche).

Ähnlich fasst Dornes (2000: 81) drei Hauptunterschiede zusammen, welche die Gefahr mindern, dass misshandelte Kinder zu misshandelnden Eltern werden: „Nichtwiederholer hatten in der Kindheit mindestens eine Person, an die sie sich mit ihrem Kummer wenden konnten und/oder hatten irgendwann in ihrem Leben eine längere (mehr als 1 Jahr) Psychotherapie absolviert und/oder lebten gegenwärtig häufiger in einer befriedigenden Beziehung mit Ehepartner/Freund. Ohne die Bedeutung der aktuell befriedigenden Beziehung schmälern zu wollen ..., kann doch die Fähigkeit, eine solche einzugehen, zum großen Teil auf den unter Punkt 1 und 2 beschriebenen Einfluss zurückgeführt werden: Die in der Kindheit oder der Therapie gemachte Erfahrung, dass es auch menschliche Beziehungen gibt, die befriedigend sind, erlauben es dem Betroffenen, ihre Misshandlungsschicksale zu relativieren. Theoretisch gesprochen sind ihre Selbst- und Objektrepräsentanten (in Bowlbys Terminologie die ‚inneren Arbeitsmodelle' vom Selbst, vom anderen und von der Beziehung) flexibler und reichhaltiger, weil sie auch Erfahrungen mit Bindungsfiguren einschließen, die verfügbar waren, und ebenso Vorstellungen von sich selbst als liebenswert beinhalten. Dies erhöht die Bereitschaft, eine Beziehung einzugehen bzw. die Fähigkeit, sie erfolgreich zu gestalten."

3.4 Überlagerung von Risiko-/Belastungsfaktoren

Wie hoch die Belastung mit Risikofaktoren im Einzelfall sein können, soll an einem Beispiel aufgezeigt werden: Vizard et al. (2007) untersuchten 280 junge Menschen mit sexuell übergriffigem, aggressivem Verhalten im Alter von 5 bis 21 Jahren bei einem mittleren Alter von 13;9 Jahre. In Bezug auf die Häufigkeit von selbst erlittener Misshandlung ergaben sich extrem hohe Werte:

Sexueller Missbrauch	71 %
Körperliche Misshandlung	66 %
Seelische Misshandlung	74 %
Körperliche Vernachlässigung	59 %
Mangelnde elterliche Beaufsichtigung	49 %

Darüber hinaus lagen u. a. folgende Belastungsfaktoren:

· Psychische Störung der Mutter	35 %
· Misshandlung/Vernachlässigung der Mutter in der Kindheit	35 %
· Erleiden der Mutter von Gewalt durch den Partner	44 %
· Vorstrafen des Vaters	29 %
· Kinder leben mit leiblichen Eltern zusammen	5 %
· Tod eines Familienmitglieds/bedeutsamer Bezugsperson	30 %
· Inkonsistente elterliche Erziehung	44 %
· Übermäßig strenge elterliche Erziehung	53 %
· Sexualisierendes familiäres Klima	44 %
· Außerhäusliche Unterbringung des Kindes/Jugendlichen	76 %
· Wechselnde Wohnsitze (2 bis 5 mal)	45 %
· 1 bis 5 Schulwechsel	63 %

Je ausgeprägter und früher nun multiple bis chronische und sich überlagernde Belastungsfaktoren vorliegen, um so eher müssen komplexere, tief greifende Störungen der kognitiven, emotionalen, sozialen und neurobiologischen Entwicklung erwartet werden.

3.5 Differentielle Risikofaktoren für verschiedene Formen der Kindesmisshandlung?

Grundlegend muss davon ausgegangen werden, dass es knur wenige Ursachenfaktoren gibt, von denen gesagt werden kann, dass sie bei spezifischen Kindesmisshandlungen im Vergleich mit anderen Misshandlungsformen eine wirklich herausragende, eindeutig überwertige Bedeutung aufweisen würden. In der Literatur werden zwar immer wieder z. B. Risikofaktoren der Vernachlässigung wie depressive Mütter oder Teenager-Mütter oder väterliches Suchtverhalten, chronisch-kranke und behinderte Kinder sowie Armut aufgelistet, aber solche Risikofaktoren können – jeder für sich wie in Kombination miteinander – auch bei den anderen Formen der Kindesmisshandlung sowie in nicht-misshandelnden Familien auftreten.

Anhand von zwei Veröffentlichungen möchte sei exemplarisch auf die bei Vernachlässigung empirisch gefundenen Risikofaktoren eingehen.

Mayer et al. (2007) werteten die Quebec Incidence Study danach aus, ob sich Merkmale finden lassen, die vernachlässigte Kinder von Kindern mit anderweitigen Misshandlungsformen unterscheiden. Bei den vernachlässigten Kindern (N = 1172) kam es allerdings nur in 43 % der Fälle zur alleinigen Misshandlung durch Vernachlässigung, d.h. 57 % wiesen nach Angaben der Autoren auch weitere Misshandlungsformen oder aber Verhaltensauffälligkeiten auf, welche Interventionen nötig machten. In der Vergleichsgruppe mit anderweitigen Misshandlungsformen (N = 1769) lag in keinem Fall auch eine Vernachlässigung vor.

Zusammengefasst ergaben univariate und multivariate statistische Analysen, dass

die vernachlässigten Kinder gegenüber der Vergleichsgruppe

- signifikant jünger waren,
- häufiger schon früher den Kinderschutzdiensten bekannt waren,
- häufiger aus Familien mit Alleinerziehenden stammten und
- mehr Geschwister aufwiesen.

- Ihre Eltern erlitten gegenüber den Eltern der Vergleichsgruppe in der Kindheit häufiger Misshandlungen,
- wiesen häufiger Alkohol- und Drogenmissbrauch, psychische Störungen und Minderbegabungen auf,
- lebten häufiger in Armut
- und hatten weniger soziale Unterstützung.

Stith et al. (2009) bezogen in ihre Meta-Analyse 155 Studien mit 39 Risikofaktoren ein, um bedeutsame Risikofaktoren für die Entstehung körperlicher Misshandlung oder aber Vernachlässigung zu identifizieren. Die größten und als sehr ausgeprägt einzustufenden Effektstärken bei der Vernachlässigung fanden sich bei folgenden Faktoren, wobei in der rechten Spalte die in den jeweiligen Studien u.a. erfassten Merkmale zu diesen Faktoren aufgeführt sind:

Faktoren	**In den jeweiligen Studien u.a. erfasste Merkmale zu den Faktoren**
Eltern-Kind-Beziehung	Negative Eltern-Kind-Interaktionen; geringe emotionale Zuwendung und Gefühlsbindung der Eltern gegenüber dem Kind; negative kindliche Emotionen gegenüber den Eltern; unsicheres Bindungsverhalten des Kindes
Eltern nehmen das Kind als Problem wahr	Hohe Anzahl kindlicher Verhaltensauffälligkeiten; überhöhte/ überfordernde wie auch unterfordernde Erwartungen an das Kind
Elterlicher Stress	Hohe Anzahl von kritischen, belastenden Lebensereignissen; hohes Ausmaß täglicher Stressbelastung
Ärger/Hyperreagibilität der Eltern	Erhöhte elterliche Erregbarkeit und Aggressionsneigung; Neigung, anderen Personen zu misstrauen und sie als bedrohlich zu erleben; erhöhte physiologische Reaktivität; erhöhte Überzeugungen, sich bei vielen Ereignissen hilflos und ausgeliefert zu fühlen
Selbstwertgefühl der Eltern	Niedriges Selbstwertgefühl; negatives Selbstbild; geringe Wahrnehmung psychosozialer Zuwendung und Unterstützung; Gefühl der Unzulänglichkeit und Wertlosigkeit als Familienmitglied

Weiter zeigte sich in dieser Meta-Analyse, dass z. B. die Faktoren „Eltern nehmen das Kind als Problem wahr“ sowie „Ärger/Hyperreagibilität der Eltern“ auch sehr bedeutsame Risikofaktoren für die körperliche Misshandlung waren. Es geht also immer nur um die relative Bedeutsamkeit von Risikofaktoren als Ursache einer bestimmten Form der Kindesmisshandlung. Für die Vernachlässigung kann dann beispielhaft formuliert werden, dass je mehr und ausgeprägter und zeitlich überdauernd deren angeführte Risikofaktoren in einer Familie vorliegen, um so höher wächst die Wahrscheinlichkeit oder Gefährdung für Vernachlässigung – aber dies darf nicht dazu führen, bei solch einer Kumulation von Risikofaktoren das Gefährdungspotential für andere Misshandlungsformen zu unterschätzen. Allgemein wäre es wünschenswert, wenn in Forschung und Praxis endlich Standard würde, bei jedem Einzelfall Hinweisen nach allen Formen der Kindesmisshandlung nachzugehen sowie umfassend die personalen, familiären und sozialen Risikofaktoren abzuklären – bei ebenso sorgfältiger Erfassung der risikomildernden personalen, familiären und sozialen Ressourcen und Schutzfaktoren.

Literatur

Altstötter-Gleich, Christine (2006): Pornografie und neue Medien. Eine Studie zum Umgang Jugendlicher mit sexuellen Inhalten im Internet. Mainz: Pro Familia Landesverband.

Amann, Gabriele/Wipplinger, Rudolf (Hrsg.) (2005): Sexueller Missbrauch. Überblick über Forschung, Beratung und Therapie. Tübingen: DGVT.

Australian Institute of Health and Welfare (2009): Child protection Australia 2007-2008. Child Welfare Series, Number 45. Verfügbar unter: www.aihw.gov.au/publications/cws/cpa07-08/cpa07-08.pdf [06.12.2010].

Baier, Dirk (2008): Entwicklung der Jugenddelinquenz und ausgewählte Bedingungsfaktroen seit 1998 in den Städten Hannover, München, Stuttgart und Schwäbisch Gmünd. KFN-Forschungsbericht Nr. 104. Hannover: Kriminologisches Forschungsinstitut. www.kfn.de/versions/kfn/assets/fb104.pdf [6.12.2010].

Baier, Dirk/Pfeiffer, Christian/Simonson, Julia/Rabold, Susann (2009): Jugendliche in Deutschland als Opfer und Täter von Gewalt. Forschungsbericht 107. Hannover: Kriminologisches Forschungsinstitut Niedersachsen www.kfn.de/versions/kfn/assets/fb107.pdf [6.12.2010].

Baier, Dirk/Pfeiffer, Christian/Rabold, Susann/Simonson, Julia/Kappes, Cathleen (2010): Kinder und Jugendliche in Deutschland: Gewalterfahrungen, Integration, Medienkonsum. Forschungsbericht 109. Hannover: Kriminologisches Forschungsinstitut www.kfn.de/versions/kfn/assets/fob109.pdf [06.12.2010].

Belsky, Jay (1980): An ecological integration. In: Amer. Psychologist 35. 320-335.

Bender, Doris/Lösel, Friedrich (2000): Risikofaktoren, Schutzfaktoren und Resilienz bei Misshandlung und Vernachlässigung. In: Egle et al. (2000): 85-104.

Bender, Doris/Lösel, Friedrich (2005): Misshandlung von Kindern: Risikofaktoren und Schutzfaktoren. In: Deegener, Günther/Körner, Wilhelm (2005): 317-346.

Bettge, Susanne (2004): Schutzfaktoren für die psychische Gesundheit von Kindern und Jugendlichen. Charakterisierung, Klassifizierung, Operationalisierung. Dissertation an der Fakultät VII – Wirtschaft und Management/Institut für Gesundheitswissenschaften – der Technischen Universität Berlin. Verfügbar unter: http://opus.kobv.de/tuberlin/volltexte/2005/920/pdf/bettge_susanne.pdf [6.12.2010].

Bussmann, Kai.-D. (1995): Familiale Gewalt gegen Kinder und das Recht. Erste Ergebnisse einer Studie zur Beeinflussung von Gewalt in der Erziehung durch Rechtsnormen. In: Gerhardt et al. (1995): 261-279.

Bussmann, Kai.-D. (1996): Changes in family sanctioning styles and the impact of abolishing corporal punishment. In: Frehsee et al. (1996): 39-61.

Bussmann, Kai-D. (2002a): Schlussbericht. Studie zu den Auswirkungen des Gesetzes zur Ächtung der Gewalt in der Erziehung und der begleitenden Kampagne „Mehr Respekt vor Kindern“. Eltern-Studie. Martin-Luther-Universität Halle-Wittenberg, Juristische Fakultät.

Bussmann, Kai-D. (2002b): Schlussbericht. Studie zu den Erfahrungen von Beratungs- und anderen Hilfeeinrichtungen mit dem Gesetz zur Ächtung der Gewalt in der Erziehung. Multiplikatorenstudie. Martin-Luther-Universität Halle-Wittenberg, Juristische Fakultät.

Bussmann, Kai-D. (2002c): Zwischenbericht. Jugendstudie zu den Auswirkungen des Gesetzes zur Ächtung der Gewalt in der Erziehung und der begleitenden Kampagne „Mehr Resepkt vor Kindern“. Jugendstudie. Martin-Luther-Universität Halle-Wittenberg, Juristische Fakultät.

Bussmann, Kai-D. (2005): Report über die Auswirkungen des Gesetzes zur Ächtung der Gewalt in der Erziehung. Vergleich der Studien von 2001/2002 und 2005. Eltern-, Jugend- und Expertenbefragung. Hrsg.: Bundesministerium der Justiz, Berlin.

Bussmann, Kai-D. (2006): Bilanz nach fünf Jahren. Auswirkungen des Gesetzes zur Ächtung der Gewalt in der Erziehung. Kindesmisshandlung und -vernachlässigung 9. 4-22.

Deegener, Günther/Körner, Wilhelm (2005): Kindesmisshandlung und Vernachlässigung. Ein Handbuch. Göttingen: Hogrefe.

Deegener, Günther (2009): Kindesmisshandlung und Vernachlässigung. In: Maercker (2009): 345-363.

Department for Children, Schools and Families (2008): Referrals, Assessments and Children and Young People who were the Subject of a Child Protection Plan, England – Year ending 31 March 2008. http://www.dcsf.gov.uk/rsgateway/DB/SFR/s000811/sfr24_2008.pdf [6.12.1010].

Dornes, Martin (2000): Vernachlässigung und Misshandlung aus der Sicht der Bindungstheorie. In: Egle et al. (2000): 70-83.

Dubowitz, Howard (2007): Understanding and addressing the “neglect of neglect”: Digging into the molehill”. In: Child Abuse & Neglect 31. 603-606.

Egle, Ulrich T./Hoffmann, S.O. (2000): Pathogene und protektive Entwicklungsfaktoren in Kindheit und Jugend. In: Egle et al. (2000): 3-22.

Egle, Ulrich T./Hoffmann, Sven O./Joraschky, Peter (Hrsg.) (2000): Sexueller Missbrauch, Misshandlung, Vernachlässigung. Stuttgart: Schattauer.

Ernst, Cécile (2005): Zu den Problemen der epidemiologischen Forschung des sexuellen Missbrauchs. In Amann/Wipplinger (2005): 55 71.

European Commission (2007): Annual Report 2007. European Police Office. www.europol.europa.eu/publications/Annual_Reports/Annual%20Report%202007.pdf [6.12.2010].

Frehsee, Detlev/Horn, Wiebke/Bussmann, Kai-D. (Hrsg.) (1996): Family violence against children a challenge for society. Berlin: de Gruyter.

Gerhardt, Uta/Hradil, Stefan/Lucke, Doris/Nauck, Bernhard (Hrsg.) (1995): Familie der Zukunft. Opladen: Leske & Budrich.

Hahlweg, Kurt/Heinrichs, Nina/Bertram, Heike/Kuschel, Annett/Widdecke, Nadine (2008): Körperliche Bestrafung: Prävalenz und Einfluss auf die psychische Entwicklung bei Vorschulkindern. In: Kindheit und Entwicklung 17. 46-56.

Kavemann, Barbara/Leopold, Beate/Schirrmacher, Gesa/Hagemann-White, Carol (2001): Modelle der Kooperation gegen häusliche Gewalt. Schriftenreihe des Bundesministeriums für Familie, Senioren, Frauen und Jugend, Band 193. Stuttgart: Kohlhammer.

Kindler, Heinz. (2009): Wie könnte ein Risikoinventar für frühe Hilfe aussehen? In: Meysen et. al. (2009): 173-226

Kindler, Heinz/Derr, Regine/Herzig, Sabine (2009): Kinderschutz und neue Medien bzw. Kommunikationstechnologien. Forschungsüberblick: 1. Teil. In: Kindesmisshandlung und -vernachlässigung 12. 5-22

Krahé, Barbara/Greve, Werner (2002): Aggression und Gewalt: Aktueller Erkenntnisstand und Perspektiven künftiger Forschung. In: Zeitschrift für Sozialpsychologie 33. 123-142.

Libal, Renate/Deegener, Günther (2005): Häufigkeiten unterschiedlicher Gewalterfahrungen in Kindheit und Jugend sowie Beziehungen zum psychischen Befinden. In: Deegener/Körner (2005): 59-93.

Lösel, Friedrich/Beelmann, Andreas/Jaursch, Stefanie/Stemmler, Mark (2004): Soziale Kompetenz für Kinder und Familien. Ergebnisse der Erlangen-Nürnberger Entwicklungs- und Präventionsstudie. Hrsg.: Bundeminsiterium für Familie, Senioren, Frauen und Jugend, Berlin. www.bmfsfj.de/RedaktionBMFSFJ/Abteilung2/Pdf-Anlagen/soziale-kompetenz-f_C3_BCr-kinder-und-familien,property=pdf.pdf [6.12.2010].

Luedtke, Jens/Lamnek, Siegfried (2002): Schläge in jeder dritten Familie. Studie zur Gewalt in bayerischen Familien. In: Agora Magazin der katholischen Universität Eichstätt 18. 8-9.

Maercker, Andreas. (Hrsg.) (2009): Postraumatische Belastungsstörungen. Heidelberg: Springer.

Medienpädagogischer Forschungsverbund Südwest (Hrsg.) (2004): JIM-Studie 2004. Jugend, Information, (Multi-)Media. Basisuntersuchung zum Medienumgang 12- bis 19-Jähriger. Stuttgart: Medienpädagogischer Forschungsverbund Südwest.

Medienpädagogischer Forschungsverbund Südwest (Hrsg.) (2008a): JIM-Studie 2008. Jugend, Information, (Multi-)Media. Basisuntersuchung zum Medienumgang 12- bis 19-Jähriger. Stuttgart: Medienpädagogischer Forschungsverbund Südwest.

Medienpädagogischer Forschungsverbund Südwest (Hrsg.) (2008b). JIM-Studie 2008. Jugend, Information, (Multi-)Media. Basisuntersuchung zum Medienumgang 6- bis 13-Jähriger. Stuttgart: Medienpädagogischer Forschungsverbund Südwest.

Meysen, Thomas/Schönecker, Lydia/Kindler, Heinz (2009): Frühe Hilfen im Kinderschutz. Rechtliche Rahmenbedingungen und Risikodiagnostik in der Kooperation von Gesundheits- und Jugendhilfe. Weinheim: Juventa.

McCarroll, James E./Fan, Zizhong/Newby, John H./Ursano, Robert J. (2008): Trends in US Army Child Maltreatment Reports: 1990–2004. In: Child Abuse Review 17. 108-118

Mayer, Micheline/Lavergne, Chantal/Tourigny, Marc/Wright, John (2007): Characteristics Differentiating Neglected Children from Other Reported Children. In: Journal of Family Violence 22. 721-732.

Müller, Ursula/Schröttle, Monika (2004): Lebenssituation, Sicherheit und Gesundheit von Frauen in Deutschland. Eine repräsentative Untersuchung zu Gewalt gegen Frauen in Deutschland. Zusammenfassung zentraler Studienergebnisse. Bundesministerium für Familie, Senioren, Frauen und Gesundheit: Berlin.

Pfeiffer, Christian/Wetzels, Peter (1997): Kinder als Täter und Opfer. Eine Analyse auf der Basis der PKS und einer repräsentativen Opferbefragung. KFN-Forschungsbericht Nr. 68. Hannover: Kriminologisches Forschungsinstitut.

Pfeiffer, Christian/Wetzels, Peter/Enzmann, Dirk (1999) Innerfamiliäre Gewalt gegen Kinder und Jugendliche und ihre Auswirkungen. KFN-Forschungsbericht Nr. 80. Hannover: Kriminologisches Forschungsinstitut.

Pilz, Gunter A. (2005): Gewalt und Gewaltprävention in der und durch die Schule. In: Deegener/Körner (2005): 198-220.

Reinhold, Claudia/Kindler, Heinz (2005a): In welchen Situationen kommt es vor allem zu Kindeswohlgefährdungen? In: Handbuch Kindeswohlgefährdung nach § 1666 BGB und Allgemeiner Sozialer Dienst (ASD): http://213.133.108.158/asd/20.htm [6.12.2010].

Reinhold, Claudia/Kindler, Heinz (2005b): Gibt es Kinder, die besonders von Kindeswohlgefährdungen betroffen sind? In: Handbuch Kindeswohlgefährdung nach § 1666 BGB und Allgemeiner Sozialer Dienst (ASD). tp://213.133.108.158 /asd/17. htm [6.12.2010].

Reinhold, Claudia/Kindler, Heinz. (2005c): Was ist über Eltern, die ihre Kinder gefährden, bekannt? In: Handbuch Kindeswohlgefährdung nach § 1666 BGB und Allgemeiner Sozialer Dienst (ASD). http://213.133.108.158/asd/18.htm [6.12.2010].

Rückert, Sabine (2001): Die Mörderin. In: DIE ZEIT 31.

Schwindt, Hans-Dieter/Roitsch, Karin/Ahlborn, WilfriedGielen, Birgit (Hrsg.) (1997): Gewalt in der Schule – am Beispiel von Bochum. Mainz: Weisser Ring Verlagsgesellschaft.

Seus-Seberich, Elfriede (2005): Welche Rolle spielt soziale Benachteiligung in Bezug auf Kindeswohlgefährdung? In: Handbuch Kindeswohlgefährdung nach § 1666 BGB und Allgemeiner Sozialer Dienst (ASD). http://213.133.108.158/asd/21.htm [6.12.2010].

Stith, Sandra M./Liu, Ting/Davies, L. Christopher/Boykin, Esther L./Alder, Meagan C./ Harris, Jennifer M./Som, Anurak/McPherson, Mary/Dees, J.E.M.E.G. (2009): Risk factors in child maltreatment: a meta-analytic review of literature. In: Aggression and Violent Behavior 14. 13–29.

Trocmé, Nico/Fallon, Barbara/MacLaurin, Bruce/Daciuk, Joanne/Felstiner, Caroline/ Black, Tara/Tonmyr, Lil/Blackstock, Cindy/Barter, Ken/Turcotte, Daniel/Cloutier, Richard (2005): Canadian Incidence Study of Reported Child Abuse and Neglect – 2003: Major Findings. Minister of Public Works and Government Services Canada 2005.

U.S. Department of Health & Human Sciences (2009): Child Maltreatment 2007. http:// www.acf.hhs.gov/programs/cb/pubs/cm07/cm07.pdf [6.12.2010].

Wetzels, P. & Pfeiffer, C. (1997): Kindheit und Gewalt: Täter- und Opferperspektiven aus Sicht der Kriminologie. Praxis der Kinderpsychologie und Kinderpsychiatrie 46. 143-152.

Vizard, Eileen/Hickey, Nicole/French, Lesley/McCrory, Eamon (2007): Children and adolescents who present with sexually abusive behavior: A UK descriptive study. In: The Journal of Forensic Psychiatry & Psychology 18. 59-73.

I Schule im Kooperationsfeld Kinderschutz

Wolfgang Behlert

Schulisches Erziehungsrecht und Verantwortung für das Kindeswohl

Darüber, dass ein schulisches Erziehungsrecht existiert, wird nicht gestritten. Verfassungsrechtlich wird es aus Art. 7 Abs. 1 GG abgeleitet. Hierbei handelt es sich zunächst zwar um eine organisationsrechtliche Norm. Jedoch ergibt sich nach ganz vorherrschender Meinung aus dem Grundsatz der staatlichen Schulaufsicht auch das Recht des Staates, Bildungsinhalte und Erziehungsziele zu definieren (vgl. Thiel 2000: 61 ff. m.w.N.; in der Begründung anders: Rux 2002: 425). Den hierin verkörperten Bildungsanspruch des Staates tatsächlich umzusetzen, ist Aufgabe der Schulen, an die zu diesem Zweck per Gesetz ein staatlicher Bildungs- und Erziehungsauftrag ergeht.

Gleichzeitig ist aber evident, dass ein solches Recht notwendigerweise mit dem durch Art. 6 Abs. 2 S. 1 GG grundrechtlich geschützten Bereich elterlicher Erziehung in Konflikt gerät und im Übrigen auch einen nachhaltigen Eingriff in die Grundrechte des Schülers, wie sie sich aus Art. 2 Abs. 1 GG, gegebenenfalls i.V.m. Art. 1 Abs. 1 GG ergeben, bedeutet. Die verfassungsrechtliche Bestimmung eines schulischen Erziehungsrechts soll daher zunächst in der Bezugnahme auf diese beiden Grundrechtsnormen ansetzen (1.). Dabei wird bei einer Gesamtbetrachtung der Konstruktion von Art. 6 GG erkennbar werden, dass die grundrechtsbeschränkende Wirkung eines schulischen Erziehungsrechts auf Eltern und Schüler nicht ohne eine auf dieses Erziehungsrecht selbst wieder einwirkende Beschränkung auskommt. Diese ergibt sich zumindest hinsichtlich des Elternrechts aus der – im Grundgesetz allerdings begrifflich nicht vorkommenden – zentralen Bedeutung des Kindeswohls im Kontext von Erziehung. Um die Beschränkung, die insoweit von schulischem Erziehungsrecht ausgeht, die es aber zugleich auch selbst begrenzt, definieren zu können, sind daher Anmerkungen zum Begriff des Kindeswohls zu machen (2.) Abschließend kann dazu Stellung bezogen werden, welche Inhalte bzw. welchen Umfang das schulische

Erziehungsrecht haben kann und inwieweit es dabei auch eine Verantwortung für das Kindeswohl mit einschließt (3.).

1 Beschränkung des Elterngrundrechts durch schulische Erziehung des Schülers-Begrenzung des schulischen Erziehungsrecht durch elterliche Erziehung des Kindes

Die verfassungsrechtliche Schutzwirkung des Elterngrundrechts aus Art. 6 Abs. 2 GG leitet sich in ihrer Genese zunächst daraus ab, dass es sich bei ihm um eine spezifische Ausformung des grundrechtsgeschützten Gesamtraumes Familie i.S.v. Art. 6 Abs. 1 GG handelt (Zacher 2001, 266). Folglich ist das Elternrecht insofern in gleicher Weise geschützt wie die Familie insgesamt (Pieroth/Schlink 2010: 171). Art. 6 Abs. 2 GG ist daher zunächst institutionelle Garantie des Elternrechts und Ordnungsauftrag, und zwar in erster Linie an den Gesetzgeber, im Weiteren aber auch an die Judikative und an die öffentliche Verwaltung (Zacher 2001: 286). Darüber hinaus bezeichnet er ein Grundrecht der Eltern. Es betrifft nach dem Wortlaut von Art. 6 Abs. 2 S. 1 GG neben der Pflege, d.h. der Sorge um das körperliche Wohl, insbesondere die Entscheidungen der Eltern über die die Erziehung des Kindes, d.h., verkürzt gesagt, seine seelische und geistige Entwicklung einschließlich der religiösen und weltanschaulichen Erziehung. Das Elterngrundrecht hat in erster Linie die Funktion der Abwehr ungerechtfertigter Eingriffe des Staates in die Erziehung der Eltern. Entsprechend dem allgemeinen Grundrechtsverständnis, wie es sich als Folge der gesellschaftlichen Etablierung des Sozialstaatsgedankens herausgebildet hat, ist es aber zugleich auch Teilhaberecht. Dies bedeutet, dass vom Staat die Schaffung der rechtlichen und sozialen Bedingungen erwartet werden kann, die Voraussetzung dafür sind, dass sich der Grundrechtsberechtigte seine Freiheitsrechte auch tatsächlich in Anspruch zu nehmen in der Lage sieht. In diesem Zusammenhang wird man naheliegender Weise zuerst an das Instrumentarium des Familienlasten- sowie des Familienleistungsausgleichs denken. Jedoch kann der Teilhabegedanke auch dort Wirkung entfalten, wo Art. 6 Abs. 2 S.1 GG mit der einschränkenden Attribuierung, dass die Erziehung *zuförderst* Elternrecht sei, zumindest implizit auf weitere, ebenfalls an der Erziehung der Kinder mitbeteiligte Personen und Institutionen verweist. Zu ihnen gehört insbesondere das staatliche Gemeinwesen, das insoweit auch „die Funktion eines Erziehungsträgers mit entsprechenden Pflichten hat". (BVerfGE 24, 119, 136). Unter den vom Staat für die Verwirklichung dieser Funktion zur Verfügung gestellten Institutionen befindet sich die Schule an herausgehobener Stelle.

Allerdings ist gerade im Dissens zwischen den Eltern und Institutionen staatlicher Miterziehung, wie vor allem der Schule, zunächst erst einmal von prinzipieller Bedeutung, dass das Grundrecht aus Art. 6 Abs. 2 S. 1 GG den Eltern genau zu dem Zweck der Abwehr etwaiger staatlicher Eingriffe in ihr Erziehungsrecht zur Verfügung steht, während es in eben dieser Funktion den Staat in seinen eigenen erzieherischen Aktivitäten insoweit gerade bindet. In anderen Worten wäre ein Eingriff in Elternrechte nur dann gerechtfertigt, wenn er seine Begründung in einer verfassungsmäßigen Beschränkung des Elternrechts finden könnte. Eine solche Schranke kann in Form eines Gesetzesvorbehaltes oder aber kollidierenden Verfassungsrechts bestehen. Explizit enthält lediglich Art. 6 Abs. 3 GG einen Gesetzesvorbehalt. Er betrifft die Trennung des Kindes von seiner Familie. Undeutlicher ist die Situation in Bezug auf Art. 6 Abs. 2 S. 2 GG. Nach dem Normzweck von S. 1 berechtigt das Wächteramt des Staates nicht dazu, irgendwie geartete Festlegungen zur Art und Weise der Erziehung zu treffen oder Leitbilder für die Erziehung zu formulieren und ihre Einhaltung zu kontrollieren (BVerfGE 99, 216, 232). Weil „in aller Regel Eltern das Wohl des Kindes mehr am Herzen liegt als irgend einer anderen Person oder Institution“ (BVerfGE 59, 360), kann es nur in einer „Unvertretbarkeitskontrolle“ (Jestaedt 2008: 14) elterlichen Verhaltens bestehen. Auch die Schule ist mit Art. 6 Abs. 2 S. 2 GG auf dieses staatliche Wächteramt, dass auf Kindeswohlgefährdungen als Grenzüberschreitung der Elternmacht reagiert, verpflichtet und insoweit mit entsprechenden Berechtigungen ausgestattet. Im Übrigen ergibt sich für sie unmittelbar aus dem staatlichen Bildungs- und Erziehungsanspruch aus Art. 7 Abs. 1 GG eine Fürsorgepflicht bzw. eine Pflicht zur Gefahrenabwehr. Man spricht in diesem Zusammenhang auch von der Schutzverantwortung der Schule (Ramm 1990: 439). Sie wird herkömmlicher Weise vor allem mit Blick auf die schulische Aufsichtspflicht (hier steht aktuell vor allem der Schutz vor Gewalttätigkeiten von Mitschülern im Fokus) oder auch auf schulärztliche Untersuchungen thematisiert. Sie besteht aber auch dort, wo die Schule Hinweise auf eine Gefahr für das Kindeswohls im Verantwortungsbereich der Eltern hat, deren Abwendung deshalb normalerweise auch den Eltern obliegen würde.

Vgl. z.B.§ 1 Abs. 2b SchoG Saarland:

> „Im Rahmen ihres Unterrichts- und Erziehungsauftrages trägt die Schule in Wahrnehmung ihrer Fürsorgepflicht für den Schutz der Kinder vor Gewalt, Vernachlässigung, Ausbeutung sowie leiblicher, geistiger oder sittlicher Verwahrlosung Sorge.“

Es ist daher die Pflicht der Schule, entsprechende Hinweise auf eine Kindeswohlgefährdung nicht zu ignorieren und darauf zu sehen, dass eine als insoweit kritisch eingeschätzte Situation abgeklärt wird. Sie wird dem betroffenen

Kind konkrete Hilfe und Unterstützung anbieten und ihm Auswege aus der Gefährdungssituation aufweisen. Sie wird, soweit dies angezeigt ist, mit den betroffenen Eltern das Gespräch suchen und gegebenenfalls auch mit dem Jugendamt Kontakt aufnehmen (vgl. etwa: § 5a SchulG für Berlin, § 55a Abs. 2 ThürSchulG). Jedoch besteht für die Schule keine Eingriffsberechtigung in Elternrechte. Eine solche steht nämlich, wie das Bundesverfassungsgericht klargestellt hat (BVerfGE 107, 104), unter Gesetzesvorbehalt. Entsprechend berechtigen und verpflichten vor allem §§ 1666, 1666a BGB sowie §§ 8a, 42 SGB VIII bei Vorliegen der gesetzlichen Voraussetzungen den Staat in Gestalt der Familiengerichte und der Jugendämter zu derartigen Eingriffen.

Mitunter wird im Wortlaut von Art. 6 Abs. 2. S. 1 GG, wo nicht nur von einem Eltern*recht*, sondern zugleich auch von einer *Pflicht* zur Pflege und Erziehung des Kindes die Rede ist, zumindest tendenziell eine immanente Schranke des Elternrechts ausgemacht (so wohl Lecheler 2001: 267 f.; Epping 2010: 225). Jedoch wird in der Elternpflicht weniger eine Grenze, als vielmehr eher einen wesensbestimmenden Bestandteil des Elternrechts gesehen werdenmüssen (Jarras/Pieroth 2010, Rz. 36 zu Art 6). Allerdings führt die zugleich Pflichten statuierende Rückbindung des Elternrechts in der Tat in eine im Vergleich zu allen anderen Grundrechten einmalige Situation (BVerfGE 24, 119, 143). Diese Akzentuierung nämlich führt zu einer näheren Bestimmung seines Wesens als „dienendem" oder „treuhänderischen" Grundrecht (BVerfGE 59, 360). Das bedeutet, dass es nicht nur selbst Grundrecht (der Eltern) ist, sondern vor allem auch zur Verwirklichung von Grundrechten anderer (ihrer Kinder) dient, weil und insofern diese aufgrund ihres jeweiligen körperlichen, geistigen und sittlichen Entwicklungsstandes auf die treuhänderische Wahrnahme ihrer Interessen durch die Eltern angewiesen sind. Diese Perspektive des Elternrechts verweist also, so verstanden, zunächst nicht unbedingt auf eine Schranke, sondern eher als auf seinen Teilhabeaspekt. Auch indem die Schule erzieherische und Bildungsleistungen zur Verfügung stellt, begrenzt sie so gesehen Elternrechte per se nicht, sondern ermöglicht im Grunde erst ihre für die Eltern verpflichtende Wahrnahme.

Jedoch soll hierdurch nicht aus dem Blick geraten, dass durch die Institution Schule allerdings in das Selbstbestimmungsrecht der Schüler eingegriffen wird, und zwar in einer Intensität, wie sie in den Worten von J. Rux mit Ausnahme des Strafvollzugs in keinem anderen Bereich staatlich geordneten gesellschaftlichen Lebens vorkommt (Rux 2002: 423). Zu erinnern ist in diesem Zusammenhang daran, dass das Verhältnis zwischen Schule und Schüler bis zu einer Entscheidung des Bundesverfassungsgerichts aus dem Jahr 1972 (BVerfGE 33, 1) als damals noch so bezeichnetes besonderes Gewaltverhältnis angesehen wurde (im Einzelnen: Ramm 1990: 447). Nach damals herrschender Lehre handelte es sich hierbei um ein öffentlich- rechtliches Sonderrechtsverhältnis, das dadurch gekennzeichnet war, dass der an ihm beteiligte Bürger- hier also: der Schüler- nicht grundrechtsberechtigt war. Heutigem Verständnis liegt, gleichwohl Schüler im Ergebnis weiterhin in einem besonderen Pflichtenverhältnis zur Schule stehen, die Grundrechtssubjektivität des Schülers zu Grunde. Allerdings kann eine Beschränkung seiner Grundrechte prinzipiell dadurch gerechtfertigt sein, dass sie mit anderem Verfassungsrecht kollidieren. Dies liegt in Art. 7 Abs. 1 GG vor. Indem die Vorschrift in Gestalt des Schulwesens ein Rechtsinstitut normiert, mit der notwendigerweise Grundrechtseinschränkungen verbunden sind, entfaltet sie grundrechtbeschränkende Wirkung (Jarras/Pieroth 2010, Rz. 1 zu Art. 7). Jedoch stehen Grundrechtsbeschränkungen, die mit Art. 7 Abs. 1 GG gerechtfertigt sein sollen, unter einem sogenannten Wesentlichkeitsvorbehalt. Dies meint, dass derartige Eingriffe nach der vom Bundesverfassungsgericht (seit BVerfGE 33, 303 ff.) entwickelten „Wesentlichkeitstheorie" soweit sie eben als wesentlich anzusehen sind, durch parlamentarisches Gesetz legitimiert sein müssen (vgl. Oppermann 1989: 336 f.).

Auf das Elternrecht hingegen hat der mit Art. 7 Abs. 1 GG korrespondierende staatliche Erziehungsanspruch zunächst keine unmittelbare Wirkung. Weder Art./Abs. 1 GG noch die jeweiligen (landes-)gesetzlichen Umsetzungen der Verfassungsnorm (hierzu unten) binden Eltern in deren eigenem erzieherischen Verhalten Jarras/Pieroth 2010: Rz. 5 zu Art. 7 m.w.N.). Dies liegt daran, dass bei den Eltern „die umfassende Verantwortung für die Lebens- und Entwicklungsbedingungen des Kindes" liegt (Zacher 2001, 296). Gemessen hieran und unter Einbeziehung der in Literatur und Rechtsprechung besprochenen bzw. entschiedenen Fälle, in denen sich jeweils der autonome Gestaltungswillen der Eltern bei Pflege und Erziehung weiter konkretisiert (im Einzelnen: Jarass/-Pieroth 2010, Rz. 37 zu Art. 6), kann keine staatliche Institution, auch nicht die Schule, die ansonsten durch Art. 7 Abs. 1 GG gegenüber allen nichtelterlichen Erziehungsträgern privilegiert ist, für sich ein dem Elternrecht *vergleichbares* Erziehungsrecht in Anspruch nehmen (BVerfGE 24, 119; 31, 194; 47, 47; 59, 360; vgl. hierzu auch Münder et al. 2009, Rz. 14 zu § 1). Es geht demnach um die Differenz zwischen elterlichem und schulischem Erziehungsrecht, die darin begründet ist, dass es das eine Mal um *das Kind* in der Gesamtheit seiner gesellschaftlichen und gemeinschaftlichen Beziehungen sowie seiner physischen, geistigen und seelischen Dispositionen geht, im anderen Fall um *den Schüler* in seinen konkreten schulischen, und damit insoweit reduzierten Bezügen. Die Konsequenz: Das Erziehungsrecht der Eltern als Grundrecht, und damit vor allem auch Abwehrrecht, wäre konterkariert, müsste es sich nach staatlich angeordneten Erziehungsvorgaben richten. Sie existieren folglich für den Bereich der Elternerziehung nicht (BT- Drs. 8/2788: 44f). Für elterliches Erziehungshandeln bestehen außerhalb der eher allgemeinen Bestimmung des § 1626 Abs. 2 BGB und definitorischer Festlegungen vor allem in den §§ 1631, 1632 BGB lediglich die Grenzen der §§ 1631b, 1631c BGB und insbesondere § 1666 BGB (Kindeswohlgefährdung). Anders beim schulischen Erziehungsrecht. Von ihm muss erwartet werden, dass es sich als Instrument zur Umsetzung eines gesetzlich definierten Erziehungsauftrages legitimiert. Sofern es in den grundrechtsgeschützten Erziehungsbereich der Eltern eindringt, muss jedes Mal eine entsprechende Güterabwägung mit Hinblick auf das Kindeswohl vorausgegangen sein.

2 Das Kindeswohl als Maßstab und Grenze schulischen Erziehungsrechts

Als Rechtsbegriff ist das Kindeswohl in seiner heutigen Bedeutung (zu seiner ursprünglichen straf- und polizeirechtlichen Begründung vgl. Münder 2010: 454) dem Ausgangspunkt nach dem BGB zuzuordnen, obgleich er auch in korrespondierenden Normen anderer Gesetze vorkommt. Allein in den §§ 1626 bis 1698b BGB, in denen die elterliche Sorge geregelt ist, kommt er insgesamt 27 mal in ganz unterschiedlichen sprachlichen Nuancierungen vor, die zugleich auf unterschiedliche Bedeutungsinhalte innerhalb der jeweiligen Regelungszusammenhänge hinweisen. Gleichwohl ist das Kindeswohl ein unbestimmter Rechtsbegriff. Zu seiner Auslegung müssen die entsprechenden rechtswissenschaftlichen Methoden zur Anwendung kommen. Dass dabei außerrechtliches Wissen zu aktivieren ist, stellt für sich genommen noch keine Besonderheit dar, denn regelmäßig sind es *Lebens*sachverhalte, die es rechtlich zu bearbeiten gilt. Die Schwierigkeiten mit dem zunächst begrifflichen und dann auch praktischen Umgang mit dem Kindeswohl sind anderer Natur. Sie hängen zum einen damit zusammen, dass der Begriff in der Rechtsanwendung nur schwer zu operationalisieren ist, und zwar deshalb, weil seine abschließende Definition angesichts der heterogenen Wertpräferenz in der modernen Gesellschaft kaum möglich ist (vgl. auch Trenczek et al. 2010, 225 f.). Zum anderen handelt es sich bei dem für die Auslegung des Kindeswohlbegriffs notwendigen außerjuristischen Wissen um spezielle Kenntnisse auf den Gebieten der (Sozial-)Psychologie, darüber hinausgehend aber auch auf anderen sozial und humanwissenschaftlichen Feldern einschließlich der Sozialpädagogik (hierzu: Balloff 2004: 64 ff., Dettenborn 2010: 47 ff., Münder/Ernst 2009: 183 ff.).

Der Kindeswohlbegriff ist weder eine „Leerformel (hierzu: Zitelmann 2001: 119) noch lässt er sich definitorisch deduktiv von der *Kindeswohlgefährdung* i.S.v. § 1666 BGB ableiten. Letzteres würde im Übrigen vorliegend auch nicht helfen. Denn einerseits steht außer Streit, dass eine Gefährdung des Kindeswohls durch das schulische Erziehungsrecht nicht abgedeckt sein kann. Andererseits wird es aber auch nicht hinreichend sein, dass von einer bestimmten erzieherischen Maßnahme, wenn sie gegen den Willen der Eltern ergriffen wird, nur feststeht, dass sie lediglich unschädlich für das Kind ist („dem Wohl des Kindes nicht widerspricht"). Zwar wird die Schule nicht bei jeder ihrer pädagogischen Maßnahmen den Nachweis darüber führen müssen, dass sie im Sinne des Kindeswohls unabdingbar („erforderlich") war. Jedoch ist von Verfassung wegen zu erwarten, dass schulische Erziehung dem Wohl des Kindes *dient* (Epping 2010, 229 f.), d.h. geeignet ist, das Wohl des Kindes *zu fördern* (vgl. Schulze/Kemper 2009 Rz. 4 zu § 1681).

Was dies allerdings im Einzelfall bedeutet, wird letztlich immer mit Bezugnahme auf die konkrete Lebenslage von Eltern und ihren Kindern bestimmt werden müssen (Münder 2010: 455). Vorschläge aus sozialpsychologischer Sicht, den Inhalt des Kindeswohlbegriffs aus sogenannten *basic needs* des Kindes abzuleiten (Fegert 2000: 33) die ihrerseits wiederum mit den Mindeststandards der UN- Kinderrechtskonvention in Verbindung zu bringen sind, verschaffen durchaus Orientierung, lösen aber nicht das Problem, dass der Begriff einer deskriptiven Interpretation nicht zugänglich ist und nur als „heuristisches Prinzip" (Staudinger/Coester 2009, Rz. 66 zu § 1666) begriffen werden kann (vgl. auch Fieseler/Herborth 2010: 112). Ganz in diesem Sinne hat auch das Bundesverfassungsgericht seine grundsätzlichen Feststellungen zur Reichweite des schulischen Bildungs- und Erziehungsauftrags sowie zum Verhältnis von elterlichem und schulischem Erziehungsrecht jedesmal an Gegenständen entwickelt, die für sich genommen nicht unbedingt zentrale Punkte der Problematiken besetzen: Sexualkundeunterricht (BVerfGE 47, 46), Schulgebet (BVerfGE 52, 223), Schülerberater (BVerfGE 59, 360), Kruzifix (BVerfGE 93, 1), Rechtschreibreform (BVerfGE 98, 218). In ihnen entwickelt es seine Position, wonach die Legitimität schulischer Erziehung daran gebunden ist, dass sie dem Wohl des Kindes dient, auf zwei unterschiedlichen Ebenen. Denn zum einen definiert es damit eine Schranken- Schranke für die Rechtfertigung staatlicher Eingriffe in elterliches Erziehungsrecht. Zum anderen stellt es klar, dass der Gesetzgeber auch unabhängig von dem Gesichtspunkt des Elternrechts nicht frei ist in der Ausgestaltung des schulischen Erziehungsrechts. Bei der Festlegung auf bestimmte Erziehungsziele ist er grundsätzlich gehalten darzulegen, inwieweit von ihnen ein konkreter positiver Erziehungsbeitrag zum Wohl des Kindes zu erwarten ist.

3 Inhalt und Umfang des schulischen Erziehungsrechts

Für Umfang und Inhalt des schulischen Erziehungsrechts gelten daher zwei Prämissen, die auch sinnbildlich als der Rahmen verstanden werden können, in dem es sich zu bewegen hat. Beide sind der gefestigten Rechtsprechung des Bundesverfassungsgerichts entnommen. Die erste lautet: Gegenüber der Vorstellung einer grundsätzlich unbeschränkten Schulhoheit, die noch für die Weimarer Reichsverfassung leitend war, hat das Grundgesetz „innerhalb des Gesamtbereichs ‚Erziehung' das individualrechtliche Moment verstärkt und den Eltern, auch soweit sich die Erziehung in der Schule vollzieht, größeren Einfluss eingeräumt, der sich in Art. 6 Abs. 2 S. 1 GG zu einer grundrechtlich gesicherten Position verdichtet hat" (BVerfGE 34, 165, 182 f.) Die andere: Trotz der an verschiedener Stelle betonten maßgeblichen Bedeutung der Elternverantwortung und ihrem sich hieraus ergebenden Vorrang vor anderen Erziehungsträgern sind „im Bereich der Schule Erziehungsrecht der Eltern und staatlicher Erziehungsauftrag einander gleichgestellt" (BVerfGE 59, 360).

Damit ist erkennbar eine faktische Überlagerung beider Rechte praktisch unvermeidlich, die dann eine fallweise Güterabwägung erfordert. Dies wird in der sogenannten „Drei- Bereiche- Lehre" (Oppermann 1989: 362 f.) abgebildet. Nach ihr hat das Elternrecht im außerschulischen Bereich Vorrang. Schulische Befugnisse kommen hier allenfalls nachrangig in Betracht, nämlich z.B. dann, wenn außerschulisches Verhalten störende Auswirkungen auf den Schulbetrieb hat. Auch Entscheidungen im Bereich des Bildungsweges des Kindes (Schulart, Schultyp) kommen grundsätzlich den Eltern zu. Die Schule hat hier vor allem die Aufgabe, entsprechende Angebote bereit zu halten. Allerdings stehen elterliche Entscheidungen teilweise unter dem Vorbehalt der Leistungsfähigkeit des Kindes, die i.d.R. durch die Schule beurteilt wird. Der dritte Bereich ist der innerschulische. Hier liegt (etwa hinsichtlich der Lehrplangestaltung, der Schulorganisation und der Durchsetzung der Schuldisziplin) die Gestaltungsmacht bei der Schule; Elternrechte finden in diesem Bereich vornehmlich über gesetzlich vorgesehene Gremien kollektiver elterlicher Interessenvertretung Berücksichtigung (Luthe 2003: 157 ff.). Eine Kompetenzabgrenzung entlang der Bereichen Bildung (Schule) und Erziehung (Eltern) wird heutzutage nicht mehr vertreten und ist im Übrigen auch abseits von Überlegungen zu ihrer Sinnhaftigkeit schon wegen der wechselseitigen Durchdringung von Bildung und Erziehung nicht durchführbar. Zwar wird man verschiedentlich auf den Hinweis darauf stoßen, dass die Wissensvermittlung, die mehr die geistige Entwicklung des Kindes betrifft, überwiegend Angelegenheit der Schule sein, während die Erziehung, die mehr auf seine allgemeinmenschliche Entwicklung abstellt, zunächst und zuerst den Eltern obliegt (z.B. Oppermann 1989: 331). Im Ergebnis kann sich der schulische Bildungs- und Erziehungsauftrag aber nur auf den unterschiedlichen Ebenen (individuell, kollektiv) und in unterschiedlichen Formen (Information, Beratung, Mitwirkung) des partnerschaftlichen, verständigungsorientierten Zusammenwirkens von Schule und Eltern realisieren (so z.B. auch: § 2 Abs. 3 SchulG NRW). Ein Informations- und Unterrichtungsanspruch der Eltern über Vorgänge in der Schule und Erkenntnisse bzw. Einschätzungen der Lehrer, deren Verschweigen die Ausübung des individuellen elterlichen Erziehungsrechts beeinträchtigen könnte, wird jedenfalls nur ausnahmsweise dann nicht bestehen, wenn durch eine Information der Eltern das Wohl des Kindes gefährdet werden könnte (BVerfGE 59, 360, 381 f.).

Auch auf Länderebene, wo die Zuständigkeit für das Schulwesen liegt, hat der schulische Bildungs- und Erziehungsauftrag Verfassungsrang. So lautet Art. 22 Abs. 1 der Verfassung des Freistaates Thüringen:

> „Erziehung und Bildung haben die Aufgabe, selbständiges Denken und Handeln, Achtung vor der Würde des Menschen und Toleranz gegenüber der Überzeugung anderer, Anerkennung der Demokratie und Freiheit, den Willen zu sozialer Gerechtigkeit, die Friedfertigkeit im Zusammenleben der Kulturen und Völker und die Verantwortung für die natürlichen Lebensgrundlagen des Menschen und die Umwelt zu fördern."

Die nähere Bestimmung eines derartigen Auftrages an die Schule muss nach der bereits oben erwähnten „Wesentlichkeitstheorie" notwendigerweise in Gesetzen, die in entsprechendem durch die jeweiligen Landesverfassungen vorgesehenem parlamentarischen Verfahren verabschiedet wurden, geregelt sein. Diese Gesetze liegen vor in Gestalt der Schulgesetze der Bundesländer. Exemplarisch sei der Erziehungs- und Bildungsauftrag in § 2 ThürSchG genannt. Eine besonders detaillierte Regelung findet sich in den §§ 1 bis 4 SchulG für Berlin. Sie, wie die Regelungen in allen anderen Schulgesetzen der Länder zu Erziehungsziel des Staates und Erziehungsauftrag der Schule auch, stellen unter Beweis, dass auch bei verständiger Berücksichtigung der erzieherischen Gesamtverantwortung der Eltern ein weites Feld verbleibt, auf dem die Schule zu erzieherischer Einflussnahme berechtigt und verpflichtet ist. Dies betrifft die Vermittlung sozialer, geistiger und emotionaler Kompetenzen ebenso wie vor allem die Erziehung zu Werten wie Respekt, Gleichberechtigung, gewaltfreie Verständigung, kulturelle und religiöse Toleranz- im Ergebnis also zur Fähigkeit und zur Bereitschaft, Verantwortung als Teil des Gemeinwesens, als Bürger, zu übernehmen.

Am Ende der verfassungsrechtlichen Ableitung lässt sich der schulische Erziehungsauftrag auch mit Bezug auf die Lehrerschaft personalisieren. Dies soll aber hier unter Hinweis auf speziellere Beiträge in diesem Band nur angedeutet werden. Die Rechtsvorschriften, in denen der schulische Erziehungsauftrag einschließlich der schulischen Schutzverantwortung formuliert ist, markieren nämlich insoweit zugleich auch die Handlungsfelder und Grenzen der Erziehungsverantwortung von Lehrern und Lehrerinnen. Deren pädagogische Freiheit (Stock 1986: 212) in der Unterrichtsgestaltung, aber auch bei der Erziehung der Schüler lässt sich ob dieser normativen Rückbindung mit Thilo Ramm (Ramm 1990: 442) auch mit der Ermessensfreiheit des Beamten vergleichen. Lässt man diesen Vergleich gelten, wäre freilich genauer zu formulieren, dass Lehrer dann, ebenso wie Beamte, nicht nach freiem, sondern nach pflichtgemäßem Ermessen zu handeln und entscheiden haben.

Literatur

Balloff, R. (2004): Kinder vor dem Familiengericht. München.

Dettenborn, H. (2010): Kindeswohl und Kindeswille. Psychologische und rechtliche Aspekte. 3. Aufl. München.

Epping, V. (2010): Grundrechte. 4. Aufl. Heidelberg.

Fegert, J.M. (2000): Kindeswohl – Definitionsdomäne der Juristen oder der Soziologen? In: Dreizehnter Deutscher Familiengerichtstag. Brühler Schriften zum Familienrecht. Bd. 11.

Fieseler, G./Herborth, R. (2010): Recht der Familie und Jugendhilfe. 7. Aufl. Köln.

Jarras, H.D./Pieroth, B. (2010): Grundgesetz für die Bundesrepublik Deutschland. Kommentar. 7. Aufl. München

Jestaedt, M. (2008): Staatlicher Kinderschutz und das Grundgesetz – Aktuelle Kindesschutzmaßnahmen auf dem Prüfstand der Verfassung. In: Lipp, V./Schumann, E./ Veit, B. (Hrsg.): Kindesschutz bei Kindeswohlgefährdung – neue Mittel und Wege? Göttingen.

Luthe, E.-W. (2003): Bildungsrecht. Berlin.

Münder, J. (2010): Kindeswohl – Kinderschutz – Kinderrechte in Deutschland, in: Unsere Jugend. Heft 11 und 12/2010.

Münder, J. et al. (2009): Frankfurter Kommentar zum SGB VIII: Kinder- und Jugendhilfe. 6. Aufl. Baden- Baden.

Münder, J./Ernst, R. (2009): Familienrecht. Eine sozialwissenschaftlich orientierte Darstellung, 6. Aufl. Köln.

Oppermann, Th. (1989): § 135: Schule und berufliche Ausbildung. In: Isensee, J./Kirchhof, P. (Hrsg.): Handbuch des Staatsrechts. Band VI. Heidelberg.

Pieroth, B./Schlink, B. (2010): Grundrechte. 26. Aufl. Heidelberg, München, Landsberg, Frechen, Hamburg.

Ramm, Th. (1990): Jugendrecht. München.

Rux, J. (2002): Die Schulpflicht und der Bildungs- und Erziehungsanspruch des Staates. In: Recht der Jugend und des Bildungswesens (RdJB) 2002. 423 ff.

Schulze, R. et al. (2009): Bürgerliches Gesetzbuch. Handkommentar. 6. Aufl. Baden-Baden (zit. Schulze/Bearbeiter).

Staudinger, J. (2009): Kommentar zum Bürgerlichen Gesetzbuch. Neubearbeitung 2009. Berlin (zit. Staudinger/Bearbeiter).

Stock, M. (1986): Die pädagogische Freiheit des Lehrers im Lichte des schulischen Bildungsauftrages. In: Recht der Jugend und des Bildungswesens (RdJB) 1986. 212 ff.

Thiel, M. (2000): Der Erziehungsauftrag des Staates in der Schule. Grundlagen und Grenzen staatlicher Erziehungstätigkeit im öffentlichen Schulwesen. Berlin.

Trenczek, Th. et al. (2010): Grundzüge des Rechts. Studienbuch für soziale Berufe. 2. Aufl. München.

Zitelmann, M. (2001): Kindeswohl und Kindeswille. Münster.

Zacher, H.F. (2001): § 134: Elternrechte. In: Isensee, J./Kirchhof, P. (Hrsg.): Handbuch des Staatsrechts Band. VI. Heidelberg.

Dieter Greese

Schule als Verursachungsort von Kindeswohlgefährdung

Vorbemerkung

Der nachfolgende Beitrag stammt aus der Feder eines engagierten Kinderschützers. Er erhebt nicht den Anspruch wissenschaftsmethodisch korrekt gestaltet und empirisch verlässlich belegt zu sein. Er möchte aber dazu beitragen, den Blick auf das Problemfeld der Kindeswohlgefährdung zu weiten.

1 Schule als Verursachungsort von Kindeswohlgefährdung

Der Titel muss wie eine Provokation wirken. Schule, das ist doch der Ort, an dem (endlich!) die elterliche Zuständigkeit für die frühkindliche Erziehung und Bildung in die öffentliche Verantwortung für den weiteren Bildungsweg übergeht. Mehr und frühere öffentliche Verantwortung wird insbesondere im 12. Kinder und Jugendbericht des Bundes, von Wissenschaftlern, Pädagogen und Kinderlobbyisten gefordert, um benachteiligenden Prägungen durch bildungsferne Sozialmilieus entgegen zu wirken. Wieso aber dann Kindeswohlgefährdung durch den vermeintlichen Retter und Helfer Schule?

Der scheinbare Widerspruch schwindet, wenn man den Begriff der Kindeswohlgefährdung kritisch hinterfragt. Da ist zunächst das in der UN-Kinderrechtekonvention verbriefte „Recht jedes Kindes auf eine Bildung, die die Persönlichkeit, die Begabung und die geistigen und körperlichen Fähigkeiten des Kindes voll zur Entfaltung“ bringt, und dabei dem Kind „Achtung vor den Menschenrechten“ und eine Lebenseinstellung vermittelt, die auf Verantwortungsübernahme, Frieden und Verständigung, Toleranz und Gleichberechtigung der Geschlechter und Ethnien beruht (UN KRK Art.29).

Hier schon wird deutlich, dass Schule mehr sein soll als ein Ort der Wissensvermittlung. Dem trägt auch die Schulgesetzgebung der Bundesländer Rechnung. So garantier beispielsweise das nordrhein-westfälische Schulgesetz jedem Kind einen Anspruch auf „Erziehung, Bildung und individuelle Förderung".

Eine Ableitung dessen, was man als Kindeswohlgefährdung bezeichnen könnte, scheint angesichts dieser Rechtslage ziemlich einfach: Wo von den hehren Zielen der Proklamationen und Rechtsgrundsätze abgewichen wird, entsteht Gefahr für die Kinder.

Leider ist in der Realität der Bundesrepublik Deutschland alles komplizierter. Der Staat in der Gestalt von 16 Bundesländern sieht sich erst mit der Einschulung in der eigenen Pflicht. Alles, was vorher ein Kind gefährden könnte, fällt zunächst in die elterliche Verantwortung, über die die staatliche Gemeinschaft, vertreten durch 573 Jugendämter in Städten und Landkreisen allerdings zu wachen hat.

Inzwischen haben die Kinder, demnächst schon ab dem 1. Lebensjahr, einen bedingten bzw. absoluten Rechtsanspruch auf Erziehung, Bildung und Betreuung in Tageseinrichtungen und in Tagespflege. Wenn aber Eltern diesen Rechtsanspruch missachten und die Inanspruchnahme durch ihre Kinder verhindern, ist das dann schon eine Kindeswohlgefährdung, die den korrigierenden staatlichen Eingriff durch Jugendämter bzw. sogar Familiengerichte rechtfertigen könnte?

Da auch die Schule u. a. einen Erziehungsauftrag hat, dringt sie damit in die Domäne der Eltern gemäß Art. 6 Abs. 2 GG ein.

Die verfassungsrechtliche Zuständigkeit der Eltern für Pflege und Erziehung erlischt nicht durch Einsetzen der Schulpflicht. Deshalb sind Eltern einerseits am Schulgeschehen zu beteiligen und die Schule andererseits berufen, Aufgaben des staatlichen Wächteramtes über das Erziehungsverhalten der Eltern ihrerseits zu übernehmen.

In Deutschland erfährt der Begriff „Kindeswohl" eine nicht akzeptable Verkürzung gegenüber dem im Original der Kinderrechtekonvention benutzten Begriff „best interest of the child". Der abstrakte deutsche Begriff verschleiert, dass es offensiv um die Optimierung aller entwicklungsrelevanten Rechtsbereiche der Kinder geht. Soweit das nicht realisiert wird bzw. werden kann, entsteht eigentlich Kindeswohlgefährdung.

Die in Deutschland übliche defensive Interpretation von Kindeswohl wird mit dem schon genannten Elternrecht in Art. 6 des Grundgesetzes begründet. Dazu das Bundesverfassungsgericht: Kindeswohlgefährdung liegt dann vor, „wenn eine gegenwärtige oder zumindest unmittelbar bevorstehende Gefahr für die Kindesentwicklung abzusehen ist, die bei ihrer Fortdauer eine erhebliche Schädigung des körperlichen, geistigen oder seelischen Wohls des Kindes mit ziemlicher Sicherheit voraussehen lässt. Die Gefährdung muss dabei nachhaltig und schwerwiegend sein" (BVerfG, Fam RZ 2008, 492). Schon früher hatte das höchste deutsche Gericht erklärt, dass es keinen Anspruch auf optimale Erziehung durch die Eltern gebe. Es genüge, wenn die Eltern in ihrer jeweiligen sozialen Lage und mit ihren individuellen Kompetenzen bemüht sind, jeweils das ihnen Mögliche erzieherisch umzusetzen.

Dieser defensive Kindeswohlzugang wird dementsprechend konsequent vom § 8 a SGB VIII aufgenommen. Es geht bei der Gefährdung des Kindeswohls dort nicht um die „besten Interessen" des Kindes und auch nicht um jedwede Gefährdung des Kindeswohls sondern lediglich um „gewichtige" Anhaltspunkte für die Gefährdung des Wohls eines Kindes.

Das Kinder- und Jugendhilfegesetz (SGB VIII) ist legitimiert durch das staatliche Wächteramt über den Erziehungsauftrag der Eltern. Kindeswohlgefährdung wird also nur dort vermutet, wo die Eltern sind. Läuft es bei den Eltern gut, gilt das Kindeswohl als gesichert.

Das korrespondiert mit dem § 1631 Abs. 2 BGB, der den Eltern und anderen Personensorgeberechtigten auferlegt, das Recht des Kindes auf gewaltfreie Erziehung zu achten. Körperliche Bestrafungen, seelische Verletzungen und andere entwürdigende Maßnahmen sind ihnen untersagt. Diese seit 10 Jahren ins BGB aufgenommene Bestimmung ist ein Riesenfortschritt, präzisiert sie doch, was als Kindeswohlgefährdung anzusehen ist. Gleichwohl stehen auch hier nur die Inhaber des Personensorgerechts, d. h. i. d. R. die Eltern, im Fokus potentieller Kindeswohlgefährdung.

Dementsprechend kann es nicht verwundern, dass die Schule sich selbst nicht als möglichen Gefährdungsort für Kinder wahrnimmt. Der ihr zugewiesene Anteil am Schutzauftrag der staatlichen Gemeinschaft sieht auch sie nur bezogen auf die Eltern. So heißt es in § 42 des nordrhein-westfälischen Schulgesetzes: „Die Sorge für das Wohl der Schülerinnen und Schüler erfordert, jedem Anschein von Vernachlässigung und Misshandlung nachzugehen. Die Schule entscheidet rechtzeitig über die Einbeziehung des Jugendamtes oder anderer Stellen." So erfreulich es ist, dass man in NRW eine schulische Verantwortung für das Wohl der der Schule anvertrauten Kinder codifiziert hat, so wird doch wieder deutlich, dass als Ort von Vernachlässigung und Misshandlung nur das Elterhaus gemeint sein kann.

Es tut daher Not, diese viel zu enge Interpretation des Begriffes „Kindeswohlgefährdung" in Richtung auf eine Sicherung aller Kinderrechte, hier insbesondere der Rechte auf Bildung, Gesundheit, Teilhabe und angemessene Lebensverhältnisse zu öffnen und zu dynamisieren. Das „best interest of the child", resp. das Kindeswohl, gerät eben immer dann schon in Gefahr, wenn den Rechten der Kinder nicht entsprochen wird. Als besonders krasses Beispiel staatlicher Beihilfe zur Kinderrechteverletzung sei hier die Absicht genannt,

2013 Eltern eine Prämie zu zahlen, wenn sie ihr Kind nicht in den Kindergarten schicken. Da soll also den Eltern das Recht des Kindes auf einen Platz in der elementaren Bildungseinrichtung Kindergarten abgekauft werden. Dürfen Eltern sich überhaupt darauf einlassen, ohne den Vorwurf zu riskieren, gegen das Wohl ihrer Kinder gehandelt zu haben?

Mit Blick auf die Schule tun sich dort vier Risikozonen für die Sicherung des Kindeswohls auf:

1. Schule als Teil des staatlichen Wächteramtes über den Erziehungsauftrag der Eltern,
2. Kooperation von Schule mit Kinder- und Jugendhilfe,
3. Schule als Kinder gefährdende Struktur,
4. Schule als Ort belastender Schülerinteraktion.

Über Schule als Teil des staatlichen Wächteramtes ist schon einiges ausgeführt worden. Da findet man z. B. im § 44 des NRW-Schulgesetzes u.a. die Verpflichtung, „Eltern, Schülerinnen und Schüler in Fragen der Erziehung" zu beraten. Das setzt voraus, hinzugucken, aufzupassen, Beziehungen aufzubauen, sich einzulassen und methodische Beratungskompetenz zu erwerben. In diesem Aufgabenspektrum ist Schule zwar nicht Verursacher, aber Unterlassung bzw. nicht wahrgenommene Unterstützung können die Gefährdungslage zuspitzen und eine Mitschuld der Schule begründen.

Soweit es um die Gefährdung durch Eltern geht, ist Schule über ihre eigenen Handlungsverpflichtungen , Hinweisen nachzugehen (§ 42 Abs. 6 SchulGes NRW) und zu beraten (§ 44 Abs.5 SchulGes NRW), auch gehalten, die Zusammenarbeit mit dem Jugendamt zu pflegen. Lehrerinnen und Lehrer sollten nicht nur Wissensvermittler und Leistungsbewerter sondern auch einfühlsame Pädagogen sein, aber wenn es spezifischer sozialpädagogischer Fachkompetenz und besonderer Einzelhilfe bedarf, dann ist eine enge Zusammenarbeit mit dem Jugendamt unerlässlich. Die eigenen Grenzen zu kennen, das Potenzial der Jugendhilfe richtig einzuschätzen und Verfahrenswege zu erschließen, muss durch Fortbildung erst erarbeitet werden Dazu brauchen die Lehrkräfte spezifische Arbeitsmaterialien (z. B. Sigrid A. Bathke u.a., Arbeitshilfen zur Umsetzung des Kinderschutzes in der Schule, Münster 2008) sowie Arbeitsbedingungen, die mehr als Unterricht ermöglichen. Es muss auch Zeit für die Unterstützung problembelasteter Schülerinnen und Schüler sowie Eltern vorhanden sein. Schulsozialarbeiterinnen und Schulsozialarbeiter im Stellenplan einer Schule wären dazu besonders hilfreich. Das alles nicht zu tun, führt eine Schule in den Verursachungszusammenhang von Kindeswohlgefährdung.

Schule als Struktur ist der originär eigene Beitrag zur Gefährdung der ihr anvertrauten Schülerinnen und Schüler. So wie Schule heute aufgestellt ist, verstärkt sie die benachteiligenden sozialen Prägungen des Herkunftsmilieus. Das ist durch internationale Bildungsvergleichsstudien hinreichend belegt. Schule stärkt die Starken und schwächt die Schwachen. Unser vielgliedriges Schulsystem befördert Aussonderung und Abschiebetendenzen. Sitzenbleiben und verhaltensdeterminierende Kopfnoten, beeinträchtigen das Selbstwertgefühl der betroffenen Kinder und senken ihre Motivation, ihre Freude am Lernen. Mäßige Zeugnisse, Abschlüsse an niedrigrangigen Schulformen vernichten Zukunftschancen von Kindern. Behinderte Kinder an Förderschulen bleiben auch nach der Schule auf biografischen Sondergleisen. Wer kein Geld für individuelle Ergänzungsförderung und Nachhilfe hat, wird abgehängt. Z. Zt. summiert sich die Quote der so produzierten Schulversager, zu gering Gebildeten und Ausbildungsabbrecher auf annähernd 20 % eines Jahrgangs. Eine so ineffiziente Schulstruktur gefährdet das Wohl vieler der ihr zugewiesenen Kinder. Schule funktioniert nach dem Konkurrenzprinzip. Der Blick auf die Sieger verstellt oft den Blick auf die Verlierer, die es im Wettbewerb um die besten Lebenschancen leider zwangsläufig geben muss. Schule braucht eine andere Struktur, in der die Verantwortung für die Schwachen integrales Strukturmerkmal zu sein hat. Wer aber nimmt eigentlich hier das staatliche Wächteramt wahr, damit dieses Ziel erreicht werden kann?

Schließlich ist Schule auch Ort interaktiver Kommunikation unter Schülerinnen und Schüler. Auch hier entstehen Situationen und Strukturen, die Kinder ins Unglück treiben können. Das Stichwort „Mobbing" kennzeichnet Erniedrigung und Demütigung untereinander. Gewalt und Unterdrückung in Pausen und außerhalb des Unterrichts, Drogen, sexuelle Zumutungen und Handy-Missbrauch zur Diskreditierung missliebiger Mitschüler, sind Phänomene, die das Leiden mancher Schüler an der Schule dokumentieren. Weil Schule zu sehr auf Unterricht setzt und zu wenig auf Pflege und Begleitung sozialer Interaktion, trägt sie damit eklatant zu Kindeswohlgefährdungen bei.

Schule als Ort des Lebens und Lernens gilt als Metapher für einen Wandel in Stil, Ablauf und Organisation des Schulalltags. Schule determiniert einen langen Lebensabschnitt junger Menschen. Das begründet eine hohe Verantwortung für das Kindeswohl. Die allmähliche Wandlung der Halbtags- zur Ganztagsschule eröffnet hier Chancen zur Umsteuerung, um Schule als Ort vielfältigen Miteinanders statt eines rivalisierenden Gegeneinanders zu erleben.

Kinder- und Jugendhilfe ist definiert als Erziehung, Bildung und Betreuung, zusammengefasst als „Förderung". Bildung ist hier nicht leistungs- bzw. ergebnisorientiert sondern vermittelt informell und nonformal vor allem soziale Kompetenz. Gesundheit kann durch Essensversorgung und Bewegungsangebote gefördert werden. Teilhabe wird durch Vielfalt stimuliert, die Mitwirkung und Mitverantwortung braucht. Musik, Literatur, Medien und Theaterspielen generieren kulturelle Kompetenz. Das entspricht den Ansprüchen der Kinder auf ihre in der UN-Konvention verbrieften Rechte. Das wäre dann Kindeswohlförderung statt Kindeswohlgefährdung.

Eine sich vertikal (d. h. frühere Einschulung) und horizontal (längere tägliche Schulzeiten) ausdehnende Schule determiniert das Leben unserer Kinder immer stärker. Damit wächst aber auch das von der Schule selbst generierte Gefährdungspotential für die Kinder. Es reicht nicht aus, bei dem Stichwort „Kindeswohlgefährdung“ quasi reflexhaft auf die Eltern zu blicken. Schulen bzw. Schulformen können lebensfeindliche Orte für Kinder sein.

Eine qualitativ hochwertige Schulbildung ist unverzichtbar. Will Schule erfolgreich sein, muss sie die eigenen Gefährdungspotentiale in den Blick nehmen. Freude am Lernen garantiert Erfolg. Angst vor der Schule führt zu Lernblockaden. Blockierte Kinder sind gefährdete Kinder. Die Zukunft der Schule liegt in der Überwindung der aus Struktur und tradiertem Selbstverständnis resultierenden Kindeswohlgefährdungen.

Simone Börner

Beobachtung und Dokumentation bei Anzeichen auf Kindeswohlgefährdung

Für die Feststellung einer Kindeswohlgefährdung gibt es selten objektive und eindeutige Anzeichen. Die Auslegung des Begriffes „Kindeswohlgefährdung“ ist ebenso von der Beurteilung der einzelnen LehrerIn abhängig, wie das Verständnis von Kindeswohl kultur- und zeitabhängig ist (vgl. Liebel 2007). Hinzu kommt, dass Situationen, in denen es zu einer Kindeswohlgefährdung kommen kann, multifaktoriellen Verursachens- und Kontextbedingungen unterliegen und damit hoch komplex sind. LehrerInnen bewegen sich demzufolge bei der Einschätzung des Gefährdungspotenzials in einer Grauzone, die flexible Handlungs- und Entscheidungsstrategien erfordert.

Hierbei können Indikatoren für eine mögliche Kindeswohlgefährdung zur Einschätzung des Risikos hilfreich sein. „Indikatorengestützte Instrumente zur Erfassung von Kindeswohlgefährdung sollen dazu beitragen, Anzeichen gezielt wahrzunehmen, die eigenen Beobachtungen zu schärfen und für mögliche Problembereiche zu sensibilisieren“ (Drewes 2008: 9). Diese Einschätzungsinstrumente bieten zudem Handlungssicherheit für PädagogInnen. Zusammenstellungen mit Anhaltspunkten bzw. Indikatoren sind zumeist von Jugendämtern erarbeitet und in einer Vielzahl in der Literatur zugänglich (vgl. Schiefer 2007: 22-28). Keinesfalls sollen mit der Anwendung der Instrumente Funktionen des Jugendamtes und sozialpädagogischer Diagnostik auf den Bereich Schule übertragen werden. Kritisch geprüft werden muss, ob bestehende Instrumente der Jugendämter ohne Weiteres auf den Schulbereich übertragbar sind. Von Vorteil ist es daher, die Einschätzungsinstrumente *in Abstimmung* mit den relevanten Akteuren im Kinderschutz zu entwickeln. Geschieht dies, können nicht nur „Handlungs- bzw. Reaktionsschwellen“ vereinbart werden, sondern es wird auch

- die Plausibilität der Argumentation erhöht,
- die Rationalität der Argumentation verstärkt,
- präzise Beschreibungen verschiedener Sachverhalte gewährleistet,
- eine kontinuierliche Dokumentation vollzogen sowie
- eine Transparenz und Nachvollziehbarkeit der Einschätzungs- und Entscheidungsprozesse bewirkt (vgl. Bathke/Reichel u.a. 2007).

Die Anwendung von Einschätzungsinstrumenten kann jedoch keine fachliche Einschätzung im Zusammenwirken mehrerer Fachkräfte ersetzen. Darüber hinaus ist keine Auflistung von möglichen Indikatoren als vollständig oder als abschließend zu betrachten. Vielmehr handelt es sich hierbei um Beispiele wahrnehmbarer Sachverhalte, die eine Abschätzung und gegebenenfalls weitere Schritte erfordern. Dabei ist jedoch genau zu hinterfragen, inwieweit die angegebenen Indikatoren einen *beobachtbaren* Sachverhalt darstellen oder zu Bewertungen bzw. zu Interpretationen verleiten. Schone (2005: 16) ergänzt hierzu: „Instrumente zur Einschätzung von Gefährdungen des Kindeswohls wie z.B. Indikatorensets und -modelle sind keine Messinstrumente, mit der sich mathematisch Gefährdungspotenziale berechnen lassen, sondern lediglich *Hilfsmittel, um die eigenen Wahrnehmungen und Beobachtungen sowie die damit verbundenen Bewertungsprozesse* [Hervorhebungen im Original] besser einordnen zu können" (zit. nach Bathke/Reichel u.a. 2007: 22). Kindeswohlgefährdung ist demnach keine beobachtbare Kategorie, sondern ein Konstrukt, das sich aus vielfältigen Einzelwahrnehmungen und in dialogischen Aushandlungsprozessen schlussfolgern lässt (vgl. ebd.).

Inhalte von Beobachtungen

Um sich diesen Konstrukt zu nähern, bezieht sich die folgende Aufzählung auf *mögliche neutrale* Beobachtungskategorien. Innerhalb dieser Kategorien können auffällige Einzelwahrnehmungen erfasst und beschrieben werden:

- Äußere Erscheinung des Kindes (z.B. Kleidung, Körperhygiene, körperliche Erscheinung)
- Interaktion des Kindes mit *unterschiedlichen Bezugspersonen* (z.B. Interaktion mit Lehrkräften, mit Eltern, mit der Peergroup und Umgang mit sich selbst)
- Interaktion des Kindes in *unterschiedlichen Situationen* (z.B. Beginn/Ende des Schultages, Schulausflug)
- Nachkommen der Schulpflicht

- Äußere Erscheinung der Eltern oder anderer mit dem Kind in häuslicher Gemeinschaft lebender Personen (z.B. Kleidung, Körperhygiene, körperliche Erscheinung)
- Interaktion der Eltern oder anderer mit dem Kind in häuslicher Gemeinschaft lebender Personen (z.B. Interaktion mit dem Kind, der Eltern untereinander, mit Lehrkräften, Umgang mit Konflikten und Problemen)
- Fürsorge der Eltern (z.B. Verpflegung des Kindes, Nachkommen der elterlichen Sorge)
- Familiäre Situation (z.B. Krankheit, Wohnungssituation, Arbeitssituation).

Formen von Beobachtungen

In Bezug auf die Wahrnehmung dieser Beobachtungsinhalte kann zwischen Alltagsbeobachtung und systematischer Beobachtung unterschieden werden. Während Alltagsbeobachtungen eher situativ, zufällig und nicht dokumentiert werden, bietet der Einsatz von Instrumenten bei systematischen Beobachtungen Regelmäßigkeit, Struktur und Dokumentation. Jeder Fall, in dessen Verlauf LehrerInnen beurteilen müssen, ob es sich bei den wahrgenommen Sachverhalten um Anzeichen für eine Kindeswohlgefährdung handelt, wird durch eine Alltagsbeobachtung ausgelöst: Das können z.B. beiläufig bzw. zufällig wahrgenommene Anzeichen im Verhalten und Auftreten des Kindes, in seiner körperlichen Erscheinung o.a. sein. Diese Alltagsbeobachtungen müssen dann in pädagogisch reflektierte Beobachtung überführt werden. Hierfür stehen verschiedene Beobachtungsinstrumente zur Verfügung. Diese können unterschieden werden in geschlossene und offene Instrumente. Geschlossene Instrumente für den Bereich der Kindeswohlgefährdung beinhalten zumeist vorformulierte Fragen bzw. Aspekte, die auch als Indikatoren bezeichnet werden. Die Beantwortung bzw. Einschätzung dieser Indikatoren ist in aller Regel dichotom ausgerichtet, d.h. die BeobachterIn entscheidet sich zwischen zwei Möglichkeiten: der Indikator kann bestätigt werden oder nicht. Offene Instrumente für den Bereich der Kindeswohlgefährdung finden in der Literatur kaum Erwähnung. Andres und Laewen (2004) haben für die Arbeit mit Vorschulkindern ein Verfahren beschrieben, das auf den Schulkontext übertragen bzw. adaptiert werden kann. Dieses Instrument bietet die Möglichkeit, Beobachtung als (nicht-normative) *Beschreibung* von Verhalten zu nutzen. Es geht entsprechend um das „Zusammentragen und Festhalten von Informationen, die eine nachträgliche reflektierte Deutung des beobachteten Verhaltens ermöglichen" (Andres/Laewen 2004: 140). Diese Reflexion zielt auf ein diskursives Verstehen der Handlungen, d.h., dass das Verständnis oft nicht allein gewonnen werden kann und Lehrkräfte dazu die Beobachtungen und

Deutungen der KollegInnen benötigen (siehe Beobachtungsphasen nach Andres/Laewen im weiteren Text).

Das *diskursive* Verstehen ist deshalb so wichtig, da auch die eigene Wahrnehmung der BeobachterIn ein Konstrukt ist. Beispielsweise lassen das eingeschränkte Blickfeld sowie Vorerfahrungen die eigenen Wahrnehmungen zur „Herausforderung“ werden. Entsprechend nimmt der Mensch selektiv wahr und muss dies bei der Planung und Reflexion der Beobachtungen einbeziehen.

Exkurs: Subjektivität von Wahrnehmungen

Jede Bewertung eines Sachverhalts wird in einem hohen Maße durch subjektive Anteile der Lehrkräfte geprägt (persönliche Vorerfahrungen, eigene Werthaltungen und Normvorstellungen usw.). Wir beurteilen und verstehen den anderen durch die eigenen Wahrnehmungs- und Interpretationsmuster. Es wird davon ausgegangen, dass Beobachtungen aufgrund unserer selektiven Wahrnehmungsfähigkeit stets mit Beobachtungsfehlern einhergehen.

Im Folgenden werden exemplarisch drei psychologische Beobachtungsfehler kurz beschrieben (vgl. Kretschmer/Stary 2007).

Primacy-Effekt

Begegnen wir einer Person zum ersten Mal, haben wir einen „ersten Eindruck“ von ihr. Dieser Eindruck hinterlässt ein spontanes Urteil; wir bewerten diese Person. Vom „Primacy-Effekt“ spricht man dann, wenn dieses gefällte Urteil die weiteren Beobachtungen und deren Bewertungen beeinflusst. Ein Beispiel: Nimmt eine Lehrerin im Erstkontakt mit einem Elternteil verschmutzte Kleidung wahr, kann sie zu dem Schluss kommen, die Eltern seien unordentlich. In den weiteren Begegnungen wirkt dieses (Vor)Urteil negativ nach; die Interaktion mit den Eltern ist von Ablehnung geprägt.

Halo-Effekt bzw. Hof-Effekt:

Der „Halo- bzw. Hof-Effekt“ beschreibt ebenfalls eine Verfärbung der Beobachtungseinschätzung: Hier geht es um die Tendenz, von einzelnen auffallenden Merkmalen, auffallenden Eigenschaften einer Person oder auffallenden Situationen auf andere Wesenszüge oder auf die Gesamtperson zu schließen. Ein Beispiel: Die Lehrerin nimmt wahr, dass eine Mutter im Elterngespräch laut und ungehalten mit ihrem Kind spricht. Die Lehrerin kommt zu dem Schluss, dass die Kommunikation und entsprechend die Beziehung zwischen Mutter und Kind stets angespannt ist und aggressive Tendenzen aufweist.

Rosenthal-Effekt bzw. die „self-fulfilling-prophecy":
Bewertende und beurteilende Vorinformationen über eine Person können in der Weise beeinflussen, dass bestimmte (un)bewusste Erwartungen an das Verhalten oder an die Leistung der Person gestellt werden. Entsprechend der Erwartungen verändert sich das Verhalten gegenüber der Person: die Interaktionen sind „vorbelastet". Schließlich tritt die Erwartung ein. Ein Beispiel: Der Lehrer erfährt von einem Kollegen, dass sich die Leistungen einer Schülerin rapide verschlechtern. In Folge erwartet der Lehrer nun auch einen Leistungsabfall in seinem Fach. Er verändert sein Verhalten: er spricht die Schülerin häufiger im Unterricht an und gibt ihr in mehrfachen Kurzkontrollen die Möglichkeit, ihr aktuelles Wissen zu präsentieren. Die Schülerin ist überfordert; die Noten verschlechtern sich zusehends.

Die aufgeführten Beobachtungsfehler zeigen, wie wichtig es ist, die subjektiven Anteile unserer Wahrnehmungen zu filtern und zu reflektieren. Jeglicher professionellen Beobachtung liegt demnach zugrunde, dass zwischen „Fakten" und Interpretationen unterschieden wird. Kommt beispielsweise ein Kind mit witterungsunangemessener Kleidung in die Schule, so lässt sich dies beobachten und beschreiben. Es entzieht sich jedoch einer direkten Beobachtung, was zu dieser Bekleidung geführt hat und ob eine Gefährdung des Kindes vorliegt. Die unangemessene Kleidung ist allerdings ein Anhaltspunkt bzw. ein Indikator auf eine ungewöhnliche Situation, die nicht unbeachtet und undokumentiert gelassen werden darf.

Einige Instrumente legen jedoch eine Vermischung von Fakten und Interpretationen nahe. Z.B.: „Das Kind wirkt berauscht und/oder benommen bzw. im Steuern seiner Handlungen unkoordiniert (Einfluss von Drogen, Alkohol, Medikamenten)" (Bathke/Reichel u.a. 2007: 19). NutzerInnen dieses Instrumentes sind damit aufgefordert, eine *Beurteilung* abzugeben.

Eine wertneutrale Beschreibung geht zunächst im ersten Schritt von den *beobachtbaren* Handlungen bzw. Merkmalen des Kindes aus. Auf das eben beschriebene Beispiel bezogen, könnte die Beobachtung wie folgt stichpunktartig festgehalten werden:

- Äußere Erscheinung des Kindes: hat glasige Augen; hat erweiterte Pupillen; Oberkörper wird wiederholt auf den Tisch gelegt.
- Interaktion: es reagiert nicht auf Ansprache der Lehrerin; lässt Stift mehrfach fallen; greift bei Aufheben des Stiftes wiederholt daneben.

Eine Interpretation erfolgt hier erst nachgelagert, im zweiten Schritt: es ist *möglich*, dass das Kind unter Drogen, unter Alkohol oder unter Medikamenten steht. Diese Trennung von Beobachtung und Interpretation hat nicht nur den Vorteil des Filterns subjektiver Anteile, sie schützt Eltern und Kinder auch vor ungerechtfertigten Interventionsmaßnahmen. Sie ist zudem angebracht, damit auch Unbeteiligte (KollegInnen, Fachkräfte des Kinderschutzes etc.) das Geschehene nachvollziehen und ihre eigenen Interpretationen vollziehen können: Kann es auch sein, dass das Kind müde, krank, emotional belastet und/oder desinteressiert ist?

Von Vorzug ist es daher, wenn das Beobachtungsinstrument eine Trennung von „Fakten“ und (voreiliger) Interpretation vorsieht. Entsprechend empfehlen sich Instrumente, die auch Raum für eigene Ergänzungen lassen. Wichtig bleibt bei alledem: Es bedarf zumeist mehrerer kontinuierlicher Beobachtungen von mehreren KollegInnen in unterschiedlichen Situationen und in unterschiedlichen Interaktionen. Ausgenommen sind jedoch Gefahrensituationen, in denen unverzügliches Handeln erforderlich ist.

Beobachtungsphasen nach Laewen/Andres

Dieses offene Beobachtungsverfahren geht von vier Phasen aus (vgl. Laewen/ Andres 2004; 2007) und beschreibt ein mögliches Vorgehen:

1. Phase: Was passiert? Was tut, was sagt das Kind?
In Phase eins ist es wichtig, zu dokumentieren, was die Lehrkraft tatsächlich sieht und hört. Die Handlungen des Kindes werden wertneutral beschrieben. Da die Anzeichen für eine mögliche Kindeswohlgefährdung sich zunächst aus einer Alltagsbeobachtung ergeben, können die wahrgenommenen Sachverhalte auch zu einem späteren Zeitpunkt in Form eines Gedächtnisprotokolls aufgeschrieben werden. Hier besteht jedoch die Gefahr, dass sich Erinnerungen durch Vorannahmen oder Erwartungen verändern (s.o.).

2. Phase: Wie wirkt die Situation auf mich?
Grundlegend in Phase zwei ist die Frage nach körperlichen und emotionalen Reaktionen, die die beobachtete Situation in der Lehrkraft hervorruft. Es geht um Erinnerungen, Bilder, Ideen, die beim Beobachten bzw. beim Notieren der Wahrnehmungen entstehen. Somit können eigene Handlungsmuster reflektiert werden. Dahinter steht die Annahme, dass der biografische Hintergrund einer Person ihre Wahrnehmungen, Interpretation und Gefühlsregungen beeinflussen. Um zu einer möglichst objektiven und professionellen Einschätzung zu gelangen, ist es notwendig, dass diese subjektiven Anteile reflektiert werden.

3. Phase: Was glaube ich, wie geht es dem Kind?
Phase drei fokussiert die Perspektivenübernahme der Lehrkraft gegenüber dem Kind: Was denke ich, wie fühlt sich dieses Kind jetzt? Welche Bedeutung hat die Situation für das Kind aus meiner Sicht?

4. Phase: Welche fachlichen Reflektionen entstehen im Team?
Handlungsleitend ist in Phase vier nun die Frage, wie die Teammitglieder die dokumentierte Situation (Phase eins bis drei) reflektieren und welche fachlich begründeten Schlüsse aus den Beobachtungen folgen. Hierzu werden in einem ersten Schritt möglichst viele Deutungen zusammengetragen. Dabei wird keine Deutung abgelehnt, so unwahrscheinlich sie auch sein mag. Es geht hier darum, ein möglichst umfangreiches Meinungsbild einzuholen. Im zweiten Schritt werden auf Basis der wahrscheinlichsten Deutung Schlussfolgerungen für die weitere Arbeit gezogen. Diese Interpretation und Schlussfolgerungen sind hypothetisch und als solche auch veränderbar.

Hieran schließen sich weitere Fragen an:
Welche Hypothesen ergeben sich aus den Beobachtungen? Wie werden sie begründet? Welche Handlungsschritte sind bereits erfolgt, welche nächsten werden geplant?

Kommt das Team zu dem Ergebnis, dass es sich um gewichtige Anzeichen einer Kindeswohlgefährdung handelt, d.h., konkrete Hinweise oder Vermutungen vorliegen, muss eine Handlungskette eingeleitet werden (vgl. Beitrag Buchholz in diesem Band). Zu klären sind dann u.a. Fragen wie: Inwieweit sind Personensorgeberechtigte einzubeziehen, ohne dass das Kindeswohl hierdurch weiter gefährdet wird? Wer übernimmt welche Aufgaben in welcher Zeit?

Bei der Einschätzung von Anzeichen auf eine Kindeswohlgefährdung ist prinzipiell darauf zu achten, dass Wahrnehmungen anderer Personen, z.B. Äußerungen der Kinder bzw. Jugendlichen, der KollegInnen etc., unbedingt als solche zu kennzeichnen sind. Diese beziehen sich nicht auf direkte Beobachtungen der Lehrkraft und sind entsprechend abzuschätzen.

Für eine Weitergabe von Informationen an das Jugendamt sowie einer kontinuierlichen Zusammenarbeit zwischen LehrerInnen und Fachkräften des Kinderschutzes ist es notwendig, Dokumentationen über die beobachteten Sachverhalte und Teamreflexionen hinaus, vorzunehmen. Mögliche Inhalte einer Dokumentation können zudem sein:

- Ergebnisse der Absprachen mit einer insoweit erfahrenen Fachkraft aus trägerinternen Fachdiensten, Fachdiensten freier Träger oder aus dem Jugendamt
- Kontaktaufnahme und Gespräche mit den Eltern
- Beratungs- und Hilfsangebote der Schule und externer Dienste
- Rückmeldungen über die Inanspruchnahme und den Verlauf von Hilfen
- Einbeziehung des Jugendamtes: wann, wie und mit welchen Informationen
- Vereinbarungen über die weitere Kooperation im Hilfeprozess (vgl. Beneke o.J.).

Fazit

Beide Verfahren, offene und geschlossene, zur Beobachtung und Dokumentation bei Anzeichen auf Kindeswohlgefährdung haben ihre Berechtigung. Indikatorengestützte Instrumente als geschlossene Form können für Gefährdungen sensibilisieren und die Wahrnehmungen fokussieren. Bedingt einsetzbar sind jedoch solche Instrumente bzw. Beobachtungskategorien, die zu (voreiligen) Interpretationen verleiten. Offene Instrumente wie z.B. nach Andres und Laewen halten NutzerInnen dazu an, subjektive Anteile an Beobachtungen zu extrahieren und (in Phase vier) sich durch den Einbezug von Teammitglieder „abzusichern". Entsprechend ist dieses Vorgehen mit einem erhöhten Zeitaufwand verbunden. Zu begrüßen sind Verfahren, die Indikatoren *und* Reflexionsphasen beinhalten. Es bietet sich ebenfalls an, Lehrkräfte in spezifischen Fortbildungen in unterschiedlichen Verfahren zu qualifizieren.

Zu prüfen ist, welche weiteren Adaptionen der bereits vorhandenen Verfahren an das Handlungsfeld Schule zu vollziehen sind. In diesem Zuge besteht ein Bedarf an (halb)geschlossenen Verfahren für Jugendliche, d.h., Verfahren, die sich an Entwicklungsthemen sowie an Rechtsgrundlagen junger Erwachsener orientieren.

Literatur

Andres, Beate/Laewen, Hans-Joachim (2004): Beobachtung und Dokumentation als Grundlage für pädagogisches Handeln. In: Diskowski, Detlef; Hammes-Di Bernado, Eva (2004): Lernkulturen und Bildungsstandards: 138-150.

Bathke, Sigrid/Reichel, Norbert u.a. (2007): Kinderschutz macht Schule. Handlungsoptionen, Prozessgestaltungen und Praxisbeispiele zum Umgang mit Kindeswohlgefährdungen in der offenen Ganztagsschule. Der GanzTag NRW. Beiträge zur Qualitätsentwicklung. H. 5/2007.

Beneke, Doris (o.J.): Expertise. Schutzauftrag bei Kindeswohlgefährdung – Anforderungen an die Träger von Kindertageseinrichtungen. [Download: www.kindesschutz.de/bsm/ExpertiseDorisBeneke.pdf; letzter Zugriff: 05.07.10]

Diskowski, Detlef; Hammes-Di Bernado, Eva (Hrsg.) (2004): Lernkulturen und Bildungsstandards. Hohengehren: Schneider Verlag.

Drewes, Stefan (2008): Indikatoren – vom Bauchgefühl zum strukturierten Beobachten und Wahrnehmen. In. Bathke, Sigrid u.a.: Arbeitshilfe zur Umsetzung des Kinderschutzes in der Schule. Der GanzTag NRW. Beiträge zur Qualitätsentwicklung. H. 9/2008. 9-16.

Kretschmer, Horst/Stary, Joachim (2007): Schulpraktikum. Eine Orientierungshilfe zum Lernen und Lehrern. Berlin: Cornelson-Verlag.7. Aufl.

Laewen, Hans-Joachim/Andres, Beate (Hrsg.) (2007): Forscher, Künstler, Konstrukteure. Werkstattbuch zum Bildungsauftrag von Kindertageseinrichtungen. Berlin: Cornelsen-Verlag.

Liebel, Manfred (2008): Wozu Kinderrechte. Grundlagen und Perspektiven. Weinheim und München: Juventa.

Schiefer, Sigrun (2007): Indikatoren für Kindeswohlgefährdung. Standardisierte Verfahrensweisen in der öffentlichen Jugendhilfe. In: Sozialmagazin, 32. Jg. H. 10/2007. 22-28.

Thomas Buchholz

Kinderschutz bei Kindeswohlgefährdung als Aufgabe von Schule und Jugendhilfe

Spätestens mit Einführung des § 8a SGB VIII haben sich in der Kinder- und Jugendhilfe verbindliche Standards und Verfahrensweisen zum Kinderschutz bei Kindeswohlgefährdung etabliert. Der Gesetzgeber reagierte damit auf mehrere tragische Fälle von Kindstötung in Folge einer Kindeswohlgefährdung seit den frühen 1990er-Jahren (vgl. Mörsberger/Restemeier 1997; Jordan 2006). Zu den Mindeststandards im Kinderschutz zählen zum Beispiel.:

- Abschätzung des Gefährdungsrisikos im Zusammenwirken mehrerer Fachkräfte,
- Einbeziehung der Personensorgeberechtigten sowie des Kindes/Jugendlichen, sofern hierdurch nicht die Gefährdungslage verschärft wird,
- Anbieten von Hilfen, sofern diese zur Beseitigung der Gefährdungslage geeignet und notwendig sind sowie
- Einbezug einer insofern erfahrenen Fachkraft (vgl. auch Meysen/Schindler 2004).

Neben der verbindlichen Benennung von Verfahrensabläufen bei Bekanntwerden von Anzeichen für eine Kindeswohlgefährdung, bestehen Entwicklungsperspektiven darin, den Kooperationsgedanken stärker im Kinderschutz zu verankern. So werden zum Beispiel freie Träger der Kinder- und Jugendhilfe zum Kinderschutz in die Verantwortung genommen (vgl. Münder u.a. 2007). Diese Entwicklung räumt mit dem Paradigma auf, nachdem ausschließlich Jugendämter und Familiengerichte zum Schutz von Kindern und Jugendlichen vor Gefahren für ihr Wohl tätig werden. Unter dem Motto „ohne den anderen geht es nicht“, werden zum Beispiel Kooperationsmöglichkeiten mit der Gesundheitshilfe ausgelotet (vgl. Die Kinderschutz-Zentren 2008).

Eingriffe in das elterliche Sorgerecht obliegt sinnvollerweise auch weiterhin ausschließlich dem Familiengericht und – unter bestimmten Voraussetzungen

– auch den Jugendämtern. Jedoch wird Kinderschutz zunehmend als eine gesellschaftliche Aufgabe verstanden, die von mehreren Akteuren wahrgenommen werden muss. In diesem Zusammenhang werden auch Schulen als potentieller Kooperationspartner im Kinderschutz bei Kindeswohlgefährdung erkannt (vgl. Schrapper in diesem Band, vgl. auch Bathke/Reichel 2007; Bathke u.a. 2008; Leitner u.a. 2008). Jedoch konnten bisher in Schulen keine mit § 8a SGB VIII vergleichbaren und flächendeckenden Verfahren zum Kinderschutz bei Kindeswohlgefährdung etabliert werden (MGFFI 2010: 136). Und mehr noch: Kinderschutz bei Kindeswohlgefährdung scheint für LehrerInnen ein eher neues Thema zu sein, findet sich doch das Selbstverständnis vieler LehrerInnen eher am Bildungs- als Erziehungsauftrag der Schule orientiert (MGFFI 2010: 128).

Im Folgenden richten wir unseren Blick im ersten Schritt auf die gesetzlichen Rahmenbedingungen im Kinderschutz, die sich aus dem staatlichen Wächteramt für die öffentliche Jugendhilfe ergeben. LehrerInnen benötigen diese Grundkenntnisse, um den MitarbeiterInnen der Jugendhilfe mit realistischen Erwartungen und einem entsprechenden Verständnis der Arbeit des Jugendamtes zu begegnen. Im zweiten Schritt gehen wir der Frage nach, inwieweit für LehrerInnen ein Schutzauftrag bei Kindeswohlgefährdung in den Schulgesetzen verankert ist. An dieser Stelle wird auch auf das neue Bundeskinderschutzgesetz (BKiSchG) eingegangen, welches die Bundesregierung im Dezember 2010 als Entwurfsfassung vorgelegt hat. Anschließend wird eine Handlungskette entworfen, die sich aus der Gesetzeslage zum Kinderschutz ergibt Abgeschlossen wird der Beitrag mit Empfehlungen zur Gestaltung des Schutzauftrags in Schulen.

1 Elternrecht, Kindeswohl und Wächteramt: Der staatliche Schutzauftrag bei Verdacht auf Kindeswohlgefährdung

In Deutschland hat jedes Kind ein Recht auf Erziehung durch seine Eltern bzw. durch die Personensorgeberechtigten[1]. So heißt es beispielsweise bereits im Grundgesetz:

> „(1) Ehe und Familie stehen unter dem besonderen Schutze der staatlichen Ordnung.
> (2) Pflege und Erziehung der Kinder sind das natürliche Recht der Eltern und die oberste ihnen obliegende Pflicht. Über ihre Betätigung wacht die staatliche Gemeinschaft.

1 Im Folgenden werden die Begriffe Eltern und Personensorgeberechtigten zur besseren Lesbarkeit synonym verwendet.

> (3) Gegen den Willen der Erziehungsberechtigten dürfen Kinder nur auf Grund eines Gesetzes von der Familie getrennt werden, wenn die Erziehungsberechtigten versagen oder wenn die Kinder aus anderen Gründen zu verwahrlosen drohen…" (Art. 6 GG).

Art. 6 Abs. 1 GG stellt eine Schutznorm des Bürgers dar, die ihn mit Abwehrrechten gegen störende Einflüsse und Eingriffe des Staates in der Privatsphäre ausstattet (vgl. Epping 2010: 221). Dieses Recht beinhaltet u.a., dass Eltern über die Grundzüge der Erziehung selbstständig entscheiden können. Der Staat darf den Eltern also bei der Wahl des Erziehungsstils oder der Erziehungsmittel keine Vorschriften machen (Elternrecht). „Damit wird eine klare Vorrangstellung der Eltern bei der Erziehung ihrer Kinder gegenüber staatlichen Erziehungsrechten begründet" (Tammen 2007: 524).

Aus der Sicht des Kindes bedeutet dieses Elternrecht, dass jedes Kind zunächst einen Anspruch darauf hat, durch seine natürlichen Eltern erzogen zu werden. Insofern hat jedes Kind ein Recht auf Erziehung, Pflege und Schutz durch seine Eltern (§ 1631 Abs. 1 BGB). In diesem Zusammenhang spricht man von einem fremdnützigen Recht, weil man davon ausgeht, dass die starke Stellung der Eltern letztendlich dem Kind zugutekommt und insofern ein Recht „im Interesse des Kindes ist" (BVerfGE 72, 122/137).

Für die Eltern bedeutet das Recht des Kindes im umgekehrten Sinne, dass sie in der Pflicht stehen, eine dem Alter des Kindes angemessene Erziehung auszuüben. Das Elternrecht zur Erziehung ihres Kindes korrespondiert mit einer Elternpflicht zur Erziehung, Pflege und Beaufsichtigung ihres Kindes (vgl. Epping 2010: 225; Jarass/Piroth 2007: 235; BVerfGE 121, 69/92). Die Aufgabe der Eltern ist es, „die umfassende Verantwortung für die Lebens- und Entwicklungsbedingungen des Kindes" (Zacher HbStR VI 296) wahrzunehmen. Das betrifft zum Beispiel die Sorge um das körperliche, seelische und geistige Wohl, die Gewährleistung einer dem Alter und Entwicklungstand des Kindes entsprechende Erziehung, die Wahl der geeigneten Schulart oder auch die Wahl der an der Erziehung beteiligten Personen.

Können Eltern eine dem Kindeswohl entsprechende Erziehung nicht gewährleisten, unterstützt der Staat Eltern durch verschiedene Hilfsangebote. Der Staat gewährt teilweise überforderten oder von Überforderung bedrohten Eltern Unterstützung mit dem Ziel, „positive Lebensbedingungen für junge Menschen und ihre Familien sowie eine kinder- und familienfreundliche Umwelt zu erhalten oder zu schaffen" (§ 1 Abs. 3 SGB VIII). Angebote und Leistungen der Kinder- und Jugendhilfe sind im SGB VIII geregelt. Diese sind in erster Linie familienunterstützend bzw. familienergänzend ausgerichtet, so dass Eltern bei der Wahrnehmung ihrer Erziehungspflicht Hilfe erfahren und Kindern und Jugendlichen neben der Erziehung und Bildung in der Familie auch Bildungs- und Freizeitangebote außerhalb der Familie angeboten werden können. Leistungen der Kinder- und Jugendhilfe, die sich an Kinder, Jugendliche und deren Eltern richten, können sein:

- Jugendarbeit, Jugendsozialarbeit, erzieherischer Kinder- und Jugendschutz (§§ 11 – 15 SGB VIII)
- Förderung der Erziehung in der Familie (§§ 16-21 SGB VIII); zum Beispiel Angebote der Familienbildung und der Familienfreizeit sowie Beratung und Unterstützung in Fragen der Erziehung (§ 16 Abs. 1 und 2 SGB VIII)
- Förderung von Kindern in Tageseinrichtungen und in Kindertagespflege (§§ 22 – 26 SGB VIII)
- Hilfe zur Erziehung, Eingliederungshilfe für seelisch behinderte Kinder und Jugendliche, Hilfe für junge Volljährige (§§ 27 – 41 SGB VIII).

Eine Vielzahl dieser Leistungen soll dazu beitragen, die Erziehungskompetenz der Eltern zu stärken und somit positive Bedingungen für das Aufwachsen von Kindern und Jugendlichen schaffen. Der Staat unterstützt die Eltern auf diese Weise bei der Wahrnehmung ihrer Erziehungsverantwortung für das Kind und entspricht auf diese der starken Stellung des Elternrechts.

Das Elternrecht stößt jedoch an seine Grenzen, wenn Eltern ihre Verantwortung zur Erziehung, Pflege und Beaufsichtigung ihres Kindes nicht wahrnehmen oder die Grundrechte des Kindes auf Leben, Menschenwürde sowie auf freie Entfaltung der Persönlichkeit missachten (vgl. Meysen 2008: 16). Für diese Fälle wurde ein sogenanntes staatliches Wächteramt eingerichtet (Art. 6 Abs. 2 S. 2 GG). Das bedeutet, dass es staatliche Organe gibt, die in bestimmten Fällen über das Ausüben der Erziehungsverantwortung durch die Eltern wachen. Werden die Grenzen des Elternrechtes überschritten und wird hierdurch das Wohl des Kindes gefährdet, wird die staatliche Gemeinschaft zum Schutz des Kindes aktiv.

Das staatliche Wächteramt richtet sich zunächst an die Familiengerichte: „(1) Wird das körperliche, geistige oder seelische Wohl des Kindes oder sein Vermögen gefährdet und sind die Eltern nicht gewillt oder nicht in der Lage, die Gefahr abzuwenden, so hat das Familiengericht die Maßnahmen zu treffen, die zur Abwendung der Gefahr erforderlich sind“ (§ 1666 BGB). Neben den Familiengerichten werden unter bestimmten Voraussetzungen auch die Träger der öffentlichen Jugendhilfe, die Jugendämter, zu Eingriffen in die elterliche Sorge verpflichtet (§§ 8a, 42 SGB VIII).

Für die MitarbeiterInnen in den Jugendämtern ergibt sich aus der Übertragung des staatlichen Wächteramtes auf die Jugendhilfe ein Schutzauftrag für Kinder und Jugendliche vor Gefahren für ihr Wohl (§ 1, Abs. 2 und 3; § 8a SGB

VIII).[2] Werden dem Jugendamt gewichtige Anhaltspunkte, d.h., konkrete Hinweise oder Vermutungen auf eine Kindeswohlgefährdung, bekannt, haben die zuständigen MitarbeiterInnen im Jugendamt umgehend tätig zu werden. D.h., durch das Bekanntwerden von Hinweisen auf eine Kindeswohlgefährdung ergeben sich konkrete Handlungspflichten für die MitarbeiterInnen im Jugendamt. Der Terminus „gewichtige Anhaltspunkte“ weist darauf hin, dass das Jugendamt nicht ohne entsprechende Hinweise die Personensorgeberechtigten kontrollieren darf. Demnach müssen konkrete und ernst zu nehmende Hinweise vorliegen (Meysen 2008: 23). Für das Tätigwerden des Mitarbeiters im Jugendamt entsprechend des Schutzauftrages reicht zunächst aus, dass Hinweise bekannt werden, die vorläufig als gewichtig wahrgenommen werden. Dabei kann es sich zunächst nur um eine vorläufige Interpretation von beobachteten Sachverhalten handeln, die im Weiteren zu überprüfen ist. Hieran schließen sich nach § 8a SGB VIII weitere Schritte an:

Oft sind erste Anzeichen oder Hinweise auf eine bestehende bzw. drohende Kindeswohlgefährdung wage und sehr unspezifisch. MitarbeiterInnen prüfen daher die Plausibilität und Nachvollziehbarkeit von Informationen, die auf eine Gefährdungslage hinweisen. Weiterhin ist es häufig notwendig, dass die MitarbeiterInnen des Jugendamtes weitere Informationen direkt bei der Familie einholen. Dies kann durch Gespräche mit den Eltern und mit anderen Familienangehörigen oder durch Beobachtung des Kindes erfolgen, ist aber immer der jeweiligen Spezifik des Falles anzupassen.[3] Eine aktuelle Gesetzesänderung sieht vor, dass sich MitarbeiterInnen im Jugendamt „einen unmittelbaren Eindruck von dem Kind und von seiner persönlichen Umgebung“ verschafft (BMFSFJ 2010: 8). In der Regel sind demzufolge bereits in dieser Phase des Hilfeprozesses die Eltern sowie das betroffene Kind zu beteiligen. Die Personensorgeberechtigten werden jedoch nur insoweit beteiligt, als hierdurch der Schutz des Kindes oder Jugendlichen nicht gefährdet wird. D.h., unter bestimmter Voraussetzung ist der Einbezug der Eltern in dieser Phase des Hilfeprozesses nicht angezeigt.

---

2 Die Verpflichtung zum Schutz von Kindern und Jugendlichen vor Gefahren für ihr Wohl richtet sich neben den Jugendämtern auch an andere Dienste und Leistungen der Kinder- und Jugendhilfe in freier Trägerschaft. Diese werden durch Kooperationsvereinbarungen mit den Jugendämtern zum Schutz von Kindern und Jugendlichen verpflichtet (vgl. § 8a Abs. 2 SGB VIII). Im Rahmen dieses Beitrages wird jedoch nur auf den Schutzauftrag der Jugendämter eingegangen.

3 Neben der Erfassung von Gefährdungslagen sollen auch Informationen zu Entwicklungsdefiziten, Verhaltensauffälligkeiten aber auch Stärken und Ressourcen der Familie eingeholt werden. Für die Einschätzung der Situation gibt es zahlreiche Diagnose- und Einschätzungsinstrumente (vgl. zum Beispiel Kindler u.a. 2006; Bayerisches Landesjugendamt 2005; Reich 2005; ein Überblick findet sich bei Deegner/Körner 2006; Kindler 2005; Heiner 2004).

Diese Informationen sind die Grundlage für die *Risikoabschätzung im Zusammenwirken mehrerer Fachkräfte.* Die Abschätzung des Gefährdungsrisikos des betroffenen Kindes ist im Zusammenwirken mehrerer Fachkräfte im Rahmen kollegialer Fallkonferenzen zu treffen. In dieser Fachberatung werden die Beobachtungen gemeinsam und im Hinblick auf das bestehende Risiko- und Gefährdungspotential ausgewertet.[4]

Ergibt die Einschätzung im Zusammenwirken mehrerer Fachkräfte, dass keine Kindeswohlgefährdung vorliegt, in der Familie aber ein erzieherischer Hilfebedarf besteht, ist das Jugendamt verpflichtet, Hilfen zur Erziehung anzubieten. Der Erfolg dieser Hilfen ist in hohem Maße abhängig von der Mitwirkungsbereitschaft der Familien. Sind diese nicht bereit, die Hilfen in Anspruch zu nehmen, endet der Handlungsauftrag des Jugendamtes (vgl. auch Tab. 1).

Wird hingegen eine akute Gefährdungslage erkannt, die mit ziemlicher Sicherheit zu einer Schädigung des Kindes oder seiner Entwicklung führt (Kindeswohlgefährdung), gilt der Grundsatz der Verhältnismäßigkeit: Die Jugendämter müssen den Personensorgeberechtigten zunächst Hilfe und Unterstützung anbieten und hierdurch die Eltern bei der Wahrnehmung ihrer Erziehungspflicht unterstützen. Dies kann zum Beispiel in Form der Hilfen zur Erziehung (§§ 27ff SGB VIII) erfolgen. Sollen Hilfen zur Erziehung gewährt werden, müssen bestimmte Voraussetzungen erfüllt sein: (1) Die Eltern können eine dem Wohle des Kindes entsprechende Erziehung nicht mehr gewährleisten. In diesem Fall besteht eine erzieherische Mangellage, die dazu führt, dass die Entwicklung des Kindes beeinträchtigt wird (Stillstand bzw. Rückschritt). In dieser Situation wirken belastende Faktoren, die die Eltern aus eigener Kraft nicht kompensieren können. (2) Angebotene Hilfen müssen notwendig und geeignet sein, um die erzieherische Mangellage einzustellen um die drohenden oder eingetretenen Beeinträchtigungen des Kindeswohls abzustellen. Auch hier gilt: Ein wichtiger Aspekt, der den Erfolg von Hilfen beeinflusst, ist die Bereitschaft der Eltern, diese Hilfen anzunehmen und aktiv an der Veränderung mitzuwirken. Da Hilfen stets einen Angebotscharakter haben, ist die Mitwirkungsbereitschaft der Eltern eine unentbehrliche Voraussetzung für das Gelingen einer Hilfe.

Sind Hilfen nicht geeignet, die Gefährdungslage zu beseitigen oder Eltern nicht gewillt oder in der Lage, Hilfen zur Abwendung einer eingetretenen oder drohenden Kindeswohlgefährdung anzunehmen und besteht die Gefahr einer Kindeswohlgefährdung fort, müssen Jugendämter Maßnahmen zum Schutz des

4 Für Einrichtungen und Dienste der Kinder- und Jugendhilfe in freier Trägerschaft gilt, dass diese eine „insoweit erfahrene Fachkraft" (§8a Abs. 2 SGB VIII) bei der Abschätzung des Gefährdungsrisikos hinzuziehen müssen. Diese steht beratend zur Seite und bringt ihre Expertise in Bezug auf die jeweilige Gefährdungsart ein (zur Rolle und Anforderung der Kinderschutzfachkraft vgl. ISA u.a. 2010; Leitner 2009)

Kindes vor Gefahren für sein Wohl ergreifen. In diesen Fällen ist das Jugendamt durch § 8a SGB VIII dazu verpflichtet, eine Entscheidung des Familiengerichtes herbeizuführen. Wenn eine Entscheidung des Familiengerichtes nicht abgewartet werden kann, weil die Situation ein rasches Handeln seitens des Jugendamtes erfordert, kann das Kind gegen den Willen der Eltern von der Familie getrennt werden (§ 42 SGB VIII). Nach der Herausnahme des Kindes aus der Familie ist das Familiengericht unmittelbar zu informieren.

Das verfassungsrechtlich geschützte Elternrecht (Art. 6 GG) und der Auftrag der Kinder- und Jugendhilfe zum Schutz von Kinder vor Gefahren für ihr Wohl macht ein komplexes Vorgehen im Hilfeprozess nötig (vgl. hierzu auch Münder/ Wiesner 2007: 162-179). Dieser reicht von der

- Unterstützung der Eltern vor Anzeichen auf eine Kindeswohlgefährdung, über
- Hilfeleistungen im Fall einer drohenden oder bestehenden Kindeswohlgefährdung durch geeignete Hilfen bis hin zum
- Schutz von Kindern auch gegen den Willen der Eltern.

Die nachfolgende Tabelle beschreibt die Eingriffslogik der Kinder- und Jugendhilfe in Fällen, in denen (a) ein erzieherischer Bedarf gegeben ist und (b) eine Kindeswohlgefährdung droht.

Tab. 1: Handlungsverpflichtungen des Jugendamtes

Gefährdungs-einschätzung	Problemeinsicht und Bereitschaft der Eltern Hilfen in Anspruch zu nehmen	Nächste Schritte und mögliche Maßnahmen des Jugendamtes
Hilfebedarf gegeben; keine akute oder drohende Kindeswohlgefährdung	Gegeben	· Unterstützung der Eltern bei der Wahrnehmung ihrer Erziehungsverantwortung durch Beratung zu Leistungen der Kinder- und Jugendhilfe · Einleiten geeigneter und notwendiger Hilfe (zum Beispiel Hilfen zur Erziehung) · Eröffnung des Hilfeplanverfahrens (§ 36 SGB VIII; vgl. Merchel 2006) · Festlegen eines Überprüfungstermins zur erneuten Risikoeinschätzung.
Hilfebedarf gegeben; keine akute oder drohende Kindeswohlgefährdung	Nicht gegeben	· Keine Einleitung weiterer Hilfemaßnahme · Sensibilisierung der Eltern in Bezug auf den fachlich eingeschätzten Hilfebedarf und Einwerben einer Inanspruchnahme freiwilliger weiterführender Hilfen · Festlegen des Termins zur erneuten Risikoeinschätzung.
Drohende oder akute Kindeswohlgefährdung liegt vor	Gegeben	· Unterstützung der Eltern bei der Wahrnehmung ihrer Erziehungsverantwortung. · Einleiten weiterführender Hilfen, die geeignet sind die Gefährdung abzustellen (zum Beispiel Hilfen zur Erziehung). · Eröffnung des Hilfeplanverfahrens (§ 36 SGB VIII) · Festlegen eines Überprüfungstermins zur Risikoeinschätzung.
Drohende oder akute Kindeswohlgefährdung liegt vor	Nicht gegeben	· Anrufung des Familiengerichts; Eltern sind davon zu informieren, insofern hierdurch der Schutz des Kindes nicht in Frage gestellt wird · Bei Gefahr in Verzug: Inobhutnahme des Kindes aus der Familie

2 Der Schutzauftrag in Schulen

2.1 Kinderschutz bei Kindeswohlgefährdung in Schulen am Beispiel der Schulgesetze

Anders als die Kinder- und Jugendhilfe hat Schule einen eigenständigen Erziehungs- und Bildungsauftrag, der dem Erziehungsauftrag der Eltern gleichgestellt ist (Art. 7 GG; vgl. BVerfG 34, 165/182f; 47, 46/71ff; 96, 288/304; 98, 218/244f). Im Verhältnis Kind- Eltern- Staat kommt dem staatlichen Schulwesen eine besondere Rolle zu, da hier „Eingriffe in das Elternrecht im Verhältnis zum Kind ...“ (Jarass/Pieroth 2007: 237) vorkommen. Trotz dieser großen Bedeutung der Schule für das Aufwachsen eines Kindes und dem zum Elternrecht gleichrangigen Erziehungsauftrag findet sich in der grundgesetzlichen Rechtsprechung zu Art. 7 GG kein Hinweis auf einen Schutzauftrag der Schule im Hinblick auf eine bestehende oder drohende Kindeswohlgefährdung (vgl. Jarass/Pieroth 2007). Mindestens zwei Gründe sprechen dafür, den Schutzauftrag von Schulen bei Verdacht auf Kindeswohlgefährdung zu stärken:

Der Erziehungsauftrag der Schule beinhaltet auch die Sorge für das Wohl von SchülerInnen. Diese Sorge endet für LehrerInnen nicht bei dem Gebot, alle schädigenden Aktivitäten den SchülerInnen gegenüber zu unterlassen und im Rahmen der Aufsichtspflicht körperliche Verletzungen oder Schäden am Eigentum der SchülerInnen zu verhindern (vgl. Bott 2005). Vielmehr kann zum Erziehungsauftrag von Schule auch gehören, dass LehrerInnen sensibel gegenüber schädigenden Lebensumständen *außerhalb* der Schule sind und eine aktive Einmischungsstrategie zum Wohle des Kindes verfolgen. Das „Schutzparadigma [ist] als originäre Aufgabe der Schule zu verstehen“ (Jantowski/Ebert in diesem Band). Raab und Rademacker weisen daraufhin, dass Schule ihren Erziehungsauftrag bis heute nur eingeschränkt wahrnimmt und wahrnehmen kann (2004: 17).

Besteht ein Vertrauensverhältnis zwischen LehrerInnen und SchülerInnen bzw. LehrerInnen und Eltern, können LehrerInnen auf Kinder bzw. deren Familien zur Inanspruchnahme von Hilfen hinwirken. Dieses Vertrauensverhältnis kann außerdem eine sichere Basis für SchülerInnen darstellen, um sich in schwierigen Lebenslagen der Lehrperson gegenüber zu öffnen. Insofern kann Schule einen nicht unerheblichen Beitrag leisten, um SchülerInnen frühzeitig zu unterstützen und Hilfezugänge zu schaffen.

LehrerInnen sind täglich mehrere Stunden mit Kindern in Kontakt und können Anzeichen auf eine Kindeswohlgefährdung frühzeitig wahrnehmen. Daher ist es eine logische Konsequenz, den Schutzauftrag auch auf Schulen auszudehnen.

Um den Schutz von Kindern sicherzustellen, ist daher auch eine Verpflichtung von LehrerInnen zum Kinderschutz bei Verdacht auf Kindeswohlgefährdung angezeigt. Hinweise auf den Schutzauftrag bei Kindeswohlgefährdung lassen sich bis heute lediglich in einigen Schulgesetzen finden. Da das Schulwesen in der Verantwortung der Bundesländer liegt, legen landesrechtliche Regelungen hierzu unterschiedliche Formulierungen vor. Ein Überblick über die Schulgesetze zeigt, dass sich nicht in allen Schulgesetzen der Bundesländer Regelungen zum Tätigwerden bei Bekanntwerden gewichtiger „Anhaltspunkte für die Gefährdung des Wohls einer SchülerIn" (§ 3 Abs. 2 Rheinland-Pfalz SchulG) finden lassen. Regelungen zum Schutzauftrag bei Verdacht auf Kindeswohlgefährdung ließen sich bisher in den Schulgesetzen der Länder Baden-Württemberg, Bayern, Brandenburg, Nordrhein-Westfalen, Sachsen und Rheinland-Pfalz finden. Seit Dezember 2008 enthält auch das Thüringer Schulgesetz eine entsprechende gesetzliche Normierung.

Die folgende Tabelle (Tab. 2) zeigt, in welchen Schulgesetzen sich (a) Hinweise auf den Schutz des Kindeswohls, (b) Regelungen von Verfahrensablauf zum Schutz des Kindes vor Gefahren für sein Wohl und (c) keine Hinweise auf Kinderschutz finden lassen.

Tab. 2: Übersicht über Regelungen zum Kinderschutz in den Schulgesetzen (Stand: August 2009)

Hinweise auf Schutz des Kindeswohls	Regelung von Verfahrensabläufe zum Schutz des Kindeswohls	Keine Nennung eines Schutzauftrages für Schulen
Saarland: § 33, Abs. 1	Baden-Württemberg: § 85, Abs. 3 und 4	Berlin
	Bayern: Art. 31, Abs. 1	Bremen
	Brandenburg: §§ 4 Abs. 1 und 63, Abs. 3	Hamburg
	Nordrhein-Westfalen: § 42, Abs. 6	Hessen
	Rheinland-Pfalz: § 3, Abs. 2	Mecklenburg-Vorpommern
	Sachsen: § 50a, Abs. 1	Niedersachsen
	Thüringen: § 55, Abs. 2	Sachsen-Anhalt
		Schleswig-Holstein

Im Folgenden werden zwei Bundesländer exemplarisch herausgegriffen und näher betrachtet.

Nordrhein-Westfalen. Als Reaktion auf die Einführung von § 8a in das SGB VIII hat die Landesregierung Nordrhein-Westfalen 2006 eine Konkretisierung im Schulgesetz hinsichtlich des Umgangs mit Anhaltspunkten auf Vernachlässigung oder Misshandlung vorgenommen (Reichel 2007: 10). Demnach erfordert es „die Sorge für das Wohl der Schülerinnen und Schüler ..., jedem Anschein von Vernachlässigung oder Misshandlung nachzugehen. Die Schule entscheidet rechtzeitig über die Einbeziehung des Jugendamtes oder anderer Stellen." (§ 42, Abs. 6 NRW-SchulG).

„Anzeichen" auf Vernachlässigung oder Misshandlung lege eine interventive als auch eine präventive Intention des Gesetzgebers nahe (Reichel 2007: 11). Der Gesetzgeber macht jedoch noch keine Aussagen darüber, wie mit diesen Anzeichen umzugehen ist. Es finden sich weder Hinweise darüber, dass schulfremde Kinderschutzfachkräfte („insoweit erfahrene Fachkräfte") bei der Beurteilung des Gefährdungsrisikos einzubeziehen wären, noch dass die Bewertung von Anzeichen auf eine Kindeswohlgefährdung im Zusammenwirken mehrerer Fachkräfte zu treffen sei. Lediglich der Verweis, darauf, dass die „Schule ... über die Einbeziehung des Jugendamtes oder anderer Stellen" entscheidet, legt nahe, dass in Verdachtsfällen zumindest die Schulleitung zu informieren sei.

Thüringen geht mit der Einführung des Gesetzes zur „Weiterentwicklung der Zusammenarbeit von Jugendhilfe und Schule" noch einen Schritt weiter. Das Thüringer Schulgesetz hat mit Wirkung zum 16.12.2008 in §55a Abs. 2 eine inhaltlich weitergehende Verpflichtung erhalten: „Werden in der Schule Anzeichen für Vernachlässigung, Misshandlung, sexuellen Missbrauch oder eine sonstige ernsthafte Gefährdung des Wohls eines Schülers wahrgenommen, so hat die Schule dem nachzugehen. Zur Abschätzung des Gefährdungsrisikos bezieht die Schule den Schulpsychologischen Dienst oder andere erfahrene Fachkräfte ein. Die Eltern sind zu beteiligen, wenn dadurch der wirksame Schutz des Schülers nicht in Frage gestellt wird. Bei Vorliegen gewichtiger Anhaltspunkte für eine Gefährdung des Wohls eines Schülers informiert die Schule das Jugendamt. Die Schule unterstützt im Rahmen ihres Bildungs- und Erziehungsauftrags die vom Jugendamt oder anderen Stellen angebotenen Hilfen." (§ 55a Abs. 2 ThürSchulG).

Mit diesen Vorgaben beschreibt das Thüringer Schulgesetz eine Handlungskette bei Bekanntwerden von Anhaltspunkten auf eine Kindeswohlgefährdung, die von ihrer Handlungsdichte an § 8a SGB VIII für die Dienste und Einrichtungen der Jugendhilfe erinnert. Lediglich das „Hinwirken auf die Inanspruchnahme von Hilfen", wie es für die Dienste und Einrichtungen in freier Trägerschaft in Abs. 2 formuliert wird, fehlt. Wenn demnach die Abschätzung des Gefährdungsrisikos im Zusammenwirken mit erfahrenen Fachkräften eine drohende oder bestehende Kindeswohlgefährdung bestätigt, ist unverzüglich das Jugendamt zu informieren. Dieses ist seinerseits verpflichtet, geeignete Hilfen zu veranlassen.

2.2 Kinderschutz in Schulen am Beispiel des Bundeskinderschutzgesetz mit Stand von Dezember 2010

Das Bundesministerium für Familie, Senioren, Frauen und Jugend hat im Dezember 2010 den Referentenentwurf zum „Gesetz zur Stärkung eines aktiven Schutzes von Kindern und Jugendlichen (Bundeskinderschutzgesetz BKiSchG)" herausgegeben. Neben einer Neufassung des § 8a SGB VIII und dem Aufbau von Netzwerken Früher Hilfen, werden nun auch andere Berufsgruppen in die Verantwortung zum Kinderschutzschutz genommen (vgl. BMFSFJ 2010).

Ein Schwerpunkt des Referentenentwurfs bildet das „Gesetz zur Kooperation und Information im Kinderschutz" (KKG). Durch dieses werden sogenannte Berufsgeheimnisträger unter bestimmten Voraussetzungen zur Weitergabe von Informationen an das Jugendamt verpflichtet. Dort heißt es, dass die benannten Berufsgruppen wie zum Beispiel ÄrztInnen, Hebammen und LehrerInnen bei Bekanntwerden von gewichtigen Anhaltspunkten auf eine Gefährdung des Kindeswohls „mit dem Kind … und den Personensorgeberechtigten die Situation erörtern und soweit erforderlich bei den Personensorgeberechtigten auf die Inanspruchnahme von Hilfen hinwirken …" sollen (§ 4 Abs. 1 KKG). Ist eine Einbeziehung des Jugendamts nötig, da Anzeichen auf eine Kindeswohlgefährdung bestehen und die Personensorgeberechtigten nicht bereit oder in der Lage sind, mitzuwirken, können die benannten Berufsgruppen Informationen über das Kind und dessen Familie an das Jugendamt weitergeben (§ 5 KKG). Im Einzelnen müssen LehrerInnen nach dem Bundeskinderschutzgesetz bei Bekanntwerden gewichtiger Anhaltspunkte für die Gefährdung des Wohls eines Kindes oder eines Jugendlichen

- die Situation mit dem Kind/Jugendlichen und seinen Personensorgeberechtigten erörtern,
- auf die Inanspruchnahme von Hilfe hinwirken und
- bei fehlender Mitwirkungsbereitschaft das Jugendamt informieren.

Ähnlich wie die MitarbeiterInnen in Diensten und Einrichtungen der Kinder- und Jugendhilfe in freier Trägerschaft, **können** die in § 4 KKG benannten Berufsgruppen eine Beratung durch eine Kinderschutzfachkraft in Anspruch nehmen (§ 4 Abs. 2 KKG). Damit hat die Einbeziehung einer Kinderschutzfachkraft für diese Berufsgruppen nicht den gleichen Verpflichtungscharakter wie für MitarbeiterInnen der Kinder- und Jugendhilfe.

2.3 Handlungskette der Schule bei Anzeichen auf Kindeswohlgefährdung

Werden Anzeichen auf eine Kindeswohlgefährdung bekannt, müssen LehrerInnen diesen nachgehen. Dies setzt die Beobachtung (Wahrnehmen), Einschätzung (Beurteilung) von Anzeichen sowie die Entscheidung über anschließende weitere Handlungsschritte ein. Zur Wahrnahme des Schutzauftrages sollten LehrerInnen daher Kenntnisse über die Dynamiken und Indikatoren für eine Kindeswohlgefährdung haben, um die Anzeichen auf eine Kindeswohlgefährdung wahrnehmen und dokumentieren (können) (zur Beobachtung und Dokumentation von Anzeichen auf Kindeswohlgefährdung vgl. Börner in diesem Band).

Weiterhin ist es notwendig, dass LehrerInnen die wahrgenommen Anzeichen im Rahmen einer Gefährdungseinschätzung fachlich beurteilen. Ziel einer Gefährdungseinschätzung ist die Bewertung der Gefährdungslage in der sich das Kind möglicherweise befindet. Hierbei muss die Prognose ergeben, dass die bestehenden Risiken zu einer erheblichen Schädigung in der Entwicklung des Kindes oder Jugendlichen führen (vgl. BGH, FamRZ 1956, 350).

Die Abschätzung des Gefährdungsrisikos (also die Bewertung inwieweit gewichtige Anhaltspunkte für eine Kindeswohlgefährdung vorliegen) sollte immer und ausschließlich im Zusammenwirken mehrerer Fachkräfte erfolgen. Dies findet zwar im Referentenentwurf des BMFSFJ keine ausdrückliche Nennung. Jedoch hat sich dieses Verfahren in der Kinder- und Jugendhilfe, zum Beispiel bei der Entscheidung darüber, welche Hilfe für eine Familie angezeigt ist, bewährt (vgl. hierzu § 36 SGB VIII; vgl. auch Buchholz 2008). Ein solches Vorgehen verhindert die Überforderung der einzelnen LehrerInnen und vermeidet voreilige (möglicherweise fehlerhafte) Reaktionen. An dieser Stelle sind landesspezifische Regelungen in den Schulgesetzen zu beachten. So ist – wie bereits erwähnt – zum Beispiel in Thüringen die Abschätzung unter Einbezug des schulpsychologischen Dienstes vorzunehmen. Damit erschöpft sich jedoch nicht der Kreis potentiell zu beteiligender schulischer und externer Fachkräfte. Bei der Risikoeinschätzung können beteiligt werden:

- VertrauenslehrerInnen der SchülerInnen
- BeratungslehrerInnen
- Schulleitung
- Externe Fachkräfte, zum Beispiel professionelle Kinderschutzfachkräfte zum Beispiel aus (Erziehungs-)Beratungsstellen oder aus dem Allgemeinen Sozialen Dienst des Jugendamtes (ASD).

In jedem Fall empfiehlt sich auch für den Bereich der Schule die Hinzuziehung einer „insoweit erfahrenen Fachkraft“. Diese Bezeichnung aus § 8a SGB

VIII bezieht sich auf eine Fachkraft, die qua ihrer Ausbildung bzw. spezifischer Fort- und Weiterbildung eine besondere Qualifikation im Bereich des Umgangs mit Kindeswohlgefährdung hat (vgl. ISA u.a. 2010; Leitner 2009; Slüter 2007; Lüders 2008). In der Regel sollte sich die Auswahl der insoweit erfahrenen Fachkraft an der Art der vorliegenden Kindeswohlgefährdung ausrichten (Vernachlässigung, sexueller Missbrauch, Misshandlung), da spezifische Gefährdungslagen auch spezifische Kenntnisse der Fachkraft erfordern (vgl. Beneke o.J.). Professionelle, die als in Kinderschutzfällen erfahrene Fachkräfte an der Risikoeinschätzung teilnehmen können, sollten von den örtlichen Trägern der Kinder- und Jugendhilfe freigestellt werden.

Neben der Bewertung der Gefährdungssituation hat die Risikoeinschätzung im Fachkräfteteam auch das Ziel, die nächsten Handlungsschritte verbindlich festzulegen. Dies beinhaltet auch Entscheidungen zu treffen, wer welche Funktion im weiteren Hilfeverlauf in welchem Zeitraum ausführt (zum Beispiel Festlegen, wer die nächsten Elterngespräche mit welchem Ziel führt).

Zu den weiteren Aufgaben im Kinderschutz bei Kindeswohlgefährdung durch die Schule gehört die Arbeit mit den Eltern bzw. dem Kind. Der Gesetzgeber trifft bei der Formulierung zur Elternbeteiligung wenige Aussagen darüber, wie diese Beteiligung konkret aussehen soll: LehrerInnen sollen „mit dem Kind oder dem Jugendlichen und den Personensorgeberechtigten die Situation erörtern und soweit erforderlich bei den Personensorgeberechtigten auf die Inanspruchnahme von Hilfen hinwirken“ (§ 4 Abs. 1 KKG). Elternbeteiligung kann in diesem Zusammenhang vom Einbezug der Eltern bei der Informationssammlung, über die Beteiligung an der Gefährdungseinschätzung bis hin zum Hinwirken auf die Inanspruchnahme von Hilfen reichen. Denn „ist an ein Gespräch mit den Sorgeberechtigten gedacht, so könnte ein Ergebnis des Gesprächs sein, dass diese selbst um Hilfe bei der Jugendhilfe (oder auch anderswo, zum Beispiel in der Frauen- oder Gesundheitshilfe) nachsuchen“ (Die Kinderschutzzentren 2009: 9). In der Praxis werden sich daher Beteiligungsformen von Eltern vermischen, da die Trennung zwischen einem Gespräch über die Gefährdungslage und einem Gespräch über mögliche Hilfen für die Familie weder sinnvoll noch als in der Praxis umsetzbar erscheint. LehrerInnen können sich auf diese Gespräche vorbereiten, indem sie sich über regionale Beratungsangebote und Angebote der Kinder- und Jugendhilfe informieren. Zu Letzteren gehören zum Beispiel Angebote und Leistungen zur Förderung der Erziehung in der Familie (§§16, 17, 18 Abs. 1 SGB VIII) sowie die Hilfen zur Erziehung (§§ 27-35a SGB VIII). LehrerInnen sollten versuchen, Eltern und Personensorgeberechtigten zu ermöglichen, selbstständig Hilfe anzunehmen, in dem sie einen möglichst niederschwelligen Zugang zur Hilfe herstellen. Dies kann zum Beispiel durch die

Vermittlung von Kontaktadressen zu Beratungsstellen oder Aufklärungsarbeit geschehen.

Die Beteiligung der Eltern setzt ein hohes Maß an Gesprächsführungskompetenz auf Seiten der LehrerInnen voraus. Und dies in Situationen, die durch Ungewissheit und Unsicherheit gekennzeichnet sind. Generell muss beachtet werden, dass Eltern nur insoweit zu beteiligen sind, als hierdurch der Schutz des Kindes nicht weiter gefährdet wird. Ist dies nicht mit Sicherheit gewährleistet, ist auf eine Beteiligung der Eltern an der Risikoabschätzung oder auf das Hinwirken zur Inanspruchnahme von Hilfen zu verzichten. Insofern erfordert die Entscheidung, inwieweit die Personensorgeberechtigten einzubeziehen sind, eine Prognose darüber, ob sich hierdurch die Situation weiter verschärfen würde.

Zeigen sich Personensorgeberechtigte nicht bereit oder sind nicht in der Lage, am Prozess mitzuwirken, obwohl dies zur Beseitigung der kindeswohlgefährdenden Umstände notwendig wäre, sind LehrerInnen dazu verpflichtet, das Jugendamt einzuschalten. Darüber sind die Personensorgeberechtigten zu informieren, sofern hierdurch der Schutz des Kindes nicht weiter gefährdet würde. Der Handlungsauftrag von LehrerInnen zum Schutz von Kindern vor Gefahren für ihr Wohl sieht also neben einer Abwägung der Gefährdungslage in der Fallberatung auch die Information und die Zusammenarbeit mit den Jugendämtern vor. Allerdings kann es „nicht darum gehen, dass Schulen in Zukunft jede noch so geringe Auffälligkeit weitermelden und die nähere Diagnose dem Jugendamt überlassen. Es geht darum, dass Schulen, konkret: LehrerInnen, in die Lage versetzt werden, Phänomene der „Vernachlässigung“ und der „Misshandlung“ zu erkennen, zu bewerten und geeignete Partner einzubeziehen“ (Reichel 2007: 9).

In der nachfolgenden Tabelle wird die Handlungskette bei Bekanntwerden von gewichtigen Anhaltspunkten für eine Kindeswohlgefährdung beschrieben, wie sie sich aus dem Bundeskinderschutzgesetz ergibt.

Tab. 3: Handlungsschema für LehrerInnen zur Wahrnehmung des Schutzauftrages bei Kindeswohlgefährdung

Bekanntwerden gewichtiger Anhaltspunkte für die Gefährdung des Wohls eines Kindes oder eines Jugendlichen			
Abschätzen des bestehenden Gefährdungsrisikos für das Kind in einer Fallberatung unter Einbezug der Schulleitung und erfahrener Kinderschutzfachkräfte (zum Beispiel MitarbeiterInnen im Jugendamt[*]).	Anzeichen unbegründet?	➡	Verfahren abgeschlossen
	Anzeichen für Kindeswohlgefährdung begründet?	➡	**Einleiten des nächsten Schrittes**
Erörtern der Situation mit Kind/Jugendlichen und Personensorgeberechtigten und Hinwirken auf die Inanspruchnahme von Hilfe.	Personensorgeberechtigte sind bereit und in der Lage mitzuwirken und die Gefährdung durch Hilfen abzustellen	➡	Personensorgeberechtigte werden darin unterstützt, Hilfe in Anspruch zu nehmen. Ggf. neuen Überprüfungstermin festlegen.
	Personensorgeberechtigte sind **nicht** bereit und in der Lage mitzuwirken und die Gefährdung durch Hilfen abzustellen	➡	**Information an das Jugendamt**
Information an das Jugendamt		➡	Die Beziehung zwischen der Familie und der Schule wird i.d.R. auch nach dem Einbezug des Jugendamtes weitergeführt. Schule und einbezogene Stellen der Kinder- und Jugendhilfe klären gemeinsam, inwieweit die Schule die angebotenen Hilfe(n) unterstützen kann.

* Sollte bereits in der Phase der Risikoeinschätzung eine MitarbeiterIn des Jugendamtes einbezogen werden, ist der Fall zu anonymisieren. Eine Weitergabe personenbezogener Daten an das zuständige Jugendamt ist erst möglich, wenn die Risikoeinschätzung ergeben hat, dass eine Kindeswohlgefährdung akut droht oder bereits besteht.

3 Empfehlungen

Kinderschutz bei Kindeswohlgefährdung gehört sicherlich nicht zu den Kernaufgaben von LehrerInnen. Zum einen wird das Thema nur selten zum Gegenstand in der Ausbildung von angehenden LehrerInnen gemacht. Zum anderen ist das Handlungsfeld des Kinderschutzes an der Sozialpädagogik orientiert und daher nur bedingt anschlussfähig an das professionelle Wissen von Lehrkräften. Trotz dieser Vorbedingungen hat Schule eine Verantwortung für das Wohl der SchülerInnen. Durch die Bestimmungen im Bundeskinderschutzgesetz werden LehrerInnen durch eine bundesgesetzliche Regelung stärker zum Kinderschutz bei Verdacht auf Kindeswohlgefährdung in die Verantwortung genommen. Dies kann jedoch nicht voraussetzungslos geschehen. LehrerInnen müssen nun weiter qualifiziert werden, um ihren Auftrag zum Schutz von Kindern und Jugendlichen vor Gefahren für ihr Wohl wahrnehmen zu können. Es bleibt abzuwarten, ob die Einführung des Bundeskinderschutzgesetzes eine ähnliche Fortbildungswelle auslösen wird, wie dies das Land Nordrhein-Westfalen im Zuge der Einführung von § 42 NRWSchulG erlebt hat. Neben Fort- und Weiterbildungen für Fachkräfte aus Schulen zum Thema Kinderschutz in der Schule hat sich hier der Zertifikatskurs „Kinderschutzfachkraft" etabliert. Gerade bei der Abschätzung einer Gefährdungssituation sollen Fachkräfte von Trägern der freien Kinder- und Jugendhilfe eine „insoweit erfahrene Fachkraft" hinzuziehen (§8a Abs. 2 SGB VIII). Ein ähnliches Vorgehen scheint auch für LehrerInnen in Schulen dringend angezeigt, da die Entscheidung über das weitere Vorgehen durch die Hinzuziehung einer ausgewiesenen Fachkraft qualifiziert werden kann. Denn: Professionelle Kinderschutzarbeit findet nie allein statt, sondern immer in Kooperation zwischen mehreren Professionellen. Daher empfiehlt es sich bereits im Vorfeld einer tatsächlichen Gefährdung Netzwerke aufzubauen, mögliche AnsprechpartnerInnen zu suchen und diese im Bedarfsfall zu mobilisieren. Konkret bedeutet dies zum Beispiel, dass es sinnvoll ist, bereits vor Bekanntwerden von Anzeichen auf eine Kindeswohlgefährdung zu wissen, an wen sich Professionelle der Kinder- und Jugendhilfe bzw. der Schulen bei Fragen oder zur Erfüllung genannten Aufgaben wenden können. Professionelle sollten sich daher über AnsprechpartnerInnen in der Region informieren und diese idealerweise kennen lernen. Nur so können lange Wege und ein unnötiger Zeitverlust vermieden werden.

Dies schließt auch das rechtzeitige Informieren über die Angebote, Leistungen und Hilfemöglichkeiten der Kinder- und Jugendhilfe ein. Es ist aus zwei Gründen bedeutsam: Zum einen besteht die Aufgabe darin, die Eltern an andere Hilfeangebote und Einrichtungen zu vermitteln. Daher ist auf Seiten der Professionellen die genaue Kenntnis von regionalen Strukturen notwendig. Zum anderen verhindert diese Informiertheit über Angebote und Leistungen lange ‚Suchzeiten', so dass im Bedarfsfall rasch gehandelt werden kann.

Weiterhin sollten Kriseninterventionen im Vorfeld einer Gefährdung entwickelt und geübt werden: „In einer überraschenden, bedrohlichen und sich zuspitzenden Krisensituation müssen die HelferInnen zuerst auf selbstverständlich verfügbare Handlungsroutinen zurückgreifen können, um sich vor der permanent drohenden Überanstrengung und Überforderung, die jede Krise bedeutet, zu schützen" Schrapper (2008: 85). Konkret kann dies zum Beispiel die Anwendung von Beobachtungsbögen bei Kindeswohlgefährdung o.a. Instrumente zur Gefährdungseinschätzung sowie die Risikoeinschätzung im Zusammenwirken mehrerer Fachkräfte betreffen. Gerade bei letzteren sollten Handlungs- und Kommunikationsstrategien zwischen den beteiligten Professionellen eingeübt werden.

Weiterhin eröffnet die Ausweitung des Schutzauftrages auf Schulen neue Perspektiven für die Zusammenarbeit von Jugendhilfe und Schule. Aus der getrennten Entwicklung und der unterschiedlichen Aufgabenverteilung von Jugendhilfe und Schule heraus haben die beiden Professionen verschiedene Berufskulturen entwickelt, was sich zum Beispiel in den unterschiedlichen Arbeitsweisen, im Selbstverständnis und in den Kommunikationskulturen zeigt (vgl. Buchholz 2009: 213; Olk 2004). Hinzu kommt, dass LehrerInnen und SozialpädagogInnen teilweise nicht oder nur wenig über die jeweils andere Profession informiert sind (vgl. Olk/Speck 2001). Diese Vorbedingungen können die Etablierung einer auf Dauer ausgerichteten Kooperationskultur im Kinderschutz erschweren (zur Kooperation von Jugendhilfe und Schule vgl. auch Ahmed/Höblich 2010; Deinet/Icking 2010; Henschel u.a. 2009; Hartnuß/Maykus 2004). Zum Zwecke der besseren Vernetzung von Jugendhilfe und Schule im Kinderschutz wurden daher bereits in einigen Kommunen Vereinbarungen zwischen Jugendämtern und Schulen zur Sicherstellung des Kinderschutzes bei Kindeswohlgefährdung abgeschlossen (MGFFI 2010: 211). Diese Kommunen sollten den fachlichen Austausch mit anderen Kommunen suchen, in denen die Kooperation von Jugendhilfe und Schule weniger entwickelt ist. Auf diese Weise werden bestehende Kooperationsbeziehungen zum Modell für andere Regionen. Das Ziel besteht darin, dass flächendeckend Kooperationsvereinbarungen zum Kinderschutz bei Kindeswohlgefährdung zwischen Jugendhilfe und Schule abgeschlossen werden. Weiterhin könnte hierzu auf bisherige Kooperationserfahrungen in anderen Handlungsfeldern, zum Beispiel im Bereich der Hilfen zur Erziehung (vgl. Meiner in diesem Band; vgl. auch Merten/Meiner/Buchholz 2008; Buchholz 2009) zurückgegriffen und bestehende Netzwerke genutzt werden.[5] Gleichzeit erschließt sich an dieser Stelle ein Forschungsdesiderat, da bestehende Koope-

5 Ein Beispiel für ein entsprechendes Netzwerk ist das von der Stadt Monheim initiierte Modellprojekt „Mo.Ki – Präventionskette von der Geburt bis zur Ausbildung" sein (vgl. http://www.monheim.de/moki/index.html; 15.01.11; Holz 2010).

rationsvereinbarungen bisher kaum untersucht wurden.[6] Eine erste explorative Studie hat das Institut für Soziale Arbeit e.V. durchgeführt (veröffentlicht in MGFFI 2010: 211-229; vgl. auch Bathke in diesem Band).

Darüber hinaus sind weitere Modelle und Konzepte zur Zusammenarbeit von Jugendhilfe und Schule zu entwickeln. Insbesondere ist zu prüfen, welche Rolle der Allgemeine Soziale Dienst (ASD) der Jugendämter in den Kooperationsstrukturen ausfüllen kann. So können zum Beispiel regelmäßig stattfindende Sprechstunden des ASD in Schulen den Zugang für alle Beteiligten (Kinder/Jugendlichen, deren Eltern und LehrerInnen) zu Hilfen erleichtern (vgl. Greese 2004). Auf Seiten der Adressaten bedeuten regelmäßig stattfindende Sprechstunden, dass erste Gespräche und Beratungen in der Lebenswelt des Kindes bzw. Jugendlichen stattfinden können. Bestehende Barrieren für die Inanspruchnahme von Leistungen der Kinder- und Jugendhilfe können so eher abgebaut werden und es ist zu erwarten, dass sich mithin das Image des Jugendamtes verbessert. Über diese niederschwellige Angebotsstruktur werden „die Hilfen zur Erziehung … präsenter wahrgenommen [und] können junge Menschen früher erreichen“ (Maykus 2007: 74). Gerade mit Fokus auf einen präventiven Kinderschutz bedeutet dies, dass Familien in Belastungssituationen frühzeitiger erreicht und Hilfen der primären und sekundären Prävention (vgl. Wiesner 2008: 244) angeboten werden können. Sollen die Leistungen von Schule und Jugendhilfe in Fällen erzieherischer Hilfen stärker miteinander vernetzt werden, ist ein intensiverer Austausch zwischen den Fachkräften beider Professionen notwendig. Fall*un*abhängige Konferenzen können dazu betragen, bisherige Fallverläufe auszuwerten und die Weiterentwicklung bestehender Handlungskonzepte voranzubringen.

Auf der Fallebene ist die Einbeziehung von Lehrkräften in das Hilfeplanverfahren angezeigt: „Wenn … eine sich als Erziehungsinstanz verstehende Schule initiativ wird, um einer Schülerin oder einem Schüler über die Kinder- und Jugendhilfe die erforderliche Hilfe zu besorgen, dann ist eine solche Lehrkraft auf jeden Fall seitens des für den Hilfeplan in der Regel zuständigen ASD sowohl im Fach- als auch in dem eigentlichen Hilfeplangespräch aktiv einzubeziehen“ (Greese 2004: 465, vgl. Meiner in diesem Band). Die Institutionalisierung von Austauschprozessen in Team- und Hilfeplangesprächen stellt neben regelmäßigen Informationsgesprächen eine Möglichkeit hierfür dar. Durch die konsequente Beteiligung von LehrerInnen an den Phasen des Hilfeprozesses wird der

6 Für den Bereich der Kinder- und Jugendhilfe hat Münder u.a. (2007) eine entsprechende Studie vorgelegt. Er untersucht Inhalte und Qualität von Kooperationsvereinbarungen zwischen den Trägern der öffentlichen und freien Kinder- und Jugendhilfe. Durch §8a SGB VIII wurde die öffentliche Jugendhilfe dazu verpflichtet, mit Trägern der freien Jugendhilfe Vereinbarungen abzuschließen, die den Schutzauftrag bei Kindeswohlgefährdung regeln.

Austausch zwischen LehrerInnen und SozialarbeiterInnen stärker in der Praxis verankert.

Literatur

Ahmed, Sarina/Höblich, Davina (2010): Theoriereflexionen zur Kooperation von Jugendhilfe und Schule: Brücken und Grenzgänge. Baltmannsweiler: Schneider Verlag Hohengehren.

Bathke, Sigrid (2009): Kinderschutz in gemeinsamer Verantwortung von Jugendhilfe und Schule am Beispiel der Ausgestaltung der Vereinbarungen. In: Institut für Soziale Arbeit e.V. (Hrsg.): ISA-Jahrbuch der Sozialen Arbeit. Münster.

Bathke, Sigrid u.a. (2008): Arbeitshilfe zur Umsetzung des Kinderschutzes in der Schule. Der GanzTag NRW. Beiträge zur Qualitätsentwicklung. H. 9/2008.

Bathke, Sigrid/Reichel, Norbert u.a. (2007): Kinderschutz macht Schule. Handlungsoptionen, Prozessgestaltungen und Praxisbeispiele zum Umgang mit Kindeswohlgefährdungen in der offenen Ganztagsschule. Der GanzTag NRW. Beiträge zur Qualitätsentwicklung. H. 5/2007.

Bayerisches Landesjugendamt (2005): Sozialpädagogische Diagnose-Tabellen. In: Bayerisches Landesjugendamt: Sozialpädagogische Diagnose. Arbeitshilfen zur Feststellung des erzieherischen Bedarfs. München. 7-75.

Beneke, Doris (o.J.): Expertise. Schutzauftrag bei Kindeswohlgefährdung – Anforderungen an die Träger von Kindertageseinrichtungen. [Download: www.kindesschutz.de/bsm/ExpertiseDorisBeneke.pdf; letzter Zugriff: 05.05.09]

Bott, Wolfgang (2005): Die Garantenstellung der Lehrkräfte. In: RdJB 4/2005. 506-512.

Buchholz, Thomas (2008): Fallberatung im kollegialen Kreis. Formen kollegialer Zusammenarbeit bei den Hilfen zur Erziehung. In: Sozialmagazin. Zeitschrift für Soziale Arbeit. 33. Jg., H. 2/2008. 16-23.

Buchholz, Thomas (2009): Kooperation zwischen der Kinder- und Jugendhilfe und Schule in Fällen von Hilfen zur Erziehung. Empirische Ergebnisse zur Verbesserung der Kooperationslandschaft. In: Die Kinderschutz-Zentren (Hrsg.): Die Jugend(hilfe) von heute – Helfen mit Risiko. Köln. 211-233.

Bundesministerium für Familie, Senioren, Frauen und Jugend (2010): Referentenentwurf. Gesetz zur Stärkung eines aktiven Schutzes von Kindern und Jugendlichen (Bundeskinderschutzgesetz BKiSchG) (http://www.jugendhilfeportal.de/downloads/Rechtsfragen/R-Entw_BKiSchG_22.12.2010.pdf.pdf; 09.02.2011).

Deegener, Günther/Körner, Wilhelm (2006): Risikoerfassung bei Kindesmisshandlung und Vernachlässigung. Theorie, Praxis, Materialien. Lengerich: Dustri Verlag.

Deinet, Ulrich/Icking, Maria (Hrsg.) (2010): Jugendhilfe und Schule. Analysen und Konzepte für die kommunale Kooperation. Opladen: Verlag Babara Budrich.

Die Kinderschutz-Zentren (2008): In Beziehung kommen – Kindeswohlgefährdung als Herausforderung zur Gemeinsamkeit. Köln.

Die Kinderschutzzentren (2009): Expertise zu einzelnen Paragrafen des geplanten Bundeskinderschutzgesetzes Artikel 1, § 2 und 3 BKiSchG; Änderung des § 8a SGB VIII. Köln.

Epping, Volker (42010): Grundrechte. Berlin, Heidelberg: Springer Verlag.

Greese, Dieter (2004): Zusammenarbeit von Schule und ASD. In: Hartnuß, Birger/Maykus, Stephan (Hrsg.): Handbuch Kooperation von Jugendhilfe und Schule. Ein Leitfaden für Praxisreflexion, theoretische Verortung und Forschungsfragen. Berlin: Lambertus Verlag. 449-457.

Hartnuß, Birger/Maykus, Stephan (Hrsg.): Handbuch Kooperation von Jugendhilfe und Schule. Ein Leitfaden für Praxisreflexionen, theoretischen Verortungen und Forschungsfragen. Berlin: Lambertus.

Heiner, Maja (Hrsg.) (2004): Diagnostik und Diagnosen in der Sozialen Arbeit. Ein Handbuch. Berlin: Lambertus Verlag.

Henschel, Angelika/Krüger, Rolf/Schmitt, Christof/Stange, Waldemar (Hrsg.) (2008): Jugendhilfe und Schule: Handbuch für eine gelingende Kooperation. Wiesbaden: VS Verlag für Sozialwissenschaften.

Holz, Gerda (2010): Armutsprävention und Bildungsförderung durch Schule und Jugendhilfe. In: Fischer, Jörg/Merten, Roland (Hrsg.): Armut und soziale Ausgrenzung von Kindern und Jugendlichen. Problembestimmungen und Interventionsansätze. Baltmannsweiler: Schneider Verlag Hohengehren. 25-41.

Institut für Soziale Arbeit e.V./Deutscher Kinderschutzbund Landesverband NRW/Bildungsakademie BiS (2010): Überlegungen zur Ausgestaltung der Rolle der Kinderschutzfachkraft [http://www.kinderschutzbund-nrw.de/Thesen_ieF_Artikelversion_oK.pdf; 09.02.2011]

Jarass, v. Hans D./Pieroth, Bodo (92007): Grundgesetz für die Bundesrepublik Deutschland: Kommentar. München: Beck Juristischer Verlag.

Jordan, Erwin (Hrsg.) (2006): Kindeswohlgefährdung. Rechtliche Neuregelungen und Konsequenzen für den Schutzauftrag der Kinder- und Jugendhilfe. Weinheim und München: Juventa Verlag.

Kindler, Heinz (2005): Verfahren zur Einschätzung der Gefahr zukünftiger Misshandlung bzw. Vernachlässigung: Ein Forschungsüberblick. In: Deegener, Günther/Körner, Wilhelm (Hrsg.): Kindesmisshandlung und Vernachlässigung. Ein Handbuch. Göttingen: Hogrefe Verlag. 385-404.

Kindler, Heinz/Lillig, Susanna/Blüml, Herbert/Meysen, Thomas/Werner, Annegret (Hrsg.) (2006): Handbuch Kindeswohlgefährdung nach §1666 BGB und Allgemeiner Sozialer Dienst (ASD). München. [http://db.dji.de/asd/ASD_Handbuch_Gesamt.pdf; letzter Zugriff: 15.02.2011]

Leitner, Hans (2009): Die insoweit erfahrene Fachkraft: Keine Beschreibung eines neuen Berufsbildes, sondern ein verbindliches Element der Qualitätssicherung im Kinderschutz. [abrufbar unter: http://www.fachstelle-kinderschutz.de/cms/upload/Publikationen/Fachartikel/Die_insoweit_erfahrene_Fachkraft.pdf; 13.01.11]

Leitner, Hans u.a. (2008): Der gesetzliche Kinderschutzauftrag von Jugendhilfe und Schule unter dem besonderen Aspekt gegenseitiger Kooperation [abrufbar unter http://www.fachstelle-kinderschutz.de/cms/upload/Kinderschutz-Partner/Schule/

Der_gesetzliche_Expertise_Kinderschutzauftrag_von_Jugendhilfe_und_Schule. pdf; 15.01.11].

Lüders, Christian (2008): Kinderschutz eine Aufgabe für Experten oder für alle Fachkräfte der Kinder- und Jugendhilfe? In: Sozialpädagogisches Institut im SOS-Kinderdorf e.V. (Hrsg.): Kinderschutz, Kinderrechte, Beteiligung. München: Eigenverlag des SOS-Kinderdorfes. 90-101.

Merchel, Joachim (22006): Hilfeplanung bei den Hilfen zur Erziehung § 36 SGB VIII. Stuttgart u.a.: Boorberg Verlag.

Merten, Roland/Meiner, Christiane/Buchholz, Thomas: Bildung und individuelle Leistungen der Kinder- und Jugendhilfe. Expertise zum Dritten Sächsischen Kinder- und Jugendbericht (unv. Ms., 99 Seiten).

Meysen, Thomas/Schindler, Gila (2004): Schutzauftrag bei Kindeswohlgefährdung: Hilfreiches Recht beim Helfen. In: Das Jugendamt – Zeitschrift für Jugendhilfe und Familienrecht. Jg. 77, H 10/2004. 449-466.

Meysen, Thomas (2008): Das Recht zum Schutz von Kindern. In: ISS [Institut für Sozialarbeit und Sozialpädagogik e.V.] (Hrsg.): Vernachlässigte Kinder besser schützen. Sozialpädagogisches Handeln bei Kindeswohlgefährdung. München: Ernst Reinhardt Verlag. 15-55.

Ministerium für Generationen, Familie, Frauen und Integration des Landes Nordrhein-Westfalen [MFFGI] (Hrsg.) (2010): Kindeswohlgefährdung – Ursachen, Erscheinungsformen und neue Ansätze der Prävention. Düsseldorf.

Mörsberger, Thomas/Restemeier, Jürgen (Hrsg.) (1997): Helfen mit Risiko. Zur Pflichtstellung des Jugendamtes bei Kindesvernachlässigung. Dokumentation eines Strafverfahrens gegen eine Sozialarbeiterin in Osnabrück. Neuwied u.a.: Luchterhand.

Münder, Johannes/Wiesner, Reinhard (Hrsg.) (2007): Kinder- und Jugendhilferecht. Handbuch. Baden-Baden: Nomos Verlagsgesellschaft.

Münder, Johannes u.a. (2007): Untersuchungen zu den Vereinbarungen zwischen den Jugendämtern und den Trägern von Einrichtungen und Diensten nach § 8a Abs. 2 SGB VIII. Berlin. [Abrufbar unter: http://www.kindesschutz.de/Externes/muender_BSFG.pdf; 10.07.08].

Olk, Thomas (2004): Kooperation von Jugendhilfe und Schule – das Verhältnis zweier Institutionen auf dem Prüfstand. In: Hartnuß, Birger/Maykus, Stephan (Hrsg.): Handbuch Kooperation von Jugendhilfe und Schule. Ein Leitfaden für Praxisreflexionen, theoretischen Verortungen und Forschungsfragen. Berlin: Lambertus Verlag. 69-101.

Olk, Thomas/Speck, Karsten (2001): LehrerInnen und SchulsozialarbeiterInnen – Institutionelle und berufskulturelle Bedingungen einer „schwierigen“ Zusammenarbeit. In: Becker, Peter/Schirp, Jochem (Hrsg.): Jugendhilfe und Schule. Zwei Handlungsrationalitäten auf dem Weg zu einer? Münster: Juventa Verlag. 46-85.

Raab, Erich/Rademacher, Hermann (2004): Eigentümlich und entwicklungsbedürftig – Jugendhilfe und Schule in Deutschland. In: Hartnuß, Birger/Maykus, Stephan (Hrsg.): Handbuch Kooperation von Jugendhilfe und Schule. Ein Leitfaden für Praxisreflexionen, theoretischen Verortungen und Forschungsfragen. Berlin: Lambertus Verlag. 17-26.

Reich, Wulfhild (2005): Erkennen – Bewerten –Handeln. Ein Diagnoseinstrument bei Kindeswohlgefährdung: Der Stuttgarter Kinderschutzbogen. In: Deegener, Günther/Körner, Wilhelm (Hrsg.): Kindesmisshandlung und Vernachlässigung. Ein Handbuch. Göttingen u.a.: Hogrefe Verlag. 511-532.

Reichel, Norbert (2007): Der Hintergrund: Neue gesetzliche Regelungen bei Verdacht auf Kindeswohlgefährdung. In: Bathke, Sigrid u.a. (Hrsg.): Kinderschutz macht Schule. Handlungsoptionen, Prozessgestaltung und Praxisbeispiele zum Umgang mit Kindeswohlgefährdung in der offenen Ganztagsschule. Der GanzTag in NRW. Beiträge zur Qualitätsentwicklung. H. 5/2007. 8-13.

Schrapper, Christian (2008): Kinder vor Gefahren für ihr Wohl schützen – Methodische Überlegungen zur Kinderschutzarbeit sozialpädagogischer Fachkräfte in der Kinder- und Jugendhilfe. In: ISS [Institut für Sozialarbeit und Sozialpädagogik e.V.] (Hrsg.): Vernachlässigte Kinder besser schützen. Sozialpädagogisches Handeln bei Kindeswohlgefährdung. München: Ernst Reinhardt Verlag. 56-88.

Slüter, Ralf (2007): Die „insoweit erfahrene Fachkraft“. Überlegungen zu Standards der Fachberatung nach § 8 a SGB VIII. In: Das Jugendamt. Zeitschrift für Jugendhilfe und Familienrecht, Heft 11 /2007. 515-520.

Tammen, Britta (2007): Familienrecht. In: Ecarius, Jutta (Hrsg.): Handbuch Familie. Wiesbaden: VS Verlag für Sozialwissenschaften. 521-541.

Wiesner, Reinhard (2008): Aufgaben der Kinder- und Jugendhilfe im Bereich des Kinderschutzes. In: Arbeitsgemeinschaft für Kinder- und Jugendhilfe [AGJ]: Reader Jugendhilfe. Berlin. 240-258.

Wolfgang Edelstein | Rebekka Bendig | Oggi Enderlein

Schule: Kindeswohl, Kinderrechte, Kinderschutz

Das Recht auf Bildung ist ein hohes Gut. Doch an der Umsetzung der Schulpflicht in der Bundesrepublik Deutschland wird erkennbar, wie die Fokussierung auf ein einzelnes Kinderrecht dazu führen kann, dass gegen andere Rechte verstoßen und durch die Umsetzung der Schulpflicht die Entwicklung junger Menschen nicht nur gefördert, sondern auch behindert wird.

Die Debatte um Kinderschutz und Kindeswohl wird derzeit der Tendenz nach einseitig auf die familiäre Situation junger Menschen bezogen. Maßnahmen des Jugendamts und der Familiengerichte greifen auf die zentralen Eingriffsparagraphen aus dem Bürgerlichen Gesetzbuch zurück (§1666 Gerichtliche Maßnahmen bei Gefährdung des Kindeswohls sowie das Achte Sozialgesetzbuch, das Kinder- und Jugendhilfegesetz (§ 8a, Schutzauftrag des Jugendamts).

Hierbei werden die Eltern zunächst der Verfassung entsprechend (Art. 6 GG) als „natürliche Sachwalter des Kindeswohls" betrachtet. Zunächst einmal sind sie dafür verantwortlich, dass das Wohl ihrer Kinder gewährleistet ist. Der vom Bundesverfassungsgericht definierten „Elternverantwortung" steht das sogenannte „Staatliche Wächteramt" gegenüber, das dann greift, wenn Eltern nicht in der Lage oder willens sind, das Kindeswohl zu gewährleisten (vgl. Alt/DJI 2005). Die politische Diskussion orientiert sich derzeit stark an der Frage, von welchem Zeitpunkt und in welchem Umfang der Staat kontrollieren und in die Familien eingreifen soll.

Kinderschutz verfolgt das Ziel, die gesunde körperliche, seelisch-emotionale und soziale Entwicklung junger Menschen zu gewährleisten. Kindeswohl und Kinderschutz in den Blick zu nehmen heißt demnach auch, den Lebensort Schule unter diesem Gesichtspunkt zu prüfen und ihn in Beziehung zu den anderen Lebensbereichen junger Menschen zu setzen.

Im Folgenden wenden wir uns zunächst den Folgen systemischer Strukturen der Schule für die durch die Konvention über die Kinderrechte geschützte Förderung der Entwicklung der Kinder zu: (a) Folgen und Effekte des gegliederten

Schulsystems im Hinblick auf Kindeswohl und Kinderrechte; (b) Implikationen der hierarchisch strukturierten Institution für die in ihr ablaufenden Prozesse und deren Folgen für Lernen und Entwicklung; (c) Folgen der Organisation der Lernprozesse in der Schule; und (d) Folgen der Partizipationsdefizite der Schulkultur für die durch die Kinderrechtskonvention verbürgte Selbst- und Mitbestimmung der Schüler im Blick auf die Gestaltung ihres Lebensraums und ihrer Lebenszeit in der Schule. Diese „systemischen Effekte" sollen in aller Kürze analytisch abgehandelt werden.

Im weiteren Verlauf wird dann die aus der Forschung gewonnene Information über die Erfahrung von Kindern und Jugendlichen an den Schulen gleichsam aus der Beobachterperspektive betrachtet: Dabei geht es vor allem um Beeinträchtigungen des subjektiven und objektiven Wohlbefindens und der sozialen Inklusion, die den in der Kinderrechtskonvention definierten Normen und Standards zuwiderlaufen und insofern das Kindeswohl in Frage stellen: einerseits durch Belastungen der kindlichen Gesundheit in der Schule, andererseits durch soziale und psychologische Erfahrungen, die Kindern massenhaft Anlass zur Klage geben.

Abschließend zeigen die Verfasser exemplarisch Perspektiven des schulischen Handelns auf, die wiederum alle genannten Ebenen einbeziehen. Eine bedeutende Rolle kommt dabei der Überwindung der Segmentierung der Kindheit und der damit einhergehenden Segmentierung des Kinderschutzgedankens zu, um zu einer Betrachtung aller Ebenen aus der Perspektive des Kindeswohls zu gelangen. Deshalb bilden Überlegungen zu Reformen der Schule und ihrer Kultur, die Beeinträchtigungen des Kindeswohls mindern können, den Abschluss.

1 Das System Schule und die Rechte des Kindes

Auf dem langen Weg zur Anerkennung von Kindern als Rechtssubjekte und Teilhaber der Menschenrechte, ausgestattet mit einer unverlierbaren Menschenwürde, wie dies die Konvention über die Rechte des Kindes von 1989 erklärt, wird die Einführung einer allgemeinen Schulpflicht für alle Kinder trotz vieler widersprüchlicher Implikationen als Meilenstein gelten dürfen. Denn Kinder werden dadurch öffentlich, zumindest implizit, als Subjekte eigenen Rechts anerkannt, als zukünftig erwachsene Teilnehmer am gesellschaftlichen Handeln, mit eigenen Fähigkeiten und Kompetenzen, deren Voraussetzungen sie in der Schule erwerben, bewertet und geachtet. Insofern ist die allgemeine Schulpflicht, wenn auch widersprüchlich und oft kontrafaktisch, ein Schritt auf dem Weg der Emanzipation der Kinder aus dem Status der Unmündigkeit und fremder Verfügung über ihr Leben; auf dem Weg zur Anerkennung als Subjekt eigener Rechte und Besitzer eigener Würde.

Doch auch auf diesem Weg Kinder als Subjekte zu achten, bleibt das historisch befreiende Potenzial der Schule widersprüchlich mit ihren Eigenschaften als Anstalt des Zwangs und der Fremdbestimmung verquickt. Die Entlastung von körperlicher Arbeit an den Werkbänken und auf den Feldern geht einher mit der Regulation fremdbestimmter Lernprozesse in den Schulen mit obrigkeitlich bestimmten Zielen und entwicklungsfern vermittelten Inhalten. Gleichwohl entfaltet die Tatsache, dass Kindern mit der Institution Schule ein Raum eigener Entwicklung zur Verfügung gestellt wird, eine eigene Dynamik normativer Anerkennung der Kindheit als Zeit der Entwicklung mit eigenen Gesetzlichkeiten, Perspektiven und Ansprüchen. Kindheit und Schule werden zum Gegenstand philosophischer, analytischer und normativer Reflexion, zum Gegenstand von Kritik und bald auch von Reformüberlegungen. Lehrer werden wegen ihrer Fremdheit gegen kindgemäße Lernprozesse Objekte der Kritik, auch des Spotts und der Karikatur. Implizit, pädagogisch und wissenschaftlich auch explizit, erhalten Kindheit und Schule einen eigenen normativen Status. Damit gehen Forderungen nach normativer Angemessenheit einher. Das Jahrhundert des Kindes (vgl. Ellen Key) bricht an, eine Wissenschaft von der Entwicklung des Kindes (vgl. Piaget) entsteht: die Entwicklungspsychologie, die Jugendbewegung, die Reformpädagogik markieren Schritte auf dem Weg der Anerkennung.

Wenngleich die Einrichtung der Schulpflicht ein Fort-Schritt auf dem Weg zur Anerkennung der Kinder gewesen ist, freilich eher als Objekte rechtlicher Verfügung denn als Subjekte eigener Rechte, war dies gewiss nicht ihr Ziel. Funktionale Qualifizierung für das Leben ist der gesellschaftliche und ökonomische, dann der administrative, schließlich der pädagogische Zweck, dem sie dient. Bis zum heutigen Tag stehen Schule und schulisch verfasstes Lernen und Leben in einem Spannungsverhältnis zu den Kinderrechten, für deren Verwirklichung sie zugleich einen Meilenstein darstellen und einen unerlässlichen Beitrag liefern. Der Entwicklung von Kindern und Jugendlichen steht die Schule nach wie vor als ein Anderes, ein Fremdes gegenüber. Individualität, Subjektivität und Identität der Kinder müssen in oft unproduktiver Spannung zu den Funktionsbedingungen und Organisationsverhältnissen der Schule, insbesondere im deutschen Schulsystem, entwickelt, bestätigt, durchgesetzt werden.

Die folgenreichsten Beeinträchtigungen des Kindeswohls sind dabei keineswegs immer die durch professionelle Fehlgriffe oder gewalttätige Handlungen hervorgerufenen Störungen des Wohlgefühls oder Verletzungen der Integrität der Kinder, die in den Medien aufgegriffen und in der Öffentlichkeit wahrgenommen werden, vielleicht nicht einmal die in wissenschaftlichen Studien dokumentierten psychosozialen Belastungen und Gesundheitsrisiken, die uns im vorliegenden Aufsatz beschäftigen werden. Mehr Aufmerksamkeit als bisher verdienen Nachteile und Belastungen, die sich dem systemkritischen Blick als Verletzungen der Rechte von Kindern und Jugendlichen zeigen: Wirkungen der Struktur und der Funktionslogik des Systems selbst; der Konstruktion der Institutionen und ihrer Administration; der Organisation der Lernprozesse; der Kultur einer weithin partizipationsfernen Lebenswelt Schule; schließlich der Ausbildung und der Professionalisierung ihrer Mitglieder und Funktionsträger als Akteure des Systems statt als Partner in einem von gegenseitiger Anerkennung bestimmten Interaktionsgefüge. Diesen systemischen Effekten werden wir uns einleitend zuwenden, um hernach die gegen Kindeswohl und Kinderschutz verstoßenden Missstände, die von Kindern und Jugendlichen berichteten Erfahrungen in Schulen darzustellen. Schließlich sollen in aller Kürze Maßnahmen oder auch Reformperspektiven benannt werden, die eine Chance bieten, Verletzungen des Kindeswohls zu vermeiden und in der Schule eine professionell aufgeklärte pädagogische Praxis zu fördern, die mit den Zielen und Bestimmungen der Konvention über die Rechte des Kindes übereinstimmen.

Verstöße gegen die Rechte des Kindes können also einerseits als Effekte des (gegliederten) Schulsystems, als Folge autoritär strukturierter Institutionen, als Implikationen einer entwicklungsfeindlichen Gestaltung von Lernprozessen oder als Partizipationsdefizit der Schulkultur identifiziert und analysiert werden. Andererseits können die Tatbestände aus der Perspektive des Subjekts wahrgenommen werden. Dann geht es um das subjektive Erleben und die soziale Erfahrung in einer Schule, die einen immer größeren Anteil der Lebenszeit beansprucht und eine immer nachhaltigere Bedeutung für die Gestalt der individuellen Zukunft gewinnt. Förderung und Beeinträchtigung von Kindeswohl und Kinderrechten sind also einerseits als objektive Folgen der Systemstruktur, andererseits in Gestalt subjektiver Erfahrungen im System der Schule gegeben (vgl. Kerber-Ganse 2009). Die beiden Perspektiven stellen indessen nicht bloß zwei Seiten oder zwei Aspekte derselben Phänomene und Vorgänge dar, sondern rücken teilweise unterschiedliche Phänomene und Vorgänge ins Licht, die durch unterschiedliche Maßnahmen und Strategien politisch, strategisch und pädagogisch beantwortet werden müssen.

2 Systemische Effekte

2.1 Folgen und Effekte des (gegliederten) Schulsystems

Bereits 2007 hat der Sonderberichterstatter der Vereinten Nationen für das Recht auf Bildung, Vernor Muñoz, in seinem von den Kultusministern der Länder heftig zurückgewiesenen Bericht das gegliederte, selektive und zur Segregation unterschiedlich chancenreicher Schülergruppen führende deutsche Schulsystem eindringlich kritisiert, weil es die Rechte der Kinder verletze, deren Wohl es dienen sollte (vgl. Muñoz 2007). Die im internationalen Vergleich äußerst kurze gemeinsame Grundschule räumt den Kindern nicht die aufgrund der zeitlichen Dimensionierung sowie aufgrund der unterschiedlichen sozialen Bedingungen der kindlichen Entwicklung erforderlichen Gelegenheiten zur Entfaltung ihrer Entwicklungspotenziale ein. In Achtung vor den Kinderrechten müssten die Grundschulen bei variierenden Bedingungen individueller Lebensformen und Lebensverläufe gleiche Chancen im Wettbewerb um Möglichkeiten zur Teilnahme an weiterführenden Bildungsgängen verbürgen. Doch infolge der Auslese zu einem entwicklungspsychologisch und kompetenztheoretisch beliebigen Zeitpunkt führt das System zur Segregation von Gruppen mit unterschiedlichen Bildungs-, Berufs- und Lebenschancen, die ohne diese Mechanismen frühzeitiger Segregation anders, gewiss entwicklungsangemessener und gerechter verteilt wären: Die strukturellen und systembedingten Sachverhalte ungleicher Chancen im Bildungssystem sind in Deutschland in den Jahren seit der Jahrhundertwende, insbesondere in der Folge der Rezeption der PISA-Ergebnisse, intensiv diskutiert worden: so in Hinsicht auf die soziale Vererbung des Bildungserfolgs (vgl. Baumert/Stanat/Watermann 2006, Becker 2007); in Hinsicht auf Bildungsarmut (vgl. Edelstein 2006; Bundesjugendkuratorium 2009); in Hinsicht auf Chancenungleichheit beim Zugang zur Berufswelt (vgl. Allmendinger/Aisenbrey 2002, Allmendinger/Leibfried 2003); in Hinsicht auf die bildungsökonomischen Folgen (vgl. Wössmann/Piopiunik 2009, Anger/Plünnecke/Seyda 2006). Diese Diskussion, an der sich etwa die OECD (2005; 2010), die GEW (z.B. 2009), die Friedrich-Ebert-Stiftung (vgl. Wernstedt/John-Ohnesorg 2008), die Hans-Böckler-Stiftung (vgl. Solga/Dombrowski 2009), die Bertelsmann Stiftung (2010), das Bundesjugendkuratorium (2009) sowie weitere bildungspolitisch engagierte Akteure beteiligt haben, wurde zwar maßgeblich im Blick auf soziale Gerechtigkeit geführt, doch praktisch überhaupt nicht im Blick auf Kindeswohl und Kinderrechte und die subjektiven Erfahrungen der Kinder im System Schule.

2.2 Folgen und Effekte der hierarchisch strukturierten Institution Schule

Schulen sind hierarchisch strukturierte Institutionen, nicht bloß, weil sie wie nachgeordnete Behörden verwaltet und selbst mit Verwaltungsaufgaben betraut werden, sondern weil ihre internen Prozesse und Funktionen praktisch bis ins Detail des alltäglichen Funktionierens administrativ mehr oder weniger streng geregelt sind. Beispiele zeigen übrigens, dass dies zu erheblichen Teilen selbst im herrschenden System nicht notwendig so sein muss.[1] Entsprechend geregelt sind funktionale Abläufe und das Rollenverhalten der Beteiligten. Meist läuft der Unterricht in überfrequentierten Klassen mit normierten Mitgliederzahlen in festen zeitlichen Rhythmen, rigide organisiert und schon gar nicht nach individuellen Bedürfnissen geregelt ab („Zeitgefängnis", vgl. Edelstein 2008). Auch die Gegenstände des Lernens folgen in Anordnung und Aufbau einem institutionellen Arrangement ohne bedeutsame Spielräume für individuelle Motive, Bedürfnisse und Bereitschaften. Erfolge und Bewertungen und sogar deren Verteilungen sind normiert und weitgehend unabhängig vom individuellen entwicklungsbedingten oder situativen Einsatz. Den Betroffenen verleihen die Schulnoten ihren Status im System und definieren häufig das soziale wie das psychologische Wohlergehen nicht nur in der Gruppe der Gleichaltrigen, sondern auch im Elternhaus und im persönlichen Umfeld. Alle diese Regulationen einer hierarchisch gefügten Ordnung stehen potenziell im Widerspruch zu den elementaren Bedürfnissen nach Anerkennung und Würde des Kindes, jedenfalls dann, wenn zu diesem Zweck nicht institutionelle Maßnahmen, spezifische Professionalisierungsschritte und rücksichtsvolle Interaktionsgewohnheiten als normativ gefestigte Merkmale des Umgangs in einer Schule eingeführt und bewahrt werden.

Das geschieht nicht naturwüchsig; es muss gleichsam in einer Gegenbewegung gegen den regulierten Lauf des hierarchischen Systems Schule intendiert und explizit gewollt werden. Reformschulen, „freie" Schulen, „demokratische" Schulen sind Element für Element im Gegensatz zu den administrativ verfügten Regelungen des hierarchischen Systems aktiv, bewusst und mit entsprechenden Begründungen als „kindgerechte Schulen" entworfen und entwickelt worden (vgl. Herrmann 2010, Skiera 2010). Umgekehrt klagen die Schüler der Regelschulen, wie wir unten sehen werden, ziemlich genau die Mängel ihrer Lebenswelt ein, die das hierarchische Reglement der Institution hervorbringt.

2.2 Folgen der konventionellen Organisation der Lernprozesse

Unter der hier entfalteten Perspektive ist es für das Verständnis problematischer Folgen schulisch organisierter Lernprozesse erforderlich, diese im Zusammenhang der systemischen und institutionellen Faktoren und Funktionen zu begreifen, die uns bereits beschäftigt haben. Denn für die konventionelle Organisation der Lernprozesse in den Schulen sind neben der historisch tradierten

1 Vgl. etwa die Ganztags-Grundschule Barbarossastraße in Köln, die ihr Programm auf dem Ganztagsschulkongress in Berlin präsentierte, sowie die mit dem Deutschen Schulpreis ausgezeichneten Schulen.

Form des lehrerzentrierten, überwiegend sogar „frontal" geführten Unterrichts die systemischen Zwänge der Auslese verantwortlich, die Lernniveau, Lerngeschwindigkeit und die Definition des Lernerfolgs in der Klasse bestimmen und individualisierende Förderung, Verfahrensvielfalt, didaktisch angemessene Antworten auf heterogene Entwicklungsstände der Schüler tendenziell einschränken und häufig sogar ausschließen. Zu der konventionellen Gestalt eines im beschriebenen System funktionalen Unterrichts gehören etwa die Dominanz der Lehrersteuerung, wie sie elementar in der Verteilung der Sprechgelegenheiten im Unterricht zutage tritt; die vergleichende Leistungsbewertung (Schulnoten, Klassenarbeiten); die Rolle der Hausaufgaben in der Strukturierung der Lernprozesse – alles Elemente einer Ökonomie des Unterrichts, der mit einer (übrigens kontrafaktischen) Erwartung an die Homogenisierung der Leistungen in den Gruppen durchgeführt wird, welche die vollzogene Auslese bestätigen und sie durchsetzen – im Härtefall durch Abschulung.

2.3 Folgen der Partizipationsdefizite in der institutionell strukturierten Schulkultur

Die Kinderrechtskonvention der Vereinten Nationen sichert Kindern altersgerechte Mitbestimmungsrechte („Gehör") im Kontext ihrer Lebensumstände und im Blick auf sie betreffende Maßnahmen zu (Art. 12 in Verbindung mit Art. 13 und 15).[2] Welche Umstände des Lebens und welche Maßnahmen zu deren Organisation könnten Kinder stärker betreffen als die Gestaltung ihres Lebens und ihrer Lernprozesse in der Schule? Die Vertretung der Schüler ist rechtlich indessen repräsentational (als SV) geregelt und lässt wenig Raum für demokratische Willensbildung und Mitsprache aller davon Betroffenen in den elementaren Fragen der Organisation von Schule und Lernprozessen, der Regulierung des zeitlichen Gefüges, der Unterrichtsgestaltung und der Kooperationsformen. Noch weniger Mitbestimmungsspielräume bestehen in Hinsicht auf Aufgabengestaltung und Prüfungsformen, Lernprogramm und Schulorganisation. Die Liberalisierung des Zeitregimes der Schule durch die Einführung von Ganztagsschulen könnte entscheidend dazu beitragen, Gelegenheiten für eine stärker durch Schülermitwirkung beeinflusste, partizipativ orientierte Schulkultur zu

2 Art. 12: (1) Die Vertragsstaaten sichern dem Kind, das fähig ist, sich eine eigene Meinung zu bilden, das Recht zu, diese Meinung in allen das Kind berührenden Angelegenheiten frei zu äußern und berücksichtigen die Meinung des Kindes angemessen und entsprechend seinem Alter und seiner Reife. (2) Zu diesem Zweck wird dem Kind insbesondere Gelegenheit gegeben, in allen das Kind berührenden Gerichts- und Verwaltungsverfahren [...] gehört zu werden. Art. 13 (1) Das Kind hat das Recht auf freie Meinungsäußerung ... Art. 15: (1) Die Vertragsstaaten erkennen das Recht des Kindes an, sich frei mit anderen zusammenzuschließen und sich friedlich zu versammeln....

schaffen. In diesem Bereich gibt es durchaus Beispiele und Vorläufer, auch in Deutschland, an deren Traditionen es sich anbietet anzuknüpfen (vgl. Herrmann 2010). Meist wird der Mitbestimmungsdiskurs freilich im Hinblick auf partizipative Regelungen im Rahmen der außerunterrichtlichen Schulgestaltung geführt, während die Chancen einer partizipativen Gestaltung des Unterrichts, des „Kerngeschäfts" des schulischen Handelns, zum großen Teil unberücksichtigt und undiskutiert bleiben. Doch erst Mitbestimmungsrechte bei der Gestaltung des „Kerngeschäfts" würden dem Sinn des in der Kinderrechtskonvention definierten Rechts der Mitwirkung an der Gestaltung der das eigene Leben bestimmenden Verhältnisse entsprechen: eine dem Alter und dem Entwicklungsstand entsprechende Teilhabe des Kindes an der Gestaltung der seine Entwicklung mitbestimmenden Handlungsformen und Organisationsstrukturen in einer zugleich solidarischen und individualisierenden, entwicklungsfördernden und bildungswirksamen Gemeinschaft.

3 Erfahrungsberichte und empirische Beobachtungen

3.1 Signale von Schülerinnen und Schülern zur Notwendigkeit von Kinderschutz in Schulen

Verschiedene Kindheitsstudien weisen darauf hin, dass vor allem im Alter zwischen Einschulung und Pubertät Entwicklungsstörungen, psychosomatische und psychische Auffälligkeiten zunehmen (vgl. 13. Kinder- und Jugendbericht 2009: 108-115). Psychische, emotionale oder soziale Auffälligkeiten signalisieren, dass etwas im Leben der Kinder nicht stimmt und sie mit einer Belastung nicht zurechtkommen. Zwar ist das familiäre Umfeld der wichtigste Einflussfaktor für das Wohlbefinden von Kindern. Sobald aber Kinder in der Schule sind, wird ihr Leben und damit auch ihre körperliche und seelische Gesundheit in erheblichem Maße auch von der Schule bestimmt.

Ein Besorgnis erregendes Warnsignal ist in diesem Zusammenhang der steile Anstieg der Verschreibung von Psychopharmaka im Schulalter. Methylphenidate (z.B. Ritalin) lagen 2007 bei den 11- bis 14-Jährigen an der Spitze der Verordnungen, noch vor Arzneimitteln gegen Erkältungskrankheiten! (vgl. 13. Kinder- und Jugendbericht 2009: 113). Der Verschreibungsdruck hängt deutlich mit Schulproblemen zusammen: Kinder werden notfalls mit Medikamenten dem System Schule angepasst. Im Sinne des Kindeswohls und des Kindesschutzes bedarf die Frage einer dringlichen Diskussion, ob und inwieweit Entwicklungsstörungen, Verhaltensprobleme, psychische und somatische Symptome auch auf das Schulsystem zurückgehen.

Die Daten in den folgenden Abschnitten beziehen sich auf Kindheitsstudien, in denen Kinder und Jugendliche zu ihrer Lebenslage und ihrem Wohlbefinden in verschiedenen Lebensbereichen befragt wurden. Alle wörtlichen Zitate sind Aussagen von Schülerinnen und Schülern aus dem Ersten Kinder- und Jugendreport (2010), in dem sich rund 3500 Jungen und Mädchen zwischen 5 und 18 Jahren speziell zur Umsetzung der UN-Kinderrechtskonvention in Deutschland geäußert haben.

Ihren Familien geben Jungen und Mädchen überwiegend gute „Noten". Bei den Äußerungen zu den Kinderrechten zeigt sich indessen Handlungsbedarf in Sachen Kinderschutz und Kindeswohl, der weit über die Familie hinausgeht. Hierzu zählen zum Beispiel mangelnde Unterstützung von Familien, finanziell begründete Chancenungerechtigkeit, beengter Wohnraum oder eine kinder- und jugendfeindliche Nachbarschaft.

Mit Abstand steht jedoch aus Sicht der Kinder und Jugendlichen die Schule als trauriger Spitzenreiter auf der Liste der Orte, an denen die Kinderrechte – und damit Kindeswohl und Kinderschutz – verletzt werden, bzw. nicht gewährleistet sind. Nicht nur im Ersten Kinder- und Jugendreport, sondern auch in Abschlussdokumenten von Kinder- und Jugendkonferenzen, Positionspapieren von Schülerbündnissen, Ideenwerkstätten in Schulen, Jugendverbänden und Beteiligungsveranstaltungen durch Kinderbeauftragte und Kinder- und Jugendbeteiligungsbüros finden sich verblüffend ähnliche Aussagen junger Menschen, die weitgehend unabhängig von Schulform und Alter sind.

Die Aussagen in diesen Erhebungen und die Ergebnisse der Kindheitsforschung weisen übereinstimmend auf folgende Problembereiche hin:

- die psychische Belastung
- die zeitliche Beanspruchung der Schülerinnen und Schüler,
- das Miteinander in der Schule – sowohl der jungen Menschen untereinander als auch in der Beziehung zu den Lehrkräften
- unfaire Behandlung und ungerechte Verteilung der Chancen
- Gesundheitsbeeinträchtigungen durch Bewegungsmangel, unzureichende Erholungspausen und unzulängliche Räume
- mangelnde Partizipation
- die Durchdringung aller weiteren Lebensbereiche durch das Thema Schule.

3.2 Die psychische Belastung

Im Ersten Kinder- und Jugendreport steht der Leistungsdruck, der Angst und Stress hervorruft, mit an vorderster Stelle der Kinderrechtsverletzungen durch das System Schule:„Ich habe nie Zeit, mit meinen Freunden zu spielen, weil ich entweder total viele Hausaufgaben aufhabe oder lernen muss oder krank bin von dem vielen Stress in der Schule." „Aufgrund der zu kurzen Pause an meiner Schule (15min) fällt es manchmal schwer sich zu konzentrieren, weil man überlastet ist." „Ich hatte schon einen Kreislaufkollaps und ich habe mich immer noch nicht erholt."

Kinder leiden unter dem Druck der Schule und viele reagieren bereits im Grundschulalter mit psychosomatischen Symptomen (vgl. Ravens-Sieberer/Erhart 2008, DAK-Leuphana-Studie 2010: 7-8). So hat etwa jedes dritte Kind nach Eintritt in die Schule stressbedingte Kopfschmerzen. Im Zusammenhang mit dem Übergang in die weiterführende Schule nimmt die Zahl stressbedingter Schmerzen weiter zu (Abb. 1).

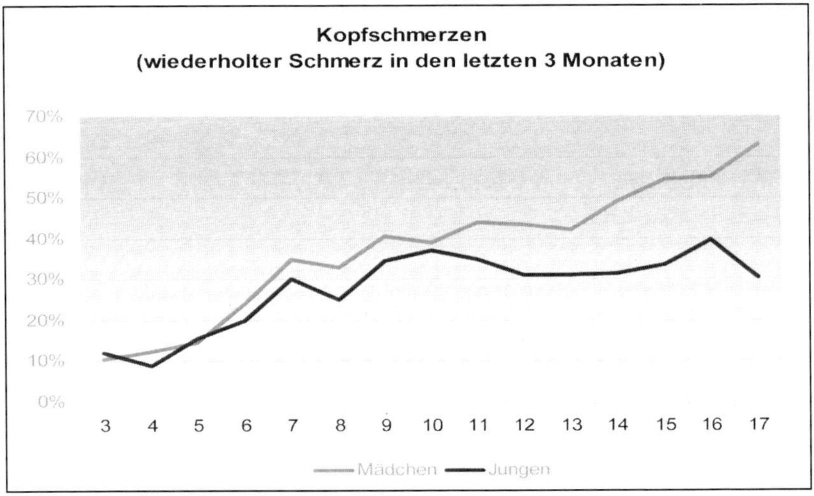

Abb. 1: Ellert et al. 2007: 71

Wie sehr Schule Kinder unter psychischen Druck stellt, zeigt die Tatsache, dass es die größte Angst deutscher Schulkinder ist, in der Schule nicht gut genug zu sein und schlechte Noten zu erhalten (vgl. World Vision Kinderstudie 2010: 195-199, LBS Kinderbarometer Deutschland 2007: 19).

Mit zunehmendem Alter entwickeln Schülerinnen und Schüler unterschiedliche Strategien, um mit dem Druck fertig zu werden: Mädchen neigen eher dazu, mit Depressionen, Selbstzweifeln, Essstörungen und psychosomatischen Symptomen gleichsam nach innen zu reagieren (vgl. Bilz 2009; Bilz/Melzer 2008:171). So weist jedes dritte der 14- bis 17-jährigen Mädchen Symptome von Essstörungen auf (vgl. Hölling et al./KiGGS-Studie 2007).

Jungen gehen eher in die Offensive, sie reagieren ihren Druck eher nach außen ab und fallen durch motorische Unruhe, Aggressivität, renitentes Verhalten auf (vgl. Hölling et al./KiGGS-Studie 2007: 786-789). Druck und Angst bewältigen zu müssen geht auf Kosten von Konzentration und Lernfähigkeit: Die Leistungen der betroffenen Mädchen und Jungen werden in der Schule mit zunehmendem Alter eher schlechter als besser, und dadurch nimmt der psychische Druck weiter zu.

3.3 Zeitliche Beanspruchung der Schülerinnen und Schüler

Neben dem psychischen Druck, den die Schule ausübt, steht im Kinder- und Jugendreport die Verletzung des Rechts auf Spiel und Freizeit durch die Schule an erster Stelle der Kinderrechtsverletzungen. Hierüber klagen über 50 Prozent aller Kinder im Alter von 6-18 Jahren.

„Freizeit? Durch Schule und Hausaufgaben wird mein ganzer Tag bestimmt!“ „Ich habe keine Zeit, in Ruhe, ohne an die Schule zu denken, Hobbys zu betreiben. Oft muss ich auch an Sonntagen oder in den Ferien lernen.“ „Ich finde meine Schule ganz okay, auch wenn ich an manchen Tagen echt viel für die Schule machen muss und für die Hausaufgaben bis zu 2 Stunden brauche. Meistens muss ich dann noch für einen Test lernen und habe keine Zeit, um mich mit Freunden zu treffen oder nach draußen zu gehen.“ So beispielsweise die Aussage eines 10-jährigen Mädchens. Bemerkenswert ist, dass die Kinder und Jugendlichen nicht jammern. Sie nehmen ihre Situation offenbar als naturgegeben hin.

Weil die Arbeit für die Schule nach der Schule weiter geht, bleibt für viele Schülerinnen und Schüler kaum noch Zeit, sich mit anderen zu treffen und auszutauschen. Für Hausaufgaben, Lern- und Vorbereitungsverpflichtungen arbeiten viele Kinder über 60 Stunden in der Woche für die Schule. Folglich unterhalten sich Jugendliche über das Internet, pflegen ihre sozialen Kontakte virtuell an ihrem häuslichen Arbeitsplatz. Die Zeit, die Kinder im Sitzen verbringen, haben in den letzten Jahren ebenso zugenommen, wie die Zeiten aktiver Bewegung abgenommen haben. Ärzte warnen vor den orthopädischen und internistischen Folgeerkrankungen (vgl. BMSFJ/Motorik-Mobil-Studie 2008).

Im Zusammenhang mit den schulischen Anstrengungen gibt es für Schülerinnen und Schüler keine „Arbeitsschutz-Bestimmungen“, wie sie in der Arbeitswelt der Erwachsenen selbstverständlich sind. Hier müsste der Kinderschutz greifen.

3.4 Das Miteinander in der Schule

Psychische Gesundheit, Wohlbefinden, Selbstwertgefühl, Schulleistung von Kindern hängen mit dem Klassenklima, der sozialen Einbindung, der Wertschätzung durch Lehrkräfte und angemessenen Leistungsanforderungen zusammen. (vgl. Bilz/Melzer 2008: 174-181; LBS-Initiative 2009: 185-186; DAK-Leuphana-Studie 2010: 12-13).

An vielen Schulen erleben Schülerinnen und Schüler freilich immer noch demütigende und kränkende Umgangsformen von Seiten der Lehrkräfte. So gab in einer Befragung des LBS-Kinderbarometers Deutschland jedes fünfte Kind der Klassenstufen 5 bis 9 an, in der Woche vor der Befragung von Lehrerinnen oder Lehrern blamiert worden zu sein (vgl. LBS-Initiative 2007: 197).

Bei einem Treffen zur Vorbereitung des Ersten Kinder- und Jugendreports kam es zu folgendem Dialog unter den beteiligten Jugendlichen: Ein arabischstämmiger Junge berichtete über die Vorurteile seines Lehrers, der ihm „gar nicht erst zutraute, dass ich etwas schaffen könnte". „Das ist doch ganz normal", entgegnet jemand. „Unsere Lehrerin sagte immer: Ihr seid die dümmsten Schüler, die ich je hatte". „Ist doch nichts Besonderes". Andere stimmen zu, bis einer der Jugendlichen sagt: „Eigentlich sollte das alles nicht normal sein." Aus dem anfänglichen Lachen wird ein Nachdenken und die Erkenntnis: Kinder und Jugendliche nehmen zu oft Beschämungen, Demütigungen und Kränkungen als gegeben und „normal" hin. Zwei 15jährige Jungen entwickeln daraufhin eine Befragung für den Ersten Kinder- und Jugendreport. Aus rund 500 Fragebögen und zahlreichen Gesprächen mit Kindern und Jugendlichen entsteht eine erschreckende Sammlung von Zitaten folgender Art: „Du bist grottenschlecht, ich weiß gar nicht, was du in der vierten Klasse machst." Oder die Antwort einer Lehrerin auf die Anfrage einer Mutter, deren Kind mit Bauchschmerzen zur Schule geht, weil es jeden Tag laut vorlesen muss: „Ich werde ihn so lange vorlesen lassen, bis er es kann."

Regelmäßig wird von Kindern und Jugendlichen das Recht auf gewaltfreies Aufwachsen, das auch den Lebensraum Schule einbezieht, genannt. Und oft sind damit Klassen- oder Schulkameraden gemeint: „Ich werde von meinen Mitschülern geschlagen und beleidigt."„Sie beleidigen mich und schließen mich aus."

In einer Onlinebefragung der Universität Landau 2009 gaben 40,5 Prozent der Schülerinnen und Schüler an, direkt von Mobbing betroffen zu sein, das „sich in gezielter und wiederholter körperlicher Gewalt, verbalen Angriffen oder dem Ausschließen von Schwächeren aus einer Gruppe" zeigt (vgl. Jäger/Riebel 2009). Grundschulkinder erleben solche Kränkungen häufiger als Jungen und Mädchen in weiterführenden Schulen.

Junge Menschen kritisieren fehlende Unterstützung durch die Lehrkräfte und regelmäßig ergeht der Wunsch an Erwachsene, sie in Konfliktsituationen zu unterstützen. „Nicht so weggucken bei Mobbing, Gewalt.“ „Dass die Lehrer einen nicht beschützen. Die älteren Kinder schlagen und kein Lehrer macht was.“ „Dass die Lehrer nicht immer sagen: Klärt das allein.“ „Bei Mobbing-Attacken ein besseres und aktives Einschreiten durch Erwachsene.“

Bislang von Erwachsenen vernachlässigte Orte des Miteinanders im positiven wie im negativen Sinne sind darüber hinaus Online-Communities wie Schüler-VZ und Facebook, in denen das soziale „Schulleben“ in anderer Form fortgesetzt wird. Erst in jüngster Zeit werden Erwachsene darauf aufmerksam, dass hier auch massiv Kinderrechtsverletzungen stattfinden, insbesondere in Form von Cyber-Mobbing. Nach der Studie des Medienpädagogischen Forschungsverbundes Südwest hat jeder vierte jugendliche Internet-Nutzer bereits Cyber-Mobbing erlebt (vgl. JIM-Studie 2009). Jugendliche fordern Erwachsene auf, ihre Aufsichtspflicht auch hier wahrzunehmen.

3.5 Unfaire Behandlung und ungerechte Verteilung der Chancen

Das Recht auf Chancengleichheit im deutschen Schulsystem hat, wie bereits erwähnt, der Sonderberichterstatter für das Menschenrecht auf Bildung der Vereinten Nationen Vernor Muñoz in seinem Deutschlandbericht 2007 nachdrücklich angemahnt, wobei er vor allem die Sonderbeschulung von Kindern mit Behinderung, die frühe Selektion für weiterführende Schulen und die hohe Zahl von Kindern ohne Schulabschluss kritisiert hat. Alle Kindheitsstudien weisen auf die eklatante Benachteiligung von Kindern aus den unteren sozialen Schichten hin, wobei Kinder mit Migrationshintergrund in allen Bereichen besonders betroffen sind.

Die Erfahrung, nicht fair, gleich und gerecht behandelt zu werden, spielt indes allgemein eine wichtige Rolle im Schulalltag vieler Jungen und Mädchen. Folgende Äußerungen stehen exemplarisch für viele ähnlich lautende: „Die Schüler, die gute Leistung zeigen, werden besser behandelt wie die anderen. Und statt, dass man die nicht so Guten motiviert, werden sie noch mehr fertiggemacht! Das geht so was von gar nicht!!! Die Schüler empfinden da nur Wut und Kein-Bock-Einstellung!!“ „Ich finde, man müsste es irgendwie hinbekommen, dass Lehrer völlig neutrale Noten vergeben.“ „Dass alle Schüler komplett gleichbehandelt werden und dass es keine Lieblingsschüler von Lehrern gibt.“ „Es wird einem nicht immer geholfen, wenn man etwas nicht versteht! Manche Leute werden bevorzugt aufgrund ihres höheren Leistungs- und Wissenstandes.“ „Unsere Lehrerin ist viel zu streng. Wir dürfen auch keine Fragen stellen, ohne angemeckert zu werden.“

Das LBS-Kinderbarometer Deutschland 2009 weist auf die schulische Überforderung vieler Kinder im Alter zwischen 9 und 14 Jahren hin. Vor allem Kinder mit Migrationshintergrund fühlten sich „oft“ oder „immer“ von Lehrern/Lehrerinnen überfordert. (vgl. LBS-Kinderbarometer Deutschland 2009: 171; vgl. auch Bilz 2008: 169). Auch die Erfahrungen von etwa 20 Prozent der Kinder, nur „selten“ und weiteren 20 Prozent „nur manchmal“ von Lehrkräften unterstützt zu werden, wenn es Probleme mit dem Lernstoff gibt, weist auf die Alltäglichkeit der Erfahrung ungleicher Chancen hin (vgl. LBS-Kinderbarometer Deutschland 2009: 178).

3.6 Gesundheitsbeeinträchtigungen durch Bewegungsmangel, unzureichende Erholungspausen und unzulängliche Räume

Der soziale und emotionale Druck, den Kinder – aber auch Lehrkräfte – in der Schule erleben, hängt zweifellos auch mit der herkömmlichen Zeit- und Raumstruktur zusammen. In vielen Schulen ist es auch heute noch üblich, dass rund 30 junge Menschen bis zu acht Stunden am Tag in beengten Klassenräumen sitzen und sich bei kräftezehrender Lautstärke, schlechter Luft, ungünstigem Licht auf fremdbestimmte, von Erwachsenen vorgegebene Inhalte konzentrieren müssen.

Vor allem im Grundschulalter wirkt sich Bewegungsmangel auf das Verhalten und die Konzentrations- und Lernleistung von Kindern negativ aus. Die eingeschränkten Bewegungs- und Aktionsmöglichkeiten im Wohnumfeld und die geringere Kinderzahl in der Familie machen es vielen Kindern im Schulalter schwerer als früher, ihr Bewegungs- Aktions- und Kommunikationsbedürfnis zu stillen. Entsprechend greifen vor allem Kinder aus sozial belasteten Familien zu Computerspielen, die wenigstens am Bildschirm die Lust auf Tempo und Geschicklichkeit, das Bedürfnis nach Selbstbehauptung, Auseinandersetzung und Wettstreit befriedigen. Der körperliche Aktions- und Bewegungshunger aber bleibt ungestillt, und der emotionale und körperliche Stress, der durch Bewegung im Freien und das Zusammensein mit Freunden abgebaut werden könnte, nimmt am Bildschirm eher zu. Nervosität, Unruhe, schlechte Laune, Aggression stauen sich auf und es wird schwer, am nächsten Tag in der Schule ruhig zu sitzen und sich zu konzentrieren: eine Herausforderung für die Lehrkraft, die oft zur Überforderung wird.

Auch der für das Wohlbefinden so wichtige Austausch untereinander wird im Unterricht nach wie vor oft unterdrückt. Wenn Schülerinnen und Schüler im Frontalunterricht vorwiegend den Rücken der anderen vor den Augen haben, ist Kommunikation erschwert. Die in der herkömmlichen Halbtagsschule festgelegten Pausenzeiten sind viel zu kurz, um neben den körperlichen Bedürfnissen auch das Bedürfnis nach Begegnung und Austausch zu befriedigen. An zahlreichen weiterführenden Schulen wird den Schülerinnen und Schülern zwischen Vor- und Nachmittagsunterricht eine Mittagspause von gerade einmal 15 Minuten zugestanden

Nicht nur aus Zeitgründen beschweren sich Kinder und vor allem Jugendliche über mangelnde Versorgungsmöglichkeiten mit gesundem Essen: „Es gibt, wenn man Nachmittagsunterricht hat, kein warmes oder kaltes frisches Essen – nur Automaten!“

Und vielen jungen Menschen wird in heruntergekommenen Räumen eine „Arbeitsumgebung“ zugemutet, die kein Erwachsener hinnehmen würde; Klagen über unzumutbare Toiletten sind weithin bekannt. Die unterschwellige Botschaft an die Schüler lautet: Ihr seid nicht wichtig, ihr müsst das aushalten, ihr sollt euch unterordnen.

3.7 Partizipation

Das Gefühl, in der Schule als Person nicht wirklich gefragt zu sein, spiegelt sich deutlich in den Rückmeldungen zum Recht auf Beteiligung und Partizipation. Über 60 Prozent der Antworten im Ersten Kinder- und Jugendreport sehen diese „manchmal“ oder „oft verletzt“. Weder bei der Gestaltung der Räumlichkeiten, des Schulhofs, des alltäglichen Miteinanders noch bei der Gestaltung des Kerngeschäfts der Schule, des Unterrichts, sehen sie Möglichkeiten der Einflussnahme. „Wir haben noch nie bei Sachen um die Schule mitbestimmt und ich glaube, dass wenn man seine Meinung sagen würde, wären einige Lehrer sauer.“ „Die Lehrer haben grundsätzlich immer recht, es fällt ihnen schwer einen ausreden zu lassen!“

Dabei sind in den meisten Schulgesetzen der Länder eindeutige Mitbestimmungsrechte der Schüler festgelegt. Es handelt sich also nicht nur um einen Verstoß gegen Artikel 12 der UN-Kinderrechtskonvention, sondern darüber hinaus um die Nichtbeachtung konkreter und spezifischer Gesetze auf Länderebene. Kinder und Jugendliche bemängeln darüber hinaus die gremienfixierten Mitbestimmungsformen, die häufig nur einen kleinen Teil der Schülerinnen und Schüler überhaupt einbeziehen. „Wenn man nicht Klassensprecher ist und somit nicht in der Schülermitverwaltung, hat man kaum die Möglichkeit mitzubestimmen“.

3.8 Auswirkungen auf andere Lebensbereiche

Das Wohlbefinden der Kinder wird von einem oft sich verstärkenden Rückkopplungseffekt zwischen Schul- und Familienatmosphäre bestimmt. Je schlechter die Schulleistungen der Tochter oder des Sohnes, desto größer wird die Angst der Eltern vor dem Schulversagen des Kindes. Wie sehr die Angst vor Schulversagen und vor schlechten Noten den häuslichen Frieden in vielen Familien belastet, davon wissen Erziehungsberater und Kinderärzte ein Lied zu singen. Im Ersten Kinder- und Jugendreport beklagen junge Menschen: „Wenn es ums Thema Schule geht, hat man viel Stress. Die ganze Familie leidet darunter und man hat nicht so viel Ruhe.“ „Ich werde manchmal geschlagen, wenn ich z. B. schlechte Noten bekomme.“ „Mein Taschengeld wird gekürzt wegen Schule.“ „Dass [wenn] ich nicht gut in Mathe bin, krieg ich Ärger.“ Und verschiedene Studien belegen den Zusammenhang des Wohlbefindens der Kinder mit dem Familienklima einerseits und dem Wohlbefinden in der Schule andererseits (vgl. LBS-Kinderbarometer Deutschland 2009: 185, AOK-Familienstudie 2010: 19-20).

Den Erwartungen der Erwachsenen nicht zu entsprechen, scheint früh das Selbstbild von Kindern zu bestimmen. So gab bei einer Befragung des Deutschen Jugendinstituts rund die Hälfte der 8- bis 9jährigen Kinder an, sie seien zappelig, könnten nicht lange still sitzen und gingen anderen auf die Nerven (vgl. Wahl 2005: 139). Unter „Kinder“ werden alle jungen Menschen bis zum Alter von 18 Jahren verstanden. Weil sich aber gleichzeitig fast alle dieser Kinder durchaus „in Ordnung“ finden, wird deutlich, dass Kinder ihr Verhalten zwar als durchaus normal und altersgerecht empfinden, jedoch das Gefühl vermittelt bekommen, damit nicht in die Welt der Erwachsenen zu passen, irgendwie „nicht richtig“ zu sein.

4 Eine Schule für Kinder

4.1 Die Kinderrechtskonvention der Vereinten Nationen als Leitfaden für Kinderschutz

Die UN-Konvention für die Rechte des Kindes ist ein weiser, alle Lebensbereiche umfassender Leitfaden zum Schutz der Kinder. Im Zusammenhang mit Schule geht es besonders um das Recht der Kinder auf angemessene Bildung, Chancengleichheit, Gesundheit und Entwicklung. Die UN-Kinderrechtskonvention[3] steht dabei im Einklang mit den Schulgesetzen der Länder, die in ihren

3 Art. 29 (1) Die Vertragsstaaten stimmen darin überein, dass die Bildung des Kindes darauf gerichtet sein muss, a) die Persönlichkeit, die Begabung und die geistigen und körperlichen Fähigkeiten des Kindes voll zur Entfaltung zu bringen (…)

Bildungszielen sowohl die individuelle Persönlichkeitsentfaltung als auch den Nutzen für die Gesellschaft benennen.[4]

Kinderschutz ernst zu nehmen kann sich nicht darin erschöpfen, auf Familien einzuwirken und im Zusammenhang mit Schule auf die Zuständigkeit der Bildungsverwaltung zu verweisen. Das Mandat für ressortübergreifendes Handeln hat sich die Kinder- und Jugendhilfe sogar selbst ins Gesetz geschrieben: „Die Kinder- und Jugendhilfe“ soll „dazu beitragen, positive Lebensbedingungen für junge Menschen und ihre Familien sowie eine kinder- und familienfreundliche Umwelt zu erhalten oder zu schaffen.“[5] Vereinzelt geschieht dies durch Stellungnahmen und Positionen der Dachverbände und Zusammenschlüsse wie der Arbeitsgemeinschaft für Kinder- und Jugendhilfe- AGJ, Deutscher Verein, Deutscher Bundesjugendring, usw. Auch die aktuelle Debatte um die Gestaltung von Bildungslandschaften und das damit einhergehende umfassende Bildungsverständnis können als Schritt in Richtung gemeinsamer Verantwortungsübernahme gelten. Einzelne Länder und Kommunen verfügen über Koordinierungsstellen und Arbeitsgemeinschaften, die die Zusammenarbeit von Jugendhilfe und Schule befördern. Auch wenn hier vielleicht von einer fruchtbaren Zusammenarbeit die Rede sein kann, so spielt doch das Thema Kinderschutz und Kindeswohl in der Schule selbst nur eine untergeordnete Rolle.

Kinder und Jugendliche selbst wissen häufig nicht, welche Rechte sie haben, noch wissen sie, auf welche Weise sie aktiv werden können, wenn ihr Wohl nicht gewährleistet ist. Aus dem persönlichen Erleben wie aus der Projekterfahrung mit dem Ersten Kinder- und Jugendreport heraus kam die Gruppe der Jugendlichen zu dem Ergebnis, dass ein wichtiger Beitrag zum Kinderschutz die konse-

4 Beispielhaft sei hier das Berliner Schulgesetz genannt: § 1 Auftrag der Schule: Auftrag der Schule ist es, alle wertvollen Anlagen der Schülerinnen und Schüler zur vollen Entfaltung zu bringen und ihnen ein Höchstmaß an Urteilskraft, gründliches Wissen und Können zu vermitteln. (...) § 4 Grundsätze für die Verwirklichung: (1) Die Schule, die Erziehungsberechtigten und die Jugendhilfe wirken bei der Erfüllung des Rechts der Schülerinnen und Schüler auf größtmögliche Entfaltung ihrer Persönlichkeit und Fähigkeiten zusammen. (...) . Sie ermöglicht den Schülerinnen und Schülern gemäß ihrem Alter und ihrer Entwicklung ein Höchstmaß an Mitwirkung in Unterricht und Erziehung, damit sie ihren Bildungsweg individuell und eigenverantwortlich gestalten und zur Selbstständigkeit gelangen können (5) Die Schule ist zum Schutz der seelischen und körperlichen Unversehrtheit, der geistigen Freiheit und der Entfaltungsmöglichkeiten der Schülerinnen und Schüler so zu gestalten, dass die Anforderungen und die Belastungen durch Schulwege, Unterricht und dessen Organisation, Leistungsnachweise, Hausaufgaben und sonstige Schulveranstaltungen altersgemäß und zumutbar sind und ausreichend Zeit für eigene Aktivitäten bleibt.

5 §1 SGB VIII§ 1, (3) Jugendhilfe soll zur Verwirklichung des Rechts nach Absatz 1 insbesondere 1.junge Menschen in ihrer individuellen und sozialen Entwicklung fördern und dazu beitragen, Benachteiligungen zu vermeiden oder abzubauen, (...) 4.dazu beitragen, positive Lebensbedingungen für junge Menschen und ihre Familien sowie eine kinder- und familienfreundliche Umwelt zu erhalten oder zu schaffen.

quente Bekanntmachung der UN-Kinderrechtskonvention in den Schulen wäre, weil diese dann fast alle Kinder und Jugendlichen erreichen würde. Auf keinen Fall, so konstatierten sie, dürfe dies aber durch Frontalunterricht und unter Notendruck geschehen. Vielmehr sollte bereits in der Grundschule und darauf aufbauend in den weiteren Schuljahren in lebensweltorientierten Projekten gelernt werden. „Es muss mit dem eigenen Leben zu tun haben.“ Peer-to-peer-Konzepte sind dabei ebenso denkbar wie jährliche Projekttage, Kinderrechte-AGs und spielerische Vermittlungsformen. „Wichtig dabei ist, dass Kinder nicht nur über ihre Rechte aufgeklärt werden, sondern man muss ihnen zeigen, wie sie sich helfen können, wenn ihre Rechte verletzt werden (sie müssen wissen, an wen sie sich in der Schule, an ihrem Ort, an welche konkreten Organisationen wenden können, z. B. Nummer gegen Kummer)“. Insgesamt ist es wichtig, Kinder zu stärken, damit sie sich z. B. auch trauen, von Schwierigkeiten zu sprechen, die sie zu Hause haben. Dafür ist eine vertrauensvolle Atmosphäre in der Schule erforderlich, Zeit und Raum, um miteinander zu sprechen.

Ein Konzept der Vermittlung von Kinderrechten könnte einen unmittelbaren Einfluss auf die Schule gewinnen, weil die Verknüpfung von Theorie und Praxiswissen auch eine Überprüfung der Gestaltung des Lebensraums Schule einleiten würde. In letzter Konsequenz würde dies zu einem rechtsbasierten Ansatz auch in der Schule führen, der sich in Leitbildern und Verordnungen, Lehrerfortbildungen, Elterninformation und Elternbeteiligung, Feedbackkultur, Ombudsstellen und Mitbestimmungsstrukturen niederschlagen müsste.[6]

4.2 Schulreform im Lichte der Kinderrechte

Die komplexen Anforderungen einer kinderrechtsrelevanten Änderung der Verhältnisse dürften zu einer Auseinandersetzung der (erwachsenen) Beteiligten mit Problemen der Schulentwicklung und demokratiepädagogisch wirksamen Transformationsprozessen der Schulkultur führen. Teamentwicklungsprozesse, am besten unter Supervision und mit externer Prozessbegleitung, sind hilfreich. Sie bleiben auch unter Bedingungen einer Reform des Schulsystems im Ganzen in jeder einzelnen Schule erforderlich, denn auch ein Systemwechsel erfordert die Veränderung jeder einzelnen Schule von deren je spezifischen Bedingungen her. Und diese können auch mit kleinen Schritten ohne Systemwechsel im Ganzen begonnen werden.

Erste Schritte zu einem systemischen Wandel sind indessen in Deutschland getan worden. In vielen Bundesländern ist das Schulsystem auf dem Weg zur

6 Zur weiteren Lektüre sei an diese Stelle auf die Handreichung der National Coalition für die Umsetzung der Kinderrechte in Deutschland verwiesen: „Der Kinderrechtsansatz in Organisationen und Verbänden“ Berlin, 2010.

Zweigliedrigkeit – in unterschiedlichen Formen, mit unterschiedlichen Namen, unterschiedlich ausleseintensiv, mit unterschiedlichen Wirkungen von Land zu Land. Bisher ist nicht zu beurteilen, ob sich die veränderten Strukturen als Fortschritt auf dem Weg zu größeren Spielräumen der Institutionen für die Förderung der Entwicklung und größere Achtung vor den Rechten der Kinder auswirken. Es gibt bislang hierzu keine Forschung.

Ein Durchbruch auf dem Weg zur Änderung der restriktiven Verhältnisse im deutschen Schulsystem – eine Änderung mit großen Potenzialen sowohl der individuellen Förderung in heterogenen Gruppen als auch der Motivation für pädagogische Innovationen und selbstgesteuerte Schulentwicklungsprozesse – ist die Einrichtung von Ganztagsschulen. Dies sind nunmehr über 20 Prozent der Schulen im Lande. Tatsächlich stellen sie die deutsche Schule auf eine neue Grundlage, denn nun können Schulen nachhaltig aus dem Zeitgefängnis ausbrechen. Sie sind freilich unterschiedlich konsequent und unterschiedlich weitreichend in ihren Reformansätzen. Die konservativere Variante der sog. „offenen Ganztagsschule“ führt im wesentlichen den tradierten Halbtagsunterricht am Vormittag fort und bietet einen Nachmittagsplan für jene Schüler an, die dieses Angebot annehmen wollen. Das schränkt das Ausmaß individueller Förderung in heterogenen Gruppen und die Flexibilität innovativer Strukturen entscheidend ein, da diese Schulen nicht die gesamte Schülerschaft in ein Ganztagsprogramm einbeziehen können. Die „gebundene Ganztagsschule“ hingegen entwickelt Gelegenheitsstrukturen, um mit dem jeweiligen Kollegium sowie mit Angehörigen anderer pädagogischer Berufe und nichtpädagogischen Fachleuten – vor allem Sozialpädagogen und Erziehern, aber auch Künstlern, Wissenschaftlern und Fachleuten aus Wirtschaft und Verwaltung, vor allem aber den Eltern, – die Schulen strukturell, funktional und kulturell zum Wohle der Kinder zu verändern (vgl. Durdel/Knauer 2006, Kahl/Knauer 2007).

So könnte, entgegen aller Erwartung, nach Jahren des systemischen Stillstands eine systemwirksame Änderung, die Suspendierung der überlieferten Zeitstruktur, gleichsam von außen das hyperstabile System Schule an einer zentralen Stelle verändern und damit gleichsam unerwartet eine Schulreform von unten ermöglichen oder gar herbeiführen, die viele – freilich nicht alle – der von Forschung und Fachleuten, vor allem aber von Kindern und Jugendlichen eingeklagten Mängel beheben könnte.

Doch Schulen können auch ohne Systemwechsel Veränderungen und Verbesserungen im Blick auf die Rechte der Kinder zu einer ungestörten, zu einer von den Schulen geförderten Entwicklung der Kinder vornehmen. Dies können sogar einzelne Lehrer in ihrem Wirkungsfeld! Sie können einen Klassenrat einführen (vgl. Kiper 1997, Friedrichs 2009); sie können die Schüler an der Planung des Unterrichts beteiligen, die Arbeitsformen in der Klasse schülerfreundlich gestalten: offenen Unterricht (vgl. Peschel 2002), kooperatives Lernen (vgl. Green/Green 2005), Projektunterricht (vgl. Frank/Sliwka 2004) einführen; sie können ihre Leistungsbewertung im Gespräch mit den Schülern zum Thema machen oder Kursberichte verfassen (vgl. Schäfer 1960); sie können Portfolios einführen, die unter maximaler Beteiligung der Schüler deren von ihnen selbst bewertete Leistungsentwicklung zeigen.

Wenn einzelne Lehrer solche Maßnahmen im Alleingang planen, müssen sie Schwierigkeiten in der Zusammenarbeit mit Kollegen erwarten. Leichter fällt der Prozess, wenn ein Jahrgangsteam an gemeinsamen, z. B. mit Hilfe von Aushandlungsprozessen vereinbarten Regelungen arbeitet, Klassenräte in den Klassen des Jahrgangs sowie ggf. eine Jahrgangsversammlung einrichtet (vgl. Althof/Stadelmann 2009) und gemeinsame Strategien der Unterrichtsgestaltung im Jahrgangsteam vereinbart. Extern moderierte Teamentwicklungsprozesse sind dabei hilfreich. Wirkungsvoller sind kollegial vereinbarte und durch kollektive Fortbildung moderierte Schulentwicklungsprozesse zur Transformation der Schul- und Unterrichtskultur der gesamten Schule sowie der entsprechenden Beteiligungskultur – ein entscheidender Schritt zu einer demokratischen Schulkultur (vgl. Sliwka 2008).

Viele Schulen – wenn auch nach wie vor eine Minderheit der über 40.000 deutschen Schulen – haben sich mittlerweile einzeln oder auch kooperativ auf den Weg zu Reformen gemacht, die auf die vielen Klagen der Kinder und Jugendlichen konstruktive Antworten bieten, ihre Entwicklung im Sinne der Kinderrechte fördern und eine professionelle Anerkennungs- und Mitwirkungskultur der an der Schule beteiligten Akteure entwickelt. Der Deutsche Schulpreis hat solche Entwicklungen herausgestellt (vgl. Fauser et al. 2008). Der Verbund „Blick über den Zaun“ hat einen kooperativen Entwicklungsprozess von rund hundert reformorientierten Schulen eingeleitet (vgl. Brügelmann 2010). In zahlreichen Schulen finden kollegial angeleitete, in Aushandlungsrunden solidarisch vereinbarte Reformprozesse statt, wie sie vorbildlich etwa die Helene-Lange-Schule in Wiesbaden, die Max-Brauer-Schule in Hamburg oder die Rütli-Schule in Berlin entwickelt haben, um einige Beispiele zu nennen. Häufig sind es private oder auch freie Schulen, die hier manchmal radikal neue Wege weisen. Auf diesem Weg dürften viele der im Ersten Kinder- und Jugendreport kritisierten und in den anderen Berichten aufgeführten Mängel und Nachteile, vor allem auch Benachteiligungen der sozial schwächeren Schüler, abgebaut, wenn nicht aufgehoben werden. Die größten systematischen Verstöße gegen die Kinderrechte, die ungerechte Verteilung der Bildungschancen, die systemische Verletzung des Gebots gleicher Entwicklungschancen in der Schule, können freilich nur durch einen Systemwechsel fort von einer früh selektiven zu einer längeren gemeinsamen Schule für alle behoben werden: mit einer differenzierenden und entwicklungsfördernden Didaktik und einer Pädagogik gleicher Chancen für alle Kinder. Doch auch ein solcher Systemwechsel wird ohne die angedeuteten Transformations- und Kooperationsprozesse in den einzelnen Schulen einen Primat des Rechts der Kinder auf entwicklungsförderliche Bildungsprozesse in partizipativ gestalteten Schulen nicht herbeiführen können. Dies vermag letztlich nur eine veränderte Lehrerbildung, die, orientiert an den Kinderrechten, über die anerkannt gute fachdidaktische Ausbildung hinaus eine fachübergreifenden professionelle pädagogische Förderung kognitiver, sozialer und demokratischer Kompetenzen aller Schüler (Becker 2008) zu ihrem gemeinsamen Ziel macht.

Literatur

Allmendinger, Jutta/Aisenbrey, Silke (2002): Soziologische Bildungsforschung. In: Tippelt: 41-60.

Allmendinger, Jutta/Leibfried, Stefan (2003). Bildungsarmut. Aus Politik und Zeitgeschichte, B 21/22. 12-18.

Alt, Christian (Hrsg.) (2005): Kinderleben – Aufwachsen zwischen Familie, Freunden und Institutionen. DJI-Kinderpanel Bd. 2: Aufwachsen zwischen Freunden und Institutionen. Wiesbaden.

Althof, Wolfgang/Stadelmann, Toni (2009). Demokratische Schulgemeinschaft. In: Edelstein/Frank/Sliwka: 20-53.

Anger, Christina/Plünnecke, Axel/Seyda, Susanne (2006): Bildungsarmut und Kapitalschwäche in Deutschland. Köln: Institut für Deutsche Wirtschaft.

AOK Familienstudie 2010 http://www.aok-bv.de/imperia/md/aokbv/presse/veranstaltungen/2010/familienstudie_2010_web.pdf.

Arbeitsgemeinschaft für Kinder- und Jugendhilfe (AGJ) (2010): Erster Kinder- und Jugendreport. Zur UN-Berichterstattung über die Umsetzung der UN-Kinderrechtskonvention in Deutschland.

Ariès, Philippe (1975): Geschichte der Kindheit. München: Hanser.

Baumert, Jürgen/Stanat, Petra/Watermann, Rainer (Hrsg.) (2006): Herkunftsbedingte Disparitäten im Bildungswesen : differentielle Bildungsprozesse und Probleme der Verteilungsgerechtigkeit. Wiesbaden: VS Verlag.

Bilz, Ludwig (2008): Schule und psychische Gesundheit. Risikobedingungen für emotionale Auffälligkeiten von Schülerinnen und Schülern. Wiesbaden: VS Verlag.

Bilz, Ludwig/Melzer, Wolfgang (2008): Schule, psychische Gesundheit und soziale Ungleichheit. In: Richter et al.: 160-189.

Becker, Günter (2008): Soziale, moralische und demokratische Kompetenzen fördern: Ein Überblick über schulische Förderungskonzepte. Weinheim: Beltz.

Becker, Rolf (Hrsg.) (2007): Bildung als Privileg: Erklärungen und Befunde zu den Ursachen der Bildungsungleichheit. 2., aktualisierte Aufl. Wiesbaden: VS Verlag.

Bertelsmann Stiftung (2010): Soziale Gerechtigkeit in der OECD – Wo steht Deutschland? Sustainable Governance Indicators 2011. Gütersloh.

Brügelmann, Hans (2010): Pädagogik von gestern – in der Welt heute – für ein Leben morgen? Vom Unterricht als Bekehrung und Belehrung zur Schule als Ort der Begegnung und Bereicherung. In: Erwägen Wissen Ethik, 21, 1. 3-14/90-106.

Bundesjugendkuratorium (2009): Kinderarmut in Deutschland. Eine drängende Handlungsaufforderung an die Politik.

Bundesministerium für Familie, Senioren, Frauen und Jugend (2008). Motorik-Modul. Eine Studie zur motorischen Leistungsfähigkeit und körperlich-sportlichen Aktivität von Kindern und Jugendlichen in Deutschland. Abschlussbericht zum Forschungsprojekt. Nomos Verlag.

Bundesministerium für Familie, Senioren, Frauen und Jugend (2009): 13. Kinder- und Jugendbericht, Berlin.

DAK-Leuphana-Studie (2010): Hintergrundinformationen zur Studie „Subjektive Gesundheitsbeschwerden von Schülern" der DAK und der Leuphana Universität Lüneburg http://www.leuphana.de/fileadmin/user_upload/newspool/meldungen/files/100114_Hintergrundinformationen_DAK-Studie_Schueler_Gesundheit.pdf.

Durdel, Anja/Knauer, Sabine (Hrsg.) (2006): Die neue Ganztagsschule. Gute Lernbedingungen gestalten. Weinheim: Beltz.

Edelstein, Wolfgang (2006): Bildung und Armut. Der Beitrag des Bildungssystems zur Vererbung und zur Bekämpfung von Armut. In: Zeitschrift für Soziologie der Erziehung und Sozialisation (ZSE), 26. 120-134.

Edelstein, Wolfgang (2008): Entwicklungszeiten, soziale Zeitvoraussetzungen der Schüler und das schulische Zeitregime. In: Zeiher/Schröder: 14-44.

Edelstein, Wolfgang/Frank, Susanne/Sliwka, Anne (Hrsg.) (2009): Praxisbuch Demokratiepädagogik. Weinheim: Beltz Verlag.

Eikel, Angelika/de Haan, Gerhard (Hrsg.), Demokratische Partizipation in der Schule. Schwalbach/Ts.: Wochenschau Verlag.

Ellert, Ute/Neuhauser, Hannelore/Roth-Isigkeit, Angela(2007): Schmerzen bei Kindern und Jugendlichen in Deutschland: Prävalenz und Inanspruchnahme medizinischer Leistungen. Ergebnisse des Kinder- und Jugendgesundheitssurveys (KiGGS). Bundesgesundheitsblatt – Gesundheitsforschung – Gesundheitsschutz 2007, 50: 711-717. http://www.kiggs.de/experten/downloads/Basispublikation/Ellert_Schmerzen.pdf.

Fauser, Peter/Prenzel, Manfred/Schratz, Michael (2008): Was für Schulen! Wie gute Schulen gemacht werden. Werkzeuge exzellenter Praxis. Der Deutsche Schulpreis 2008. Seelze-Velber: Erhard-Friedrich Verlag.

Frank, Susanne/Sliwka, Anne (2007): Service Learning und Partizipation. In: Eikel/de Haan: 42-59.

Friedrichs, Bärbel (2009): Praxisbuch Klassenrat. Gemeinschaft fördern, Konflikte lösen. Weinheim: Beltz Verlag.

GEW (2009): Zeitschrift Erziehung und Wissenschaft, Schwerpunkt Recht auf Bildung, März 2009.

Green, Norm/Green, Kathy (2005): Kooperatives Lernen im Klassenraum und im Kollegium. Seelze-Velber: Kallmeyer.

Herrmann, Ulrich (2010): Demokratiepädagogische Praxis in der Reformpädagogik. Vortrag anlässlich der Tagung „Reformpädagogik und Demokratie“ in der Evangelischen Akademie Bad Boll am 13.12.2010.

Hölling, Heike/Erhart, Michael/Ravens-Sieberer, Ulrike/Schlack, Robert (2007): Verhaltensauffälligkeiten bei Kindern und Jugendlichen: Erste Ergebnisse aus dem Kinder- und Jugendgesundheitssurvey (KiGGS). In: Bundesgesundheitsblatt, Gesundheitsforschung – Gesundheitsschutz, 50: 784-793.

Jäger, Reinhold/Riebel, Julia (2009): Mobbing bei Schülerinnen und Schülern in der Bundesrepublik Deutschland. Eine empirische Untersuchung auf der Grundlage einer Online-Befragung im Jahre 2009. Zentrum für empirische pädagogische Sozialforschung, Universität Koblenz-Landau. Pressemeldung: 04.09.09, 14:24 Uhr , http://www.zepf.uni-landau.de/.

Kahl, Heike/Knauer, Sabine (Hrsg.) (2007): Bildungschancen in der neuen Ganztagsschule. Lernmöglichkeiten verwirklichen. Weinheim: Beltz.

Kerber-Ganse, Waltraud (2009). Die Menschenrechte des Kindes. Opladen: Verlag Barbara Budrich.

Kiper, Hanna (1997): Selbst- und Mitbestimmung in der Schule. Das Beispiel Klassenrat. Baltmannsweiler: Schneider Verlag Hohengehren.

Knauer, Sabine/Durdel, Anja (Hrsg.) (2006): Die neue Ganztagsschule. Gute Lernbedingungen gestalten. Weinheim: Beltz Verlag.

LBS-Initiative „Junge Familie“ (2007): LBS Kinderbarometer 2007 Deutschland. Stimmungen, Trends und Meinungen von Kindern aus Deutschland.

LBS-Initiative „Junge Familie“ (2009): LBS Kinderbarometer 2009 Deutschland. Stimmungen, Trends und Meinungen von Kindern aus Deutschland.

Medienpädagogischer Forschungsverbund Südwest (Hrsg.) (2009). JIM-Studie 2009. Jugend, Information (Multi) Media. Basisuntersuchung zum Medienumgang 12- bis 19-Jähriger.

Muñoz, Vernor (2007): Mission to Germany. Report of the special rapporteur on the right to education, A/HRC/4/29/Add. 3. United Nations Human Rights Council.

OECD (Ed.) (2005): School factors related to quality and equity. Results from PISA 2000.

OECD (Ed.) (2010). PISA 2009. Results: What makes a school successful? – Resources, policies and practices (Volume IV): 34 ff.

Peschel, Falco (2002): Offener Unterricht – Idee, Realität, Perspektive und ein praxiserprobtes Konzept zur Diskussion. Band I: Allgemeindidaktische Überlegungen. Band II: Fachdidaktische Überlegungen. Hohengehren, Baltmannsweiler: Schneider Verlag.

Ravens-Sieberer, Ulrike et al. (2007): Psychische Gesundheit von Kindern und Jugendlichen in Deutschland Ergebnisse aus der BELLA-Studie im Kinder- und Jugendgesundheitssurvey (KiGGS). Bundesgesundheitsblatt – Gesundheitsforschung – Gesundheitsschutz 2007, 50: 871-878. http://www.kiggs.de/experten/downloads/Basispublikation/Ravens-Sieberer_psychische_Ges.pdf.

Richter, Matthias et al.(2008): Gesundheit, Ungleichheit und jugendliche Lebenswelten. Ergebnisse der zweiten internationalen Vergleichsstudie im Auftrag der Weltgesundheitsorganisation WHO. Wiesbaden und München: Juventa Verlag.

Schäfer, Walter (1960): Berichte und Zensuren in der Odenwaldschule. Schriftenreihe der Odenwaldschule, Heft 21.

Schütze, Dorothea (2008): Aushandlungsprozesse als Instrument Demokratischer Schulentwicklung. Link: http://www.kobranet.de/fileadmin/userupload/ganztag/Download.

Skiera, Ehrenhard (2010): Reformpädagogik in Geschichte und Gegenwart. München: Oldenbourg Verlag.

Sliwka, Anne (2008): Bürgerbildung: Demokratie beginnt in der Schule. Weinheim: Beltz.

Solga, Heike/Dombrowski, Rosine (2009): Soziale Ungleichheiten in schulischer und außerschulischer Bildung – Stand der Forschung und Forschungsbedarf. Arbeitspapier der Hans-Böckler-Stiftung Nr. 171. Düsseldorf.

Tippelt, Rudolf (Hrsg.) (2002): Handbuch Bildungsforschung. Opladen: Leske + Budrich.

Wahl, Klaus (2005): Aggression bei Kindern. In: Alt (2005): 123-156.

Wernstedt, Rolf/John-Ohnesorg, Marei (Hrsg.) (2008): Soziale Herkunft entscheidet über Bildungserfolg. Konsequenzen aus IGLU 2006 und PISA III. Berlin, Friedrich-Ebert-Stiftung.

World Vision (2010): Kinder in Deutschland 2010. 2. World Vision Kinderstudie. Frankfurt am Main: Fischer Taschenbuch Verlag.

Wössmann, Ludger/Piopiunik, Marc (2009): Was unzureichende Bildung kostet. Eine Berechnung der Folgekosten durch entgangenes Wirtschaftswachstum. Gütersloh, Bertelsmann Stiftung.

Zeiher, Helga/Schroeder, Susanne (Hrsg.) (2008): Schulzeiten, Lernzeiten, Lebenszeiten. Pädagogische Konsequenzen und zeitpolitische Perspektiven schulischer Zeitordnungen. Weinheim, München: Juventa Verlag.

Andreas Jantowski | Susann Ebert

Kinderschutz als Thema für die Grundschule. Eine empirische Studie

1 Einführung

Das Thema des Kinderschutzes ist vor allem angesichts von Missbrauchsdebatten und Gewaltdelikten in den letzten Jahren wieder verstärkt in den Blickwinkel der Öffentlichkeit gerückt und ist heute so aktuell und notwendig wie je. In der Kindheit und Jugend werden die personalen und sozialen Lebensperspektiven entwickelt und in einem großen Maße mit bestimmt. Besonders Kinder stehen vor der bedeutenden Aufgabe in einer immer schneller werdenden Gesellschaft, die gravierende Umbrüche beinhaltet, in Auseinandersetzung mit ihrer Umwelt eine eigenständige Persönlichkeit aufzubauen um ihre Identität zu finden. Innerhalb dieses Identitätsfindungsprozesses und dieses Entwicklungsprozesses treffen Kinder auf vielerlei Hindernisse und Risiken, deren Natur immer heterogener wird. Einen kompletten Schonraum, in welchem sich Kinder und Jugendliche entwickeln können, gibt es nicht. Die Gesellschaft und damit auch die Kinder werden mit zumindest medial vermittelter Gewalt und Gewaltbereitschaft konfrontiert, erleben leider in zunehmendem Maße Instabilität in den Familien, allgegenwärtige Konsumzwänge, Arbeitsmarktrisiken und hohen Leistungsanforderungen von allen Seiten. Hierdurch stellen immer mehr Kinder fest, dass sie kaum mehr in der Lage sind, die jeweiligen Konfliktfelder mit ihren Widersprüchen und Handlungsanforderungen, für sie befriedigend zu lösen (vgl. Faulde 2003: 5). Kinder bedürfen unter anderem deshalb eines besonderen Schutzes, der zu den Kernaufgaben schulischen Handelns gehören sollte. In diesem Sinne versteht sich der vorliegende Beitrag als eine explorative Bestandsaufnahme der Frage, welche Rolle Kinderschutz an Grundschulen spielt, wie er in der tagtäglichen Praxis umgesetzt wird und welche Relevanz er in der tagtäglichen Schularbeit einnimmt. Der Artikel versucht erste Antworten auf die Fragen zu geben, wie Schule noch besser als bisher ihre Aufgaben im Kinderschutz wahrnehmen kann. Dabei fokussiert er in starkem Maße auf die Grundschule und den Schutz von Kindern vor aggressiven und gewalttätigen Verhalten.

2 Theoretische Grundlagen

Um sich dem Begriff des Kinderschutzes im Zusammenhang mit schulischer Bildung und Erziehung zu nähern, wird zunächst Bezug auf das Schutzparadigma des Grundgesetzes genommen. Dort stellt der Artikel 6 Abs. 2 Satz 1 die Erziehung und Pflege der Kinder in das natürliche Recht der Eltern, wobei dieses Recht in Satz 2 durch die Aussage komplementiert wird, dass über die erzieherische Tätigkeit der Eltern die staatliche Gemeinschaft wacht. Das Kindeswohl, um das es innerhalb des Schutzparadigmas geht, ist also zwischen den beiden Polen, staatliche Gemeinschaft und Elternrecht, angesiedelt (vgl. Bienemann/Hasebrink/Nikles 1995). Der Erziehungsvorrang der Eltern steht dabei keineswegs in Konkurrenz zu dem Wächteramt des Staates, es ist eher subsidiär angesiedelt (vgl. Böckenförde 1980 in Bienemann/Hasebrink/Nikles 1995). Da Schulen, ebenfalls grundgesetzlich determiniert, unter der Aufsicht des Staates stehen, erhalten sie ihren Auftrag durch den Staat. Somit ist das Schutzparadigma als originäre Aufgabe der Schule zu verstehen. Was aber bedeutet in diesem Zusammenhang der Begriff Kinderschutz? Die gesetzliche Festschreibung dessen ist hinreichend bekannt und in vielen Gesetzen verankert (vgl. Faulde 2003). Alltagsempirische Erfahrungen zeigen indes, dass die Diskrepanz zwischen den Ansprüchen der Rechtsnorm und den lebensweltlichen Erfahrungen teilweise sehr groß ist. Diese Diskrepanz wiegt umso schwerer, als die Kinder angesichts der von der Kindheitsforschung proklamierten These vn der „Erosion der Kindheit“ (Hengst/Zeiher 2000 in Faulde 2003), gerade in der gegenwärtigen Gesellschaft unseres Schutzes bedürfen. Kinder stehen vor der gewaltigen entwicklungspsychologischen Aufgabe, eine eigenständige, individuelle und soziale Ich-Identität aufzubauen. Dies bietet ungeahnte Chancen, aber auch vielfältige Risiken, denen Kinder nahezu zwangsläufig begegnen (Faulde 2003). Damit erhält aber auch das Schutzparadigma eine wesentlich umfassendere und komplexere Bedeutung. Nach Faulde (vgl. Faulde 2003: 25) sollte Kinder- und Jugendschutz: „[…] darauf insistieren, dass Kinder und Jugendliche Orte in der Gesellschaft erhalten, die ihnen adäquate Zukunftsperspektiven eröffnen“. Dies wiederum bedeutet für das Schutzparadigma in der Schule, das Schule ein Ort innerhalb der Gesellschaft sein sollte, der Kindern passende, wenn nicht optimale Möglichkeiten bietet, sich selbst auszuprobieren, ohne hierdurch existenzielle Krisen erfahren zu müssen. In einem geschützten Raum wie der Schule muss es ermöglicht werden, eigene Identitäten zu entwickeln und sich selbst bestimmt zu entfalten. Hieraus wiederum ergeben sich für die Schule die verschiedenen Handlungsfelder des Kinderschutzes.

3 Handlungsfelder des Kinder- und Jugendschutzes

Der Argumentation von Faulde (2003) folgend erschließen sich für den Kinderschutz drei Handlungsebenen: die kontrollierend eingreifende Dimension, die erzieherische Dimension und die strukturelle Dimension. Während die kontrollierend eingreifende Dimension das klassische Handlungspotential des gesetzlichen Kinderschutzes darstellt, umfasst der erzieherische Kinderschutz die Gesamtheit aller pädagogischen Anstrengungen, die das Ziel haben, eine optimale Sozialisation junger Menschen zu gewährleisten und zu unterstützen. Demnach ist es die Aufgabe der Schule individuelle Anstrengungen der Schüler so zu stärken, dass sie Gefährdungen bewältigen, Belastungen standhalten und unvermeidbaren Risiken adäquat und erfolgreich begegnen können. Kinder sollen in der erzieherischen Schutzdimension demnach frühzeitig lernen, mit Widersprüchen und Ambivalenzen der Lebenswelt umzugehen und dabei im psychosozialen Gleichgewicht zu bleiben. Hierzu ist es notwendig, dass Kinder die Fähigkeit entwickeln auf ein stabiles Selbstwertgefühl zurückzugreifen, was wiederum ausreichend soziale Anerkennung impliziert. Aus den Elementen des starken Selbstwertgefühls, sozialer Anerkennung, Hilfe bei der Problembewältigung, Verlässlichkeit und Rückhalt entsteht dann das Gefühl subjektiver Handlungsfähigkeit, was erforderlich ist um kritische Lebenssituationen auch im Kindesalter zu bewältigen (vgl. Böhnisch 2001). Die dritte Dimension des Kinderschutzes schließlich, der strukturelle Kinderschutz, konzentriert sich auf die Gestaltung der äußeren Rahmenbedingungen in der Lebenswelt der Kinder. Das soziale Umfeld erscheint neben den strukturellen Bedingungen hier als die entscheidende Entwicklungsebene. Die nachfolgenden Ausführungen können jedoch nicht alle drei Handlungsebenen als Themen aufgreifen, sie nehmen daher insbesondere die zweite Handlungsebene, den erzieherischen Kinderschutz, in das Zentrum der Betrachtungen. Unter der Fragestellung – wie wird Kinderschutz in der Schule entwickelt, implementiert und fortentwickelt – soll im Besonderen der Frage nachgegangen werden, inwieweit Schulen in der Lage und dazu bereit sind, Konzepte eines umfassenden Kinderschutzes in die Praxis der täglichen Arbeit einzubauen. Dabei wird der Kinderschutz in einem weiten Sinne betrachtet, d. h. Kinderschutz wird nicht nur als Abwehr von Gefahren, sondern insbesondere in seinem präventiven Charakter gesehen. Dabei wird davon ausgegangen, dass es die Aufgaben jedes einzelnen Lehrers innerhalb der Institution Schule ist, Kinderschutz in den Fokus seiner Bemühungen zu nehmen und als integralen Bestandteil seiner pädagogischen Arbeit zu betrachten. Dieses Moment wird um so wichtiger, je jünger die Kinder sind, weil entwicklungspsychologisch hinreichend belegt, hier besondere Gefährdungspotentiale und potentiell risikobehaftete Entwicklungsaufgaben verortet werden können (vgl. Erikson 1968).

4 Die Grundschule in ihrer Bedeutung für die kindliche Entwicklung

Wenngleich die Bemühungen zum Ausbau der Bereiche der frühkindlichen Entwicklung und Bildung in den letzten Jahren eine starke Verbreitung und Intensivierung erfuhren, bleibt in der bundesdeutschen Wirklichkeit die Grundschule häufig der erste Ort für Kinder, an dem sie mit zielorientiertem Lernen in Berührung kommen. Der Übergang vom Kindergarten in die Schule, ist als ein prägendes Ereignis für die Bildungsbiografie und für die Persönlichkeitsentwicklung der Kinder anzusehen (vgl. Schulte zu Berge 2001). Die Grundschule hat dabei die Aufgabe, ihre Schüler in das unterrichtliche Lernen einzuführen, Fähigkeiten und Bereitschaft zum lebenslangen Lernen auszubilden, bzw. hierfür die Grundvoraussetzungen zu schaffen (vgl. Faust-Siehl 1996). Gleichzeitig weist die Grundschule ein weiteres bedeutendes Merkmal auf. In ihr werden alle Kinder gemeinsam unterrichtet, d. h., es findet hier noch keine Selektion statt. Somit stellt die Grundschule auch die erste gesellschaftliche Institution schulischer Art dar, in der Menschen gemeinsam und unabhängig von Herkunft, Sprache, Religion, Geschlecht oder z. B. wirtschaftlichen Verhältnissen lernen und zusammengeführt werden. Grundschule hat demzufolge auch Integrationsfunktion. Um diesen umfassenden Integrations- und Bildungsauftrag umsetzen zu können, soll die Schule Sorge für die physische und psychische Gesundheit der Kinder tragen und damit den Schutzauftrag erfüllen. Schule ist damit nicht nur Unterrichtseinheit oder Lernstätte, sondern auch sozialpädagogische Institution (vgl. Faust-Siehl 1996). Zusammengefasst hat die Grundschule damit einen erzieherischen Auftrag, einen Bildungsauftrag und einen Kinderschutzauftrag. Genau dieser Kinderschutzauftrag soll nachfolgend in einem ausgewählten Bereich weiter spezifiziert werden.

5 Grundschule und Gewalt

Nicht nur in den Medien und in der Presse wurde in letzter Zeit verstärkt das Thema Gewalt an Schulen in den Mittelpunkt der Betrachtungen genommen, sondern auch in der erziehungswissenschaftlichen Diskussion gibt es hierüber vielfältige Untersuchungen (vgl. Olweus 1995, Tillmann 1999, Bründel/Hurrelmann 1997, Gugel 2009). Insbesondere Gugel (2009) fokussiert die erziehungswissenschaftliche Diskussion in der Forderung: „Die Schule ist ein Ort, an dem Gewalt – in welcher Form auch immer – keinen Platz haben darf. Nicht nur auf Gewalt zu reagieren, sondern ihr präventiv zu begegnen ist deshalb ein Gebot der Vernunft“ (Seite 68). Dabei wird deutlich, dass zwar das Gesamtproblem Gewalt sehr wohl wahrgenommen und untersucht wird, dass aber unter dem Begriffsverständnis von Gewalt sehr verschiedene Dinge subsumiert werden. Die eigentliche Schülergewalt ist hier nur ein Aspekt des Problems. Gugel verweist darauf, dass besonders im Bereich der Grundschule Phänomene wie Ausgrenzung oder sprachliche abwertende Umgangsweisen einen besonderen Problemschwerpunkt in einem erweiterten Gewaltverständnis bilden. Wie Gugel ausführt haben Schüler weniger Angst vor körperlichen Angriffen in der Grundschule, sondern sind viel mehr Beleidigungen, Beschimpfungen oder verbalen Aggressionen ausgesetzt, die dann das Lernklima negativ beeinflussen und dem Kinderschutzparadigma zuwider laufen (vgl. Gugel 2009). Die Ursachen für diese Gewalt an Schulen sind vielfältig und bereits im Jahr 1997 von Bründel/Hurrelmann zusammengefasst und von Gugel 2009 erweitert wurden. Bezogen auf die Institution Schule sind Ursachen für Gewalt sowohl in der pädagogischen Qualität der Arbeit und der Beziehungen, als auch im sozialen Klima und im Ethos der Schule zu suchen. So verweisen die Autoren beispielsweise auf die Wichtigkeit einer positiven Gestaltung des Lehrer-Schüler-Verhältnisses und eine hohe Lehrersensibilität für dieses Thema, aber auch auf das Vorhandensein von Präventionskonzepten. Gleichzeitig ist zu hinterfragen, inwieweit Schule gegen Etikettierungen und Stigmatisierungen antritt, Versagensängste fördert oder beseitigen hilft und den Kindern vermittelt, wie mit Frustration und Enttäuschung umgegangen werden kann oder soll. Präventiv kann dabei die Schule in drei großen Bereichen tätig werden. Im ersten Bereich, der primären Prävention ist von der Schule eine langfristig vorbeugende Arbeit zu fordern. Diese soll dann das Ziel verfolgen, das Selbstwertgefühl der Kinder zu fördern und zu stabilisieren um somit prosoziale Einstellungen und Motive sowie Kommunikations- und Interaktionskompetenzen zu fördern und zu erhalten. Diese primäre Prävention könnte beispielsweise durch verschiedene Programme zur Steigerung des Selbstwertgefühls umgesetzt werden oder dadurch, dass Gewalt und Aggression Unterrichtsthema werden (vgl. Heitmeyer 2006). Ergänzt werden sollte die primäre Prävention durch die sekundäre Prävention. Hier geht es um die Immunisierung potentieller Täter oder Opfer durch Anti-Stress- oder Anti-Aggressionstrainingsprogramme. Hierunter ist auch die Erarbeitung und Implementation von Interventionsstrategien für akute Gewalt- und Konfliktsituationen zu zählen, wie auch Maßnahmen zur Konfliktregelung und Nachbearbeitung (vgl. Gugel 2009). Die dritte Präventionsebene stellt dann die Schulsozialarbeit dar, die die Verbindung zwischen schulischen Bereichen und außerschulischen Sektoren darstellt. Zusammengefasst bedeutet dies als Grundlage für die empirische Untersuchung folgende theoretische Ausgangsbasis. Nachfolgend wird davon ausgegangen, dass die Aufgaben des Kinderschutzes nicht allein darin bestehen, den gesetzlichen Schutz von Kindern zu kontrollieren, sondern dass die Schule und insbesondere die Grundschule im Sinne einer erzieherischen Handlungsdimension ihr ursprüngliches Fürsorgeparadigma hin zu einem offenen Einmischungsparadigma ändern muss (Faulde 2003). Die Schule als Sozialisationsinstanz muss sich auf dem Gebiet des Kinderschutzes um langfristige und umfassende Problemlösungsstrategien bemühen. Der präventiven Arbeit wird dabei besonderes Gewicht eingeräumt. Die Schule bildet einen Schutzraum für Kinder, dieser Schutz sollte nicht nur dann gewährleistet werden, wenn eine Gefährdung eintritt oder besteht, sondern präventiv ansetzen. Um Lernen optimal zu ermöglichen, zu begleiten und zu fördern muss Schule die physische und psychische Unversehrtheit der Kinder weitgehend garantieren. Dem entsprechend geht die nachfolgende Untersuchung insbesondere der Frage von Gewaltprävention, Gewalterscheinung und Umgang mit diesen Gewalterscheinungen an Grundschulen nach. Die jeweils in der Untersuchung thematisierten Erscheinungsformen von physischer und psychischer Gewalt orientieren sich an den Definitionen von Bründel/Hurrelmann (1997), Theunert (1996) und Schubarth (2010).

6 Methodische Anlage der Studie

Gegenstand der Untersuchung war die Exploration des Problemfeldes Kinderschutz und seine Relevanz für die Praxis an Grundschulen mit dem Ziel, die situativen und organisatorischen Bedingungen, Handlungsmotive der Lehrer sowie deren implizite Strategien und Denkweisen in ersten Ansätzen offenzulegen. Das erkenntnisleitende Interesse der Studie bestand darin, die Umsetzung der Thematik exemplarisch an ausgewählten Grundschulen zu erfassen.

Zur Umsetzung dieses Vorhabens wurde das Verfahren der schriftlichen Befragung mittels eines speziell für die Belange der Untersuchung konstruierten Fragebogens gewählt. Im Folgenden werden die Forschungsfragen und das Untersuchungsinstrument näher beschrieben. Aus dem zentralen Anliegen des Kinderschutzes mit dem Schwerpunkt Schutz vor physischer und psychischer Gewalt der Kinder an Grundschulen wurden folgende zentralen Forschungsfragen abgeleitet:

1. In welchem Maß ist Kinderschutz ein Thema innerhalb der pädagogischen Arbeit von Lehrern an Grundschulen?
2. Welche Kenntnisse sind über das Thema in der Lehrerschaft vorhanden und wo besteht diesbezüglich Bedarf?
3. Wie schätzen Lehrer die tatsächliche Gefährdungs- und Schutzsituation der Kinder an ihrer Einrichtung konkret ein?
4. Welche subjektiven Theorien und Erfahrungen sind in Bezug auf den Kinderschutz handlungsleitend?
5. In welchem Verhältnis stehen der präventive und intervenierende Ansatz des Kinderschutzes in der pädagogischen Praxis?
6. Welche Relevanz nimmt innerhalb des Kinderschutzes der Umgang mit der Gewaltproblematik ein?
7. Welche Erscheinungsformen nimmt Gewalt an Grundschulen an und wie erfolgen die pädagogischen Handlungsreaktionen hierauf?
8. Existieren abgestimmte Präventions- und Interventionskonzepte innerhalb der Schule und in der Zusammenarbeit mit den Eltern?
9. Wird Kinderschutz als innerschulisches oder als gesellschaftliches Problem gesehen, d.h., in welchem Maße erfolgen Kooperationen mit außerschulischen Partnern?

Diesen Fragestellungen wurde auf der Grundlage der theoretischen Begründung mittels einer explorativ angelegten quantitativen Untersuchung nachgegangen. Aufgrund dieser Vorgehensweise der Untersuchung wurden keine Hypothesen aus den Fragestellungen abgeleitet. Vielmehr sollen diese aus den Ergebnissen abgeleitet und im Anschluss innerhalb einer quantitativ-analytischen Längsschnittuntersuchung überprüft werden.

6.1 Beschreibung des Untersuchungsinstruments

Zunächst war eine Operationalisierung erforderlich. Dazu wurden die Probanden der Studie nach konkreten Wissens-, Kontext- und Verhaltensaspekte befragt. In Übereinstimmung mit dem theoretischen Erklärungsansatz wurden sowohl personenbezogene als auch situativ-kontextuelle Merkmale durch die Items des Fragebogens thematisiert. Auf der Kontextebene wurden beispielsweise die Anzahl von Elternabenden und die Beteiligung der Schulen an Präventionsprojekten nachgefragt. Auf der individuellen Ebene wurden die subjektiven Einschätzungen und Einstellungen der Probanden (auf Gruppenebene aggregiert) erfasst[1]. Hierzu zählten u.a. die wahrgenommenen Gewaltprobleme in der

1 Der vollständige Fragebogen kann bei den Autoren angefordert werden.

Schule, der individuelle Handlungsdruck, aber auch eine globale Einschätzung der empfundenen Situation.

Technisch betrachtet umfasst der Fragebogen 7 Teile. Der erste Teil, bestehend aus 3 Items, bezieht sich auf soziografische Variablen. Der zweite Teil erfasst in 16 Items das individuelle Verständnis des Begriffes Kinderschutz. Der dritte Teil des Fragebogens sucht in 11 Items zu eruieren, welchen Stellenwert die Thematik des Kinderschutzes in der pädagogischen Arbeit der Lehrer in der Schule einnimmt. Im vierten Teil des Fragebogens werden 23 Fragen zur konkreten Gewaltproblematik und ihren Erscheinungsformen an der Schule gestellt. Der fünfte Teil des Fragebogens zielt mit 25 Items darauf ab, die präventive Arbeit der Schule auf den genannten Gebieten zu erfassen. Der sechste Teil thematisiert dann das konkrete Fortbildungsverhalten der Lehrer im Themenbereich Kinderschutz und eruiert in insgesamt 6 Items den konkreten Bedarf auf diesem Gebiet. Im abschließenden 7. Teil wird in 13 Items die Zusammenarbeit zwischen der Schule und den Eltern erfragt. Insgesamt hat der Fragebogen damit folgende Struktur:

Tab. 1: Struktur des Fragebogens

Teil	Inhalt	Anzahl der Items
1	Soziografische Daten	3
2	Begriffsverständnis Kinderschutz	16
3	Relevanz des Kinderschutzes in der pädagogischen Arbeit	11
4	Beurteilung der Gewaltproblematik und deren Erscheinungsformen an der Schule	23
5	Präventionsarbeit an der Schule	25
6	Fortbildungsproblematik zum Thema Kinderschutz	6
7	Zusammenarbeit Schule-Eltern	13

Nachfolgend werden die zentralen testtheoretischen Aspekte des Fragebogens beschrieben.

Der Fragebogen selbst wird nicht als ein einziger, internal konsistenter Test gesehen, sondern setzt sich, dem umfangreichen theoretischen Konstrukt und dem explorativen Charakter der Studie geschuldet, aus einer Reihe einzelner Skalen und Items zusammen.

Wenn im Forschungsinteresse Skalen aus Items gebildet wurden, folgte diese Skalenbildung grundsätzlich folgenden Vorgehen: Die Items wurden formuliert und auf Itemschwierigkeit und Trennschärfe untersucht. Die Dimensionsbildung erfolgte durch das Verfahren der rotierten Hauptkomponentenanalyse. Im Anschluss erfolgte eine inhaltlich begründete Skalenbildung, die statistisch durch das Verfahren der Reliabilitätsanalyse abgesichert wurde. Aufgrund der

Skalenstatistik wurden Items aus der Skala entfernt, wenn durch ihre Entfernung eine deutliche Steigerung des Cronbachs Alpha erzielt werden konnte.

Die Items wurden entweder Likert-ähnlich (fünfstufig mit neutraler Antwortkategorie) oder mittels 4-stufiger Likert-Skala skaliert. Für die gebildeten Skalen ergeben sich folgende testtheoretische Kennwerte:

Tab. 2: Testtheoretische Kennwerte für Skalen

Skala	Anzahl Items	Cronbachs Alpha	Theoretischer Skalenmittelwert (Skalierung 0-4)	Empirisch gemessener Skalenmittelwert/ SD	Faktorenlösung, Erklärte Gesamtvarianz
Begriffsverständnis „Kinderschutz"	16	,850	32	58 /5,1	5 /71,4%
Relevanz Kinderschutz in pädagogischer Arbeit	10	,701	20	30 /3	3 /61,3%
Gewalt und ihre Erscheinungen	21	,857	42	23 /5,5	5 /71,6%
Gewaltprävention	20	,928	40	53 /9,2	6 /79,9%
Elternarbeit	11	,764	22	40 /3,3	4 /70,2%

Die einzelnen Skalen können damit als durchschnittlich gut hinsichtlich ihrer Reliabilität bezeichnet werden. Die statistisch ermittelten Faktoren der Skalen lassen sich auch theoriebezogen begründet bezeichnen, die Varianzaufklärung der rotierten Hauptkomponentenanalyse ist durchgehend zufriedenstellend.

6.2 Stichprobe und Durchführung

Die Gesamtstudie gliedert sich in zwei Teile, eine Voruntersuchung und die Hauptuntersuchung. Die Voruntersuchung wurde (im September 2010) mit 19 Lehrerinnen und Lehrern im Rahmen einer Fortbildung durchgeführt. Die Aufgabe der Teilnehmer an der Voruntersuchung bestand darin, die Fragebögen auszufüllen und schriftliche Kommentare zu den einzelnen Items sowie weitere Anregungen abzugeben. Auf der Grundlage der Auswertung dieser Vorerhebung und unter Beachtung der zusätzlich erhobenen qualitativen Daten wurde dann der Fragebogen für die Hauptuntersuchung erstellt.

Die Erhebung wurde zwischen dem 19.11. und 29.11.2010 an 4 verschiedenen Grundschulen des Freistaates Sachsen mit insgesamt 47 Probanden durchgeführt. Die Stichprobenziehung erfolgte zufällig. Die Befragten werden durch folgende soziometrische Daten charakterisiert:

Tab. 3: Soziometrische Daten der Probanden

Variable	Prozentwert/Mittelwert	SD
Geschlecht	97,6% weiblich; 2,4% männlich	
Alter	47,5 Jahre	8,7 Jahre
Dauer der Lehrtätigkeit	25 Jahre	10,7 Jahre

Alle angesprochenen Untersuchungen wurden unter strikter Einhaltung der Anonymität der Befragten durchgeführt.

6.3 Bedingungsverwirklichung

Das Instrument der Ad-hoc-Fragebogenerhebung wird zwar vielfach in der Einstellungsforschung und in Surveys verwendet, aber es weist – im Vergleich zu objektiven Verfahren – einige potenzielle Schwächen auf, die mit sozialer Erwünschtheit, verzerrter Selbstwahrnehmung und möglichen Begriffsdivergenzen zwischen Befragungsinstrument und Beantwortendem umrissen werden können. Um diesen wirksam zu begegnen, bezieht die vorliegende Studie auch „objektive" Indikatoren ein. Erst in der Kombination subjektiver Selbstauskünfte mit den „objektiven" Indikatoren kann eine praxisrelevante Interpretation der Daten erfolgen. Abgesehen von den allgemeinen Beschränkungen einer Fragebogenerhebung kann im vorliegenden Falle nicht ausgeschlossen werden, dass einzelne psychologisch hoch komplexe Einschätzungen nur unzureichend durch die Items repräsentiert werden.

Die Situation der Fragenbeantwortung kann als weitgehend nicht standardisiert angesehen werden, da das Ausfüllen der Bögen zu unterschiedlichen Zeitpunkten und unter verschiedenen Bedingungen außerhalb einer kontrollierbaren Situation stattfand. Unter Beachtung der Theorie von der sozialen Situation der Befragung sind hierdurch beeinflussende Effekte möglich (Kromrey 1991). Hinsichtlich der Generalisierbarkeit der zu erwartenden Befunde ist grundsätzlich eine gewisse Vorsicht angebracht, da es sich bei der vorliegenden Studie um eine Momentaufnahmen (Blitzlicht) handelt, die womöglich ein verzerrtes Bild nach sich ziehen. Darüber hinaus ist zu beachten, dass in vergleichbaren früheren Untersuchungen der größte Teil an Varianz auf individuelle Zufallsgrößen, unbekannte Faktoren und Messfehler zurückzuführen war. In dieser Hinsicht ist die vorliegende Untersuchung damit als explorative Annäherung an den Gegenstand zu verstehen.

6.4 Auswertung der quantitativen Daten

Nach der Datenerhebung wurden die Daten codiert und als Datensatz in eine entsprechende Datei des Statistikprogramms SPSS Version 15 eingegeben. Die weiteren Auswertungsschritte erfolgten nach der Datenüberprüfung unter Verwendung der einschlägigen statistischen Verfahren der deskriptiven und schließenden Statistik (vgl. Backhaus et al. 1994/Bortz 1993/Wirtz & Nachtigall 1998).

7 Empirischer Teil

Nachfolgend werden aus der Gesamtuntersuchung nur ausgewählte Ergebnisse, zumeist die Items mit besonders hohen oder geringen Antwortwerten, referiert, die in Bezug auf die übergeordneten Fragestellungen besondere Relevanz besitzen. Alle weiteren Daten können bei den Autoren bei Interesse angefragt werden.

Zum Begriffsverständnis „Kinderschutz" wurden auf die Items folgende Werte gemessen:

Tab. 4: Begriffsverständnis Kinderschutz

Item (Skalierung 4=stimme voll zu, 0=stimme gar nicht zu)	Mittelwert	SD
Kinderschutz bedeutet Gewaltprävention	3,83	,38
Kinderschutz bedeutet das Unterbinden von Gewalt	3,83	,57
Kinderschutz bedeutet ein angenehmes Sozialklima zu schaffen	3,79	,56
Kinderschutz bedeutet ein angenehmes Lernklima zu schaffen	3,77	,55
Kinderschutz bedeutet, mich für die Familienverhältnisse zu interessieren	3,15	,88
Kinderschutz bedeutet, jedes Kind individuell zu fördern	3,36	,79
Kinderschutz bedeutet, den Kindern Mitbestimmung einzuräumen	3,15	,51

Hinsichtlich der Relevanz des Themas in der Arbeit der Schule ergaben sich folgende Werte:

Tab. 5: Relevanz Kinderschutz

Item (Skalierung 4=stimme voll zu, 0=stimme gar nicht zu)	Mittelwert	SD
Kinderschutz ist für uns eine wichtige Entwicklungsaufgabe	3,57	,66
Bei Kindeswohlgefährdungen wird von uns sofort eingegriffen	3,7	,46
Kinderschutz ist regelmäßig ein Thema in Dienstberatungen etc.	3,0	,78
In der jeweiligen Schule existiert ein pädagogisches Handlungskonzept für Kinderschutz	3,11	,77
Kinderschutz spielt bei uns kaum eine Rolle	0,26	,48
Wir arbeiten effektiv mit anderen Institutionen zusammen	3,26	,64

Von den Befragten arbeiten 76,6% innerhalb eines Präventionsprogrammes zur Gewährleistung des Kinderschutzes. 70,2% geben an zum Schutz der Kinder bereits mehrfach intervenierend tätig geworden zu sein, 91,5% bejahen dies im präventiven Bereich. Außerdem geben 66% der Befragten an, dass an ihren Schulen Kinder mitunter durch Mitschüler ausgegrenzt bzw. diskriminiert werden.

Im Hinblick auf das tatsächlich wahrgenommene Ausmaß an Gewalt an den Grundschulen und ihren Erscheinungsformen ergeben sich folgende Daten:

Tab. 6: Wahrgenommene Gewalt

Item (4=sehr häufig, 0=nie)	Mittelwert	SD
Physische Gewalt	2,04	,72
Verbale Gewalt zwischen Schülern	2,62	,64
Verbale Gewalt von Lehrern an Schülern	0,43	,54
Verbale Gewalt von Schülern gegen Lehrer	1,3	,62
Sachbeschädigungen	1,51	,59

Zur Reaktion auf Gewalt bzw. zum Verhalten wurde wie folgt geantwortet:

Tab. 7: Reaktionen auf Gewalt

Item (4 = sehr häufig, 0 = nie)	Mittelwert	SD
Schüler helfen sich gegenseitig	2,94	,49
Lehrer greifen bei physischer Gewalt sofort ein	3,77	,52
Schüler greifen bei physischer Gewalt sofort ein	2,06	,76
Lehrer greifen bei verbaler Gewalt sofort ein	3,5	,69
Schüler greifen bei verbaler Gewalt sofort ein	1,9	,59
Lehrer werden bei Gewaltproblematiken um Hilfe gebeten	3,3	,59
Gewaltprävention mit Schülern erfolgt regelmäßig	3,0	,77

Innerhalb des Bereichs Gewaltprävention wurde danach gefragt, in welcher Form diese durchgeführt wird. Hierauf wurde folgendermaßen geantwortet:

Tab. 8: Gewaltprävention

Item (4=sehr häufig, 0=nie)	Mittelwert	SD
Training kommunikativer Fähigkeiten	3,0	,78
Training sozialer Fähigkeiten	3,0	,73
Training von Konfliktlösestrategien	2,9	,73
Maßnahmen zur Stabilisierung des Selbstwertgefühls	2,8	,80
Training prosozialen Verhaltens und Streitschlichtung	2,6	,96
Training von Komponenten der Empathiefähigkeit	2,6	,61
Training von Bestandteilen der Misserfolgsverarbeitung	2,8	,65
Anti-Aggressions-Training	1,7	,80
Anti-Stress-Training	1,6	,70

In Bezug auf die Intensität und Art der Arbeit der Pädagogen mit den Eltern antworten die befragten Lehrer wie folgt:

Tab. 9: Elternarbeit

Item (4=stimme voll zu, 0=stimme gar nicht zu)	Mittelwert	SD
Eltern werden über die Regeln des Zusammenlebens in der Schule informiert	3,9	,32
Eltern werden über wichtige Schulprojekte informiert	3,9	,38
Eltern werden bei Problemen mit den Kindern unterstützt	3,8	,47
Eltern werden in Erziehungsfragen beraten	3,6	,58
Eltern werden beim Erkennen von Risiken des Kindes sofort informiert	3,7	,45
Eltern bekommen externe Hilfe vermittelt	3,3	,71

Insgesamt werden von 95,7 % der Befragten 2 Elternabende pro Schuljahr durchgeführt. 96% der Befragten geben außerdem an, für die Eltern immer ansprechbar zu sein, 97% suchen den regelmäßigen Elternkontakt und 86,7% sagen, sie arbeiten sehr eng mit den schulischen Elternvertretern zusammen.

Abschließend wurden die Befragten gebeten, ihre Fortbildungsaktivitäten im Bereich Kinderschutz und den entsprechenden Bedarf hierzu einzuschätzen. Hier geben 76,6% der Befragten an, nur unregelmäßig an Veranstaltungen in diesem Bereich teilzunehmen. In Bezug auf das Thema Aggressionsumgang beträgt der Wert 83% und für Umgang mit Gewalt 76,6%. Die Qualität der besuchten Veranstaltungen wird von 91,5% der Befragten mit „gut" und „sehr gut" beurteilt, wobei jedoch auch 83,3% bemerken, dass hier die Angebote zu gering sind. Gewünscht sind vor allem Fortbildungen zu den Themen „familiäre Gewalt", „rechtliche Grundlagen für den Lehrer/Rechtssicherheit" und „Handlungsmöglichkeiten bei Gewalterfahrungen mit Schülern".

7.2 Interpretation und Integration

Prinzipiell kann hinsichtlich des Begriffsverständnisses von Kinderschutz bei den befragten Grundschullehrern davon ausgegangen werden, dass sich ein erweiterter Schutzbegriff im Allgemeinen durchgesetzt hat. Dieser erweiterte Schutzbegriff umfasst sowohl intervenierende als auch präventive Maßnahmen. Ein deutlicher Schwerpunkt der schulischen Arbeit besteht dabei darin, bei Gewalterlebnissen tätig zu werden. Die Prävention und die Intervention nehmen hier einen ähnlich hohen Stellenwert in der Wahrnehmung der Befragten ein. Ebenso wird für den Schutz der Kinder in der Schule ein angenehmes Sozialklima und ein ebensolches Lernklima in hohem Maße als Voraussetzung für die Entwicklung der Kinder betrachtet. Das Interesse für die Familienverhältnisse der Kinder (Einmischungsparadigma), die individuelle Förderung jedes Kindes und die Gewährung der Mitbestimmung der Kinder sehen die befragten Lehrer zwar als Grundbestandteile des Kinderschutzes an, die Antwortausprägungen auf die entsprechenden Items sind jedoch deutlich geringer als die bereits ausgeführten. Zudem verweisen die relativ hohen Standardabweichungen für die Antworten auf die Aussagen Interesse für Familienverhältnisse und die individuelle Förderung der Kinder darauf, dass hier ein vergleichsweise heterogenes Bild in der Lehrerschaft anzutreffen ist. Hinsichtlich der Relevanz der Thematik des Kinderschutzes in der pädagogischen Arbeit der Grundschule kann gesagt werden, dass Kinderschutz als durchgängig wichtige Entwicklungsaufgabe der Grundschule verstanden wird. Dies kann insbesondere daraus abgeleitet werden, dass der empirisch gemessene Skalenmittelwert erheblich über dem theoretischen liegt. Außerdem geben nur 2,1 Prozent der Befragten an, dass Kinderschutz in der Arbeit der Schule kaum eine Rolle spielt.

Kinderschutz ist zudem ein regelmäßiges Thema in Dienstberatungen, wobei in der Mehrzahl der Fälle der Arbeit der Lehrer in der Schule ein pädagogisches Handlungskonzept zugrunde liegt. Gleichzeitig muss darauf verwiesen werden, dass die hohen Standardabweichungen auf die Fragen der Regelmäßigkeit der Thematisierung des Kinderschutzes in Dienstberatungen und in Bezug auf ein pädagogisches Handlungskonzept auf eine gewisse Ambivalenz in diesem Bereich hinweisen. Selbst innerhalb einer befragten Institution geben die Lehrer in unterschiedlichen Maße Antworten auf die Frage, ob die Schule mit einem erkennbaren pädagogischen Handlungskonzept arbeitet. Die Zusammenarbeit mit anderen Institutionen wird zwar durchschnittlich als effektiv in Bezug auf den Kinderschutz betrachtet, lässt aber sowohl in der Interpretation der Mittelwerte als auch der Standardabweichungen Reserven erkennen.

Speziell für Gewalt geben die befragten Lehrer an, dass die verbale Gewalt unter den Schülern die Erscheinungsform ist, die in der Schule die größte Rolle spielt, aber kein ausgeprägt-gravierendes Problem darstellt (empirisch Skalenmittelwert deutlich unter dem theoretischen). Ebenfalls von einiger Relevanz ist die physische Gewalt unter den Schülern. Hier geben immerhin über 80 Prozent der Befragten an, dass manchmal und häufiger Schlägereien auf dem Schulhof vorkommen. Auch Sachbeschädigungen und verbale Gewalt von Schülern gegen Lehrer spielen, wenn auch nur selten, eine Rolle im Schulalltag. Dem gegenüber wird nahezu nie eine Form von verbaler Gewalt von Lehrern gegenüber Schüler wahrgenommen.

Im Umgang mit Erscheinungsformen von Gewalt ergibt sich ein relativ homogenes Bild. Tendenziell sagen alle Befragten, dass Lehrer bei wahrgenommener physischer und verbaler Gewalt sofort eingreifen und häufig auch von Schülern bei Gewaltproblematiken um Hilfe gebeten werden. Dem gegenüber werden Schüler bei wahrgenommener physischer Gewalt nur manchmal intervenierend aktiv und bei verbaler Gewalt sogar nur selten.

Innerhalb der präventiven Arbeit steht das Training kommunikativer und sozialer Fähigkeiten verbunden mit der Vermittlung von Konfliktlösestrategien und Maßnahmen zur Stabilisierung des Selbstwertgefühls der Schüler im Mittelpunkt schulischer Arbeit in diesem Bereich. Ebenfalls von Bedeutung ist das Training prosozialen Verhaltens, das Training von Strategien zur Misserfolgsbearbeitung und zur Empathiefähigkeit. Nur manchmal bis selten wird an den Schulen explizites Anti- Aggressionstraining und Anti- Stresstraining vorgenommen. In Bezug auf die Präventionsmaßnahmen ist bei nahezu allen Items und demzufolge auch innerhalb der Skala eine relativ große Standardabweichung wahrzunehmen. Dies könnte zumindest erste Indizien dafür liefern, dass durchgeführten Trainingsmaßnahmen in sehr unterschiedlichen Maße bekannt sind bzw. von einzelnen Lehrern schwerpunktmäßig Trainingsmaßnahmen erfolgen, wobei andere Lehrer weniger einbezogen werden bzw. darüber keine Kenntnis besitzen.

Gleichzeitig wird die Elternarbeit in Hinsicht der Quantität und Qualität von nahezu allen Befragten mit gut bis sehr gut bewertet. Angemahnt wird von den befragten Lehrern vor allem eine höhere Dichte von Fortbildungsmaßnahmen auf dem Gebiet des Kinderschutzes und hier insbesondere auf dem Gebiet des Umgangs mit schulischer und familiärer Gewalt sowie mit den rechtlichen Grundlagen des Lehrerhandelns in diesem Bereich.

Die Ausgangsfragestellungen, die der vorliegenden Studie zugrunde lagen, können auf der Grundlage der empirischen Daten explorativ folgendermaßen beantwortet werden. Kinderschutz ist ein permanentes Thema innerhalb der pädagogischen Arbeit von Lehrern an Grundschulen und wird als wichtige innerschulische Entwicklungsaufgabe betrachtet. Dabei scheint der Kenntnisstand der Lehrer über Entwicklungskonzepte an der Schule interindividuell zumindest partiell verschieden zu sein. Ausgehend vom Begriffsverständnis scheinen die befragten Lehrer relativ hohe Kenntnisse über das Thema Kinderschutz in der Schule zu besitzen, wobei Kinderschutz primär Schutz vor Gewalterlebnissen bedeutet. Bedarf wurde in dieser Richtung vor allem Dingen hinsichtlich der genannten drei Themenfelder durch Fortbildungen artikuliert. Die konkrete Gefährdung und Schutzsituation der Kinder an den Schulen wird von den Lehrern so eingeschätzt, dass zumindest Diskriminierungen und verbale Gewalt an den Schulen sowie Ausgrenzungen einzelner Schüler realistische Gefährdungssituationen an der Schule darstellen. Die Kinder bedürfen deshalb des Schutzes der Lehrer, der sich sowohl auf präventive als auch auf intervenierende Maßnahmen bezieht. Nahezu jeder der befragten Lehrer hatte innerhalb der täglichen Arbeit mit Schülern Wahrnehmungen verbaler und physischer Gewaltformen in der Schule. Abgestimmte Präventions- und Interventionskonzepte sind in der Wahrnehmung und Beurteilung der Lehrer an den Schulen vorhanden. Jedoch muss gleichzeitig darauf verwiesen werden, dass der Kenntnisstand über entsprechende Präventions- und Interventionskonzepte interindividuell eine gewisse Varianz aufweist. Die Zusammenarbeit mit den Eltern wird hingegen generell als positiv beurteilt. In der Kooperation mit außerschulischen Partnern werden trotz der Artikulation gelingender Kooperationen Reserven gesehen. Die Aspekte der individuellen Förderung und der Notwendigkeit einer demokratischen Lern- und Leistungskultur werden bisher nur in abgeschwächtem Maße als integrale Bestandteile und notwendige Komponenten eines umfassenden Kinderschutzbegriffes gesehen. Hier liegen wesentliche Ansatzpunkt für weitere Forschungsfragen.

Literatur

Backhaus, Klaus (1994): Multivariate Analysemethoden: Eine anwendungsorientierte Einführung. Berlin: Springer Verlag.

Bienemann, Georg/Hasebrink, Marianne/Nikles, Bruno (Hrsg.) (1995): Handbuch des Kinder- und Jugendschutzes: Grundlagen, Kontexte, Arbeitsfelder. Münster: Votum Verlag.

Bortz, Jürgen (1993): Statistik für Sozialwissenschaftler. Berlin: Springer Verlag.

Bründel, Heidrun/Hurrelmann, Klaus (1997): Gewalt macht Schule. Wie gehen wir mit aggressiven Kindern um. München: Droemer Knaur.

Erikson, Erik. H. (1968): Jugend und Krise. Die Psychodynamik im sozialen Wandel. Stuttgart: Klett-Cotta.

Faulde, Joachim (2003): Kinder und Jugendliche verstehen – fördern– schützen: Aufgaben und Perspektiven für den Kinder- und Jugendschutz. Weinheim, München: Juventa Verlag

Faust-Siehl, Gabriele (1996): Die Zukunft beginnt in der Grundschule. Empfehlungen zur Neugestaltung der Primarstufe. Reinbeck bei Hamburg: Rowohlt-Taschenbuch-Verlag.

Gugel, Günther (2009): Handbuch Gewaltprävention. Für die Grundschule und die Arbeit mit Kindern: Institut für Friedenspädagogik Tübingen e.V.

Heitmeyer, Wilhelm (2006): Gewalt. Beschreibungen, Analysen, Prävention. Bonn: Bundeszentrale für politische Bildung.

Kromrey, Helmut (1991): Empirische Sozialforschung. Opladen: Leske & Budrich.

Olweus, Dan (1995): Gewalt in der Schule: was Lehrer und Eltern wissen sollten – und tun können. Bern; Göttingen: Huber.

Schubarth, Wilfried (2010): Gewalt und Mobbing an Schulen. Möglichkeiten der Prävention und Intervention. Stuttgart: Kohlhammer.

Schulte zu Berge, Sabine (2001): Hochbegabte Kinder in der Grundschule. Erkennen-Verstehen- Im Unterricht berücksichtigen. Münster, Hamburg: Lit.

Theunert, Helga (1996): Gewalt in den Medien- Gewalt in der Realität. Gesellschaftliche Zusammenhänge und pädagogisches Handeln. 2. Aufl. München: KoPäd- Verlag.

Tillman, Klaus- Jürgen (1999): Schülergewalt als Schulproblem. Verursachende Bedingungen, Erscheinungsformen und pädagogische Handlungsperspektiven. Weinheim, München: Juventa Verlag.

Wirtz, Markus/Nachtigall, Christof (1998): Deskriptive Statistik. Weinheim, München: Juventa Verlag.

Michael Retzar

Kinderschutz aus der Perspektive der Schulentwicklung und Lehrerprofessionalisierung

1 Kinderschutz – eine Aufgabe für die Schule?

Der umfangreiche Auftrag von Kinderschutz – Maßnahmen zum Schutz von Kindern und Jugendlichen zu ergreifen, um „erschwerte Erziehungsbedingungen oder [...] konkrete Gefährdungen zu erkennen und auf sie zu reagieren" (Meysen/Schönecker/Kindler 2009: 25) – ist bisher hauptsächlich als eine Aufgabe von Jugend- und Gesundheitsämtern, Sozialpädagogen, Kinderärzten oder Psychologen verstanden worden. Für die Abwehr von Übergriffen, für die Befreiung aus Verwahrlosung, für Wege aus Krankheit und Armut, für psychologische Betreuung hält man viele staatliche und nichtstaatliche Akteure für verantwortlich, kaum aber die Lehrerschaft an Schulen.

Aus den Diskussionen über Kindeswohlgefährdungen, über die Effizienz der Kinder- und Jugendhilfe, über Gewalt und sexuellen Missbrauch, über psychische Erkrankungen kann sich jedoch weder die Schule als wichtiger Lebensort von Betroffenen noch die Schulpädagogik als wissenschaftliche Disziplin einfach heraushalten. Dass es zu den prioritären Aufgaben von Schule gehören sollte, defizitäre Entwicklungen in der Familie bzw. im Privatleben von Kindern und Jugendlichen zu beachten oder sogar umzukehren, wurde und wird von nicht wenigen Schulpädagogen vehement mit dem Argument bestritten, Lehrer seien für das Unterrichten zuständig und könnten erodierende Familienstrukturen ohnehin nicht kompensieren oder ersetzen (vgl. Giesecke 1996). Zwar entbehren diese punktuellen Einwände nicht jedweder Berechtigung, doch haben im vergangenen Jahrzehnt zwei bedeutende (und hier zunächst zu umreißende) Paradigmenwechsel in erziehungswissenschaftlichen Diskursen begonnen und zu einem Umdenken beigetragen: zum einen die fachwissenschaftliche Debatte über die Kriterien ausgezeichneter und zeitgemäßer Schulen, zum anderen die Bemühungen um lokale (bzw. integrierte) Bildungslandschaften.

Einer der fruchtbarsten Schulentwicklungsimpulse der letzten Jahre ist in dem seit 2006 ausgeschriebenen Deutschen Schulpreis zu verorten. Dieser von der Robert Bosch Stiftung, der Heidehof Stiftung, dem STERN und der ARD getragene Wettbewerb prämiert jährlich die besten Schulen Deutschlands. Die Jury des Deutschen Schulpreises, die aus erziehungswissenschaftlichen Experten und erfahrenen Schulpraktikern besteht, lässt sich in der Begutachtung der Bewerberschulen von sechs zentralen Qualitätsbereichen leiten, die ein Abbild des gegenwärtigen Verständnisses davon ergeben, was eine gute Schule auszeichnet. Bereits ein flüchtiger Blick über diese sechs Kriterien (1. Leistung, 2. Umgang mit Vielfalt, 3. Unterrichtsqualität, 4. Verantwortung, 5. Schulklima, Schulleben und außerschulische Partner, 6. Schule als lernende Institution) offenbart, dass sich die Auffassung von moderner Schule erheblich von einem reinen Unterrichts- und Aufbewahrungsort hin zu einem Lern- und Lebensraum erweitert hat; mit diesem breiten Aufgabenspektrum gehen auch gestiegene Erwartungen an die Professionalität des pädagogischen Personals an Schulen einher (vgl. Fauser/Prenzel/Schratz 2010: 32f.). Speziell auf den Kinderschutz bezogen, stechen die Qualitätsbereiche 2, 4 und 5 des Deutschen Schulpreises hervor, die hier etwas eingehender betrachtet werden sollen. Dienlich für die Herausbildung eines gesunden Selbstvertrauens, das Kinder ermutigt, ihre eigenen Angelegenheiten (und damit auch den Schutz vor äußeren Gefährdungen) selbst in die Hand zu nehmen, ist der Erwerb verschiedenster sozialer Kompetenzen: Schulen, die sich auf die Heterogenität ihrer Schüler einstellen können, die kulturelle und ethnische Unterschiede produktiv handhaben, die unterschiedliche Bildungsvoraussetzungen verstehen, die auf Geschlechterunterschiede achten und vor diesem Hintergrund bemüht sind, Benachteiligungen abzubauen und Toleranz zu stärken, leisten einen wichtigen Beitrag sowohl für das Selbstbewusstsein als auch gesamtgesellschaftlich für interkulturelle Kompetenz und Prävention von Gewalt gegenüber Mitmenschen (vgl. Bräu 2005). Darüber hinaus bringen demokratisch verfasste Schulen vermehrt Schüler hervor, für die Verantwortungsübernahme, Gewaltverzicht und demokratisches Engagement selbstverständlich sind und die durch Selbstwirksamkeitserfahrungen mündig genug werden, um sich gegen Ausbeutung und Missbrauch zur Wehr zu setzen (vgl. Beutel/Fauser 2009). Die Tatsache, dass auch Schulklima und Schulleben zu den Kriterien gehören, an denen sich die Qualität einer Schule bemisst, bekräftigt den Anspruch, dass gute Schulen von heute auch Orte des persönlichen Wohlbefindens sein sollen, an denen sich Kinder und Jugendliche sicher aufgehoben fühlen und Inklusionserfahrungen sammeln. Schlussendlich unterstreicht die Forderung nach einer Einbindung außerschulischer Partner die Auffassung, dass sich die Schule als Institution in ihr soziales Umfeld einzufügen hat – nicht nur, um Lernen in außerunterrichtlichen Kontexten zu ermöglichen, sondern auch, um Verantwortung in der Gemeinde bzw. in kommunalen Zusammenhängen zu übernehmen.

Auf den Deutschen Schulpreis – und damit auf ein führendes Projekt der Schulentwicklungsdebatte – bezogen, ist einerseits also unstrittig, dass Aufgaben des Kinderschutzes im weiteren Sinne, d.h. oft präventiv, zum Teil auch von Schulen übernommen werden; andererseits gibt es jedoch viele Aufgaben, die zum „klassischen" Bereich der Kinder- und Jugendhilfe zählen und bisher nicht dem Kompetenzbereich von Lehrerinnen und Lehrern zuzurechnen waren. In diesem Zusammenhang fügt sich das Postulat der Kooperation mit außerschulischen Partnern elegant in die Diskussion um lokale Bildungslandschaften ein, die zu einem neuen, ganzheitlichen Bildungsverständnis beiträgt.

Die zugrundeliegende Idee besteht darin, dass sich die traditionellen Bildungsinstitutionen ihrer lokalen Verwurzelung vermehrt bewusst werden und in einem kooperativen Prozess mit anderen Bildungs- und Erziehungseinrichtungen eine abgestimmte Bildungsregion entwickeln, die alle Bereiche der Vorschul-, Schul-, Hochschul-, Berufs- und Weiterbildungsangebote umfasst und sämtliche Bedarfe des Qualifikationserwerbs auf kommunaler Ebene im Blick behält. Eine Abkehr von der Erwartung perfekt an regionale Bedingungen angepasster zentraler Steuerungsbehörden geht einher mit einer gestiegenen Verantwortung aller vor Ort tätigen Bildungseinrichtungen, die das gemeinsame Ziel einer Steigerung des lokalen Bildungsniveaus verfolgen und hierzu das althergebrachte Denken in engen Zuständigkeitsbereichen aufgeben (vgl. Luthe 2009: 27f.).

Auf den Kinderschutz bezogen, kann beispielsweise die Verantwortung für den Erfolg von Maßnahmen der Kinder- und Jugendhilfe konsequenterweise nicht mehr in alleiniger Verantwortung von Jugend- oder Gesundheitsämtern gesehen werden, denn auch andere Bildungseinrichtungen, die mit betroffenen Kindern und Jugendlichen in Kontakt stehen oder aber ihre Expertise zugunsten einer förderlichen Entwicklung einbringen können, müssen ihren Beitrag leisten, um alle lokalen Bildungs-, Erziehungs- oder Beratungsangebote aufeinander abzustimmen – dies umfasst gemeinsame Planung, Vernetzung und gegenseitige Inanspruchnahme von Angeboten und Hilfestellungen. Selbstverständlich sind im Kontext lokaler Bildungslandschaften auch Schulen notwendigerweise Akteure in solchen regionalen Kooperationsprozessen, womit auch die Frage beantwortet ist, ob Kinderschutz überhaupt als eine Aufgabe aufzufassen ist, mit der sich Schule befassen muss.

Im Folgenden soll angedeutet werden, was Kinderschutz auf die Bildungsinstitution Schule übertragen bedeutet und welches Wissen, welche Fähigkeiten Lehrer mitbringen müssen, um sich in ihrem Kontext gewinnbringend in Angelegenheiten der Kinder- und Jugendhilfe einbringen zu können.

2 Kinderschutz: Was müssen Lehrer wissen und können? Was müssen Schulen leisten?

Vor dem Hintergrund der hier lediglich verkürzt skizzierten Schulentwicklungsdebatten und einem sich weiter verbreitenden Bewusstsein lokaler Bildungslandschaften ergeben sich für Schulen und Lehrer neue oder gewandelte Aufgaben. Die eingangs erwähnte Berufsauffassung von der Konzentration auf das Unterrichten von Schülern stellt angesichts der gestiegenen bürokratischen Zusatzaufgaben von Schule ohnehin nur noch ein Zerrbild vergangener Tage dar. Darüber hinaus ist die tägliche Auseinandersetzung mit Gewalt und Konflikten, mit Folgen von Armut und Verwahrlosung, mit Drogen und Schulden, mit bedenklichem Medienverhalten, mit dem Entdecken von Sexualität und mit Beeinträchtigungen durch multiple Familien- und Beziehungsprobleme längst an der Tagesordnung auf Schulhöfen und in Klassenzimmern. Lehrer sehen sich zunehmend mit diesen und anderen Problemlagen konfrontiert, ohne in ihrer Ausbildung jemals thematisch damit in Berührung gekommen zu sein, geschweige denn in expertengeleiteten praktischen Trainings professionellen Umgang mit derartigen außerunterrichtlichen Problemsituationen geübt zu haben. Allzu häufig führt dieser Notstand – der in diesem Punkt berechtigte Eindruck, ins kalte Wasser geworfen zu werden – entweder zu Resignation und Abkehr von den lebensweltlichen Problemen der Schüler oder aber zu einer oft zermürbenden Aufreibung in Konflikten, zu der sich engagierte Lehrer berufen fühlen. Dass Lehrer jedoch nicht über die Kompetenzen von Sozialarbeitern verfügen, scheint dabei ebenso klar zu sein wie die Tatsache, dass ein einziger auf sich allein gestellter Schulsozialarbeiter sich nicht allein um alle Konflikte an einer Schule kümmern kann.

Professionelles Handeln bei Fällen von Kindeswohlgefährdungen wird in Deutschland zwar dezidiert als Aufgabenfeld sozialpädagogischer Forschung und Praxis betrachtet (vgl. Kindler 2008: 28), doch auch auf dem Gebiet der Schulpädagogik und Schulentwicklung können sich in Bezug auf den Kinderschutz Wissensbestände und Kompetenzen als sinnvoll und notwendig erweisen. Mit an vorderster Stelle steht die Akzeptanz einer Kultur der Multiprofessionalität. Um Probleme im schulischen Kontext anzugehen, die nicht im Zusammenhang mit Unterricht und Lernen stehen, bedarf es einer sach- und fachgerechten qualifizierten Hilfestellung von außen: Lehrer müssen lernen, dass sie in vielen Fällen nicht in der Lage sind, Schwierigkeiten in eigener Regie aus dem Weg zu räumen. Stattdessen sollte das Wissen darüber vorhanden sein, welche Partner in welchen Situationen angesprochen werden können bzw. welche Leistungen der Kinder- und Jugendhilfe in der Kommune überhaupt vorgehalten werden. Bei vielen Lehrern herrscht (sicherlich auch infolge einer eingeschränkten Lehrerbildung und des sich erst seit kurzem entfaltenden Verständnisses von integrierten lokalen Bildungslandschaften) derzeit jedoch leider gravierende Unkenntnis über Maßnahmen der Hilfe zur Erziehung, Familienhilfen, Mädchen- und Jungenarbeit, Sexualpädagogik, interkulturelle Jugendarbeit, Jugendgerichtshilfe oder psychiatrische Hilfe. Lehrer können nicht alles wissen, doch sie sollten im Zeitalter kommunaler Bildungslandschaften eine gewisse Sensibilität für externe Erziehungsexperten entwickeln und wissen, welche regionalen Ansprechpartner in der jeweiligen Situation, in der sie oft als erste Interventionsinstanz agieren, zurate gezogen werden können.

Der Institution Schule als Bildungsträger vor Ort kommt hierbei eine elementare koordinierende Verantwortung zu. Eine wichtige Säule ihrer Schulentwicklungsaufgaben besteht mittlerweile auch darin, standardisierte Strategien der Identifizierung und Einbeziehung externer Experten zu entwerfen, die an die jeweilige Bildungslandschaft angepasst sind und den Lehrern gegenüber transparent und nachhaltig vermittelt werden. Ziel ist es, dass in den Lehrerkollegien ein Urteilsvermögen darüber erwachsen kann, in welchen Einzelfällen eine Intervention angebracht ist und wer diese überhaupt zu leisten vermag. Nicht jede Schule verfügt über eigene Schulsozialarbeiter oder Schulpsychologen, die dazu imstande wären, diese Orientierung zu geben.

Wer kann jedoch solche Impulse setzen, die zur Anerkennung des Prinzips der Multiprofessionalität an Schulen beitragen? Infrage kommen sicherlich wissenschaftliche Beiträge, politische Willensbekundungen und Initiativen engagierter Behörden oder Einzelpersonen. Doch die nachhaltigste Implementierung eines multiprofessionellen Bildungsverständnisses in der kommunalen Bildungslandschaft ist vermutlich in der Aus- und Weiterbildung von Lehrern zu erzielen.

3 Kinderschutz und Lehrerprofessionalisierung

Wie bereits angedeutet, gehören die Grundlagen von Kinder- und Jugendhilfe nicht unbedingt zum Standardrepertoire der Lehrerbildung in Deutschland. Dennoch wird von ihr ein professioneller Beitrag für den Kinderschutz erwartet. Es sollen im Folgenden einige Ansätze aus der Praxis der Jenaer Erziehungswissenschaft angerissen werden, die als „erste Gehversuche" unter Umständen nachahmenswerte Strategien darstellen könnten und sich in ähnlicher Form auch an anderen Standorten der Lehrerbildung adaptieren lassen.

Ein Anspruch, den sich das Jenaer Modell der Lehrerbildung derzeit setzt, besteht in der Vermittlung von Grundlagenwissen über kommunale Bildungslandschaften und Multiprofessionalität an Schule. In den erziehungswissenschaftlichen Einführungsvorlesungen sind zentrale rechtliche Grundlagen der Kinder- und Jugendhilfe ebenso Bestandteil der Lehre wie der Kontakt mit zuständigen Behördenvertretern (Jugendamt Jena, Fachdienst Jugend und Bildung, Fachdienst Jugendhilfe) und mit freien Trägern der Kinder- und Jugendarbeit (z.B. JuMäx Jena). Die Einführungsveranstaltungen geben den Lehramtsstudierenden Orientierung für ihr zukünftiges Berufsbild und können durch die enge Verzahnung mit vor Ort agierenden „Praktikern" ein realistisches Bild von einer zusammenwachsenden Bildungslandschaft vermitteln.

In der Erprobung befindet sich derzeit ein überarbeitetes Seminarkonzept für Studierende im ersten und zweiten Fachsemester: In Seminaren zur „Biographischen Selbstreflexion" ergründen Lehramts- und Bachelorstudierende gemeinsam Beweggründe ihrer individuellen Studienwahl sowie prägende persönliche Bildungserfahrungen und reflektieren ihren eigenen Perspektivwechsel vom Lernenden zum Lehrenden. Die Besonderheit an diesem Gemeinschaftsprojekt ist die Verzahnung von Schul- und Sozialpädagogen sowohl auf der Ebene der Studierenden als auch auf der Ebene der Lehrenden. Durch den gegenseitigen Austausch wird bereits die Grundlage für eine Haltung gelegt, die – zukünftig auch zum Wohle des Kinderschutzes – von einer gemeinsamen Verantwortung in der regionalen Bildungslandschaft geprägt ist – man geht ohne Berührungsängste aufeinander zu und sucht im späteren Berufsleben vermutlich schneller den Kontakt zu ausgebildeten sozialpädagogischen Fachkräften.

Ein drittes Projekt besteht aus Seminarangeboten, die im Rahmen der Lehrerbildung die Möglichkeit zu einer intensiven Verzahnung von Training und Reflexion eröffnen, was die Einbindung von Partnern der Kinder- und Jugendhilfe in der Schule betrifft. In Lehrveranstaltungen, die gemeinsam von Schulpädagogen und Experten aus Behörden und Vereinen verantwortet werden, können Lehramtsstudierende an realen Fällen erproben, wie sie in bestimmten Situationen dem Kinderschutz gerecht werden würden, wie sie intervenieren und zu welchen Ansprechpartnern sie Kontakt aufnehmen würden. Solche Konzepte versuchen einen Beitrag dafür zu leisten, dass die Lehrerbildung einen Ausweg aus dem Verruf der Praxisferne findet.

Letztendlich erfordert eine angestrebte Lehrerprofessionalisierung im Sinne des Kinderschutzes auch eine Kooperation zwischen Lehrerbildnern und Experten aus der Praxis der Kinder- und Jugendhilfe. Wer zukünftige versierte Akteure in kommunalen Bildungslandschaften ausbilden will, kommt nicht umhin, selbst auch die Zusammenarbeit mit erfahrenen Fachkräften zu suchen. In Jena findet solch ein Austausch zwischen dem Lehrstuhl für Schulpädagogik und Schulentwicklung sowie verschiedenen Ebenen des Jugendamtes und Vereinen in freier Trägerschaft statt, die bestimmte Vorlesungs- und Seminarangebote miteinander abstimmen und sich somit auch gegenseitig qualifizieren.

4 Ausblick

Die Verknüpfung von Lehrerbildung auf der einen Seite sowie von Expertenwissen aus dem Bereich der Kinder- und Jugendhilfe wird zukünftig Schule machen, denn die Lehrerbildung in Deutschland kann es sich nicht leisten, ihre Absolventen ohne Vorbereitung auf harte gesellschaftliche Realitäten in die Schulwirklichkeit zu entlassen und ihnen extrem praxisrelevante Kompetenzen vorzuenthalten, die dem Gefühl von Ohnmacht und Überforderung punktuell vorbeugen könnten. Um solch eine Säule in der Lehrerbildung dauerhaft und flächendeckend verankern zu können, wird es jedoch erforderlich sein, dass sich auch die in der Lehrerbildung tätigen Wissenschaftler mit Aspekten des Kinderschutzes vertraut machen.

Literatur

Beutel, Wolfgang/Fauser, Peter (Hrsg.) (2009): Demokratie, Lernqualität und Schulentwicklung. Schwalbach/Ts.

Bräu, Karin (Hrsg.) (2005): Heterogenität als Chance. Vom produktiven Umgang mit Gleichheit und Differenz in der Schule. Münster.

Bleckmann, Peter/Durdel, Anja (Hrsg.) (2009): Lokale Bildungslandschaften. Perspektiven für Ganztagsschulen und Kommunen. Wiesbaden: VS Verlag für Sozialwissenschaften.

Fauser, Peter/Prenzel, Manfred/Schratz, Michael (2010): Deutscher Schulpreis 2010. Was für Schulen! Individualität und Vielfalt – Wege zur Schulqualität. Seelze.

Giesecke, Hermann (1996): Wozu ist die Schule da? In: Peter Fauser (Hrsg.): Wozu die Schule da ist. Eine Streitschrift. Seelze.

Kindler, Heinz (2008): Kinderschutz in Deutschland stärken. Analyse des nationalen und internationalen Forschungsstandes zu Kindeswohlgefährdung und die Notwendigkeit eines nationalen Forschungsplanes zur Unterstützung der Praxis. München.

Luthe, Ernst-Wilhelm (2009): Kommunale Bildungslandschaften. Rechtliche und organisatorische Grundlagen. Berlin.

Meysen, Thomas/Schönecker, Lydia/Kindler, Heinz (2009): Frühe Hilfen im Kinderschutz. Rechtliche Rahmenbedingungen und Risikodiagnostik in der Kooperation von Gesundheits- und Jugendhilfe. Weinheim: Juventa.

Schröer, Wolfgang/Struck, Norbert/Wolff, Mechthild (Hrsg.) (2005): Handbuch Kinder- und Jugendhilfe. München: Juventa.

Stadtverwaltung Jena (Hrsg.) (2010): Bildung gemeinsam verantworten. Ein Leitbild für Jena. Jena.

II Jugendhilfe in der Kinderschutzkooperation mit Schule

Christian Schrapper

Hilfen zur Erziehung, Kinderschutz und Schule – Abgrenzungen und Zugänge

Nahezu alle Kinder ab dem 6. Lebensjahr gehen in eine Schule, für etwa 4% aller Kinder und Jugendlichen bekommen im Bundesdurchschnitt die Eltern eine „Hilfe zur Erziehung", manchmal auch in der Form, dass die Kinder in einer Pflegefamilie oder einem Heim leben (0,6%) und für etwa 60.000 der rund 15 Millionen jungen Menschen unter 18 Jahren haben Familiengerichte den Eltern das Sorgerecht entzogen (0,4%), weil sie das Wohl der Kinder für wesentlich gefährdet halten. Was hat nun die Regel – Kinder gehen in die Schule – mit der vergleichsweise seltenen Ausnahme – Kinder leben mit „Hilfen zur Erziehung" oder sind sogar so in ihrem Wohl gefährdet, das ein Gericht einschreitet – zu tun? Zwar füllen die Klagen von Lehrerinnen und Lehrern über „schwierige Kinder" Aktenordner von Beratungsstellen und Gutachtern sowie die Problemanalysen und Ratschläge dazu Bücherschränke (vgl. Winkel 1996 und 2009; Henning/Knödler 2000; Preuss-Lausitz 2004; Hartke/Vrban 2008; Molna/Lindquist 2009), aber was kann die Jugendhilfe mit ihren Leistungen der „Hilfen zur Erziehung" oder ihrem Auftrag, Kinder vor Gefahren für ihr Wohl schützen zu sollen, dazu tun, dass Kinder in der Schule besser gefördert und Lehrerinnen und Eltern wieder unbelasteter miteinander zurecht kommen? Welche Verantwortung wird hier gemeinsam getragen?

Zunächst soll geklärt werden, was „Hilfen zur Erziehung" sind, wie sie beantragt und entschieden werden und wer dabei wofür verantwortlich ist. Was Kinderschutz ist und wer dafür welche Verantwortung trägt, wird in diesem Band bereits vielfach erklärt; eingeordnet werden soll daher nur der Zusammenhang von „Hilfen zur Erziehung" und Kinderschutz als Leistung und Aufgaben der Jugendhilfe. Was es für Aufgaben und Selbstverständnis von Schule und Jugendhilfe bedeuten kann, dass ein Kind in die Schule geht, seine Eltern eine „Hilfe zur Erziehung" in Anspruch nehmen und zudem noch Gefährdungen des

Kindeswohls zu befürchten sind, dass soll abschließend erörtert und mit wenigen Hinweisen für die Zusammenarbeit von Schule und Jugendhilfe in diesen selten Fällen abgeschlossen werden.

Die Fachmenschen in Schulen und Jugendhilfe haben zwar viele Berührungspunkte. Oft geht es dabei um Kinder und Jugendliche, um die sich beide „Sorgen machen", da sie nicht in dem Maße gefördert und unterstützt werden, wie es für eine gesunde Entwicklung erforderlich wäre. Auch sind die für diese Kinder zuständigen Eltern, meist nur die Mütter, häufig Adressaten von Beratung und Unterstützung, manchmal auch nur von Vorwürfen und Ermahnungen. Der Wunsch, es gäbe eine Instanz, die zum Wohle der Kinder „durchgreifen" könnte, ist verständlich, aber die Jugendhilfe zumindest ist eine solche Instanz nur sehr selten und unter streng kontrollierten Bedingungen, wie im Folgenden zu erläutert ist.

1 Was sind Hilfen zur Erziehung?

„Wenn eine dem Wohl des Kindes oder Jugendlichen entsprechende Erziehung nicht gewährleistet ist, und die Hilfe für seine Entwicklung geeignet und notwendig´ ist, dann räumt das Kinder- und Jugendhilfegesetz (SGB VIII) den Sorgeberechtigten einen Rechtsanspruch auf Hilfe zur Erziehung ein. In Krisensituationen (zum Beispiel bei Erziehungsschwierigkeiten, Trennung oder Scheidung der Eltern, Gewalt unter Jugendlichen, Drogenkonsum) bietet die Kinder- und Jugendhilfe eine ganze Reihe von Unterstützungen, und zwar für Eltern, Jungen und Mädchen und für junge Volljährige. (...) Im Einzelnen sind dies: Die Hilfen nach § 27 SGB VIII, die in keinem Bezug zu den folgenden Hilfen nach den §§ 28 – 35a SGB VIII stehen, die Erziehungsberatung (§ 28 SGB VIII), die Soziale Gruppenarbeit (§ 29 SGB VIII), die Unterstützung durch einen Erziehungsbeistand oder Betreuungshelfer (§ 30 SGB VIII), die Sozialpädagogische Familienhilfe (§ 31 SGB VIII), die Erziehung in einer Tagesgruppe (§ 32 SGB VIII), die Vollzeitpflege in einer anderen Familie (§ 33 SGB VIII), die Heimerziehung (§ 34 SGB VIII) und die Intensive sozialpädagogische Einzelbetreuung (§ 35 SGB VIII). Des Weiteren bietet die Kinder- und Jugendhilfe gemäß § 35a SGB VIII eine Eingliederungshilfe für Kinder, die seelisch behindert sind oder von einer derartigen Behinderung bedroht sind." Diese klare Definition findet sich z.B. auf den Seiten des Statistischen Bundesamtes und skizziert knapp aber vollständig den rechtlichen Rahmen; in einem aktuellen Fachlexikon „für Studium und Praxis" heißt es ähnlich: „´Hilfen zur Erziehung´ ist der Sammelbegriff für Leistungen nach dem SGB VIII, die Personensorgeberechtigten gewährt werden müssen, wenn eine dem Wohl des Kindes oder Jugendlichen entsprechende Erziehung nicht gewährleistet ist." (Struck 2008: 164)

Bedeutsam für das Verständnis der „Hilfen zur Erziehung" ist vor allem dreierlei:

- „Hilfen zur Erziehung" sind eine Leistung, auf die Sorgeberechtigte, also in der Regel die Eltern, einen Anspruch haben. Sie können diese Leistungen beim zuständigen Jugendamt beantragen, müssen es aber nicht. Solange Eltern das Sorgerecht für ihre Kinder haben, entscheiden sie – zumindest rechtlich – alleine, ob sie sich helfen lassen wollen oder nicht.
- Das Jugendamt muss in jedem einzelnen Fall prüfen, ob die Voraussetzungen für eine Leistung vorliegen, ob also eine „dem Wohl des Kindes entsprechende Erziehung nicht gewährleistet ist", ob eine Hilfe „notwendig" ist und eine konkret zu benennende Hilfeform „geeignet". Wenn diese Prüfung einen Anspruch bestätigt, muss das Jugendamt eine die Hilfeleistung gewähren, die es für „geeignet" und „notwenig" hält.
- Geprüft werden diese drei Voraussetzungen in einem komplizierten Verfahren, dem „Hilfeplanverfahren", wie es in § 36 SGB VIII geregelt ist. Hier werden unter der Überschrift „Mitwirkung, Hilfeplan" die gesetzlichen Anforderungen an das Verfahren definiert, nach dessen Grundsätzen darüber entschieden wird, ob ein Anspruch auf eine Hilfe zur Erziehung gemäß §§ 27, 35a oder 41 SGB VIII (Hilfe für junge Volljährige) vorliegt.

Der rechtliche und fachliche Auftrag für die *Hilfeplanung* als dem zentralen Arbeitsprozess der Gewährung einer Hilfe zur Erziehung wird mit folgenden Merkmalen und Funktionen näher bestimmt:

(1) Es ist ein Verfahren zur Prüfung, Konkretisierung und Vereinbarung sozialrechtlicher Leistungsansprüche. Da keine materielle Normierung möglich ist, wird eine Verfahrensweise vorgeschrieben nach dem Motto: das richtige Verfahren führt zum richtigen Ergebnis.

(2) „Mitwirkung von Eltern und Kindern" *und* „Zusammenwirken mehrerer Fachkräfte" sind dabei die zentralen Verfahrens-Elemente. Nur vereinbarte Aufträge bieten Aussicht auf Erfolg, daher ist mehr Aushandlung als Expertendiagnose gefordert; letztere bleibt aber, insbesondere im Kontext der Kinderschutzaufgaben (siehe auch der neue § 8a SGB VIII) bedeutsam.

(3) Gefordert wird, einen Planungs*prozess* durch regelmäßige Überprüfung und Fortschreibung sowie Auftragsklärung und Kontrolle in dem schwierigen Dreiecksverhältnis von leistungsberechtigten Bürgern, Leistung gewährendem öffentlichem Träger und Leistung durchführender Einrichtung (meist ein freier Träger) für alle Beteiligten nachvollziehbar, transparent und beteiligungsorientiert zu gestalten. (zu Grundsätzen und Methoden DJI 2006)

In § 36 a SGB VIII hat der Gesetzgeber 2005 zudem klargestellt, dass (1) die Steuerungsverantwortung für Leistungen der Hilfe zur Erziehung alleine beim öffentlichen Träger der Jugendhilfe liegt und dazu die Hilfeplanung und ein Hilfeplan unverzichtbare Verfahrenselemente sind; (2) für geeignete ambulante Hilfen, insbesondere für Erziehungsberatung ein niedrigschwelliger Zugang durch entsprechende Vereinbarungen mit den Trägern sichergestellt werden soll, und (3) eine Selbstbeschaffung von Hilfen nicht zulässig ist, es sei denn, das zuständige Jugendamt wird nicht ausreichend tätig.

Kinder und Jugendliche haben zwar keinen eigenen Rechtsanspruch auf eine Hilfe zur Erziehung, aber sie können sich in allen sie betreffenden Angelegenheiten auch direkt an das Jugendamt wenden und dort ohne Wissen ihrer Eltern beraten werden (§ 8 Abs. 3 KJHG). Für Kinder und Jugendliche, die eine Hilfe benötigen, ist aber noch wichtiger, dass sie eigenständige Verfahrensbeteiligte in der Hilfeplanung sind. Sie müssen genauso wie ihre Eltern/Personensorgeberechtigten beteiligt werden und in einer für sie verständlichen und zumutbaren Weise mitwirken können. Nach den Verfahrensvorschriften des SGB X haben Eltern und junge Menschen zudem das Recht, Personen ihres Vertrauens als Beistand während des Hilfeplanungsprozesses hinzuzuziehen oder sich durch einen Bevollmächtigten vertreten zu lassen (§ 13 SGB X). Die Praxis der Beteiligung von Kinder und Eltern ist allerdings immer wieder Anlass zu Kritik und zur Entwicklung neuer Beteiligungskonzepte. (vgl. Müller/Kriener 2008)

Mit Hilfeplanung kann also ein Beratungs-, Aushandlungs- und Planungsprozess bezeichnet werden, in dem Personensorgeberechtigte, also Eltern oder an ihrer Stelle für einen jungen Menschen verantwortliche Personen, in umfassender Weise beraten werden und mit ihnen und dem Kind bzw. Jugendlichen eine Verständigung darüber gesucht wird, ob und ggf. welche Hilfeleistungen geeignet und notwendig sind, die Entwicklung des Kindes zu fördern. Die wesentlichen Voraussetzungen und das Ergebnis dieses komplexen Arbeits- und Verständigungsprozesses werden abschließend in einem Hilfeplan schriftlich dokumentiert. (Überblick zum aktuellen Entwicklungsstand: Schrapper/Pies 2007)

„Hilfen zur Erziehung", von der Erziehungsberatung über Erziehungsbeistände oder Familienhilfe bis zur Unterbringung in einer Pflegefamilie oder den vielfältigen Formen heutiger Heimerziehung sind also zuerst Leistungen für Eltern, ihre in Art. 6 grundgesetzlich geschützten Erziehungsrechte zum Wohle ihrer Kinder auch tatsächlich ausfüllen zu können. Im Unterschied zur Schule, die verlangen und notfalls auch erzwingen kann, dass Eltern ihre Kinder in die Schule schicken, kann das Jugendamt, so machtvoll es erscheinen mag, niemanden zur Annahme einer „Hilfe zur Erziehung" zwingen. Zwang kommt erst hinzu, wenn eine weitere bedeutsame Schwelle im Verhältnis der Eltern zu ihren Kindern überschritten wird, die Schwelle von einer das „Wohl des Kindes nicht gewährleistenden Versorgung und Erziehung" zu einer „Kindeswohlgefährdung" – ein kleiner, aber bedeutsamer Unterschied. Und Zwang ausüben kann auch hier nicht das Jugendamt, sondern nur ein dazu befugtes Gericht, das Familiengericht.

Die Schule als Adressat von „Hilfen zur Erziehung" kann mit viel Phantasie nur an einer Stellen in die gesetzlichen Regelungen hineingelesen werden: In § 28 Erziehungsberatung heißt es: „Erziehungsberatungsstellen und andere Beratungsdienste sollen Kinder, Jugendliche, Eltern und andere Erziehungsberechtigte bei der Klärung individueller und familienbezogener Probleme (...) unterstützen". Zu den anderen Erziehungsberechtigten zählen sicher auch Lehrerinnen und Lehrer, und so kommentiert Reinhard Wiesner diese Vorschrift auch: „Aber auch mit Schulen wird einzelfallbezogen kooperiert bzw. präventiv gearbeitet." (Wiesner 2006: 454)

Für die Zusammenarbeit mit der Schule bedeutsam ist aber auch, dass in der sog. KICK- Novelle von 2005, die auch den § 8a zum Kinderschutz ins Gesetzbuch eingeführt hat, in einer Änderung des § 10 (Verhältnis zu anderen Leistungen und Verpflichtungen) ausdrücklich klargestellt wird, das „Verpflichtungen anderer, insbesondere der Träger anderer Sozialleitungen und der Schulen" durch Leistungen des SGB VIII nicht ersetzt werden können. Die Schulen sind hier vor allem deshalb ausdrücklich erwähnt, da für Kinder mit Lernschwierigkeiten wie Dyskalkulie oder Legasthenie zunehmend Bestrebungen erkennbar waren, ihre Förderungen über die Eingliederungshilfen nach § 35a SGB VIII für Kinder mit sog. Seelischen Behinderungen zur Aufgabe der Jugendhilfe zu machen. Dem widerspricht der Gesetzgeber ausdrücklich und stellt fest: „Zu den Aufgaben der Schule gehört es, dafür zu sorgen, durch besondere Fördermaßnahmen (...) Hilfe zu leisten." (Wiesner 2006: 172).

2 Wie hängen „Hilfen zur Erziehung" und „Kinderschutz" zusammen?

„Hilfen zur Erziehung" sind also einerseits ein Angebot für Eltern, die Unterstützung, Beratung und Hilfe bei der Versorgung und Erziehung ihrer Kinder wollen. Andererseits ist mit der Prüfung und Gewährung einer „Hilfe zur Erziehung" in einem Hilfeplanverfahren (s.o.) eine Schwelle[1] überschritten, ab der staatliche Instanzen sich eingehender dafür interessieren, wie es denn so klappt mit einer „dem Wohl des Kindes entsprechenden Erziehung". Noch können El-

1 Das Bild der Schwellen verdanke ich Heinz Kindler und seinem Beitrag: Kinderschutz und Elternrecht – ein Widerspruch; in: Dialog Erziehungshilfe, Ausgabe 4/2010, S. 41-47

tern weitergehende staatliche Eingriffe in ihr grundgesetzlich verbrieftes Elternrecht abwehren, wenn sie sich helfen lassen. Trägt diese Hilfe aber nicht dazu bei, Gefährdungen des Kindeswohls abzuwenden, geraten Eltern, Kinder und Helfer an eine nächste Schwelle, wenn „gewichtige Anhaltspunkte für die Gefährdung des Wohls eines Kindes oder Jugendlichen" wahrgenommen werden. Jetzt muss „das Gefährdungsrisiko im Zusammenwirken mehrerer Fachkräfte" abgeschätzt werden, um zu prüfen, ob zur Abwendung der Gefährdung „die Gewährung von Hilfen für geeignet und notwendig" ist, dann müssen solche Hilfen angeboten werden. So steht es im schon viel zitierten § 8a SGB VIII, der den „Schutzauftrag bei Kindeswohlgefährdung" regelt. Die begrifflich Nähe zur Anspruchsnorm für die „Hilfen zur Erziehung" im § 27 SGB VIII ist nicht zufällig und auch hier sind, wie in § 36 SGB VIII, die Eltern und Kinder n diese Einschätzung und ggf. Hilfeplanung einzubeziehen.

Erst wenn solche Hilfen nicht ausreichend erscheinen oder nicht angenommen werden, wird eine dritte Schwelle überschritten, die der *Kindeswohlgefährdung*. Die gilt auch, wenn die Eltern „nicht bereit oder n der Lage sind, bei der Abschätzung des Gefährdungsrisikos mitzuwirken" Jetzt ist das Jugendamt befugt und verpflichtet, das Familiengericht „anzurufen", denn jetzt kann es ohne die Zustimmung oder gegen den Willen der Eltern ein Kind oder Jugendlichen nicht mehr vor dieser Kindeswohlgefährdung. Die Zustimmung der sorgeberechtigten Eltern kann aber nur durch ein Gericht in einem ordentlichen Verfahren ersetzt werden. Das Gericht muss dabei prüfen, ob das Grundrecht der Eltern nach Art 6 GG höher wiegt, als das Recht des Kindes auf Unantastbarkeit seiner Würde und Unverletzlichkeit seiner Person (Art. 1 und 2 GG) Die höchsten Rechtgüter unserer Verfassung sind, die Menschenrechtsgarantien der Art. 1 bis 19, stehen also zur Disposition, keine Ordnungswidrigkeiten oder einfache Vergehen. In einem eigenen Prozessrecht, dem Familienverfahrensgesetz (FamFG) ist seit dem 1.9.2009 völlig überarbeitet geregelt, wie diese herausfordernde Aufgebe, zwei Grundrechte gegeneinander abzuwägen, rechtstaatlich sorgfältig und transparent und doch mit der gebotenen Eile zu bearbeiten ist. Erst wenn ein Gericht entschieden hat, kann, darf und muss das Jugendamt alle „Notwenige und Geeignete" tun, um die Kindeswohlgefährdung abzuwenden.

Nur wenn eine „dringende Gefahr" für das Wohl eines Kindes oder Jugendlichen besteht, dann wird die vierte Schwelle überschritten. Jetzt „ist das Jugendamt verpflichtet, das Kind oder den Jugendlichen in Obhut zu nehmen." (§ 8a SGB VIII, Abs. 3) In Obhut nehmen bedeutet hier, dass auch ohne Zustimmung der personensorgeberechtigten Eltern ein Kind durch das Jugendamt bei einer „geeigneten Person oder in einer geeigneten Einrichtung" untergebracht werden kann, falls erforderlich auch „von einer anderen Person" weggenommen werden darf. (§ 42 SGB VIII) Die Inobhutnahme, zu der das Jugendamt auch verpflichtet ist, „wenn das Kind oder der Jugendliche um Obhut bittet“, ist damit der „schärfste“ Eingriff in das elterliche Erziehungsrecht, und muss daher auch „unverzüglich“ durch „eine Entscheidung des Familiengerichtes über die erforderlichen Maßnahmen zum Wohle des Kindes“ überprüft und ggf. beendet werden.

Kinderschutz und „Hilfen zur Erziehung“ hängen praktisch schon zusammen, sind aber doch zwei grundsätzlich unterschiedliche „Baustellen“ in der Ausgestaltung des Verfassungsgebotes in Art 6, nach dem die staatliche Gemeinschaft „darüber wachen“ soll, ob die Eltern ihr natürliches Recht auf Pflege und Erziehung auch zum Wohl ihrer Kinder ausüben.

- Die „Hilfen zur Erziehung“ sind dabei der Teil sozialstaatlicher Angebote, mittels derer die „staatliche Gemeinschaft“ es Eltern auch in schwierigen und belastenden Lebenslagen ermöglichen will, ihr Recht zum Wohle ihrer Kinder wahrzunehmen. Nur mit ihrer ausdrücklichen Zustimmung und aktiven Mitwirkung kommt überhaupt eine solche Hilfeleistung zustande und kann auch tatsächliche hilfreich ausgestaltet werden; dies gilt ebenso für die Zustimmung und Mitwirkung der Kinder – so zumindest die gesetzliche Vorstellung.
- Der Kinderschutz hingegen markiert mit Begriffen wie „gewichtige Anhaltpunkte“, „Kindeswohlgefährdung“ und „dringende Gefahr“ nochmals abgestuft Aufmerksamkeits- und Eingriffsschwellen in elterliche Rechte, wenn denn zur Abwendung einer Gefährdung unvermeidbar. Der Kinderschutz wird rechtlich nicht durch positiv bestimmte Eingriffschwellen legitimiert, was das Wohl eines Kindes ausmacht ist an keiner Stelle ausgeführt. Nur aus den allgemeinen Grundrechtsgarantien der Art. 1 und 2. GG und aus dem Recht jedes jungen Menschen „ auf Förderung seiner Entwicklung und Erziehung zu einer eigenverantwortlichen und gemeinschaftsfähigen Persönlichkeit“ in § 1 Abs. 1 des SGB VIII lassen sich rechtlich Anhaltpunkte für eine positive Bestimmung des Kindeswohls ableiten.

Deutlich wird aber auch, dass bereits die „Hilfen zur Erziehung“ tief in die familiäre Privatsphäre eindringen. Wenn auch nur mit ausdrücklicher Zustimmung berühren sie doch sehr weitreichend zentrale Themen der privaten Lebensführung, über die kaum eine Familie mehr als unbedingt erforderlich fremden Menschen Einblick und Zugang gewähren möchte. Fragen der Kindererziehung gehören neben dem Einkommen und der Sexualität zu den absoluten Tabuthemen öffentlicher Einblicke in private Lebensverhältnisse. Nicht zuletzt deshalb fallen alle Kenntnisse, die Jugendamtsmitarbeiterinnen und -mitarbeiter über familiäre Lebensverhältnisse gewinnen unter die strengen Datenschutzpflichten des Sozialgesetzbuches und werden als „unbefugte Offenbarung von Privatgeheimnissen“ in § 203 StGB ausdrücklich unter Strafe gestellt.

Wer möchte schon, dass in der Schule bekannt wird, zu uns kommt "das Jugendamt", weil „eine dem Wohl des Kindes entspreche Erziehung nicht gewährleistet ist"? Der Zugang zu einer „Hilfe zur Erziehung" ist, vielleicht mit Ausnahme der Erziehungsberatung, bereits ein massives Eingeständnis elterlichen Versagens, auch wenn davon in keiner Vorschrift die Rede ist. Die wenigen Forschungsarbeiten, die sich ausdrücklich mit der Wahrnehmung von Eltern in den „Hilfen zur Erziehung" beschäftigen, belegen eindrucksvoll, wie groß ihre Angst vor Abwertung und Demütigung ist und wie schmal der Grat von Zutrauen und Zusammenarbeit. (vgl. Faltermeier 2001; Schefold u.a. 1998, Neuberger 2004)

3 Gibt es eine gemeinsame Verantwortung von Schule und Jugendhilfe für „Hilfen zur Erziehung"?

Die Antwort auf die Frage ist eindeutig: Nein, eine gemeinsame Verantwortung von Schule und Jugendhilfe für die „Hilfen zur Erziehung" gibt es nicht, weder für die Einleitung, noch für die Gestaltung oder Auswertung. Zwar ist bei der Hilfeplanung auch das „soziale Umfeld" des jungen Menschen und seiner Familie zu berücksichtigen und zu diesem Umfeld gehört bei Schulkindern regelmäßig die Schule, aber eine gemeinsame Verantwortung erwächst daraus in keinem Falle. Verantwortung für die Auswahl der geeigneten und notwendigen Hilfeleistungen und vor allem für ihre Realisierung und Finanzierung hat alleine die Jugendhilfe. Umgekehrt würden auch die meisten Schulfachleute eine gemeinsame Verantwortung mit der Jugendhilfe für den schulischen Unterricht deutlich zurückweisen, nur weil die Jugendhilfe für wenige ihrer Schülerinnen und Schüler auch erzieherische Leistungen bereitstellt. Aber trotz dieser klaren Abgrenzung von Verantwortung bleibt doch viel Spielraum für eine förderliche Zusammenarbeit zum Wohle und Nutzen der betroffenen Kinder und ihrer Eltern, zu der sich Fachmenschen in Jugendhilfe und Schule bereitfinden müssen.

Um den Handlungsrahmen für eine solche Zusammenarbeit abzustecken, ist es hilfreich nochmals auf die unterschiedliche Beschaffenheit und Größe der System zu sehen, die zusammenarbeiten sollen. Für einen durchschnittlichen Landkreis mit ca. 200.000 Einwohnern, davon etwa 25.000 junge Menschen unter 21 Jahren, stellen sich die Größenverhältnisse so dar:

- In 55 Schulen unterrichten 1000 Lehrerinnen und Lehrer etwa 18.000 Schülerinnen und Schüler. Wenn jeder Lehrer nur einmal im Jahr wg. eines Schülers, der Sorgen macht, im Jugendamt anruft, dann klingelt dort an jedem Arbeitstag des Jahres mindestens dreimal das Telefon.

- Das Telefon klingelt in einem Jugendamt, in dem 10 Sozialarbeiterinnen und Sozialarbeiter für ca. 500 Kinder verantwortlich sind, die in einer Hilfe zur Erziehung betreut werden und veranlassen oder bearbeiten darüber hinaus ca. 80 Inobhutnahmen und prüfen und klären z.Zt.ca. 200 Kinderschutzanfragen im Jahr

Eine Zusammenarbeit von Schule, und das heißt ja immer von Lehrerinnen und Lehrern mit der Jugendhilfe in Fragen der Hilfen zur Erziehung, und das heißt immer mit den Sozialarbeiterinnen und Sozialpädagogen des Sozialen Dienstes wird ohne eine strenge Kanalisierung möglicher Zusammenarbeitswünsche mit großer Wahrscheinlichkeit in Enttäuschung und Überforderung auf beiden Seiten münden – und ist dies wohl auch schon vielfach.

Kanalisiert werden kann die Zusammenarbeit über grundsätzliche „Kooperationsvereinbarungen" zwischen den „System" Schule und Jugendhilfe, auf deren Grundlage dann Lehrerinnen und Sozialpädagogen in einem konkreten Fall zusammenarbeiten können. Grundlage solcher Kooperationsvereinbarungen ist das Bewusstsein und Anliegen, möglichst allen Kindern in einer Stadt oder einem Landkreis einen erfolgreichen Schulbesuch zu ermöglichen. Auch diese Einschränkung der Zusammenarbeit von Schule und Jugendhilfe auf die Ermöglichung eines erfolgreichen Schulbesuches ist unbedingt erforderlich, um in dem sensiblen Arbeitsbereich der Hilfen zur Erziehung (s.o.) überhaupt zulässige Berührungspunkte von Schule und Jugendhilfe zu finden.

Solche Kooperationsvereinbarungen können zwischen allen Schulen, der zuständigen Schulaufsicht und dem Jugendhilfeausschuss als Vertreter aller Träger und Einrichtungen der Kinder- und Jugendhilfe in einer Stadt oder einem Kreis erarbeitet werden zu folgenden Punkten (vgl. Sorg/Schrapper 2005):

- Anlässe, Verfahren und Zeitabläufe für wechselseitige Information und ggf. Konsultation bei bestimmten Vorfällen und in schwierigen Einzelfällen, die gemeinsam bearbeitet werden sollen;
- Information, Beteiligung und Mitwirkung der Schüler/innen und Eltern/Personensorgeberechtigten,
- Beratungsunterstützung für sozialpädagogische Fachkräfte des ASD/Jugendamtes durch Lehrerinnen und Lehrer im Einzelfall zur Abklärung und zum Verständnis schulischer Entwicklungen und Problemkontexte,
- Beratungsunterstützung für Lehrerinnen und Lehrer durch sozialpädagogische Fachkräfte des ASD/Jugendamtes im Einzelfall zur Abklärung und zum Verständnis familiärer und sozialer Belastungen und Problemkontexte,
- Informationen für Schüler- und Elternschaft über die Möglichkeiten und Angebote der Beratung und Unterstützung durch die Kinder- und Jugendhilfe

Darüber hinaus können in solchen Kooperationsvereinbarungen weitere wichtige Aspekte der Zusammenarbeit abgesprochen werden, wie:

- *Gemeinsame Fortbildungen* für Fachkräfte aus Schule, Kindertageseinrichtungen, Jugendeinrichtungen/-häusern und Jugendamt zu Konzepten und Methoden einer koordinierten Bildungsförderung und Erziehungshilfe für Kinder in belastenden Lebenslagen und/oder mit spezifischen Lernbeeinträchtigungen, zur Elternarbeit etc.
- Vereinbarungen zwischen Schulaufsicht und Kommunalverwaltung über *jährliche Fachtage* zu gemeinsamen Themen und Fragestellungen aus den Feldern Schule und Jugendhilfe unter dem Motto „Bei uns können alle Kinder in der Schule erfolgreich sein".

Entscheidend für jede Form der Zusammenarbeit von Schule und Jugendhilfe im Feld der „Hilfen zur Erziehung" ist, das die Fachkräfte aus beiden Systemen darin klar und einig sind, dass sie nichts ohne die konkret betroffenen Kinder und Eltern regeln und vereinbaren können. Ohne die Kinder und Eltern dürfen noch nicht einmal miteinander sprechen, zumindest nicht über ein konkretes Kind und seine familiäre Situation, so streng sind hier die Regeln des Datenschutzes zumindest auf der Seite der Jugendhilfe zu verstehen. Mit Einverständnis und Beteiligung der Eltern und Kinder können Lehrerinnen und Sozialarbeiten allerdings über alles reden, was ihnen wichtig ist und wozu sie Zeit finden. Eine konkrete Zusammenarbeit von Schule und Jugendhilfe, wenn es um „Hilfen zur Erziehung" geht, ist also immer mindestens eine Angelegenheit von drei, besser von vier Akteuren, denn ohne die Beteiligung von Kindern und Eltern und erst recht hinter ihrem Rücken geht zwischen Lehrern und Sozialpädagoginnen des Jugendamtes gar nichts, darin liegt wohl die wesentliche Herausforderung dieser Zusammenarbeit. Aktive Beteiligung von Eltern und Partizipation von Kindern ist bisher für beide Systeme, Jugendhilfe und Schule, nicht die stärkste Seite – aber das ist ein neues Thema.

4 Klare Aufträge sind eine Voraussetzungen für produktive Zusammenarbeit von Schule und „Hilfen zur Erziehung"[2]

So gerne angesichts der vielfältigen und anspruchsvollen Erwartungen an zeitgemäße Bildung und Erziehung die Zusammenarbeit von Schule und Jugendhilfe beschworen wird, so sehr ist auf klare und abgegrenzte Aufträge zu achten. Vor allem drei Anlässe und Aufträge sind es, die regelmäßig und geregelt die Zusammenarbeit von Schule und Jugendhilfe erfordern:

2 (ausführlich Schrapper/Wies 2005)

(1) Die Zusammenarbeit von Erziehungshilfe und Schule ist dann erforderlich, wenn Hilfen zur Erziehung private Versorgung und Erziehung kompensieren oder ersetzen muss – und **nicht,** um schulische Erziehung zu kompensieren oder zu ersetzen. Wenn die Jugendhilfe an Stelle von Eltern für eine Kind zu sorgen, seine Bildungsansprüche und Erziehungsrechte zu vertreten hat, dann kommen Jugendhilfe und Schule zusammen, aber sie tun dies, wie bei anderen Kinder auch, mit klar verteilten Rollen, Zuständigkeiten und Aufträgen.

(2) „Job" der Fachkräfte in den „Hilfen zur Erziehung" ist es dann vor allem, Kinder zu unterstützen, ihre Erziehungs- und Bildungsrechte in der Schule durchzusetzen und **nicht,** die Schule zu unterstützen, ihre Erziehungs- und Bildungspflichten gegenüber Kindern durchzusetzen.

(3) Anlass für eine Kooperation ist ein Unterstützungsbedarf der Schule nur dann, wenn die Schule unterstützt werden will, Konflikte und Lebenslagen einzelner Kinder besser zu verstehen. Auf keinen Fall ist damit aber gemeint, das Jugendhilfe und Schule gemeinsam Konflikte und Belastungen von Kindern „gründlicher ermitteln".

Solche Kooperationen können für Kinder eine Hilfe zur Lebensbewältigung und zur Chancenverbesserung bieten, indem die Jugendhilfe den (unvermeidlichen!) schulischen Leistungsanforderungen als Ausgleich außerschulische Lern- und Entwicklungsangebote entgegensetzt, als Perspektivenwechsel und somit einen konstruktiven Austausch von Erfahrungen, Wissen und Informationen ermöglicht und vor allem konsequent, nachvollziehbar und ggf. auch streitbar die existentiellen Bildungsinteressen gerade „schwieriger" Kinder der Schule gegenüber vertritt.

So verstandene Kooperationen müssen sich auf gemeinsame Überzeugungen und Ziele stützen können, die allerdings an verschiedenen Orten und auf unterschiedlichen Wegen umgesetzt werden. Aber nicht nur für Kinder (und Eltern) sowie die Profi´s kann eine gelingende Zusammenarbeit von Schule und Jugendhilfe vorteilhaft sein, auch die „Systeme" Schule und Jugendhilfe haben etwas davon: Die Schule kann für die Jugendhilfe eine Art Seismograph für die Lebenssituation und die Schwierigkeiten von Kinder und Jugendlichen sein, erreicht sie doch durch die Schulpflicht (fast) alle Kinder und Jugendlichen. Vor allem aber ist die Schule „normal" – fast jeder geht dorthin und ist dort erreichbar. Solche Zugänge und Kontakte sind für eine Jugendhilfe, die im Arbeitsbereich der „Hilfen zur Erziehung" eher problemzentriert orientiert ist, von großem Vorteil. Die Jugendhilfe ihrerseits kann der Schule „behilflich" sein, die Besonderheiten des einzelnen Kindes und seiner Lebensumstände verständlicher und zugänglicher zu machen. Und sie kann den jungen Menschen „behilflich" sein zu begreifen, wie bedeutsam die Schule für ihre Zukunft ist. Im erkennbaren Konkurrenzkampf um die in den kommenden Jahren deutlich weniger werdenden Kinder sind diese Zugänge und Unterstützungen für die konkrete Schule zudem wichtige „Wettbewerbsvorteile".

Damit solche Kooperationen gelingen können, so die zentrale „Botschaft", ist es erforderlich, dass Schule und Jugendhilfe ihren Erziehungs- und Bildungsverständnis kritisch reflektieren. Vor allem wenn beide Seiten ihren jeweiligen professionellen „Blick erweitern" und aus der Perspektive der Kinder und Jugendlichen auf Anforderungen und Prozesse der Erziehung und Bildung in Schule und „Hilfen zur Erziehung" sehen, dann kann Schule Bildung nicht mit Unterrichtsprozessen, Lehr- und Lernstoff sowie Abschlüssen gleichsetzen – so wichtig diese auch sind. Die Jugendhilfe, vor allem die Hilfen zur Erziehung, können sich nicht auf rein kompensatorische Leistungen und Funktion begrenzen (lassen), gerade wenn es um die schulischen Erfahrungen der Jungen und Mädchen geht. Vielmehr müssen sie den Schülern konstruktive Hilfestellung geben, ihre Bildung aktiv einzufordern und zu verwirklichen.

Damit solche Kooperationen zwischen Schule und Jugendhilfe gelingen können, ist es notwendig, dass wechselseitige Anerkennung den Versuch bestimmt, zu verstehen, warum und wie die jeweils andere Seite die Kinder sieht und mit ihnen „arbeitet". Dazu ist es ausgesprochen hilfreich, wenn beiden professionellen Parteien der konsequente Blick aus den Augen der Kinder auf die in Schule und Jugendhilfe veranstalten Erziehungs- und Bildungsprozesse gelingt. Hierzu gehört auch, dass sowohl Schule als auch Jugendhilfe ihre Kenntnisse über den anderen Bereich erweitern. Um also erfolgreich miteinander kooperieren und zusammen arbeiten zu können, müssen sowohl Lehrerinnen und Lehrer Schule als auch sozialpädagogische Fachkräfte ihre Gegenüber in Jugendhilfe und Schule immer wieder neu über ihr Arbeitsfeld, ihre Arbeitsweisen informieren und vor allem über ihre konkreten Erfahrungen mit den Kindern sprechen.

5 Fazit: Gute Zusammenarbeit auch ohne gemeinsame Verantwortung?

Im Gegensatz zu anderen Positionen (vgl. Greese 2004: 455; Merten/Meiner/Buchholz 2008; Buchholz 2009), wird hier eine „gemeinsame Verantwortung" von Schule und Jugendhilfe im Feld der Hilfen zur Erziehung deutlich bestritten, die Notwendigkeit und Möglichkeit einer produktiven Zusammenarbeit zum Wohle und Nutzen betroffener Kinder und Eltern aber sehr wohl gesehen und entfaltet. Anders stellt sich die Situation dar, wenn es um den Kinderschutz geht. Hier haben, angestachelt durch medial breit skandalisierte Fälle von Kindestötungen durch Vernachlässigung und Misshandlung, Politik und Gesetzgebung in den letzten Jahren auch rechtlich eine eigene Verantwortung der Schule, aktiv Kinder vor Gefahren für ihr Wohl zu schützen, kodifiziert. Was bereits in etlichen Landesschulgesetzen geregelt ist, soll nun auch in einem Bundeskinderschutzgesetz normiert werden, eine „Verantwortungsgemeinschaft" für den Schutz von Kindern, der weit über die Jugendhilfe hinausgeht. Diese Aspekte werden in zahlreichen anderen Beiträgen dieses Bandes sachkundig, kritisch und ausführlich behandelt. Für die „Hilfen zur Erziehung" allerdings verstellt die Rede von einer „gemeinsamen Verantwortung" den Blick auf die guten Möglichkeiten, aber auch die klaren Grenzen einer guten Zusammenarbeit von Schule und Jugendhilfe.

Literatur

Buchholz, Thomas (2009): Kooperation zwischen der Kinder- und Jugendhilfe und Schule in Fällen von Hilfen zur Erziehung. Empirische Ergebnisse zur Verbesserung der Kooperationslandschaft. In: Die Kinderschutz-Zentren (Hrsg.): 211-234.

Deutsches Jugendinstitut (Hg.) (2006) : Bausteine gelingender Hilfeplanung. Ergebnisse aus dem Modellprogramm „Fortentwicklung des Hilfeplanverfahrens", München (als CD kostenlos über das DJI zu beziehen).

Faltermeier, Josef (2001): Verwirkte Elternschaft? Fremdunterbringung, Herkunftseltern, Neue Handlungsansätze. Weinheim, München: Juventa Verlag.

Greese, Dieter (2004): Zusammenarbeit von Schule und ASD. In: Hartnuß/Maykus (2004): 449-457.

Hartke, Bodo/Vrban, Robert (2008): Schwierige Schüler – was kann ich tun? 49 Handlungsmöglichkeiten bei Verhaltensauffälligkeiten. Buxtehude: Persen-Verlag.

Henning, Claudius/Knödler Uwe (2000): Problemschüler – Problemfamilien. Ein praktisches Lehrbuch zum systematischen Arbeiten mit schulschwierigen Kindern. Weinheim/Basel: Beltz Verlag.

Merten, Roland/Meiner, Christiane/Buchholz, Thomas (2008): Bildung und individuelle Leistungen der Kinder- und Jugendhilfe. Expertise zum Dritten Sächsischen Kinder- und Jugendbericht (unv. Ms., 99 Seiten).

Molna, Alex; /Barbara Lindquist (2009): Verhaltensprobleme in der Schule. Lösungen für die Praxis. Dortmund: Verlag Modernes Lernen.

Müller, Katja/Kriener, Martina (2008): Für mehr Partizipation: Hilfeplanung mal ganz anders; in Forum Erziehungshilfe, Heft 1/2008. 44-48

Neuberger, Christa (2004): Fallarbeit im Kontext flexibler Hilfen zur Erziehung. Sozialpädagogische Analysen und Perspektiven. Wiesbaden: VS Verlag.

Preuss-Lausitz, Ulf (Hrsg) (2004): Schwierige Kinder- Schwierige Schule. Konzepte und Praxisprojekte zur integrativen Förderung verhaltensauffälliger Schülerinnen und Schüler. Weinheim und Basel: Beltz Verlag.

Schefold, Werner/Glinka, Hans-Jürgen/Neuberger, Christa/Tilemann, Friederike (1998): Hilfeplanverfahren und Elternbeteiligung. Frankfurt/M.: Suhrkamp Verlag.

Schrapper, Christian/Pies, Silke (2007): Standards der Hilfeplanung nach §36 SGB VIII – eine Zwischenbilanz, München.

Schrapper, Christian/Wies, Annemarie (2005): Was erwartet die Erziehungshilfe von der Schule? Der Erziehungsauftrag der Schule aus der Sicht der „Hilfen zur Erziehung" und die Erfordernisse gemeinsamer Kooperation. In: Dialog Erziehungshilfe, Heft 4-2005: 22-27.

Sorg, Anke/Schrapper, Christian (2005): Aufgaben und Möglichkeiten der Zusammenarbeit von Schule und Jugendhilfe im Rhein-Lahn-Kreis – Bestandsaufnahme und Vorschläge, Koblenz (unveröffentlichter Projektbericht).

Struck, Norbert (2008): Hilfen zur Erziehung. In: AGJ (HG.): 164/165.

Urban, Ulrike (2004): Professionelles Handeln zwischen Hilfe und Kontrolle. Sozialpädagogische Entscheidung in der Hilfeplanung; Weinheim und München.

Wiesner, Reinhard (Hrsg.) (2006): Kommentar des SGB VIII – Kinder und Jugendhilfe, München.

Winkel, Rainer (Hrsg.) (1996): Schwierige Kinder – Problematische Schüler. Fallberichte aus dem Erziehungs- und Schulalltag. Baltmannsweiler.

Winkel, Rainer (2009): Der gestörte Unterricht: Diagnostische und therapeutische Möglichkeiten; Hohengehren, 9. veränderte Auflage.

Karl-Heinz Braun

Kinderschutz durch Kinderrechte" als Aufgabenfeld der Schulsozialarbeit

Der Kinderschutz wurde in Deutschland durch das Kinder- und Jugendhilfeweiterentwicklungsgesetz (KICK) mit Wirkung vom 1.10.2005 neu geregelt (vgl. Fegert/Besier 2010; Wiesner 2008): Besonders mit der Einfügung des § 8a SGB VIII wurde diesbezüglich die Verantwortung des Jugendamtes – über den schon bestehenden § 1 (3), Nr. 3 SGB VIII – erweitert und es zugleich zu einer entsprechenden vertraglichen Kooperation mit den freien Trägern verpflichtet und auf diese Weise auch die vorläufigen Maßnahmen bei krisenhaften Zuspitzungen neu geregelt (§ 42 SGB VIII) und die Kontrolle des pädagogischen Personals verschärft (§ 72a SGB VIII) [1]. Die Schulsozialarbeit [2]ist davon in direkter Weise eher weniger betroffen, weil ihr diesbezüglich keine Hauptverantwortung zukommt. Sie hat aber zugleich eine besondere Verantwortung gerade in Bezug auf das frühzeitige Erkennen von Gefährdungslagen und insbesondere bei der Prävention, weil die Schule der Ort ist, wo *alle* Kinder und Jugendliche aufgrund der Schulpflicht eine Institution der *öffentlichen* Bildung und Erziehung besuchen, der also neben der Familie als dem privilegierten Ort des Aufwachsens eine erhebliche Relevanz für den Kinderschutz zukommt. Dies steht im Zentrum dieses Beitrages, der zunächst (1.) die normativen Perspektiven der pädagogischen Förderung gleichwertiger Lebensbedingungen und Sozialbezie-

1 Der Mitte Dezember 2010 zur Diskussion gestellte Entwurf eines „Bundeskinderschutzgesetzes" erweitert und präzisiert diese Aufgabenstellungen und verschärft die Schutzbestimmungen gegen den sexuellen Missbrauch durch PädagogInnen (Informationen unter www.bkj-ev-de/documents/81202RefEntwVersendung.pdf).

2 In diesem Beitrag wird von einem weiten Verständnis der Schulsozialarbeit ausgegangen und darunter alle Konzepte und Personen subsumiert, die zur sozialpädagogischen Profilbildung der Schule beitragen (vgl. Braun/Wetzel 2006: Teil II); Schulsozialarbeit im engeren Sinne umfasst demgegenüber alle Aktivitäten von Fachkräften der Sozialen Arbeit am Ort der Schule, um diese sozialpädagogische Profilbildung anzuregen, zu unterstützen und zu ergänzen (vgl. Baier/Deinet 2011: Teil III/IV).

hungen für alle Kinder und Jugendliche umreißt, dann (2.) denn Beitrag der sozialpädagogischen Gesundheitsförderung zur inneren Schulreform skizziert und schließlich (3.) die Notwendigkeit der Vernetzung im und die Einmischung in das Gemeinsamwesen begründet. Dabei werden die einzelnen Komplexe jeweils in prägnanten Formierungen zusammengefasst, die in dieser oder ähnlicher Form als Motto über den entsprechenden Abschnitten des Schulkonzept der jeweiligen einzelnen Institution stehen könnten und sollten.

1 Die normative Ausrichtung: „Im Alltag unserer Schule gelten die Kinderrechte"

In seiner folgenreichen Grundsatzentscheidung vom 29.7.1968 hatte das Bundesverfassungsgericht erstmals ausdrücklich die *Kinder als Grundrechtsträger* anerkannt (vgl. BVerfGE 24, 119). Diese Tendenz ist durch die Verabschiedung der UN-Kinderrechtskonvention (vom 20.11.1989) und dadurch, dass die Bundesregierung sie mit Beschluss vom 3.5.2010 nunmehr ohne Vorbehalte anerkannt hat, verstärkt und stabilisiert worden[3]. Dabei sind Kinderrechte immer auch Rechte der Kinder auf aktiven Schutz der förderlichen Bedingungen des Aufwachsens und als solche haben sie für die übergreifende Ausrichtung der Schulsozialarbeit eine zentrale Bedeutung, denn sie werden hier verstanden als Beitrag zur Interpretation und Verwirklichung des Rechts auf schulische Bildung, wie es in allen Schulgesetzen normiert ist. Ohne hier auf eine differenzierte Interpretation eingehen zu können[4] sollen in pädagogischer Perspektive folgende Rechte hervorgehoben werden:

1.1 Das Kinderrecht auf elementare soziale Sicherheit und Bildung

Gewiss hat sich in den hoch entwickelten Ländern des Westens in den letzten 50 Jahren die soziale Lage für die meisten Kinder und ihre Familien nachhaltig verbessert. Es darf aber keineswegs übersehen werden, dass es nicht nur die alte Armut stets weiterhin gegeben hat und gibt, sondern dass in den letzten 15-20Jahren neue Formen hinzugekommen sind (z.B. bei geschiedenen und allein erziehenden Müttern oder bei Menschen, die trotz Erwerbsarbeit unterhalb der Armutsgrenze leben müssen) – und dass die Armut der Erwachsenen in-

---

3 Vgl. zur Geschichte der Kinderrechte und die sie tragenden sozialen Bewegungen Kerber-Ganse (2009: Teil I) und Liebel (2007); und zu ihnen als Teil der Menschenrechte und der Menschenrechtsbildung Fritzsche (2004: Kap. 25) und Lenhardt (2003: Kap. 4,5 u. 7).

4 Vgl. dazu ausführlich Liebel (2009) und – von der Pädagogik von Janusz Korczak ausgehend – Kerber-Ganse (2009: Teil IV).

nerhalb der Familien besonders die Kinder trifft. Geht man von einem weiten Begriff von Armut aus, der neben Einkommensart und -höhe auch die Wohnverhältnisse, die Bekleidung, die Ernährung, die soziokulturellen und interaktiven Anregungsmöglichkeiten, die Zugänge zu Bildungs- und Ausbildungsinstitutionen, Sport-, Spiel- und Medienangebote sowie die sozialräumlichen Integrations- und Mitgestaltungschancen einschließt, dann ist Armut auch im entwickelten Sozialstaat ein zunehmendes Thema und gefährdet als solche die elementaren Bedingungen des Aufwachsens (vgl. Fischer/Merten 2010 Teil I; Hurrelmann/Andresen 2010: Kap. 2.2 u. 5.1).

Neben die *„Armutsverwahrlosung"* ist in neuerer Zeit eine zunehmende *„Wohlstandsverwahrlosung"* getreten, wobei eine Schere entstand und besteht zwischen der relativ günstigen sozialen Lage und der weitgehenden zwischenmenschlichen und psychischen Verarmung der Heranwachsenden (wenn z.B. statt Zuwendung, Verstehen, Liebe und Unterstützung Geld und andere Formen der materiellen Absicherung treten) – worüber KindergärtnerInnen, LehrerInnen und JugendarbeiterInnen immer häufiger klagen. In solchen Fällen wird das Kindeswohl durch das Fehlen einer elementaren Sozial- und Gefühlsbildung eingeschränkt bzw. gefährdet.

Im Rahmen der Verwirklichung der Kinderrechte kommt der Schulsozialarbeit hier die Aufgabe zu, diesen Mangel an elementarer sozialer Sicherheit und Bildung außerhalb der Schule, speziell in den Familien und ihrem Umfeld, möglichst frühzeitig zu erkennen. Dabei lassen sich folgender Verfahrenselemente unterscheiden[5]:

- Die meist noch intuitive und unsystematische *Gefährungswahrnehmung* (z.B. aufgrund des Erscheinungsbildes und der Handlungsweisen der Kinder und Jugendlichen – oder auch ihrer Eltern (wenn zu ihnen Kontakte bestehen bzw. Dritte – z.B. GemeinwesenarbeiterInnen – über sie berichten);
- die kontinuierliche und geschlechtsensibel Beobachtung von Gefährungssymptomen und –prozessen im Sinne des *Gefährungsmonitorings;*
- die Einschätzung der Gefährungswahrscheinlichkeiten in bestimmten sozialen Milieus und psychosozialen Entwicklungskonstellationen (z.B. in prekären Milieus oder in Familien mit dominantem „patriarchalischem Befehlshaushalt"), was als *Gefährungsscreening* bezeichnet werden kann [6];

---

5 Diese Überlegungen orientieren sich an Kindler/Lillig (2008: 87ff), verwenden aber statt des Risikobegriffs den der Gefährdung im Sinne der negativen Seite der generellen Risikokonstellation des Aufwachsens (die positive besteht in der biografisch nie garantierten Ausweitung der Handlungs-, Reflexions- und Genussfähigkeiten).

6 Wichtige Anregungen zum Gefährdungsmonitoring und -screening finden sich in Alle (2010: Kap. 3), Galm u.a. (2010: Teil II) und Ziegenhain/Fegert (2008: Teil II).

- die Einleitung und Durchführung bzw. Begleitung von Maßnahmen zur Verhinderung krisenhafter Zuspitzungen bzw. zu ihrer Überwindung, wenn sie bereits eingetreten sind. Das ist die Aufgabe des *Gefährdungsmanagements* und hier dürfte die Schulsozialarbeit in der Regel nur eine begleitende Rolle spielen. Wichtig ist allerdings, dass mit der Verantwortungsübernahme des Jugendamtes der „Fall" für die Schulsozialarbeit keinesfalls „erledigt" sein darf (was aber sehr häufig der Fall ist!), sondern sie weiterhin in einem schulbezogenen Kontakt mit den betroffenen Kindern und Jugendlichen bleiben muss.

1.2 Das Kinderrecht auf dialogische Beziehungen zwischen der Generationen

Die erwähnte Wohlstandsverwahrlosung ist eine extreme Form der mangelnden Anerkennung der Entwicklungsinteressen und Unterstützungswünsche der Kinder/Jugendlichen. Diese brauchen nämlich zur Entfaltung ihrer Persönlichkeit nicht nur anwesende, sondern *verständnisvolle* und *herausfordernde*, also *dialogfähige* Erwachsene. Dies ist deshalb so wichtig, weil nur durch unmittelbare Interaktionsbeziehungen Bildungs- und Erziehungsprozesse angeregt und unterstützt werden können. Institutionen – wie die Schule, aber auch der Kinder- und Jugendverband – können das Kinderrecht auf Bildung und Erziehung ermöglichen, absichern und ihnen Stabilität verleihen, sie selber aber können es aber nicht verwirklichen. Dass diese klassische Einsicht der Geisteswissenschaftlichen Pädagogik im Schulalltag häufig „vergessen", zumindest aber unterschätzt wird, hat u.a. damit zu tun, dass hier die Erwachsenen (LehrerInnen und andere [Sozial-]PädagogInnen) als authentische Persönlichkeiten gefragt und gefordert sind, dass sie in der konkreten zwischenmenschlichen Begegnung die Normen und Werte, die sie für wichtig halten (z.B. Fairness und Respekt) auch selber beachten müssen, also durch ihr alltagspraktisches Handeln „beglaubigen" müssen, wenn sie überzeugend sein wollen. Das ist häufig auch deshalb schwer, weil diese Begegnungen natürlich nicht frei sind von Konflikten, die solidarisch zu bearbeiten und zu bewältigen sind.

Die Schulsozialarbeit kann zur Verwirklichung dieses Kinderrechts in dem Masse beitragen, wie sie hilft die *wechselseitige Anerkennung* aller Mitglieder der Schulgemeine (besonders der SchülerInnen und ihrer Eltern, der LehrerInnen und der anderen PädagogInnen) als grundlegendes Prinzip der pädagogischen Interaktionsbeziehungen zu verankern. Die dazu notwendige *psychosoziale Konfliktkultur* muss sich dabei u.a. an folgenden *Zielen* und *Inhalten* ausrichten:

Der verständnisvollen und herausfordernden Begegnung (z.B. zwischen Personen aus verschiedenen sozialen und ethnischen Milieus),

- der taktvollen Konfliktbearbeitung (z.B. bei Eifersucht zwischen Mädchen oder Jungen),
- der kritisch-dialogischen Verständigung (z.B. über Glaubens- und Sinnfragen),
- dem aktiven und gegenseitigen Vertrauen (wenn es z.B. um Regelverletzungen oder Gesetzesübertretungen geht),
- der respektvollen Atmosphäre (wenn z.B. Jungen ihre homosexuellen Neigungen entdecken),
- dem bewusst gewollten persönlichen Halt (z.B. bei Trauer um den Tod eines geliebten Mitmenschen oder beim Scheitern in der Schule),
- der wechselseitige Achtung (z.B. angesichts der Schwächen und Stärken – nicht nur der Heranwachsenden, sondern auch der Erwachsenen!),
- und dem selbstverständlich gewordenen Respekt (z.B. angesichts intensiver, aber dennoch teilweise erfolgloser Lernanstrengungen innerhalb oder außerhalb der Schule).

Dafür angemessene *Sozialformen* sind z.B.

- das ausgehandelte Arbeitsbündnis (wie z.B. der nun doch erstrebte Schulabschluss nachgeholt werden kann),
- die soziokulturelle Unterstützung (z.B. für extrem verschuldete Familien),
- die Schaffung von Räumen für soziale und persönliche Experimente (um z.B. nicht mehr zu Hause, sondern mit dem Freund/der Freundin wohnen zu können),
- oder die relative Verfügbarkeit der PädagogInnen (die nicht „Dienst nach Vorschrift“ machen, ohne sich aber völlig vereinnahmen zu lassen).

Dabei bewähren sich die interpersonalen Arbeitsmethoden in dem Maße, wie es ihnen gelingt entwicklungsoffene und lernfördernde *Balancen* zu schaffen zwischen z.B.

- personaler Autonomie und interpersonaler Abhängigkeit (z.B. beim Erreichen eines bestimmten Schulabschlusses innerhalb eines bestimmten Bildungsganges),
- zwischenmenschlicher Bindung und Ablösung (etwa in der Klassengemeinschaft oder auch in den Beziehungen zwischen bestimmten SchülerInnen und bestimmten LehrerInnen bzw. SozialpädagogInnen),
- „vom Kind her“ zu denken und „Anwalt des Kindes“ zu sein (z.B. bei einem Fall von sexuellem Missbrauch in einer Familie, die das Kind dennoch

nicht verlassen will und dadurch die Bereitschaft zur aktiven Teilnahme am Schulunterricht sinkt),
- akzeptierendem Gewähren lassen und „sich-aneinander-Reiben“ (wenn es z.B. um die schulischen und beruflichen Zukunftsperspektiven geht),
- individueller Engagiertheit und Distanz (z.B. bei der Bearbeitung von Beziehungskrisen),
- personaler Betroffenheit und sozialer Reflexivität (z.B. angesichts der durch die Wirtschaftskrise bedingten Zunahme von Deklassierungs- und psychosozialen Verelendungsprozessen),
- Vertrautheit und Offenheit des Milieubezuges (z.B. mit Blick auf spezifisch ethnisch geprägte Netzwerke).

Diese Qualitäten der intergenerativen Begegnung und Kommunikation sind auch eine wesentliche Voraussetzung dafür, dass die Kinder und Jugendlichen sich Personen außerhalb der Familie bzw. der näheren Verwandtschaft anvertrauen und über Gefährdungen ihrer elementaren sozialen Sicherheit und Bildung oder ihrer Geschwister bzw. FreundInnen erzählen. Deshalb benötigen gerade auch die LehrerInnen und SchulsozialarbeiterInnen die professionelle Kompetenz zum Aufbau solcher Beziehungen.

In einem krassen Gegensatz zu diesem Kinderecht steht die Gewalt durch den *sexuellen Missbrauch* von Kindern und Jugendlichen durch Erwachsene. Davon sind mindestens 25% der Mädchen und 15% der Jungen betroffen (die Dunkelziffer ist allerdings sehr hoch), wobei die Gewalttäter bei den Mädchen vorrangig aus dem näheren oder weiteren Familienkreis stammen und es bei den Jungen meist fremde Personen sind (vgl. Hartwig/Hensen 2008: Kap. 2.3/2.4). Besonders skandalös ist der Missbrauch von Heranwachsenden durch professionelle PädagogInnen. Das ist mit Bezug auf die Institutionen der Sozialen Arbeit schon vor einiger Zeit ausführlicher thematisiert worden (vgl. Fegert/Wolff 2006; und ergänzend Otto 2010)), mit Bezug auf die Schule erst in neuester Zeit, wobei das Beispiel der Odenwaldschule zeigt, dass auch anspruchsvolle reformpädagogische Konzepte die SchülerInnen nicht vor solchen Gewalttaten schützen[7]. Es ist insgesamt erstaunlich, dass SchulsozialarbeiterInnen selten von solchen Gewalttätigkeiten berichten. Dies dürfte nicht nur auf Furcht vor der Auseinandersetzung mit den TäterInnen (Eltern/Verwanden bzw. LehrerInnen) zu tun haben, sondern auch damit, dass sie – entgegen ihrem eigenen Selbstverständnis – nicht das dafür notwendige Vertrauen genießen. Positiv formu-

7 Vgl. zu dem Bericht der Untersuchungskommission die Meldung in der Süddeutschen Zeitung vom 20.12.2010; und zur öffentlichen Kontroverse darüber, ob die Reformpädagogik solche Handlungsweisen unter dem „Deckmantel der pädagogischen Liebe“ begünstigen vgl. Schmoll (2010). Und Tenorth (2010).

liert bedeutet dies, dass die dialogische Ausgestaltung auch der Beziehungen der SchulsozialarbeiterInnen zu den SchülerInnen die grundlegende Voraussetzung dafür ist, dass diese sich ihnen anvertrauen. Tun sie dies, dann bedürfen sie aber auch der uneingeschränkten Unterstützung (vgl. Fegert/Wolff 2006: Kap.3; Hartwig/Hensen 2008: Kap.3/4) durch die SchulsozialarbeiterInen (was leider auch nicht selbstverständlich ist), denn *begründetes* Vertrauen ist immer *aktives* Vertrauen, beruht also auf der Erfahrung, dass die SchulsozialarbeiterInnen „zu mir stehen, wenn ich sie wirklich brauche“.

1.3 Das Kinderrecht auf entwicklungsangemessene Verantwortungsübertragung

Die Kinderrechte beschränken sie nie darauf, dass die Erwachsenen *für die* Heranwachsenden ökologisch verantwortbarere, sozial gerechtere, politisch demokratischere und kulturell vielfältigere Lebensbedingungen schaffen, sondern dass sie das stets *mit ihnen* tun[8]. Nur auf dieses Weise kann die Erfahrung gemacht und die Erkenntnis ermöglicht werden, dass *alle* Generationen dafür die *gemeinsame* Verantwortung tragen. Dieses Verantwortungsbewusstsein der Heranwachsenden kann nur dadurch gefördert werden, dass man ihnen Verantwortung für bestimmte, immer umgangreichere Aufgaben schrittweise überträgt. Oder anders gesagt: man kann *soziales Lernen* nur anregen und unterstützen, wenn man den Kindern/Jugendlichen Entscheidungsspielräume und Handlungsalternativen zugesteht; man kann *demokratisches Engagement* nur erreichen, wenn man Demokratie im Alltag, also auch in der Schule erfahrbar macht durch die Möglichkeit, über die Grundsätze des Zusammenlebens gemeinsam zu beraten und zu beschließen und deren Umsetzung gemeinsam zu sichern (warum man z.B. die Ausgrenzung von muslimischen Kinder ablehnt und wie man mit den entsprechenden religiösen Geboten – z.B. dem Fasten – tolerant umgeht und gegenteilige Tendenzen gemeinsam bespricht und an ihrer Überwindung arbeitet).

Die Schulsozialarbeit sollte hier zunächst einmal dadurch für die Kinder und Jugendlichen Partei ergreifen, dass sie in der Schulgemeinde dafür wirbt, dass man den Heranwachsenden diese Verantwortungsübernahme *zutrauen* kann, aber auch *zumuten* sollte (wie v.Hentig zu sagen pflegt). Oder anders formuliert: Es gilt die Neigung eines relevanten Teils der LehrerInnen und Schulleitungen abzubauen, den Kindern und Jugendlichen diesbezüglich mit einem *massiven Misstrauensvorschuss* statt mit einem *ermutigenden* und *risikobereiten Vertrauensvorschuss* zu begegnen (was dem oben geforderten dialogischen Verhältnis

8 Ganz in diesem Sinne plädiert Liebel (2007: Kap.17) auch für „Wege zu einer subjektorientierten Kinderpolitik“.

der Generationen widerspricht). Es ist immer wieder erstaunlich, welche Fantasie Erwachsene (im übrigen: nicht nur in der Schule, sondern z.B. auch in den Kinder- und Jugendverbänden!) entwickeln um zu begründen, warum sie Verantwortung (z.B. für die Planung und Durchführung einer größeren Veranstaltung wie etwa der jährlichen Weihnachtsfeier oder des traditionellen Schulabschlussfestes) *nicht* zumindest teilweise an die Heranwachsenden delegieren können ("Was da alles passieren kann ..." „Das klappt doch nie, da blamieren wir die ganze Schule..."). Würden sie diese intensive Fantasie und diesen Anspruch auf makellose Organisation auf sich selbst anwenden, müssten sie ihren Aktions- und Entscheidungsradius ganz erheblich einschränken. Die Schulsozialarbeit sollte die daraus resultierende Paradoxie helfen zu überwinden, dass die gleichen Lehrergruppen und Schulleitungen, die auf diese Weise jenen Zustand der Unfähigkeit und Unwilligkeit nahe legen und fördern, ihn zugleich bedauern und kritisieren („Die wollen sich nicht mehr engagieren..."). Zur progressiven Auflösung dieses Widerspruchs tragen neben den traditionellen Formen der Schülermitbestimmung und der Verantwortungsübertragung für Aufgaben in der Klasse (Sorge für die pädagogisch sinnvolle Ordnung im Klassenzimmer oder die Bereitstellung bestimmter ergänzender Unterrichtsmaterialien) u.a. die verschiedenen Mediatorenprogramme bei, bei denen die SchülerInnen – nach einer gewissen „Ausbildung" – Konflikte zwischen den SchülerInnen selbständig bearbeiten und lösen helfen. Oder aber – viel zu seltene – Tutorenprogramme, wo in einem bestimmten Fach oder Themenbereich kompetentere SchülerInnen teilweise bestimmte routinemäßigen Unterrichtsaufgaben der LehrerInnen wahrnehmen und diese dann mehr zeitliche Spielräume haben, sich auf die wirklich komplizierten Lernprozesse zu konzentrieren.

1.4 Die pädagogische Symmetrie der Kinderrechte und Kinderpflichten

Auch die aktuellen Debatten um den Kinderschutz haben sich weitgehend konzentriert auf das Verhältnis zwischen der *Elternverantwortung* und dem *staatlichen Wächteramt*. Das ist einerseits zwingend, weil nur so in hinreichend verbindlicher Weise *kontrolliert* werden kann, ob die familiären Bedingungen des Aufwachsens den Grundrechtsansprüchen der Kinder und Jugendlichen gerecht werden und welche staatlichen Maßnahmen erforderlich sind und garantiert werden, wenn das nicht der Fall ist. Anderseits ist – gerade aus pädagogischer Sicht – diese Beschränkung auf die Perspektive der Eltern und des Staates unbefriedigend, weil so wiederum die Neigung und Tendenz entsteht, die Kinder zum Objekt einer gut gemeinten, aber faktisch autoritativen Fürsorge zu machen. Um dieses Dilemma zu überwinden, sollte an die neueren Menschenrechtsdiskussionen angeschlossen werden. Sie haben nämlich deutlich gemacht, dass die Konzentration auf die Menschen-*Rechte* zwar notwendig, aber zugleich einseitig ist, wenn ihr nicht die Menschen-*Pflichten* an die Seite gestellt werden (vgl. bes. Interactional Council 2002). Dafür gibt es auch gute pädagogische Argumente. Man kann zunächst einmal die bisher dargestellten Kinderrechte als normative Grundlage des aktiven Kinderschutzes auch so zusammenfassen: Das Kindeswohl ist in Masse gewahrt bzw. gewährleistet, wie die pädagogischen Institutionen und Interaktionen den Kindern und Jugendlichen die Entwicklung der Fähigkeiten und Bereitschaften nahe legen und unterstützen

- zur *Selbstbestimmung*, zum reflexiven Umgang mit eigenen Erfahrungen, Wünschen und Einsichten, den biografisch gewachsenen Selbst- und Weltsichten sowie den eigenen Lebensbeziehungen und Sinndeutungen;
- zur *Mitbestimmung* und *Mitgestaltung* der natürlichen, ökonomischen, sozialen, politischen und kulturellen Lebensbedingungen – sowohl der alltagverankerten Sozialräume wie auch der übergreifenden Systemstrukturen;
- zur *Solidarität* mit denjenigen, die strukturell benachteiligt werden und unter körperlichen Verletzungen (z.B. als Folge Gewalt), psychischen Belastungen (z.B. Angst vor der Schule oder der Zukunft) oder moralischen Kränkungen (z.B. geschlechtsbezogenen oder ethnischer Diskriminierungen) leiden, und zu der Aufgabe, gemeinsam die Ursachen dieses Leidens schrittweise abzubauen und schließlich zu überwinden;
- und zur *aktiven Verantwortungsübernahme* zum Erhalt und zur vertieften Humanisierung der menschlichen Gesellschaft und Gemeinschaften.

Entscheidend ist nun, dass das unveräußerliche *Recht* auf Selbst- und Mitbestimmung ohne die *Pflicht* zur Solidarität und Verantwortungsübernahme weder begründet noch verwirklicht werden kann – denn (mit Habermas gesprochen): der *einzelne* kann nicht wirklich frei sein, wenn nicht *alle* Menschen frei sind. Bezogen auf den Kinderschutz bedeutet dies, dass quasi unterhalb der staatlichen Verantwortungszone eine Handlungsebene eingezogen werden sollte, ja muss, die sich als substaatlicher, in gewisser Weise *zivilgesellschaftlicher* Verantwortungsraum des Kinderschutzes begreift. Ein solcher Raum wäre die Schule als pädagogisch-sozialer Handlungskomplex. In diesem Sinne gehört es zur weiteren diesbezüglichen Aufgabe der Schulsozialarbeit, die spezifische Verantwortung der Schule für den Kinderschutz deutlich zu machen und insbesondere die SchülerInnen dazu zu befähigen, sowohl ihre Kinderrechte wie auch ihre Kinderpflichten zu erkennen und entwicklungsangemessen wahrzunehmen. Gerade die Erarbeitung und Verwirklichung des Schulprogramms wäre ein geeigneter Rahmen, um deutlich zu machen, *wie* die jeweilige Einzelschule diese ihre Verantwortung wahrnehmen will und kann, wie sie dazu Regeln „erfindet“, deren *AutorInnen* und *AdressatInnen* die Mitglieder der Schulgemeinde sind und wie insbesondere die Kinder und Jugendlichen zu Subjekten des Kinderschutzes werden können und wie sie dabei zu unterstützt sind.

2 Leiblichkeit als sozialpädagogischer Bezugspunkt des Kinderschutzes: „In unserer Schule wird die Gesundheit aller gefördert"

Bisher wurden die sozialpädagogischen Aufgaben des Kinderschutzes in umfassender Weise als Beitrag zur Verwirklichung der Kinderrechte thematisiert. Nun sollen sie fokussiert werden auf eine Problemstellung, die in den neueren Diskussionen der Sozialen Arbeit eine wichtige Rolle spielt (vgl. z.B. Homfeld/ Sting 2006: Kap.5-8) und die auch der 13. Kinder- und Jugendbericht aufgenommen hat, nämlich die Frage nach den Chancen des *gesunden* Aufwachsens. Gerade für die *lebensweltbezogene* Soziale Arbeit gibt er hierzu – was von ihr aber lange vernachlässigt wurde (worauf auch Homfeldt 2003: 183 hinweist) – einen bedeutsamen Ansatzpunkt: nämlich das Konzept der *Leiblichkeit*. In der phänomenologischen Theorietradition wird darunter nämlich das „Vermittlungsmedium" zwischen der morphologisch-physiologisch-genetisch verfassten *Körperlichkeit* und der sozialräumlich eingebundenen *Gesellschaftlichkeit* der Menschen verstanden[9] (Lebenswelt thematisiert demgegenüber die *Intersubjektivität* der individuell-kollektiven Lebenspraxis).

2.1 Nachhaltige Krankheitsprävention durch Gesundheitsförderung

Die Ottawa-Charta der Weltgesundheitsorganisation (von 1986) hat die negativistische Bestimmung von Gesundheit als Abwesenheit von Krankheit grundlegend überwunden durch die Formulierung eines *positiven* Entwurfs einer befriedigenden Lebenspraxis. Dies korrespondiert mit der Einsicht, dass auch Kinderschutz viel mehr ist als Abwesenheit von Gefährdungen, sondern Verwirklichung von Kinderechten, also die Förderung personaler Bildungsprozesse und die Schaffung dazu erforderlicher gleichwertiger, egalitär-pluraler Lebensbedingungen (vgl. auch BMFSJ 2009: Kap. 3.2).

Ansatzpunkte für die schulbezogene Gesundheitsförderung[10] können zunächst einmal psychosomatische Alltagserfahrungen wie Herzklopfen bei einer

---

9 Der 13. Kinder- und Jugendbericht geht demgegenüber von einem weiten Verständnis von Körper aus und verzichtet so auf diese Differenzierung (vgl. BMFSJ: 2009, Kap. 3.2.2.2.).

10 Diese wird auch in allen Schulgesetzen normiert. Betrachtet man aber nun z.B. das sachsen-anhaltinische Schulgesetz etwas näher, dann fällt zunächst das traditionelle Gesundheitsverständnis auf; so wenn es in § 1(2) SchulG LSA die Aufgabe normiert wird, die SchülerInnen „für die

intimen Begegnung, Schweißausbrüche in Angstsituationen, Krankwerden in Stresssituationen sein. Auch in diesem Fall ist es wichtig, dass die PädagogInnen, die solche Erfahrungen mit sich selbst und anderen Erwachsenen machen, diese zugleich auch den Kindern/Jugendlichen „zubilligen“ (dass z.B. Schulangst krankheitsverursachend ist und deshalb nach Wegen ihrer Überwindung gesucht werden muss)

Ein anderer Ansatzpunkt sind faktische Krankheitsverläufe (vgl. die Übersicht in BMFSJ 2009: Kap. 7.2/8.2). Zwar gelingt der überwiegenden Mehrheit die Bewältigung der Entwicklungsaufgaben befriedigend, aber ca. 20% der Heranwachsenden haben einen besonderen sozialpädagogischen Unterstützungsbedarf (er ist bei Jugendlichen aus den unteren sozialen Milieus, in unteren Bildungsgängen und mit Migrationshintergrund zumeist noch höher). Dabei gibt es einerseits *geschlechtsübergreifende* Trends (besonders die Zunahme von Ängsten – speziell von Stress und der Bedeutung von Normabweichungen auch beim Umgang mit der eigenen Leiblichkeit, von Übergewicht und Fettsucht und von Alkoholkonsum). Andererseits finden sich bei *Mädchen* häufiger Magersucht und Bulimia, Depressionen, selbstverletzendes Verhalten und Suizidversuche – und bei *Jungen* chronische somatische Erkrankungen, Schwierigkeiten im sozialem Umgang mit Gleichaltrigen und Erwachsenen, Verletzungen durch Unfälle, selbstgefährdender Alkoholkonsum und Gewalt gegen andere und sich selbst (74,4% der Suizide werden von Jungen verübt). Deshalb sollte die Schulsozialarbeit auch hier eine geschlechtssensible (Schul-) Pädagogik anregen, unterstützen und ergänzen (z.B. in Form von Selbsterfahrungsgruppen zu den Vorstellungen von einem schönen Körper und der Bewertung des eigenen oder zur Dynamik psychosomatischer Konfliktverläufe).

Der hiermit angedeutete krisenhafte Umgang mit der eigenen Leiblichkeit hat – über die in Abschnitt 1 dieses Beitrages skizzierten Entwicklungen – seine Ursache auch in der zunehmenden Erosion des entwicklungspädagogisch so notwendigen *Moratoriums*. Zwar hat dieser Schutzraum immer auch die Gefahr der Isolation der Heranwachsenden von der Welt der Erwachsennen mit hervorgebracht (so wie die relative Autonomie der Schule in eine Weltfremdheit umschlagen kann), aber er hat sie auch bis zu einem gewissen Grade vor entwicklungsgefährdenden Überlastungen geschützt und ihnen die entwicklungs-

---

Bewahrung von Natur, Leben und Gesundheit zu befähigen“; und wenn § 38(1) die SchülerInnen „zur Teilnahme an Maßnahmen der amtsärztlichen Schulgesundheitspflege einschließlich der Sucht- und Drogenberatung verpflichtet.“ Diese z.T. statische, z.T. negativistische Betrachtungsweise wird allerdings durchbrochen, wenn in § 10 (1) die oberste Schulbehörde verpflichtet wird „Rahmenrichtlinien für Ziele, Inhalte, Verfahren und Organisation des Unterrichts“ zu erlassen, die u.a. „einer gesunden körperlichen/geistigen und seelischen Entwicklung der Kinder und Jugendlichen dienen“, womit ein institutioneller Gestaltungsauftrag der schulischen Lernbedingungen formuliert wird.

notwendigen Spielräume für eine "halbernste Lebenspraxis" (Klafki) gewährt, die auch das experimentelle und riskante Erproben unterschiedlicher Lebensentwürfe und Werteorientierungen einschließt. In dem Masse, wie die Kinder und Jugendlichen in die sozialen Modernisierungsprozesse mit ihrer Flexibilisierung der Arbeitszeiten, -orte und –verträge, ihren Handlungsverdichtungen und Zeitverknappungen, ihrer Zunahme der Konkurrenz, ihrer Erosion der sozialen und ethnischen Milieus, ihrer Verschärfung der sozialen Ungleichheiten usw. direkt oder indirekt einbezogen werden und wie schon in der Schule Verlierergruppen bei der Konkurrenz um Zertifikate und Zugangsberechtigungen entstehen (in den unteren und untersten Bildungsgängen und Schulformen finden wir zu ca. zwei Drittel Jungen), wird das Kindeswohl immer auch gefährdet, wird die psychosoziale Gesundheit und damit die Entfaltung der Leiblichkeit der Herabwachsenden beeinträchtigt. Hier hat die Schule gegenzusteuern und neue Formen des offensiven Kinderschutzes zu entwickeln – und weil sie als Einrichtung gegenüber „der Gesellschaft" eine *relative Eigenständigkeit* aufweist, kann sie das auch bis zu einem gewissen Grade.

Wie diese eher allgemeine Aufgabenstellung der schulischen Gesundheitsförderung mit Hilfe der Schulsozialarbeit realisiert werden kann, soll nun exemplarisch an zwei Bereichen erläutert werden, die für die Schulsozialarbeit von besonderer Bedeutung sind: der Gewalt- und der Drogenprävention.

2.2 Gewaltprävention durch Angstabbau

Die meisten Projekte zur (schulischen) Gewaltprävention gehen immer noch von einer innerpsychischen Eingeschlossenheit der Gewalthandlungen aus, sie sollen aus sich selbst heraus verständlich sein, sie sind in jedem Falle abzulehnen und dies soll den Kindern und Jugendlichen „deutlich gemacht" werden (im günstigen Fall wird ihnen die Möglichkeit geboten, „sich mal abzureagieren"). Der umfassendere Blick der Gesundheitsförderung auf das Verhältnis von *Lebensbedingungen* und Formen der *Lebensbewältigung*, von pädagogisch intendierter Einhaltung bestimmter gesellschaftlicher Normen (hier dem der Gewaltfreiheit), des selbstreflexiven Umgangs mit dieser Norm (also ihrer Problematisierung oder auch der Glaubwürdigkeit derjenigen, die sich als Normenhüter verstehen) und dem Erhalt bzw. der Wiederherstellung der Erfahrungs- und Handlungsfähigkeit der Beteiligten, erschließt eine ganz andere Psychodynamik, nämlich die der *Gewalt als einer regressiven Bewältigungsform von Angst:* Den Aggressionen geht nämlich die Erfahrung voraus, dass die Realisierung meiner Wünsche und Ideen als konkretem Kind oder Jugendlichem auf interpersonale, institutionelle oder gesellschaftsstrukturelle Widerstände stößt (z.B. das Ziel einen zukunftsträchtigen Beruf erlernen zu können und die dazu notwendigen schulischen Leistungen zu erbringen). Sofern ich die dadurch hervorgerufenen psychischen Konflikte in der Lage bin zu verarbeiten, also die nahe gelegte Selbstunterdrückung meiner Ansprüche nicht vollziehe („dann muss ich halt machen, was man wir so anbietet"), entsteht dadurch eine Beharrlichkeit und Standfestigkeit bei der Artikulation und schrittweisen Durchsetzung meiner Vorstellungen. Solche Artikulationen und Realisierungsweisen können manchmal recht „massiv" sein und von moralischer Empörung getragen werden (z.B. lautstarker Protest gegen eine ungerechte Leistungsbeurteilung, Androhung von öffentlichen Stellungnahmen gegen das Fehlverhalten einer Schulleitung oder der Bildungsverwaltung, z.B. bei einem Schulverweis). Diese Verhaltensweisen sollten nicht als Aggressivität gedeutet werden, weil es sich hier nämlich um die Artikulation gut begründeter und intersubjektiv vertretbarer Selbstbestimmungs- und Selbstverwirklichungsansprüche handelt. Zugleich ist dieses Beharrungsvermögen Ausdruck emotionaler Anstrengungsbereitschaft und motivierter Frustrationstoleranz. – Aggressive Impulse entstehen vielmehr erst dann, wenn die Widerstände scheinbar oder real unüberwindlich sind, ich also die begründete Angst habe, dass meine Ideen, Wünsche, Interessen und Bedürfnisse (hier nach einer befriedigenden und sicheren Berufstätigkeit) auf der Strecke bleiben (mich z.B. niemand bei meinem Protest gegen die Lehrerin unterstützt, die mich seit längerem vor der Klasse lächerlich macht, dauernd bemüht ist, mir meine Schwächen nachzuweisen usw.) und ich zugleich nicht bereit bin, meine Kritik an bestimmten Zuständen und Verhaltensweisen und damit an der Einschränkung meiner Erlebnis-, Reflexions- und Handlungsmöglichkeiten aufzugeben, also klein beizugeben. – Hält diese Abhängigkeits- und Unterdrückungssituation nun länger an oder weitet sie sich ggf. sogar aus (wenn sich z.B. andere LehrerInnen mit der Lehrerin „solidarisieren", mit der ich im „Dauerclinch" liege und so auch Ordnungsstrafen legitimieren) und bin ich auch weiterhin nicht bereit, meine Ansprüche aufzugeben, dann kann es zu einer *Verselbständigung* der aggressiven Impulse kommen: Dann können sie sich schrittweise von der eigentlichen Ursachenkonstellation ablösen und die Aggressivität so zu einem situationsunabhängigen, stabilen Moment meiner Befindlichkeit werden (so wenn ich dann anfange alle LehrerInnen zu hassen und entsprechende, tatsächlich wohlwollende Gesprächsangebote nicht mehr bereit bin anzunehmen oder vielleicht sogar schon gar nicht als solche erfahre). Das hat dann zur Konsequenz, dass ich häufig bzw. immer häufiger unangemessen reagiere, dadurch meine Isolation verschärfe, meine Lebens- und Lernsituation sich immer mehr verschlechtert, dadurch meine Ängste zunehmen, diese immer diffuser werden und zugleich bewusstseinsfüllende Breite erlangen, sich also das Gefühl der Minderwertigkeit einstellt, welches ich durch eine verstärkte Aggressivität versuche zu überwinden (z.B. durch provokatorisch wirkende vorauseilende Aggressionen).

Vielen Gewalthandlungen liegt die Absicht zugrunde, sich gegenüber denjenigen, die mich bedrohen oder von denen ich mich bedroht fühle, Respekt und Anerkennung – hier in Form von Furcht – zu verschaffen. Aufgrund dieser psychodynamischen Regressionsspirale bestimmt die Aggressivität aber nicht nur immer mehr meine sozialen und zwischenmenschlichen Beziehungen und mein Verhältnis zu den verschiedensten Institutionen (z.B. auch denen der Kinder- und Jugendhilfe), sondern erhält zunehmend auch einen *destruktiven* Charakter, sowohl im Verhältnis zu meinen Mitmenschen und den gesellschaftlichen Institutionen bzw. Verhältnissen wie auch zu mir selber. Dann schlägt dieses Bestreben nach Selbstbestimmung weitgehend um in Selbstbehauptung und das nach Selbstverwirklichung in Fremd- und Selbstunterdrückung (ein besonders prägnantes und brutales Beispiel dafür ist das Bullying bzw. Cyberbullying). Diese *Selbstfeindschaft* erreicht dadurch eine besondere Intensität und Schärfe, weil ich nicht nur meine sich steigernden Ängste durch immer mehr Aggressivität versuche zu bewältigen, sondern weil ich zugleich anderen und mir selbst dadurch immer mehr schade und gegenüber dieser Erfahrung mich immer mehr abschotten und verschließen muss. Daraus entsteht jene *zwischenmenschliche* und *soziale Kälte*, die die Betroffenen, aber auch die BeobachterInnen immer wieder schockiert (z.B. SozialarbeiterInnen und JugendrichterInnen, die fassungslos die teilnahms- und mitleidslosen Schilderungen brutalster Körperverletzungen und sogar von Morden durch die Täter erleben).

Diese Regressionsspirale bildet also den psychodynamischen Hintergrund von Gewalttätigkeiten gerade auch mit ausländerfeindlichem, rechtsradikalem oder (neo-) faschistischem Hintergrund. Diese Kinder und Jugendlichen, aber auch – das wird häufig übersehen – Erwachsenen versuchen auf diese Weise ihre soziale Desintegration/Ausgrenzung zu überwinden, ihre zwischenmenschliche Isolation zu durchbrechen, emotionale Anerkennung und Unterstützung zu finden und damit auch ihre Hilflosigkeit, ihre Minderwertigkeitsgefühle, also insgesamt ihre Ängste zu bewältigen und ihren Leidensdruck gegenüber den gesellschaftlich-individuellen Lebensumständen zu mildern.

Wenn also auch Sicht der Gesundheitsförderung Angst eine negative emotionale Bewertung einer Situation der Anhängigkeit und Ausgeliefertheit darstellt (und Gewalt der Versuch ist sie „in den Griff zu bekommen"), dann hat die Schule im allgemeinen und die Schulsozialarbeit im besonderen bei der Gewaltprävention die Aufmerksamkeit auf diese Angst verursachenden Bedingungen außerhalb, aber auch innerhalb der Schule zu lenken[11] und Wege zu suchen, wie

11 Wie sehr die in den Beispielen bewusst genannten Ängste das alltägliche Befinden der SchülerInnen bestimmen zeigen die relativ übereinstimmenden empirischen Befunden für Sachsen-Anhalt und Kärnten, wonach bei den gesellschaftsbezogenen Ängsten die vor der Ausbildungs- und Arbeitslosigkeit und der sozialen Kälte dominieren und bei den schulbezogenen die vor

diese thematisiert, schrittweise relativiert und in bestimmten Aspekten vielleicht realistisch abgebaut werden können. Was das konkret heißt? Die Kinderrechte als offensiven Kinderschutz zu verwirklichen – und zwar in der Vielschichtigkeit, wie es in Abschnitt 1 dieses Beitrages skizziert wurde. Um es deutlich zu sagen: Wenn die mit der (schulischen) Gewaltprävention Betrauten über diese Ängste nicht sprechen wollen, dann wird ihre Gewaltprävention scheitern.

Diese Überlegungen haben aber noch eine ganz andere Seite: Der Umgang vieler LehrerInnen, wenn auch gewiss nicht der Mehrheit, hat punktuell, phasenweise, in gewissen Fällen auch durchgängig gewaltförmige, also kinderfeindliche Elemente (wie in den Beispielen angedeutet). Auch hier hilft die Skandalisierung wenig, vielmehr muss auch diesbezüglich vergegenwärtigt werden, dass ein relevanter Teil der LehrerInnen sich von der herausfordernden und konflikthaften Begegnung gerade mit den (jugendlichen) SchülerInnen grundsätzlich überfordert fühlt (vgl. die Befunde in Braun/Wetzel 2006: Kap. 4.3), regelrecht Angst haben, die Klassenräume zu betreten und in den verschiedenen Formen der Missachtung der leiblichen Integrität der Kinder und Jugendlichen eine Bewältigungschance sehen. Sie ist allerdings eine, die die Probleme verschärft und so in bestimmten Fallkonstellationen zu einer Art psychodynamischer „Aufrüstungsspirale“ führt. Spätestens das macht deutlich, dass *alle* Mitglieder der Schulgemeinde ein Interesse haben, dass „unsere Schule eine *gesunde* Schule ist bzw. wird“ – und dass heißt immer auch: „ dass sie eine *gute* Schule ist bzw. wird“ (vgl. zu diesem inneren Zusammenhang Paulus 2010: Kap.5; Sommer u.a. 2006: Teil 1 u. 2)[12].

2.3 Der gesundheitsfördernde Umgang mit psychotropen Substanzen („Drogen“)

Die auch in den Schulen noch weit verbreitete traditionelle Drogenberatung spricht fast ausschließlich von den *Gefahren*, die von Drogen ausgehen. Bei ihr wird allein schon dadurch von den Selbsterfahrungen und Selbstverständigungsbemühungen sowohl der Kinder/Jugendlichen wie der Erwachsenen abstrahiert, dass diesen Drogen eine Subjektposition zugeschrieben wird und die KonsumentInnen in einen Objekt- und Opferstatus gedrängt werden. Dies zeigt sich in Bemerkungen wie: „Drogen machen abhängig“. „Drogen machen süchtig“.

Leistungskontrollen, vor bestimmten LehrerInnen und SchülerInnen, z.T. aber auch vor der Schule generell (vgl. Braun/Wetzel [2003; 2006: Kap.7.2] ; Wetzel u.a. 2010, Kap.4.3/5.3).

12 Gewiss kann man darüber streiten, was eine gute Schule ist, denn es gibt sie selbstverständlich nur im Plural als „gute Schulen“. Diese können aber begründet unterschieden werden von „schlechten Schulen“, die nämlich die Kinderrechte und damit das Recht auf schulische Bildung systematisch verletzen.

„Drogen verändern den Menschen". „Drogen ruinieren das Leben eines Menschen": Oder zusammengefasst: „Drogen sind gefährlich". An die Stelle einer Auseinandersetzung mit den situativen Anlässen und personalen Motiven der Einnahme psychotroper Substanzen tritt hier die globalisierende und sehr vage Darstellung von deren unausweichlichen negativen Folgen. Eine gesundheitspädagogisch verantwortbare Drogenberatung kann sich aber nicht darauf einlassen, äußerliche Verhaltensweisen zu *kontrollieren*, sondern muss den schwierigeren, aber auch erfolgreicheren Weg gehen, die subjektiven Handlungsgründe zu *verstehen* und die Leiblichkeit im jeweiligen sozialen und institutionellen Kontext zu *fördern*. Ein wichtiger Ansatzpunkt ist dabei das *widersprüchliche* Verhältnis der Menschen zu diesen psychotropen Substanzen: Es nehmen viele Personen, die Drogen nehmen könnten, diese nicht. Es gibt bei allen Stoffen, die als Drogen bezeichnet werden, immer Menschen, die sie nehmen, ohne dass dies zu relevanten Beeinträchtigungen ihrer Persönlichkeitsentwicklung führt. Zugleich sind die Wirkungen der gleichen Drogen bei verschiedenen Menschen sehr unterschiedlich bis gegensätzlich. Und nicht zuletzt gibt es eine gar nicht so geringe Anzahl von Menschen, die, nachdem sie bestimmte psychotrope Substanzen über Jahre hinweg (und z.T. sogar in exzessiver Weise) genommen haben, den Gebrauch einstellen – und zwar ohne pädagogische oder therapeutische Unterstützung[13]. – Diese Widersprüchlichkeiten werden verständlich, wenn auch in der Drogenberatung zwischen Drogen-*Konsum* und Drogen-*Abhängigkeit* unterschieden wird. Beide Formen stellen spezifische, *erfahrungsvermittelte* Beziehungen zwischen konkreten Subjekten und den gesellschaftlichen Angeboten an psychotropen Substanzen dar. Ins Zentrum tritt damit – und *das* ist für den gesundheitsfördernden Umgang mit Drogen entscheidend – die Frage nach den *subjektiven* Gründen, also *warum* ich in einer bestimmten biografischen Situation/Phase und einer bestimmten sozialen Lage bestimmte psychotrope Substanzen „einnehme". Hier ist dann – global – danach zu differenzieren, ob die Einnahme die alltägliche Lebensführung nur *begleitet,* in sie integriert ist, sie aber nicht bestimmt. Dann führt sie auch nicht per se zur Minderung meines Bezuges zur sozialen Wirklichkeit und zu mir selbst und zu meinen (umfassend verstandenen) Bildungsansprüchen, sondern ist Ausdruck und Element meines persönlichen Wohlbefindens (was von solchen psychotropen Substanzen wie Alkohol allen bekannt ist). In diesem Fall sollte von Konsum gesprochen werden und dieser ist im Grundsatz unproblematisch. Dabei ist es eine Frage der historisch-kulturellen Traditionen, welche psychotropen Substanzen in welchen Regionen/Ländern/Erdteilen zu welcher Zeit und unter welchen ökonomischen

13 Das gilt auch für Personen, die über längere Zeit Heroin konsumiert haben bzw. von ihm psychodynamisch abhängig waren (vgl. die empirischen Befunde bei Braun/Gekeler 1983: Kap.5).

Marktbedingungen akzeptiert sind, insofern als „normal“ gelten und der Umgang mit ihnen Bestandteil des Alltags ist. Dabei muss jeder nichtselbstschädigende Umgang mit diesen Substanzen selbstverständlich erlernt werden. Das gilt ja auch für den Alkohol, den in unserer Kultur aktuell wohl niemand verbieten will. Es sei daran erinnert, dass Heroin Anfang des letzten Jahrhunderts bei uns ein Grippenmittel war, für das öffentlich Reklame gemacht wurde und zwar als „Beruhigungsmittel für Großvater und Enkel“.

Von Drogenabhängigkeit sollte demgegenüber dann gesprochen werden, wenn ich mein Leben weitgehend an den Erfahrungen, die sich im und mit dem Drogengebrauch erschließen, ausrichte. Die innere und äußere Wirklichkeit ist dann nicht mehr so zugänglich, wie es ohne Drogeneinnahme der Fall ist/wäre. In der Drogenabhängigkeit ziehe ich mich gleichsam von meinen Entwicklungs- und Lernmöglichkeiten zurück – und diese Blockade meiner Perspektiven wird durch den Drogengebrauch gefördert bzw. verfestigt. Dadurch wird die Realität in relevanten Aspekten nicht mehr hinreichend erfasst. So betrachtet ist Drogenabhängigkeit als eine weitreichende, realitätsbruchfördernde Unterworfenheit bzw. Unterwerfung eines Subjekts unter den Gebrauch psychotroper Substanzen zu verstehen. Diese wird in nicht wenigen Fallkonstellationen gefördert durch die leichtfertige Verabreichung von Psychostimulanzien des Wirkstoffes Methylphenidat („Ritalin“ bzw. „Medikinet“) an Kinder und Jugendliche – auch und gerade auf Initiativen der Eltern (diese sind – vor den Mitteln gegen Erkältungen – die am meisten verschriebenen Medikamente). Oder anders formuliert: Die Einnahme psychotroper Substanzen ist nie problem-*konstituierend*, sondern allenfalls problem-*verschärfend*. Der subjektive Grund für die Drogenabhängigkeit liegt somit in dem Versuch, das *psychische Leiden* an der eigenen Lebenssituation „erträglich“ zu machen, wodurch die psychodynamischen *Abwehrprozesse* einerseits verleugnet und andererseits verfestigt werden. Damit ist sie Ausdruck eines grundlegenden und tiefsitzenden Unwohlseins und des selbstfeindschaftlichen Versuches, dieses zu überwinden. Deshalb sind Drogen ein wichtiges Thema schulischer Gesundheitsförderung: Und zwar einerseits, indem entsprechende Einzelfallhilfe angeboten wird – und zwar nicht nur für die SchülerInnen, sondern auch die LehrerInnen und andere Erwachsene, die in der Schule tätig sind; und andererseits gilt es der Frage nachzugehen, inwieweit bestimmte Schulstrukturen für bestimmte Mitglieder der Schulgemeinde eine derartige positionsbestimmte soziale und psychische Zwangssituation hervorbringen, dass für sie die Drogenabhängigkeit zu einem subjektiv attraktiven oder doch zumindest akzeptablen Ausweg wird (man denke z.B. an die steigende Tendenz bei der Einnahme von Psychopharmaka in *allen* Altersstufen). Insofern gilt es generell zu klären, welche *Schulstrukturen* für die Heranwachsenden/

Erwachsenen *krankheitsfördernd* sind – und wie diese psychosozialen Konstellationen schrittweise abgebaut werden können.

Damit dürfte auch deutlich sein, dass Drogenabhängigkeit – wie die Gewalt – eine regressive Bewältigungsform von Angst ist und dass gute Schulen die beste Krankheitsprävention und der nachhaltigste Kinderschutz sind.

3 Die anwaltschaftliche Funktion: „Wir vernetzten unsere Schule und mischen uns aktiv im Sozialraum ein"

Es wurde schon mehrfach darauf verwiesen, dass der Kinderschutz in und durch die Schule und die Schulsozialarbeit immer über diese selber hinausgehen muss und sich aktiv sozialräumlich vernetzten muss. Welche Aufgaben damit verbunden sind, soll nun umrissen werden.

3.1 Die Verwirklichung des Rechts auf „Hilfen zur Erziehung"

Für den Kinderschutz trägt das Jugendamt die institutionelle Hauptverantwortung. Daraus ergibt sich die Konsequenz, dass die SchulsozialarbeiterInnen, wenn sie Kindeswohlgefährdungen vermuten oder feststellen, diese dem Jugendamt mitteilen, damit es aktiv wird. Diese Erwartung wird aber – gewiss nicht nur in Sachsen-Anhalt – häufig enttäuscht, wenn nämlich das Jugendamt „den Ball zurückspielt" und die SchulsozialarbeiterInnen – ohne entsprechende vertragliche Regelungen – auffordert, „sich um den Fall zu kümmern" oder ihn zumindest „im Blick zu behalten". In solchen Fällen muss die Schulsozialarbeit die Rechte der Heranwachsenden und ihrer Eltern auf Hilfen zur Erziehung (nach §§ 14, 27-35 und ggf. 35a SGB VIII) helfen zu verwirklichen. Das erfordert – erstens – die *Aufklärung* der Betroffenen und Interessierten über ihre Rechte und die administrativen und rechtlichen Verfahren ihrer Beantragung und Durchsetzung. Dabei sollte – zweitens – stets *partizipativ* vorgegangen werden, also insbesondere die Kinder und Jugendliche aktiv einbezogen werden. Das gilt auch bezüglich des Wunsch- und Wahlrechtes (§ 5 SGB VIII) und bei der Hilfeplanung (§ 36 SGB VIII). Hier ist es günstig, wenn die einbezogenen SchulsozialarbeiterInnen mit Zustimmung der Betroffenen an den entsprechenden Konferenzen im Jugendamt bzw. bei den Freien Trägern (Leistungserbringern) teilnehmen, um tatsächlich fallspezifisch beraten zu können. – Angesichts der Tendenz zur Privatisierung der gesellschaftlich erzeugten Risiken des Aufwachsens durch einen verschlankten, „aktivierenden" Sozialstaat, neigen Jugendämter bei dem Versuch der Kostenreduzierung, der Effektivierung und dem Controlling der Leistungserbringung über Dienstanweisungen und Standardabsenkungen dazu, rechtlich eindeutige Hilfeansprüche aus Kostengründen nicht zu gewähren. In solchen Fällen sollte die Schulsozialarbeit – drittens – die Betroffenen zum *Widerspruch* ermutigen. Dies reicht von Informationen über Widerspruchsmöglichkeiten über vermittelnde Gespräche mit den verantwortlichen SachbearbeiterInen und/oder sozial engagierten KommunalpolitikerInnen bis hin (notfalls!) zu Gerichtsklagen (hier muss dann spätestens ein Rechtsanwalt eingeschaltet werden). – Ein spezielles Aufgabenfeld ist besonders an Berufsschulen – viertens – die die Durchsetzung des Rechts auf Unterstützung bei der Erfüllung der Schulpflicht (§ 21 SGBVIII) und auf Verselbständigungshilfe (§ 41 SGB VIII), weil gerade hier die Neigung besteht die Jugendlichen zwischen Job-Center und Jugendamt hin und her zu schieben.

3.2 Die Verwirklichung des Rechts auf schulische Bildung

Die Sozialarbeit neigt immer noch dazu, die *Pflicht* zur Schule zu gehen als wesentlichen Grund für das Scheitern bildenden Lernens in der Schule anzusehen. Sie übersieht dabei, dass dies auch das *Recht* auf schulische Bildung impliziert. Und genau dieses wird zunehmend gefährdet. Hier ist – erstens – auf die Neigung und Tendenz zu verweisen SchülerInnen, die „stören“, vom Unterricht auszuschießen (es gibt sogar extreme Fälle, wo „notorisch bekannte Jugendliche“ (z.B. aus Heimen) vom Unterricht ausgeschlossen werden, obwohl sie gar nicht anwesend sind!). Auch wenn diese Handlungsweise der LehrerInnen in den allermeisten Fällen eindeutig rechtwidrig ist, wird sie von den Schulleitungen, aber auch den Schulaufsichtsbehörden geduldet. Es schleicht sich im übrigen immer mehr der Verdacht ein, dass nicht wenige Schulen Schulsozialarbeit beantragen, damit sie diese SchülerInnen an die SchulsozialarbeiterInnen „delegieren“ können und so die Aufsichtspflicht gewahrt bleibt. In diesem Kontext hat die Schulsozialarbeit auf die Rechtswidrigkeit des Verfahrens hinzuweisen (und beim Ausschluss vom Schulbesuch auch zu einem ähnlichen Widerspruch zu ermutigen wie im vorigen Abschnitt erläutert) und zugleich Vorschläge zu machen und mit umzusetzen, durch die das Unterrichts- und Sozialklima in den entsprechenden Klassen so verändert werden, dass *alle* sich an den Lernprozessen beteiligen können.

Dies verweist schon – zweitens – auf das Problem der *Schulverweigerung*, also das zeitlich begrenzte, sich ggf. ausweitende Fernbleiben vom Unterricht. (was in nicht wenigen Fällen Folge des Ausschlusses vom Unterricht ist). Hier gibt es von Teilen der Schulen die Neigung, das Problem zu verschweigen, weil es zumindest mit administrativer Mehrarbeit verbunden ist. Oder aber die Durchsetzung der Schulpflicht den Ordnungsbehörden zu übertragen. So wurden. z.B. in Magdeburg im Jahre 2008 über 559 Bußgeldverfahren (2009 waren es 513) eingeleitet und verbüßten 33 „Schulschwänzer" wegen nicht gezahlter Bußgelder eine Ersatzfreiheitsstrafe (Meldungen in der Magdeburger Volksstimme vom 21.11.2009 und 19.6.2010). Dass dies „wenig bringt" ist den Akteuren durchaus bewusst und dass Schulsozialarbeit hier einen Betrag leisten kann, wissen sie auch, dennoch wird auf dieses Mittel nicht verzichtet. Um aus dieser unbefriedigenden Situation herauszukommen sollte neben der Schulsozialarbeit an den entsprechenden Schulen und der Bereitstellung von „Bildungslotsen" – drittens – über die Möglichkeiten einer gesetzlich geregelten *alternativen Beschulung* bzw. einer alternativen Erfüllung der Schulpflicht nachgedacht werden. Hier ist besonders auf die in Niedersachen bewährten Jugendwerkstätten und in Hessen verbreiteten Produktionsschulen hinzuweisen [14].

Bei alledem darf nicht vergessen werden, dass wir es beim „Schulversagen" in einem weiten Sinne nicht vorrangig mit biografisch gescheiterten Bildungsprozessen zu tun haben, sondern mit dem Scheitern eines Schulsystems, welches (trotz leichter Verbesserungen in den letzten Jahren) im internationalen Maßstab eine kleine Spitzengruppe und eine große Risikogruppe hervorbringt. Zur Verwirklichung des Menschenrechts auf Bildung bedarf also nicht nur innerer Schulreformen, sondern auch – viertens – einer *nachhaltigen Strukturreform*. Die Schulsozialarbeit sollte sich also über ihre Träger dafür engagieren, dass einerseits so schnell wie möglich die Sondereinrichtungen der „Förderschulen" in das Regelschulsystem überführt werden (dieses Forderung nach Inklusion entspricht Art. 24 der UN-Konvention über die Rechte der Behinderten vom 13.12.2006). Andererseits sollte das vielgliedrige (aktuell 5 ½ gliedrige) Schulsystem in ein zweigliedriges transformiert werden mit einem Sockel an gemeinsamem Lernen (bis zur 4. oder 6. Kasse) und einem darauf aufbauend egalitär-pluralen Angebot im Gymnasium und in Gemeinschaftsschulen.

In dem Masse wie eine solche prozessierende Verschränkung zwischen inneren und äußeren Schulreformen gelingt, kann auch eine gewisse Paradoxie der Schulpflicht aufgehoben werden: Sie kann nämlich nur gerechtfertigt und verwirklicht werden, wenn sie das *Recht* der Kinder und Jugendlichen auf *gute Schulen* impliziert und realisiert. Auch das ist ein Aspekt der pädagogischen Symmetrie von Kinder-*Rechten* und Kinder-*Pflichten*.

---

14 Dass die Überwindung der Schulverweigerung und des Schulversagens nicht auf die jeweiligen „Problemgruppen" beschränkt werden kann, sondern eine pädagogische Qualitätssteigerung der Schulen insgesamt erfordert, ist auch die zentrale Einsicht des sachsen-anhaltinischen ESF-Programms „Projekte zur Vermeidung von Schulversagen und zur Senkung des vorzeitigen Schulabbruchs", aus dem gegenwärtig die allermeisten Stellen für Schulsozialarbeit finanziert werden (Informationen unter www.sachsen-anhalt.de/Koor_Fassung_Eckpunkte_Schulsozialarbeit.pdf).

3.3 „Kinderschutz durch Kinderrechte“ als Aufgabenstellung kommunaler Bildungslandschaften

In den neueren bildungspolitischen Debatten spielt das Konzept der kommunalen Bildungslandschaft eine zentrale Rolle (vgl. Bollweg/Otto 2011). In seinen anspruchsvollen Varianten kann es verstanden werden als konfliktreiches Vermittlungsmedium zwischen den sozialräumlich verankerten Lebenslagen und Lebenswelten der Kinder/Jugendlichen und ihrer Eltern, den Institutionen des Sozial- und Bildungssystems, den sozialpolitischen Organisationen und Verbänden und ihren vermachteten Öffentlichkeiten sowie den zivilgesellschaftlichen Bewegungen, Netzwerken und Basisöffentlichkeiten. Als solche haben sie für die Handlungsmaxime „Kinderschutz durch Kinderrechte“ und damit die Schulsozialarbeit eine Bedeutung (vgl. Beckmann 2008: Kap. 7-9) wenn durch sie – erstens – unterstützende Netzwerke und öffentliche Arenen geschaffen werde, die im Sinne des Gefährdungsmonitorings- und -screenings gehäuft auftretende Krisenkonstellationen und ihre Verursachungskomplexe identifizieren und in die kommunalen Sozialdiskurse einbringen und so zu ihrer politischen und administrativen Bearbeitung beitragen[15]. – Erforderlich sind – zweitens – neutrale Meldestellen für sexuellen Missbrauch, auch und gerade von PädagogInnen, denn nur so kann die immer noch dominante Tendenz, solche Fälle zu verschweigen oder doch zumindest zu verharmlosen, durchkreuzt und perspektivisch überwunden werden. – Nicht zuletzt bedarf es einer eigenständigen Form der Interessenvertretung für die Durchsetzung der Rechte nach dem SGB VIII, besonders der Hilfen zur Erziehung und damit einer öffentlichen Kontrolle der Entscheidungsprozeduren der Jugendämter, um aus den problematischen Kinderschutzverläufen angemessene praktische Konsequenzen zu ziehen (vgl. Fegert u.a. 2010: Kap. 6-8). Solche „Netzwerkstellen Ombudschaft in der Jugendhilfe“ gibt es – dem Berliner Beispiel folgend (vgl. Fröde/Schiller 2009) -mittlerweile auch in Bayern, Baden-Württemberg, NRW, Bremen und Sachsen-Anhalt (vgl. Fröde/Urban-Stahl 2009) und mit ihnen sollte die Schulsozialarbeit intensiv zusammenarbeiten zur Förderung des aktiven Kinderschutzes durch Verwirklichung der Kinderrechte – auch dem auf eine umfassende schulische Bildung.

15 Ein sehr gelungenes und anspruchsvolles Beispiel dafür sind die „Delmenhorster Präventionsbausteine“, in die auch die Schulen und die Schulsozialarbeit systematisch einbezogen sind (vgl. Stadt Delmenhorst 2010).

Literatur

Albert, Mathias u.a. (2010): Jugend 2010. 16. Shell Jugendstudie, Frankfurt/M.: Fischer Taschenbuch.

Alle, Friederike (2010): Kindeswohlgefährdung. Freiburg: Lambertus.

Baier, Florian/Deinet, Ulrich (Hrsg.) (2011): Praxisbuch Schulsozialarbeit. Opladen&Farmington Hills: Barbara Budrich.

Beckmann, Kathinka (2008): Kinderschutz in öffentlicher Verantwortung. Schwalbach/Ts: Wochenschau.

Behringer, Luise u.a. (2010): Mehr Chancen für gesundes Aufwachsen. Materialien zum 13. Kinder- und Jugendbericht, München: DJI.

Bollweg, Petra/Otto, Hans-Uwe (Hrsg.) (2011): Räume flexibler Bildung. Wiesbaden: VS Verlag für Sozialwissenschaften.

Braun, Karl-Heinz/Gekeler, Gert (1983): Psychische Verelendung, Heroinabhängigkeit, Subjektentwicklung. Köln: Pahl-Rugenstein.

Braun, Karl-Heinz/Wetzel, Konstanze (2003): Angst ist ein selbstverständlicher „Begleiter". In: Sozial Extra 27. 9-11.

Braun, Karl-Heinz/Wetzel, Konstanze (2006): Soziale Arbeit in der Schule. München Basel: Rheinhardt.

Faulde, Joachim (Hrsg.) (2003): Kinder und Jugendliche verstehen – fördern – schützen. Weinheim und München: Juventa.

Fegert, Jörg M. u.a. (2010): Problematische Kinderschutzverläufe. Weinheim und München: Juventa.

Fegert, Jörg M./Besier, Tanja (2010): Psychisch belastete Kinder und Jugendliche an der Schnittstelle zwischen Kinder- und Jugendhilfe und Gesundheitssystem – Zusammenarbeit der Systeme nach der KICK-Reform. In: Behringer u.a. (2010): 987-1110.

Fischer, Jörg /Merten, Roland (Hrsg.) (2010): Armut und soziale Ausgrenzung von Kindern und Jugendlichen. Baltmannsweiler: Schneider.

Fritzsche, K. Peter (2004): Menschenrechte. Paderborn u.a.: Schöningh.

Fröde, Nadine/Schiller, Ulrike (2009): Was will, was macht der Berliner Rechtshifefonds Jugendhilfe e.V.? In: Forum Sozial 12. 26-30.

Fröde, Nadine/Urban-Stahl, Ulrike (2009): „Netzwekstelle Umbudschaft in der Jugendhilfe" – ein Bündnis für die Betroffenenrechte. In: Forum Erziehungshilfen 15. 316-317.

Galm, Beate u.a. (2010): Kindesvernachlässigung. München Basel: Reinhardt.

Hartwig, Luise/Hensen, Gregor (2008): Sexueller Missbrauch und Jugendhilfe. Weinheim und München: Juventa.

Homfeldt, Hans Günther (2003): Gesundheitsförderung als Kinder- und Jugendschutz. In: Faulde (2003): 175-186.

Homfeldt, Hans Günther /Sting, Stephan (2006): Soziale Arbeit und Gesundheit. München Basel: Reinhardt.

Hurrelmann, Klaus/Andresen, Sabine u.a. (2010): Kinder in Deutschland 2010. 2. World Vision Kinderstudie, Frankfurt/M.: Fischer Taschenbuch.

Interactional Council (2002): Allgemeine Erklärung der Menschenpflichten. In: Küng (2002): 97-105.

Jordan, Erwin (Hrsg.) (2008): Kindeswohlgefährdung. Weinheim und München: Juventa

Kerber-Ganse, Waltraut (2009): Die Menschenrechte des Kindes. Opladen&Farmington Hills: Barbara Budrich.

Klein, Christine/Schatz, Günther (Hrsg.) (2010): Jungenarbeit präventiv. München Basel: Reinhardt.

Küng, Hans (Hrsg.) (2002): Dokumentation zum Weltethos. München Zürich: Piper.

Lenhart, Volker (2003): Pädagogik der Menschenrechte. Opladen: Leske+Budrich.

Liebel, Manfred 2007): Wozu Kinderrechte. Weinheim und München: Juventa.

Liebel, Manfred (2009): Kinderrechte – aus Kindersicht. Münster: LIT.

Otto, Hans-Uwe (2010): Päderastie – sexueller Missbrauch – Pädagogisches Desaster. In. neue praxis 40. 107-108.

Schmoll, Heike (2010): Verboten war nur, nicht originell zu sein. In: Frankfurter Allgemeine vom (16.4.2010): 3.

Stadt Delmenhorst (2010): Delmenhorster Präventionsbausteine. Delmenhorst: Der Oberbürgermeister.

Tenorth, Heinz-Elmar (2010): Was ist eigentlich Reformpädagogik? In: Frankfurter Allgemeine vom (29.4.2010): 7.

Wetzel, Konstanze u.a. (2010): Pilotprojekt „Schulsozialarbeit in Kärnten. Erster Zwischenbericht der quantitativen Befragung. Feldkirchen: Fachhochschule Kärnten (unveröff.).

Ziegenhein, Ute/Fegert, Jörg M. (Hrsg.) (2008): Kindeswohlgefährdung und Vernachlässigung. München Basel: Reinhardt.

Sigrid A. Bathke

Kooperationsvereinbarungen zwischen Jugendhilfe und Schule

1 Einleitung

Kooperationsvereinbarungen sind – in Anlehnung an Karl Valentin – schön, machen aber viel Arbeit. Dass die Initiierung, Förderung und der nachhaltige Erhalt von Kooperationen mit den dazugehörigen Kontrakten eine Kunst ist, wird niemand, der in der praktischen Arbeit damit konfrontiert ist, bestreiten. Dies gilt auch für Vereinbarungen zum Kinderschutz zwischen Jugendhilfe und Schule.

Bereits im Rahmen des Modellprojektes „Soziale Frühwarnsysteme in Nordrhein-Westfalen[1]" wurden schriftliche Kontrakte als Basis für verbindlichere und nachhaltigere Kooperationsformen zwischen Institutionen (u.a. auch zwischen Jugendhilfe und Schule[2]) gesehen (vgl. Ministerium für Gesundheit, Soziales, Frauen und Familie des Landes Nordrhein-Westfalen 2005). Auch aktuell wird der Abschluss schriftlicher Vereinbarungen zwischen Institutionen als Grundstein systemübergreifender Zusammenarbeit betrachtet. Beispielsweise haben sich im Rahmen des Niedersächsischen Modellprojektes „Koordinierungszentren Kinderschutz. Kommunale Netzwerke Früher Hilfen in Niedersachsen" mehrere Modellstandorte auf den Weg gemacht, Kooperationen zwischen der öffentlichen, der freien Kinder- und Jugendhilfe und Schulen durch Informations- und Fortbildungsoffensiven sowie der gemeinsamen Erarbeitung

1 Auf die Debatte zu Definition und Abgrenzung zwischen Sozialen Frühwarnsystemen, Frühen Hilfen wird hier nicht näher eingegangen, da es den Rahmen des Beitrags sprengen würde. Im Übrigen werden die beiden Begrifflichkeiten im Folgenden synonym verwendet.

2 Der Modellstandort Dortmund hatte im Rahmen dieses Projektes zum Ziel, in Kooperation mit beteiligten Institutionen niedrigschwellige, ressourcenorientierte Hilfen für Kinder und deren Familien anzubieten. Die Entwicklung von Vereinbarungen zwischen dem Jugendamt und ausgewählten Grundschulen zu Indikatoren, Schwellenwerten und verbindlichen Reaktionsketten wurde dabei als Erfolgskriterium zur Verbesserung der Kooperation über den Einzelfall hinaus gesehen.

schriftlicher Vereinbarungen zu befördern (vgl. Niedersächsisches Ministerium für Soziales, Frauen, Familie, Gesundheit und Integration 2010: 35 ff.).

Der vorliegende Beitrag gründet sich jedoch nicht nur auf die wissenschaftliche Begleitung und Beratung der beiden Modellprojekte in Nordrhein-Westfalen (NRW) und Niedersachsen durch das Institut für soziale Arbeit e.V. (ISA), an dem die Autorin tätig ist, sondern auch auf vielfältige Moderationsprozesse und der damit verbundenen fachlichen Begleitung und Unterstützung in Kommunen bei der Implementierung von Kooperationsbeziehungen zwischen Jugendhilfe und Schule zur Verbesserung des Kinderschutzes. Weiter wurde das ISA im Jahre 2009 vom Ministerium für Generationen, Familie, Frauen und Integration des Landes Nordrhein-Westfalen (MGFFI) beauftragt, ausgewählte Kooperationsvereinbarungen zwischen Jugendhilfe und Schule zum Kinderschutz in Bezug auf deren Inhalte zu untersuchen und auf der Basis der Ergebnisse Handlungsempfehlungen auszusprechen (vgl. MGFFI 2010: 211 ff.)[3].

2 Vereinbarungen als Produkt eines Aushandlungsprozesses

Sollen die Vereinbarungen nicht nur bloße Absichtserklärung sein, ist es sinnvoll, sie in einem Gremium (z.B. Arbeitsgruppe) mit Vertreter(inne)n der beteiligten Institutionen und Professionen zu entwickeln. So ist eine multiprofessionelle Perspektive auf das Thema Kinderschutz gewährleistet, die auch Möglichkeiten und Grenzen der Beteiligten berücksichtigt. Diese Vorgehensweise gewährleistet, dass die Bedingungen und Handlungslogiken der unterschiedlichen Institutionen bereits im Schriftwerk ihren Niederschlag finden – noch bevor die Inhalte auf die Ebene der faktischen Kooperation in den Schulen und Jugendämtern vor Ort transportiert werden.

Rekrutieren sich die Mitglieder des Gremiums oder der Arbeitsgruppe vorwiegend aus dem Bereich von Führung und Leitung, also der Entscheidungsebene, muss der Transfer auf die Ebene der sozialpädagogischen Fachkräfte und der Lehrer/innen ebenfalls mitgedacht werden. Hier zeigt sich der Vorteil eines

3 Um neben den Erkenntnissen aus Modellprojekten und Prozessberatung zu umfassenderen Handlungsempfehlungen zu gelangen, wurden im Rahmen der o.g. Beauftragung durch die Landesregierung NRW im Jahre 2009 insgesamt 10 Vereinbarungen aus unterschiedlichen Kommunen und Kreisen ausgewertet (MGFFI 2010). Diese Kommunen bzw. Kreise hatten entweder schon abgeschlossene Vereinbarungen zwischen Jugendhilfe und Schule zum Kinderschutz oder der Stand der Verhandlungen war bereits so weit gediehen, dass die Vereinbarungen den betreffenden Schulen schon vorgelegt werden konnten und teilweise auch schon ratifiziert worden sind. Da bislang keine empirischen Erkenntnisse zu diesem Gebiet vorlagen und es keine Statistiken über das Vorliegen dieser speziellen Vereinbarungen gibt, hatte diese Studie zwangsläufig explorativen Charakter.

Koordinationsmanagements durch eine Koordinationsfachkraft. Die Initiierung von Vernetzungen und die Begleitung von den damit verbundenen Aushandlungsprozessen sind mit einem nicht zu unterschätzenden zeitlichen Aufwand verbunden, der nicht ohne weiteres nebenbei von den beteiligten Personen geleistet werden kann. Nicht selten scheitern ambitionierte Entwicklungen von Kooperationsvereinbarungen nach ihrer Implementation an der alltäglichen Arbeitsdichte und an Personalwechseln auf allen Ebenen der Funktionen und Professionen. Zudem sei an dieser Stelle hervorgehoben, dass Vernetzungsarbeit ein hochkomplexes Handeln ist, dass systematisch geplant und begleitet werden muss und dementsprechende Ressourcen benötigt.

Gerade im Bereich des Kinderschutzes sollte man meinen, dass eigentlich niemand etwas gegen eine Kooperationsvereinbarung zum Kinderschutz haben könnte. Die Erfahrungen in der Beratungspraxis gestalten sich jedoch anders. Es kann durchaus vorkommen, dass Kooperationspartner zunächst Widerstände gegen verschriftlichte Kooperationsvereinbarungen zeigen (vgl. Niedersächsisches Ministerium für Soziales, Frauen, Familie, Gesundheit und Integration 2008: 11). Dies kann unterschiedliche Hintergründe haben. Beispielsweise besteht seit Jahren eine tradierte Zusammenarbeit zwischen dem örtlichen Jugendamt und verschiedenen Schulen. Eine schriftliche Vereinbarung wird als Vertrauensbruch empfunden, weil man nun etwas „Offizielles“ in den Händen haben möchte. Je nach den lokalen Rahmenbedingungen und Befindlichkeiten können unterschiedliche Widerstände bei der Entwicklung und der Implementation von Kooperationsvereinbarungen zwischen Jugendhilfe und Schule zum Kinderschutz auftreten. Wichtig ist dabei, diese Widerstände ernst zu nehmen und im Dialog zu bearbeiten. Aus den Erfahrungen der Autorin zeigte sich, dass der Widerstand gegen eine Verschriftlichung von Vereinbarungen zum Kinderschutz nach einiger Zeit aufgegeben wurde, wenn sich mit den schriftlichen Kontrakten – z. B. durch geregelte Verfahrensabläufe und Verantwortlichkeiten – eine Situation entwickelte, aus der sich für die verschiedenen Kontraktpartner jeweils Vorteile herleiten ließen (sog. win-win-Situation). Es darf im Übrigen nicht vergessen werden, dass die Initiative für derartige Vereinbarungen in der Regel von den Akteuren der Kinder- und Jugendhilfe ausgeht, was nicht zuletzt mit einem gewissen Ausstrahlungseffekt des § 8a SGB VIII und der damit verbundenen Verpflichtung zum Abschluss von Vereinbarungen zwischen der öffentlichen Jugendhilfe und den freien Trägern der Kinder- und Jugendhilfe zu tun hat.

Die Gewinnung des Kooperationspartners Schule sollte daher - nimmt man die Idee des Kooperationspartners auf Augenhöhe ernst - mit entsprechender Emphase erfolgen. So manches Mal wird ein aufrichtiges, ernstgemeintes Bestreben nach Kooperation vom Gegenüber eher als Überrumpelungsmanöver inklusive dem Aufoktroyieren von Aufgaben und Zuständigkeiten verstanden.

Böttcher/Bastian/Lenzmann (2008) weisen in ihren Evaluationsergebnissen des Modellprojektes „Soziale Frühwarnsysteme in Nordrhein-Westfalen" darauf hin, dass eine zentrale Bedingung für den Aufbau von Kooperationsbeziehungen darin liegt, gerade zum Beginn des Vorhabens eine realistische Beschränkung der Partnerzahl vorzunehmen. Diese Vorgehensweise hat sich als sachgerecht erwiesen, auch die Erfahrungen der Modellstandorte aus dem Projekt in Niedersachsen haben dies bestätigt (vgl. Niedersächsisches Ministerium für Soziales, Frauen, Familie, Gesundheit und Integration 2010). Einem weiteren Grundsatz effektiver Kooperation folgend (vgl. Deinet 2003: 23 ff.), nachdem gemeinsame Ziele nach Erreichbarkeit überprüft werden müssen, besteht in der Praxis die Tendenz, mit einer Schulform – in der Regel sind dies die Grundschulen – mit dem Aushandlungsprozess zu beginnen und dann sukzessive die Kooperationen zu erweitern. Dies ist insofern sinnvoll, da zunächst Erfahrungen mit der Zusammenarbeit im Netzwerk Kinderschutz gesammelt werden kann und nach erfolgter Evaluation Anpassungen vorgenommen werden können. Außerdem trägt dies der Tatsache Rechnung, dass Organisationsformen, Verfahrensroutinen und gerade auch Anhaltspunkte für potenzielle Gefährdungslagen sich im Bereich der Primarstufe in anderer Art und Weise zeigen als im Bereich der Sekundarstufe I.

Offenbar erweist es sich als vorteilhaft, wenn Vereinbarungen zum Kinderschutz auf der Basis bereits früher entwickelter Kontrakte (z.B. zum Thema Schulverweigerung, Kooperation bei Hilfen zur Erziehung etc.) aufgebaut werden können. Bestimmte Verfahrensstandards wurden demnach schon zu einem früheren Zeitpunkt zwischen Jugendhilfe und Schule vereinbart und können nun modifiziert werden. Die Kooperationspartner können hier in der Regel schon auf Erfahrungen hinsichtlich einer systematischen Zusammenarbeit zurückgreifen und diese in die Weiterentwicklung einfließen lassen. Um einem Nebeneinander der unterschiedlichen Systeme Jugendhilfe und Schule entgegenzuwirken, sollten die Vereinbarungen zwischen Jugendhilfe und Schule idealerweise in ein Gesamtkonzept der Kommune eingebunden sein. Beispielsweise wird dann in einer solchen Vereinbarung als Ziel der Kooperation(svereinbarung) nicht nur der Schutz von Kindern und Jugendlichen formuliert, sondern auch die Erfüllung des Bildungsauftrags, die Sicherstellung eines regelmäßigen Schulbesuchs, die Erlangung eines Schulabschlusses sowie die Einbeziehung und Unterstützung der Eltern bei ihrer Erziehungsaufgabe.

Die in den Vereinbarungen gewählten Formulierungen basieren im günstigsten Fall auf einem Aushandlungsprozess zwischen den Kooperationspartnern. So sollten wesentliche Gelingensbedingungen erfolgreicher Kooperation wie z.B. die Entwicklung einer gemeinsamen Zielsetzung, einer gemeinsamen Sprache, bereits von den Beteiligten bearbeitet worden sein. Entscheidend ist jedoch auch immer wieder, ob es gelingt, die Ergebnisse aus der Gremienarbeit bzw. einem Arbeitskreis auf die Fachkräfteebene zu transportieren.

3 Vereinbarungen als Regelungswerk mit Handbuchcharakter

Die Kinder- und Jugendhilfe (die öffentliche Jugendhilfe aber auch verschiedene Bereiche der freien Träger) kann im Bereich des Kinderschutzes auf vielfältige Erfahrungen und Kompetenzen zurückgreifen. Dies trifft für den Bereich Schule in der Regel nur in begrenztem Maße zu. Vereinbarungen zwischen Jugendhilfe und Schule sind deshalb mehr als vertragliche Abkommen, sondern sie sind angesiedelt zwischen Information (dazu gehört auch die Öffentlichkeitsarbeit der Jugendhilfe), Handlungsleitfaden und verbindlichem Regelwerk. Die folgende Abbildung soll dies visualisieren.

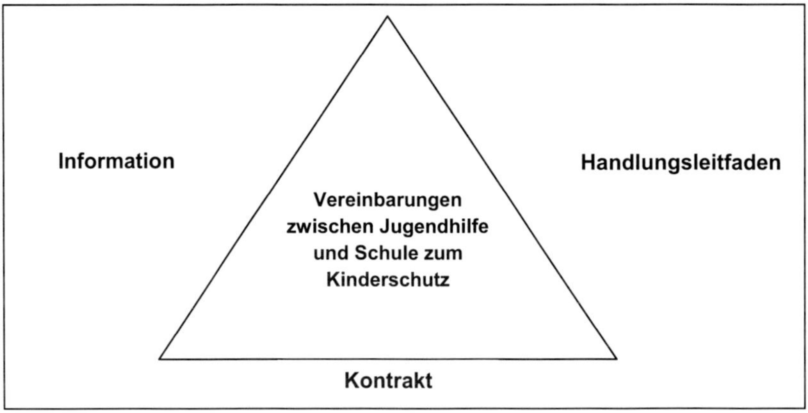

Abb. 1: Vereinbarungen zwischen Jugendhilfe und Schule zum Kinderschutz zwischen Information, Handlungsleitfaden und Kontrakt

Als Fachbehörde für den Kinderschutz werden die Vereinbarungen zwischen Jugendhilfe und Schule häufig durch die öffentliche Jugendhilfe (das zuständige örtliche Jugendamt) initiiert. Erfahrungen aus der Beratungspraxis zeigen, dass auf Seiten der Schule bzw. der Lehrkräfte nur selten auf systematische Handlungsstrategien bei Verdacht auf Kindeswohlgefährdung zurückgegriffen werden kann. Daher bietet es sich an, Qualitätsstandards und Verfahrensschritte der Jugendhilfe auf ihre Übertragbarkeit hin zu überprüfen und für den Bereich der Schule entsprechend zu modifizieren. Allerdings gilt auch hier, dass Standards und Verfahrensschritte in einem Aushandlungsprozess kommuniziert werden müssen. Schließlich besteht ein Ziel derartiger Vereinbarungen u.a. darin, den Akteuren an der Basis vor Ort (Lehrkräfte und pädagogisches Personal an Schulen) Handlungssicherheit zu vermitteln. Zumal davon ausgegangen werden kann, dass die Fachkräfte in der Jugendhilfe einen professionellen Wissensvorsprung im Handlungskontext Kindeswohl und Kindeswohlgefährdung besitzen. Dies hat allerdings nicht selten den Effekt, dass sich in der sprachlichen Ausrichtung und Ausgestaltung der Vereinbarungen eine gewisse „Jugendhilfelastigkeit“ bemerkbar macht. Beispielsweise werden unbestimmte Rechtsbegriffe, die aus dem Bereich des Familienrechts bzw. der Jugendhilfe stammen, tendenziell aus der Perspektive der Jugendhilfe dargestellt. Ohne Kommunikation über die Inhalte und Abgrenzungen dieser Begrifflichkeiten besteht die Gefahr, dass sie vom System Schule nicht verstanden werden und somit nicht für eine gemeinsame Kooperationsbasis nutzbar gemacht werden können. Hier kommt es darauf an, diesen Transfer auch für Lehr- und Fachkräfte vor Ort zu leisten. Dem Element der gemeinsamen Fortbildung als Teil einer Kooperationsstruktur (vgl. Deinet 2004) kommt dabei eine zentrale Bedeutung zu.

4 Bausteine für Vereinbarungen zwischen Jugendhilfe und Schule zum Kinderschutz

Hinsichtlich der Vermittlung von Handlungssicherheiten beim Umgang mit potenzieller Kindeswohlgefährdung und der damit notwendigen institutionsübergreifenden Kooperation lassen sich einige wesentliche Bausteine, die in den Vereinbarungen und im Rahmen des vorgeschalteten Aushandlungsprozesse ihren Niederschlag finden sollten, herausarbeiten (vgl. Bathke 2009). Vereinfachend kann man sagen, dass die Vereinbarungen zwischen Jugendhilfe und Schule zum Kinderschutz neben der Abgrenzung des Gegenstandsbereiches Antworten auf die Frage „Wer macht was wann?“ geben sollte. Im Wesentlichen gehören dazu Beispiele bzw. Anhaltspunkte für potenzielle Kindeswohlgefährdung, Ansprechpartner und Kontaktdaten für Unterstützung und Beratung sowie Verfahrensabläufe in konkreten Schritten mit verbindlichen Reaktionsketten. Die folgende Abbildung soll dies verdeutlichen.

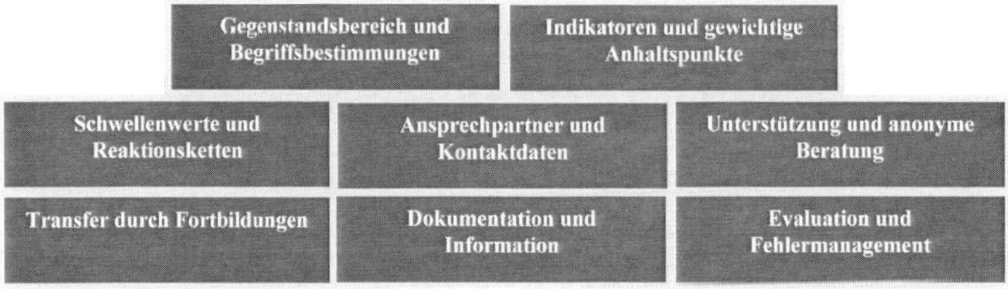

Abb. 2: Bausteine einer Kooperationsvereinbarung zwischen Jugendhilfe und Schule zum Kinderschutz

Die einzelnen Bausteine werden im Folgenden näher erläutert. An dieser Stelle sei angemerkt, dass es sich nicht um eine abschließende Darstellung handelt. In der Praxis bleibt es den Kooperationspartnern überlassen, die Bausteine auf ihre kommunalen Rahmenbedingungen anzupassen und zu erweitern.

4.1 Gegenstandsbereich und Begriffsbestimmungen

Die Kennzeichnung des Gegenstandsbereiches (Kindeswohlgefährdung und Schutz von Kindern und Jugendlichen vor Gefahr vs. Hilfen zur Erziehung unterhalb der Eingriffsschwelle) der Vereinbarungen sollte sich nicht nur auf die Benennung der einschlägigen Rechtsgrundlagen zum Kinderschutz (§ 8a SGB VIII und ggf. den dazugehörigen landesrechtlichen Regelungen), sondern auch auf die Konkretisierung und Erläuterung von unbestimmten Rechtsbegriffen, die für die Thematik maßgeblich sind, beziehen. Auch wenn sich für Begriffe wie „Kindeswohl“ und „Kindeswohlgefährdung“ keine einheitliche Definition finden lässt, sind für die kooperative Umsetzung des Kinderschutzes annähernde Begriffsbestimmungen notwendig. Ansonsten wird die Auslegung dieser unbestimmten Rechtsbegriffe in den Bereich subjektiver Einschätzungen verlagert, der in der Praxis – auf allen Ebenen – oft genug zu Missverständnissen und Frustrationen führt.

4.2 Indikatoren und gewichtige Anhaltspunkte

Grundsätzlich kann gesagt werden, dass kooperatives Handeln im Kontext von Kindeswohlgefährdung sich nicht auf den Einsatz standardisierter Risikoinstrumente – z.B. in Form von Risikoskalen und Indikatorenlisten – reduzieren darf, sondern auf konsensbasierten Entscheidungsmodellen (vgl. Goldbeck/Ziegenhain/Fegert 2007: 151) erfolgen sollte. Dennoch können die häufig in Vereinbarungen enthaltenen Indikatorenlisten eine gute Strukturierung für Beobachtungen und Wahrnehmungen der Lehr- und pädagogischen Fachkräfte in der Schule bieten. Für einen sinnvollen Einsatz als Grundlage für Beobachtungen und Dokumentationen müssen derartige Instrumente jedoch an die Zielgruppe angepasst werden. Demnach ist es wichtig, dass auch Parameter berücksichtigt werden, die von Lehr- und pädagogischen Fachkräften in der Schule wahrgenommen werden können.

In der Praxis entstammen derartige Indikatorenlisten in der Regel aus dem Arbeitsfeld des Allgemeinen Sozialen Dienstes. Sie richten sich somit an Fachkräfte, die in der Behandlung von Verdachtsmomenten ein relativ hohes professionelles Niveau haben dürften. Außerdem umfassen sie nicht selten Rubriken wie beispielsweise das *Verhalten der Eltern in der häuslichen Gemeinschaft* oder das *Fehlen ausreichender Nahrung in der Wohnung*, die sich der Beobachtung durch Lehr- und Fachkräfte in der Schule entziehen. Teilweise wird dazu übergegangen, neben Beispielen zu den Grundbedürfnissen von Kindern, Leitfäden zur Beurteilung des Kindes, der Familie und seines Umfeldes und weitere Fragenkataloge, die zur Einschätzung der Situation dienen sollen sowie Einordnungsschemata zu Gefährdungsdimensionen in ihre Vereinbarungen aufzunehmen. Auch wird immer wieder der Rückgriff auf den Kontext der Kinder- und Jugendhilfe deutlich, was sich nicht zuletzt an einer stark an juristischen Fachbegriffen entlehnte Formulierungsweise ablesen lässt. Für Lehr- und Fachkräfte an Schulen dürfte sie schlichtweg eine Überforderung darstellen. An dieser Stelle wird deutlich, dass ein gewisses Maß an „Übersetzungstätigkeit“ notwendig ist, wenn Schulen kooperativ in den Kinderschutz mit einbezogen werden sollen. Dass dies in der Praxis zu Irritationen führt, wird in der Beratungstätigkeit vor Ort insbesondere von Lehrerinnen und Lehrern immer wieder bestätigt. Allerdings haben einige Kommunen bereits Indikatorenlisten entwickelt, die Beobachtungmöglichkeiten im Arbeitsfeld Schule und Unterricht stärker in den Blick nehmen. So werden zunehmend schul- bzw. unterrichtsbezogene Anhaltspunkte für die Wahrnehmung und Beobachtung von Gefährdungslagen berücksichtigt. In diesem Zusammenhang ist eine Differenzierung nach Altersstufen, wie sie auch bei der Gefährdungseinschätzung in einigen Jugendämtern vorgenommen wird, sinnvoll.

4.3 Schwellenwerte und Reaktionsketten

Für die Umsetzung des Kinderschutzes durch bessere Vernetzung so unterschiedlicher Institutionen wie Jugendhilfe und Schule sind konkret vereinbarte Schwellenwerte und Reaktionsketten unabdingbar. Das Fehlen von Schwellenwerten und eindeutig abgrenzbaren Situationsbeschreibungen, die ein Abweichen der Handlungsroutine erforderlich machen können, führen in der Praxis zu schwierigen, subjektiv geprägten Einschätzungs- und Auslegungsprozessen, die wertvolle Ressourcen blockieren. Das folgende Raster soll dies verdeutlichen.

Handlungsbereich/ Zielgruppe Kinder im Grundschulalter	**Leitfragen**	**Beispiel**
Indikator(en)	· Worauf wollen wir achten? · Was sind für uns wichtige Anzeiger dafür, wie es Kindern geht?	Häufige Schulversäumnisse ohne Entschuldigung der Eltern, die nicht auf gesundheitliche oder andere nachvollziehbare Gründe zurückzuführen sind.
Schwellenwert	· Ab wann beginnen für uns bedenkliche Entwicklungen? · Wie oft muss etwas wahrgenommen worden sein, damit die Situation als kritisch definiert wird?	6 unentschuldigte Fehltage in 6 Wochen (oder 10 unentschuldigte Fehltage im Schulhalbjahr); keine Kooperation der Eltern erkennbar, die Abwesenheitszeit zu reduzieren.
Warnung durch …	· Wer soll auf die vereinbarten Signale achten? · Wer steht in der Verantwortung, die Situation des betroffenen Kindes im Auge zu behalten?	Klassenlehrer/in teilt dem Jugendamt auf kurzem Meldebogen folgende Angaben mit: · Anzahl der Fehltage · Bisherige Aktivitäten seitens der Schule (z.B. Elterngespräch) · Einschätzung der Gesamtsituation
Handeln durch …	· Wann muss gehandelt werden? · Wer ist zum Handeln aufgefordert? · Wer steht in der Verantwortung, den Hinweisen nachzugehen?	Jugendamt handelt innerhalb von 10 Tagen durch Hausbesuch (angemeldet oder unangemeldet oder in Form anderer Zugangsweg.
Rückmeldung an …	· Wer gibt eine Rückmeldung? · Wann erfolgt die Rückmeldung spätestens?	Spätestens 14 Tage nach Erstkontakt zum Kind bzw. zur Familie erhält die Schule vom Jugendamt eine Rückmeldung auf einem Berichtsbogen, der folgende Angaben enthält: · Aktivitäten des Jugendamtes, · weitere Hilfen, · Wird eine weitere Kooperation seitens der Eltern gewünscht? (Schweigepflichtsentbindung!)

Abb. 10: Raster zur Entwicklung von Schwellenwerten und Reaktionsketten am Beispiel Schule – Jugendamt/eigene Darstellung nach MGFFI 2006

Entscheidend ist hierbei nicht so sehr, inwiefern die vereinbarten Schwellenwerte „richtig“ sind, sondern dass sich die Kooperationspartner darauf verständigt haben. Sollten sich im Laufe der alltäglichen Praxis herausstellen, dass die Schwellenwerte nicht handhabbar sind, können selbstverständlich Modifizierungen vorgenommen werden.

Greift man auf die Ergebnisse der Evaluation der Sozialen Frühwarnsysteme in NRW zurück, so wird deutlich, dass gerade das Fehlen von Schwellenwerten, eindeutigen Maßstäben und Kriterien, ein Stolperstein bei der Entwicklung von Kooperationsbezügen ist (vgl. Böttcher/Bastian/Lenzmann 2008: 38 ff.). Schwellenwerte bestimmen bedeutet, Begriffe zu konkretisieren und darüber Konsens zu entwickeln. In der Praxis wird diesem – teilweise mühsamen und langwierigen – Prozess häufig zu wenig Raum gegeben, mit dem Effekt, dass unterschiedliche Institutionen im konkreten Einzelfall aneinander vorbeireden.

Um eine verlässliche Grundlage für das konkrete Handeln bei Verdachtsfällen auf Kindeswohlgefährdung bieten zu können, müssen Vereinbarungen neben Schwellenwerten gleichfalls Reaktionsketten beinhalten. Damit sind möglichst detaillierte Handlungsschritte gemeint, die bei Überschreitung bestimmter Schwellenwerte einzuleiten sind und auf die sich die Kooperationspartner verständigt haben. Hierbei sollten auch Personen bzw. Funktionsträger (z.B. Schulleitung) benannt werden, die in den Prozess eingebunden werden müssen.

Beispielsweise wurde in einer Vereinbarung festgelegt, dass die Lehrkraft, die die Anhaltspunkte wahrnimmt, die Schulleitung informiert und gemeinsam mit ihr eine Einschätzung der Situation vornimmt. Kommen Schulleitung und Lehrkraft zu dem Ergebnis, dass gewichtige Anhaltspunkte für eine Kindeswohlgefährdung vorliegen, wird eine *„hinsichtlich der Kindeswohlgefährdung erfahrene Fachkraft des Jugendamtes“* hinzugezogen, die Personendaten werden anonymisiert und die Fallverantwortung verbleibt bis zu diesem Zeitpunkt bei der Schule. Die *„hinsichtlich der Kindeswohlgefährdung erfahrene Fachkraft“* ist in diesem Fall eine Fachkraft des Jugendamtes. Das Jugendamt verpflichtet sich seinerseits, dass

> „durch die Hinzuziehung der erfahrenen Fachkraft lediglich eine Risikoabwägung erfolgt und aus dieser Tätigkeit sich erst dann ein Eingreifen des Jugendamtes ableitet, wenn die Bemühungen der Schule, die Personensorgeberechtigte zu einem Abstellen der das Kind bzw. den Jugendlichen gefährdenden oder beeinträchtigenden Umstände oder Handlungen nicht zum Erfolge führen und die Schule dieses Scheitern dem Jugendamt gegenüber bekundet.“

Je konkreter hier bestimmte Funktionsträger und deren Aufgaben benannt werden, desto transparenter ist in der Praxis auch die Vorgehensweise der unterschiedlichen Institutionen. Jeder weiß, welche Schritte er gehen muss und wann er was vom Kooperationspartner erwarten kann und darf. Dies erhöht letztlich auch das Vertrauen in die Kooperationsbeziehungen.

Hervorzuheben ist weiter, dass in den Vereinbarungen die Einbeziehung der Eltern, Kinder und Jugendlichen nicht vergessen werden sollte. Leider ist dies nicht durchgängige Praxis. Lehrer/innen und pädagogische Fachkräfte an Schulen unterrichten und betreuen ihre Schüler/innen nicht nur einen verhältnismäßig langen Zeitraum, sondern dürften auch einen höheren Vertrauensvorschuss bei den Eltern genießen, als dies beim Jugendamt der Fall sein dürfte. Deshalb können hier bedeutsame Ressourcen aktiviert werden, um gemeinsam mit allen Beteiligten (Familie und Institutionen) Lösungen zu erarbeiten. Weiter würdigt dieses Vorgehen die Kompetenzen von Schulen und gibt den Akteuren der Jugendhilfe nach Übermittlung der Informationen auch Gewissheit über die bereits erfolgten Bemühungen. Betont wird die Kompetenz auch dadurch, dass in einigen Vereinbarungen die Entwicklung eigener Verfahren in der jeweiligen Schule zum Ablauf bei Verdacht auf Kindeswohlgefährdung festgelegt wird. So heißt es beispielsweise in einer Vereinbarung:

> „Die Schule verpflichtet sich im Rahmen dieser Vereinbarung, ein eigenes internes Verfahren vorzuhalten, dass die schulspezifischen Schritte definiert, die Dokumentation regelt und eine rechtzeitige sachgerechte Entscheidung über notwendige Interventionen seitens der Schule und die Einbeziehung des Jugendamtes ermöglicht und sicherstellt."

Zu diesem Verfahren gehört in der Regel sowohl die Einschätzung von Gefährdungslagen als auch die Entscheidung über die Einschaltung des Jugendamtes (bezug genommen wird in NRW auf § 42 Abs. 6 SchulG NRW[4]). Eine weitere Vereinbarung wird hier, was die Aufgabe der Schule anbelangt noch konkreter:

> „Die Schule hat im Einzelfall die Aufgabe, die Eltern bzw. das Kind oder der/ die Jugendliche auf Beratungs- und Hilfsmöglichkeiten hinzuweisen und zur Inanspruchnahme zu motivieren."

In der Praxisberatung tauchen teilweise auch Widerstände gegen diese Formulierungen seitens der Schule auf. Ziel dieser Formulierung ist jedoch eher die Stärkung der Eigenverantwortlichkeit der Schule als Partner auf gleicher Augenhöhe mit ihren Kompetenzen. Zudem wird der Tendenz, Verantwortlichkeiten zu frühzeitig abzugeben, entgegengewirkt. Das Jugendamt seinerseits hat bei

4 Hier heißt es: „Die Sorge für das Wohl der Schülerinnen und Schüler erfordert es, jedem Anschein von Vernachlässigung oder Misshandlung nachzugehen. Die Schule entscheidet rechtzeitig über die Einbeziehung des Jugendamtes oder anderer Stellen."

dieser Verfahrensweise die Gewissheit, dass die Schule bereits ihre „Bordmittel“ eingesetzt hat und nun weitere Unterstützung nötig ist.

4.4 Transfer durch Fortbildung

Wie bereits erwähnt, kommen die Begrifflichkeiten der Vereinbarungen zum Kinderschutz vielfach aus dem Arbeitsfeld der öffentlichen Jugendhilfe. Unbestimmte Rechtsbegriffe wie „Kindeswohlgefährdung“, „Kindeswohl“, „gewichtige Anhaltspunkte“ etc. müssen durch Auslegung konkretisiert werden. Wird beispielsweise in einer Vereinbarung hinsichtlich der Gefährdungstatbestände aus einer Entscheidung des Bundesgerichtshofes zitiert, dass die Rechtsprechung unter einer Gefährdung „eine gegenwärtig in einem solchen Maße vorhandene Gefahr [versteht], dass sich bei der weiteren Entwicklung eine erhebliche Schädigung mit ziemlicher Sicherheit voraussehen lässt“ (BGH FamRZ 1956: 350 = NJW 1956: 1434), so dürfte dies für Akteure in der Schule nur schwer verständlich sein. Begrifflichkeiten, die aus einer bestimmten Fachsprache und einem bestimmten fachlichen Kontext hervorgegangen sind, müssen daher zur nachhaltigen Umsetzung in der Praxis über Fortbildungen und Informationsveranstaltungen vermittelt werden. Zwar ist davon auszugehen, dass dieser Prozess auch in Gremien und Arbeitskreisen, die sich mit der Entwicklung von Vereinbarungen zwischen Jugendhilfe und Schule beschäftigen, stattfindet, es gilt jedoch, dies auch auf die operative Ebene auszuweiten, um einer rein subjektiven Herangehensweise einzelner (Lehr-)Personen entgegenzuwirken.

4.5 Ansprechpartner und Kontaktdaten

> „Das Schlimmste ist, dass man nicht weiß, an wen man sich wenden soll. Und wenn man es herausgefunden hat, ist die Person nicht erreichbar.“

Das Zitat einer Lehrerin markiert einen wunden Punkt, der häufig bei unstrukturierten und nicht im Vorfeld geregelten Kooperationen zwischen Jugendhilfe und Schule auftritt.

Geht man davon aus, dass die Vereinbarungen und deren Anlagen auch praktische Handreichung sein sollen, sind konkrete Ansprechpartner sowie Kontaktdaten weiterer Institutionen und Beratungsstellen unerlässlich. Wenig hilfreich für die Umsetzung des Kinderschutz vor Ort ist es beispielsweise, wenn das System der Jugendhilfe detailliert beschrieben wird, es aber an Telefonnummern und Adressen im Bedarfsfall mangelt. Wichtig ist allerdings, dass die Kontaktdaten regelmäßig gepflegt werden (z.B. bei strukturellen Veränderungen im Jugendamtsbereich, die auch Zuständigkeiten tangieren oder bei Wechsel der

Ansprechpartner). Hilfreich kann auch eine kurze Darstellung in Form von Diagrammen zu den Aufgaben und Verfahrensweisen der öffentlichen Jugendhilfe sein, denn vielfach sind Abläufe, Möglichkeiten und Grenzen des Handelns über die eigene Institution hinaus unbekannt. Auffallend ist, dass in Vereinbarungen kaum auf die Unterstützung durch die schulpsychologischen Beratungsstellen hingewiesen wird. Gerade für den Bereich Schule wäre eine Vernetzung mit den schulpsychologischen Beratungsstellen und der Jugendhilfe sinnvoll, um Problematiken wie dem Verdacht auf Kindeswohlgefährdung umfassend und aus multiperspektivischer Sicht zu begegnen.

4.6 Unterstützung und anonyme Beratung

Sehr unterschiedlich gehen Kommunen (in NRW) mit der Frage der anonymen Beratung um. Hier reicht das Kontinuum von der expliziten Erwähnung der Möglichkeit dieser Beratungsform bis hin zum vollständigen Fehlen dieser Unterstützung- und Orientierungshilfe für Lehrkräfte. Soll jedoch die Schule eigene Prozessabläufe entwickeln, muss auch die Möglichkeit bestehen, sich in Form einer anonymen Beratung Gewissheit über bestimmte Gefährdungsaspekte und den damit verbundenen Fragestellungen zu verschaffen. Unter den zehn ausgewerteten Vereinbarungen im Rahmen der NRW-Studie (vgl. MGFFI 2010) wurde nur in einer Vereinbarung ausdrücklich auf die Möglichkeit der anonymen Beratung – bezugnehmend auf § 64 Abs. 2a SGB VIII – hingewiesen. In den Anlagen finden sich das Procedere der anonymen Beratung beim Jugendamt, ein Protokoll als Formblatt sowie ein Flussdiagramm über den Beratungsprozess. Das ist insofern bemerkenswert, da viele Schulen diese Möglichkeit der Beratung nicht kennen und sie bislang in der Praxis nicht hinreichend ausgeschöpft wird. Im Übrigen kann man feststellen, dass das Angebot der anonymen Beratung in den Vereinbarungen eher zurückhaltend aufgenommen wird. Viel häufiger findet sich das Angebot der Fallberatung durch das Jugendamt oder ausgewiesene Beratungsstellen sowie die Zusage der Beteiligung von Lehrer/innen und Fachkräften der Schulsozialarbeit an Helferkonferenzen und Hilfeplangesprächen. Eine weitere Unterstützungsmöglichkeit für Lehrkräfte bietet die Hinzuziehung einer „insoweit erfahrenen Fachkraft" (§ 8a Abs. 2 SGB VIII). Bezogen auf die Vereinbarungen zwischen Jugendhilfe und Schule ist diese in der Regel beim örtlichen Jugendamt angesiedelt. Besteht gleichzeitig auch die Möglichkeit der anonymen Beratung ist dagegen fachlich nichts einzuwenden. Bedenken sind allerdings angebracht, wenn jenseits von Professionalität die Fallverantwortung zu frühzeitig und ohne weitere Rückkopplung mit der Schule und den Erziehungsberechtigten dem Jugendamt überantwortet wird.

4.7 Dokumentation und Information

Um eine wirksame Kooperation für den Kinderschutz zwischen Jugendhilfe und Schule zu gewährleisten, müssen neben den konkreten Verfahrensschritten und -abläufen auch Fragen zur Informationsübermittlung, zur Dokumentation sowie zum Datenschutz geregelt werden. Eine einheitliche Form für die Weitergabe von Daten erleichtert die Informationsübermittlung bei der Meldung an das Jugendamt bzw. bei der Rückkopplung an die Schule. Außerdem dienen derartige Beobachtungs-, Melde- und Protokollbögen gleichzeitig der Dokumentation und der eigenen Absicherung. Hier zeigt sich, dass es im Bereich des Datenschutzes noch große Unsicherheiten – auf beiden Seiten – gibt. Sicherlich ist der Datenschutz ein sehr komplexes, systemübergreifendes Querschnittsthema, dessen ausführliche Bearbeitung möglicherweise mehr Fragen als Antworten aufwirft. Es darf aber nicht vergessen werden, dass es in der Praxis häufig gerade an grundlegendem Wissen zum Datenschutz mangelt.

Auch wenn der Verdacht auf Kindeswohlgefährdung erweiterte Möglichkeiten der Informationsübermittlung zulässt, gibt es noch erheblichen Fortbildungsbedarf, damit Datenschutz weder als Schutzschild gegen Kooperation behandelt noch wildwüchsiger Informationsaustausch über Betroffene ohne Rücksicht auf das Grundrecht der informationellen Selbstbestimmung betrieben wird.

4.8 Evaluation und Fehlermanagement

Beachtlich ist, dass fast alle ausgewählten Kommunen in der NRW-Studie (vgl. MGFFI 2010) die Evaluation ihrer Vereinbarungen vorsehen, so dass hier ggf. eine Modifizierung und Neujustierung nach angemessener Praxiserprobung erfolgen kann. Dabei geht es nicht nur um die Bewertung der Kooperation bei Verdachtsfällen auf Kindeswohlgefährdung durch beide Institutionen, sondern auch um Bewertung einzelner Fälle. Dass ein derartiges Fehlermanagement bei Fällen von Kindeswohlgefährdung auch in der Zusammenarbeit zwischen Schule und Jugendhilfe eingeführt wird, spricht für eine professionelle Qualitätsentwicklung im Netzwerk für den Kinderschutz. Nur wenn systematisch und offen Fehler bzw. ihre Auslöser analysiert werden, lassen sich für die Zukunft adäquate Maßnahmen ergreifen, die im Sinne eines „lernenden Systems“ für eine Verbesserung im Umgang mit Kindeswohlgefährdung sorgen.

Effektive und lebendige Kooperationen leben davon, dass die Kooperationsbeziehungen und die darauf basierenden Kontrakte in regelmäßigen Abständen überprüft werden. Als wenig sinnvoll hat sich erwiesen, einmal abgeschlossene Vereinbarungen ad acta zu legen und die Kooperationen in der Praxis „einfach laufen zu lassen.“ Die meisten der ausgewerteten Vereinbarung beabsichtigen deshalb eine jährliche Evaluation ihrer Kooperation zum Kinderschutz. Vorgesehen ist beispielsweise in einigen Vereinbarungen, dass das Jugendamt der Schule Rückmeldungen zum weiteren Verlauf der Fälle gibt und in diesem Zusammenhang eine jährliche gemeinsame Auswertung der Fälle von Kindeswohlgefährdung zwischen Jugendamt und Schulamt erfolgt. In einem Fall beinhaltet die Vereinbarung auch einen Bewertungsbogen bezüglich der Kooperation für jeden Einzelfall. Auch hier soll einmal jährlich die Kooperation in jedem Einzelfall von beiden Kooperationspartnern (ASD und der Schule) bewertet werden.

In der Praxis hat sich im Übrigen gezeigt, dass ein jährlicher Erfahrungsaustausch über initiierte Vereinbarungen mit den Kooperationspartnern ausreichend ist, da häufigere Treffen in der Regel nicht praktikabel sind. Es hat sich außerdem in der Praxis gezeigt, dass sich regelmäßige Termine zum Erfahrungsaustausch – dies kann auch in Form von Fachtagungen geschehen – wesentlich eher realisieren lassen als umfängliche Evaluationsvorhaben.

5 Fazit

Zusammenfassend lässt sich sagen, dass die Entwicklung von Vereinbarungen zwischen Jugendhilfe und Schule zum Kinderschutz zwar ein sehr fruchtbares, jedoch zeitintensives Unterfangen ist. In der Beratungspraxis muss immer wieder gegenüber den beteiligten Kooperationspartnern betont werden, dass dies ein Prozess mit eigenem Tempo ist. Es zeigt sich aber auch, dass dies ein Weg zu einem institutionsübergreifenden Qualitätsbewusstsein für den Kinderschutz einer Kommune oder einer Region sein kann. Auseinandersetzung und Erörterung von Fragen zum Themenkomplex Kindeswohl und Kindeswohlgefährdung sollten daher für einen berufs- und institutionsübergreifenden kreativen Dialog genutzt werden, der zur Weiterentwicklung verbindlicher und nachhaltiger Kooperationen beiträgt. Die Erkenntnisse aus wissenschaftlicher Begleitung und Beratungspraxis vor Ort lassen den optimistischen Schluss zu, dass hier in den letzten Jahren eine erhebliche Verbesserung in der Kooperation und Vernetzung unterschiedlicher Institutionen bewirkt werden konnte, deren Entwicklung noch lange nicht abgeschlossen ist.

Literatur

Bathke, Sigrid (2009): Kinderschutz in gemeinsamer Verantwortung von Jugendhilfe und Schule am Beispiel der Ausgestaltung der Vereinbarungen. In: ISA-Jahrbuch zur Sozialen Arbeit 2009. Münster, New York, München, Berlin: Waxmann.

Böttcher, Wolfgang/Bastian, Pascal/Lenzmann, Virginia (2008): Soziale Frühwarnsysteme. Evaluation des Modellprojektes in Nordrhein-Westfalen. Münster, New York, München, Berlin: Waxmann.

Deinet, Ulrich (2004): Gemeinsame Fortbildung zwischen Jugendhilfe und Schule. Vortrag anlässlich der Fachtagung „Strukturen der Kooperation – wie soll sich im Land NRW die Kooperation von Jugendhilfe und Schule mittelfristig platzieren?" vom 29.-30 11.2004 in Vlotho, http://www.bmfsfj.de/bmfsfj/generator/Publikationen/kjhg/01-Redaktion/PDF-Anlagen/gemeinsame-fortbildung,property=pdf,bereich=kjhg,sprache=de,rwb=true.pdf, Download vom 18.05.2009.

Deinet, Ulrich (2003): Die sieben „K's" der Thema Vernetzung zwischen Schule und Erziehungshilfe. In: Landschaftsverband Westfalen-Lippe (2003): 23-28.

Goldbeck, Lutz/Ziegenhain, Ute/Fegert, Jörg M. (2007): Zusammenwirken der Fachkräfte zum Wohle des gefährdeten Kindes – (wie) kann das gelingen? In: Forum Erziehungshilfen (2007): 149-153.

Institut für soziale Arbeit (Hrsg.): ISA-Jahrbuch zur Sozialen Arbeit 2009. Münster, New York, München, Berlin: Waxmann.

Landschaftsverband Westfalen-Lippe (Hrsg.): Hilfen zur Erziehung erfolgreich mitgestalten. Eine Einführung für Lehrerinnen und Lehrer. 3. Aufl. Münster: Eigenverlag. 23-28.

Ministerium für Generationen, Familie, Frauen und Integration des Landes Nordrhein-Westfalen (Hrsg.) (2010): Kindeswohlgefährdung – Ursachen, Erscheinungsformen und neue Ansätze der Prävention. Düsseldorf: Eigenverlag.

Ministerium für Gesundheit, Soziales, Frauen und Familie des Landes Nordrhein-Westfalen (Hrsg.) (2005): Soziale Frühwarnsysteme in NRW – Ergebnisse und Perspektiven eines Modellprojekts. Düsseldorf: Eigenverlag.

Ministerium für Gesundheit, Soziales, Frauen und Familie des Landes Nordrhein-Westfalen (Hrsg.) (2006): Soziale Frühwarnsysteme in NRW – Berichte aus den Modellstandorten. Düsseldorf: Eigenverlag.

Münder, Johannes (2009): Soziale Frühwarnsysteme und Datenschutz. Münster, New York, München, Berlin: Waxmann.

Niedersächsisches Ministerium für Soziales, Frauen, Familie, Gesundheit und Integration (Hrsg.) (2008): Koordinierungszentren Kinderschutz. Kommunale Netzwerke Früher Hilfen in Niedersachsen. Zwischenbericht 2008. Hannover: Eigenverlag.

Niedersächsisches Ministerium für Soziales, Frauen, Familie, Gesundheit und Integration (Hrsg.) (2010): Koordinierungszentren Kinderschutz. Kommunale Netzwerke Früher Hilfen in Niedersachsen. Zwischenbericht 2010. Hannover: Eigenverlag.

Christiane Meiner

Kooperationen im Kinderschutz – Empirische Erkenntnisse aus dem Dritten Sächsischen Kinder- und Jugendbericht

Kooperation von Jugendhilfe und Schule stellt derzeit ein vieldiskutiertes Thema in der Fachöffentlichkeit dar. Dabei handelt es sich zumeist um Kooperationen im Rahmen des Aus- und Aufbaus von Ganztagsschulen und von Schulsozialarbeit. Kooperationen zwischen schulischem Personal und Mitarbeitern der Jugendhilfe in Fällen von Hilfen zur Erziehung finden hingegen kaum Beachtung. Dieser wesentliche Teilbereich der Jugendhilfe bedarf jedoch auch einer zunehmenden Aufmerksamkeit hinsichtlich der qualitativen und quantitativen Verbesserung von Kooperationsbeziehungen zwischen den beiden Professionen. Auch in diesem Aufgabenbereich sind Kooperationsbeziehungen von höchster Qualität anzustreben, da sich die erzieherischen Probleme bzw. die Probleme in einer Familie – die den Grund für die Gewährung einer Hilfe zur Erziehung bilden – zumeist in schulischen Problemen widerspiegeln. Zudem ist die Schule die Institution, durch die diese Probleme erst nach außen hin sichtbar werden. Zur Erfüllung der gesetzlichen Vorgaben des Abbaus von erzieherischen Defiziten und des Einbezuges des engeren sozialen Umfeldes kann Schule bzw. das Lehrpersonal nicht außen vor gelassen werden.

Vor diesem Hintergrund wurde im Rahmen einer Expertise zum Dritten Sächsischen Kinder- und Jugendbericht der Frage nachgegangen, welchen Stellenwert Bildung sowie die individuelle Förderung von Bildungschancen in einzelfallbezogenen Leistungen der Kinder- und Jugendhilfe einnimmt. Ausgehend von den Kooperationserfahrungen der ASD-Mitarbeiter erfolgte dazu eine quantitative Erhebung in allen sächsischen Jugendämtern.

Nachfolgend werden einige Ergebnisse dieser Untersuchung insbesondere zur Problematik der Ausgestaltung von Kooperationen zwischen den Sozialarbeitern der Jugendämter und dem schulischen Personal dargestellt. Dabei werden in einem ersten Teil die rechtlichen Grundlagen erörtert, unter denen Kooperationsbeziehungen aufgebaut werden müssen. In einem zweiten Kapitel stehen die Möglichkeiten und Hindernissen zum Auf- und Ausbau von Kooperationen im Mittelpunkt. Von besonderer Bedeutung sind dabei die Fragen nach dem Verständnis von Kooperation, dem regelmäßigen Kontakt, dem Einbezug des schulischen Personals in die verschiedenen Phasen des Hilfeprozesses sowie die Bedeutung von Kooperationsbeziehungen. In einem letzten Schritt werden aus diesen Ergebnissen Handlungsempfehlungen entwickelt.

1 Kooperation als Aufgabe von Schule und Jugendhilfe

Schule und Jugendhilfe verfügen neben dem gemeinsamen Bildungsauftrag über zwei weitere Schnittstellen. Zum einen arbeiten die beiden Institutionen mit Blick auf die schulpflichtigen Kinder mit dem gleichen Klientel, zum anderen verfolgen sie eine grundlegende, gemeinsame Zielstellung. Diese beinhaltet die drei Bereiche: (1) der Stärkung der Persönlichkeit der jungen Menschen, (2) der Befähigung zum eigenverantwortlichen Handeln und zur Wahrnehmung von Aufgaben für die Gemeinschaft sowie (3) der Vorbereitung auf die berufliche Qualifizierung und das Leben in der Erwachsenenwelt (vgl. Landkreis Potsdam-Mittelmark, Arbeitsgruppe Schule-Jugendhilfe u.a. 2007: 3).

Die zunehmend schwierigeren Lebenslagen und komplexeren Problemlagen der Kinder und Jugendlichen fordern von den Fachkräften eine Vielzahl an Kompetenzen bei der Arbeit mit ihrer Zielgruppe um ihrem Handlungsauftrag gerecht zu werden. Schule auf der einen Seite kann dabei aufgrund ihrer Strukturen nur wenig zur Bewältigung der Problemlagen der Kinder beitragen, daher schlägt Wiesner vor, dass sie sich in dieser Situation die Leistungen der Jugendhilfe zu Nutze machen solle (vgl. Wiesner 2006: 1500). Jugendhilfe auf der anderen Seite verfolgt einen Arbeitsansatz, der die Gesamtheit der Lebenswelt der Kinder in den Blick nimmt. Dementsprechend kann Schule, als die Einrichtung, in der die Kinder einen nicht unerheblichen Teil ihres Tages verbringen, nicht außen vor gelassen werden. Zudem besteht gerade durch die Schule die Chance, die Kinder und ihre Eltern frühzeitig zu erreichen. Für beide Institutionen ist eine Kooperation mit den Fachkräften der jeweils anderen Einrichtung für die professionelle Bearbeitung ihrer Ziele unumgänglich. Wie im Folgenden zu zeigen ist, lassen sich zu den inhaltlichen Begründungen auch mehrere Rechtsquellen finden, die die Kooperation zwischen Schule und Jugendhilfe nicht nur (im Sinne einer Kann-Leistung) nahe legen, sondern auch einfordern (Soll-Leistung).

1.1 Kooperationsverpflichtungen der Schule

Entsprechend der Förderalismusstruktur in Deutschland besteht nur ein gesetzlich festgeschriebener Rahmen für das Schulsystem, dessen Ausgestaltung den Bundesländern obliegt. In den 16 Landesgesetzen sind daher Regelungen zu Kooperationsverpflichtungen von Schulen mit der öffentlichen und freien Jugendhilfe in unterschiedlicher Weiße und Intensität verankert (vgl. Schäfer 2009: 691f.). Beispielsweise werden die sächsischen Schulen durch § 35b SächsSchulG dazu verpflichtet „mit den Trägern der öffentlichen und der freien Jugendhilfe und mit außerschulischen Einrichtungen … zusammen[zuarbeiten].“ Durch die Verwendung unbestimmter Rechtsbegriffe und allgemeiner Öffnungsklauseln bleibt eine konkrete Bestimmung von Kooperationsbereichen, -inhalten und -strukturen aus. Die Ausgestaltung der Norm unterliegt daher den einzelnen Akteuren. Die Herausbildung einer Vielzahl unterschiedlicher Konzepte, Modelle und Einzelkooperationen ist das Ergebnis dieser offenen Formulierung, die jedoch kaum verbindliche Strukturen der Zusammenarbeit zu erzeugen vermag. Zudem kann gerade auch durch die unterlassene Bestimmung der Kooperationsvoraussetzung keine verpflichtende Kooperation im Falle von Einzelfallhilfen seitens der Schule herausgelesen werden.

1.2 Kooperationsverpflichtungen der Jugendhilfe

Entgegen des Förderalismusprinzips im Schulsystem wird die Jugendhilfe auf Bundesebene durch das SGB VIII geregelt und gilt somit gleichermaßen für alle Bundesländer. Neben arbeitsfeldspezifischen Regelungen zur Kooperation für die Jugendarbeit (§ 11 SGB VIII) und die Jugendsozialarbeit (§ 13 SGB VIII) beinhaltet § 81 SGB VIII allgemeine Kooperationsverpflichtungen der öffentlichen Jugendhilfe. Neben anderen Institutionen werden Schulen und Schulverwaltungen explizit und an erster Stelle der Aufzählung als Kooperationspartner benannt. Die Träger der öffentlichen Jugendhilfe werden durch diese Regelung zur Kooperation verpflichtet nicht aber die freien Träger (vgl. Möller/Nix/Busch 2006: 357). Vor dem Hintergrund der Erfüllung des ganzheitlichen Hilfeansatzes der Jugendhilfe besteht allerdings eine generelle Notwendigkeit der Kooperation mit Schulen (vgl. Wiesner 2006: 1498).

Die gesetzlich festgeschriebenen Kooperationsverpflichtungen beinhalten dabei keine konkreten Ausgestaltungsmerkmale. Dies erscheint gerade vor dem Hintergrund unterschiedlicher Strukturen in städtischen und ländlichen Regionen sinnvoll (vgl. Schäfer 2009: 690).

Für die konkrete Zusammenarbeit im Einzelfall bestehen zwei datenschutzrechtliche Hindernisse. Zum einen dürfen die Träger der Jugendhilfe nach § 81

SGB VIII nur „im Rahmen ihrer Aufgaben und Befugnisse" mit Dritten kooperieren, das heißt im Rahmen der Ziele und Leistungen des SGB VIII. Zum zweiten dürfen Informationen (bis auf vereinzelte Ausnahmen) nur weitergegeben werden, insofern es sich nicht um personenbezogene Daten handelt (vgl. Krüger 2008: 648) oder die Betroffenen ihr Einverständnis erteilt haben und durch die Weitergabe der Daten der Erfolg der Leistung nicht beeinträchtigt werden könnte (vgl. § 64 Abs. 2 SGB VIII).

2 Möglichkeiten und Hindernisse der Kooperation

Die rechtlichen Normen geben den Mitarbeiter in Jugendhilfe und Schule den Rahmen zur Kooperation vor, den diese in der täglichen Praxis ausgestalten müssen. Dabei besteht neben zusätzlichen Hindernissen auch eine Reihe an positiven Kooperationsvoraussetzungen.

Diese werden nachfolgend am Beispiel der Kooperation von Trägern der öffentlichen Jugendhilfe bei Einzelfallhilfen in Sachsen herausgearbeitet. Das Kooperationsverständnis und Sicht der Lehrer auf bestehende Kooperationen können mithilfe der vorliegenden Daten nicht erläutert werden.

2.1 Verständnis von Kooperation

Innerhalb der Expertise für den Dritten Sächsischen Kinder- und Jugendbericht wurde weiterhin untersucht, welches Verständnis von Kooperation bei den ASD-Mitarbeitern zugrunde liegt. Antwortalternativen standen den Befragten nicht zur Verfügung. Es galt durch die Beschreibungen die Kooperationsbegriffe der ASD-Mitarbeiter herauszufiltern. Trotz dieser Vorgehensweise zeigten sich sehr homogene Nennungen. Jeweils mehr als 50 % verstehen unter Kooperation einen „Informationsaustausch" im Sinne der Zusammenarbeit verschiedener Fachkräfte zur multiprofessionellen Fallbearbeitung sowie das „Definieren gemeinsamer Ziele, Erwartungen und Lösungen" i.d.R. bezüglich der konkreten Fälle. Wiederum fast die Hälfte der Befragten versteht unter einer Kooperation das „Erreichen gemeinsamer Ziele". Weiterhin wurde von mehr als einem Drittel die „gleichberechtigte und freiwillige Zusammenarbeit" benannt.

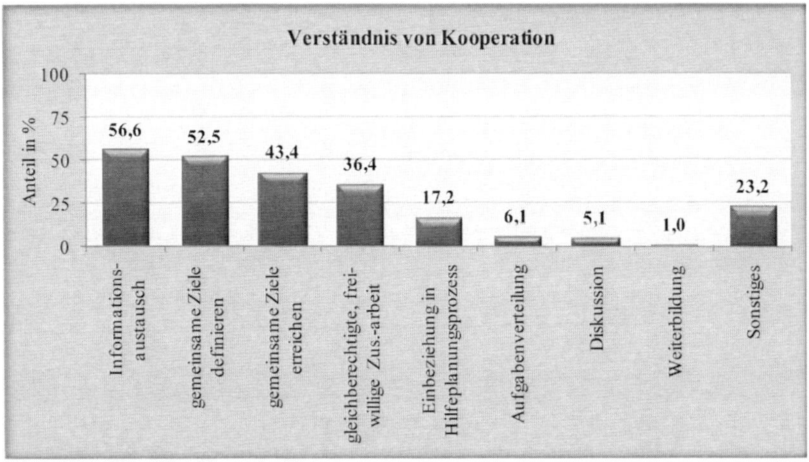

Abb. 1: Verständnis von Kooperation

Als besonders auffällig erscheint der explizite Hinweis darauf, dass mit der Kooperation der fachliche Austausch verschiedener Professionen bezüglich der konkreten Einzelfälle begriffen wird, um dadurch eine optimierte Hilfe zu gewährleisten. Die Hilfegewährung bleibt dann nicht mehr in der Hand einer Profession, sondern wird in die Verantwortung eines sachverständigen Teams gegeben. Die ASD-Mitarbeiter stellen sich dabei vordergründig eine gemeinsame Zielfindung und -umsetzung vor. Dieses Verständnis entspricht der Darstellung von Balnis, Demmer und Rademacker, von ihnen wird aber weiterhin die Notwendigkeit von verbindlichen Absprachen bzgl. der Art und der Form der Zusammenarbeit benannt (vgl. Balnis/Demmer/Rademacker 2005: 14), welche von den Befragten nicht explizit benannt wurden.

Auf den ersten Blick scheint für die ASD-Mitarbeiter ferner die Häufigkeit und insbesondere auch der Regelmäßigkeit der Kontakte zu den Kooperationspartnern als unwichtig. Fraglich bleibt allerdings, in wie weit die Befragten diese Aspekte als nebensächlich erachten oder die Qualität der Kooperation als vordergründig erachten und die Quantität von Kooperation voraussetzen. Gerade eine verlässliche und auf Kontinuität angelegte Struktur wird für das Gelingen von Kooperationen in der Literatur immer wieder als grundlegend eingefordert (vgl. Deutscher Verein für öffentliche und private Fürsorge 2001: 3; Balnis/Demmer/Rademacker 2005: 14).

Wird davon ausgegangen, dass die ASD-Mitarbeiter dieses Verständnis von Kooperation für die Beantwortung der Fragen zugrunde legten, sind die bestehenden Kooperationen von hoher Qualität geprägt.

2.2 Häufigkeit der Kooperationen

Entsprechend des Individualisierungsgrundsatzes der Hilfen zur Erziehung und dem damit verbundenen Einbezug der Lebenswelt der Kinder kann Schule nicht unbeachtet bleiben. Zudem weist § 27 Abs. 2, S. 2 SGB VIII explizit darauf hin, dass beim Finden der geeigneten Hilfen und deren Gewährung das engere soziale Umfeld des Kindes einzubeziehen ist. Kinder verbringen bereits jetzt mindestens 25 % des Tages in der Schule. Dieser Anteil erhöht sich, wenn nicht mehr die Halbtags- sondern die Ganztagsschule zur regulären Praxis umgestaltet wird. Aufgrund dessen wird immer wieder gefordert, dass die „Jugendhilfeangebote auch die Belange der schulischen Lebenswelt der Kinder" (Coelen/ Oelerich/Prüß 2008: 373f.) einbeziehen soll. Vor diesem Hintergrund sind für eine professionelle Leistungsgewährung Kooperationen zwischen den ASD-Mitarbeitern und schulischem Personal unabdingbar.

Für Sachsen konnte festgestellt werden, dass immerhin ein Drittel der ASD-Mitarbeiter nicht in der Mehrzahl der Fälle mit Schulen kooperieren. Die Hälfte der Befragten kooperiert „meistens", aber nur 16 % kooperieren beim Nicht-Vorliegen einer „dem Wohl des Kindes entsprechenden Erziehung" immer mit dem schulischen Personal.

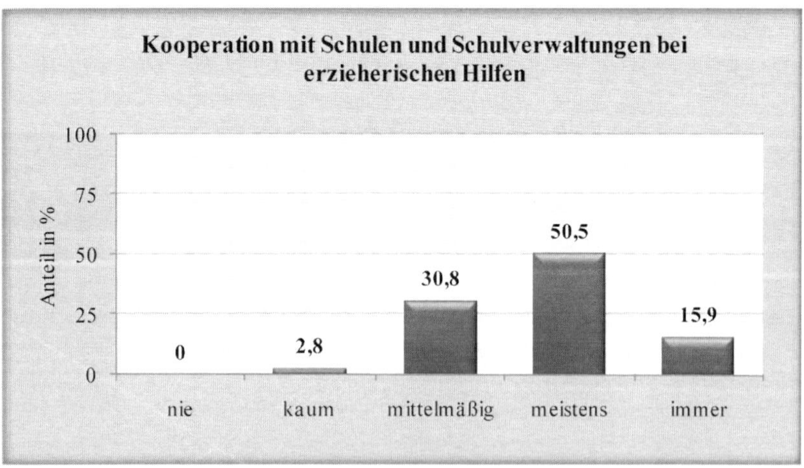

Abb. 2: Kooperation mit Schulen und Schulverwaltung bei erzieherischen Hilfen

Darüber hinaus besteht ein Zusammenhang zwischen der beschriebenen allgemeinen Kooperationsbereitschaft und der Häufigkeit der Kontaktaufnahme. Je beständiger die Mitarbeiter des ASD das schulische Personal in den Hilfeprozess einbeziehen, umso häufiger kooperieren die beiden Professionen miteinander. Ziel sollte es folglich sein, die Kooperationsbereitschaft und gleichzeitig die -häufigkeit auszubauen. Dafür ist zu untersuchen, inwieweit bereits Strukturen bestehen, die für Kooperationen nachteilig oder förderlich sind, um eine optimale Hilfegewährung zu erreichen.

2.3 Ausgestaltung von Kooperationen im Hilfeplanprozess

Neben der Frage nach der Kooperationshäufigkeit zwischen ASD-Mitarbeitern und Lehrkräften bei Einzelfallhilfen bleibt zu untersuchen, inwieweit die schulischen Partner in die verschiedenen Phasen des Hilfeprozesses bei der Gewährung einer Hilfe zur Erziehung einbezogen werden. Dabei lassen sich deutliche Unterschiede aufzeigen. Zwar ist für eine gelingende Kooperation die Integration des schulischen Personals in alle Teile des Hilfeprozesses förderlich (vgl. Petermann 2002: 30). Dies wird jedoch in der Praxis nicht konstant umgesetzt. Die Phasen einer Hilfegewährung werden in die folgenden Schritte unterteilt:

1. Ein oder mehrere Beratungsgespräch(e) mit dem Kind oder Jugendlichen sowie dessen Personensorgeberechtigten (in der Regel mit den Eltern),
2. Anamnese,
3. Fach- bzw. Teamgespräche,
4. Hilfeplangespräche sowie
5. Überprüfung der gewährten Hilfe.

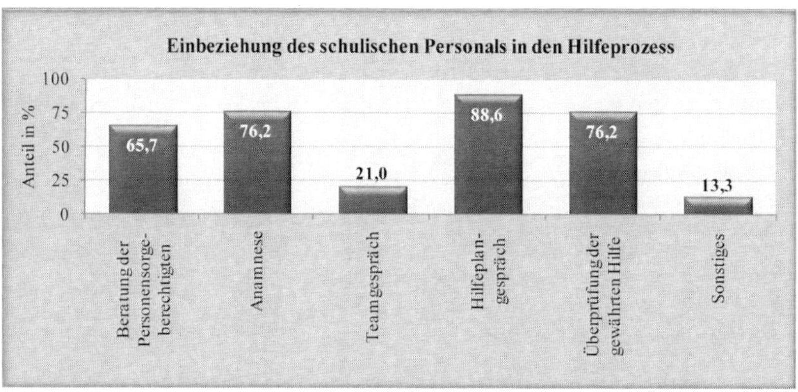

Abb. 3: Einbeziehung des schulischen Personals in den Hilfeprozess

In der Phase der Beratungsgespräche kooperieren zwei Drittel der Sozialpädagogen mit den Lehrkräften. Bei der Anamnese liegt dieser Wert um 10 % höher. In der dritten Phase – den Teamgesprächen – erfolgt eine Kooperation lediglich in 21 % der Fälle. Bei Hilfeplangesprächen wiederum beziehen neun von zehn Mitarbeitern des ASD die Lehrkräfte ein. Schließlich erfolgt in über drei Viertel der Fälle die Überprüfung in Zusammenarbeit mit dem schulischen Personal.

Die geringe Beteiligung des schulischen Personals in der Phase der Teamgespräche ist anscheinend auf das eingeschränkte Zusammenwirken von Fachkräften innerhalb und außerhalb des Jugendamtes zurückzuführen. So wird in einer einschlägigen Kommentierung zu § 36 SGB VIII darauf verwiesen, dass in diesen Gesprächen mindestens zwei Fachkräfte zusammenwirken müssen, wobei vorrangig Mitarbeiter des ASD gemeint sind. Nur in Einzelfällen ist die Expertise von Personal anderer Einrichtungen gefragt (vgl. Meysen 2009: 346f.). Die Inhalte der Teamgespräche beziehen sich auf die mögliche Hilfe und nicht, bei welcher Institution diese gewährt werden soll. Das schulische Personal hat aus fachlichen Gründen kaum einen so großen Überblick über die für die Hilfegewährung in Frage kommenden Dienste und Einrichtungen, daher reicht in den meisten Fällen die fachliche Kompetenz der Mitarbeiter der Jugendhilfe.

Im weiteren Aufbau einer Kooperationslandschaft zwischen Jugendhilfe und Schule im Falle von Einzelfallhilfen in Sachsen sollte weiterhin angestrebt werden, dass die Lehrkräfte zunehmend mehr in allen Phasen des Hilfeprozesses einbezogen werden, da sie durch verschiedene Formen der Unterstützung die Hilfegewährung zu optimieren in der Lage sind.

2.4 Voraussetzung für Kooperationen

Grundlegend für das Zustandekommen von Kooperationen sind verschiedene Voraussetzungen. Eine Bedeutungsmessung der Entstehungskriterien von Kooperationen wurde anhand einer Fünferskala (1 = „vollkommen unwichtig", 2 = „eher unwichtig", 3 = „teils-teils", 4 = „wichtig" und 5 = „äußerst wichtig") durchgeführt.

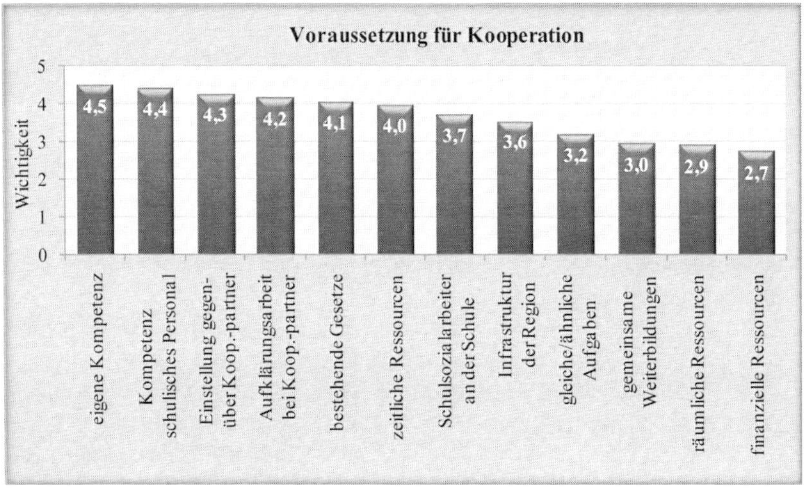

Abb. 4: Voraussetzung für Kooperation

Am Wichtigsten schätzen die ASD-Mitarbeiter die eigenen und die Kompetenzen ihrer Kooperationspartner ein. Die Befragten messen weiterhin der Einstellung gegenüber den Kooperationspartnern, der Aufklärung der Kooperationspartner über die eigene Arbeit sowie den bestehenden Gesetzen große Bedeutung zu. Den äußeren Bedingungen wie räumliche und finanzielle Ressourcen wird nur ein geringer Stellenwert zugeschrieben.

Innerhalb der genannten Bereiche wurde weiterhin untersucht, welche Möglichkeiten zur Verbesserung und Optimierung bestehen. So sollten die fachlichen Kompetenzen in einer solchen Weise geschult sein, dass die Fähigkeiten und Fertigkeiten für Kooperationen und deren Initiierung gegeben sind; aber auch der Bedarf und die Wichtigkeit der Zusammenarbeit zwischen den beiden Institutionen muss vom Personal erkannt werden. Eine Möglichkeit besteht darin, bereits in die Ausbildung sowohl von Sozialarbeitern als auch von Lehrern das Themenfeld aufzunehmen und auszubauen. Gemeinsame Seminare und Vorlesungen zum Thema Kooperation zwischen Jugendhilfe und Schule können dabei auch Vorurteile gegenüber der jeweils anderen Profession abbauen helfen. Gleiche Wirkungen für bereits tätiges Personal können Informationsbesuche und Hospitationen in der jeweils anderen Einrichtung sowie der Besuch von Fort- und Weiterbildungsmaßnahmen bieten. Vorrangig sind dabei neben der Beschäftigung mit dem Thema Kooperation zwischen Jugendhilfe und Schule auch das Zusammentreffen und der Austausch von Fachkräften der beiden Professionen. Demzufolge erscheint es unerlässlich, dass derartige Veranstaltungen gemeinsam von den Mitarbeitern beider Institutionen in Anspruch genommen werden. So kann den Lehrern beispielsweise aufgezeigt werden, dass ihre fachlichen Kompetenzen nicht nur auf die Durchführung eines lehrplangerechten Unterrichtes beschränkt sind und den ASD-Mitarbeiter die Wichtigkeit des Bereiches Bildung nahegebracht werden. Vorrangig „ist anzustreben, dass alle Lehrkräfte im Jugendamtsbezirk über Grundstrukturen und Hilfsangebote der Jugendhilfe und umgekehrt alle Fachkräfte der Jugendhilfe über Grundstrukturen, Aufgaben und Angebote der Schulen informiert sind“ (Bayerisches Staatsministerium für Unterricht und Kultus/Bayerisches Staatsministerium für Arbeit und Sozialordnung, Familie, Frauen und Gesundheit 2000: 29).

Olk und Speck zeigen in ihrer Studie zur Zusammenarbeit von Jugendhilfe und Schule, dass ein starker Zusammenhang zwischen der Kooperationsbereitschaft der Lehrer und deren Verantwortungsbereich besteht. Das bedeutet Lehrkräfte haben in einem größeren Umfang Kooperationspartner, wenn sie ihre Aufgaben nicht nur in der Durchführung eines lehrplangerechten Unterrichtes begreifen. Kooperationswilligere Lehrer führen auch sozialpädagogische Tätigkeiten, wie die Beratung und Unterstützung von Eltern oder im Einzelfall auch Schülern bei ihren sozialen Problemen helfen, durch (vgl. Olk/Speck 2001: 65). Gleichzeitig besteht ein weiterer Zusammenhang zwischen dem Verantwortungsbereich und der Regelmäßigkeit der Kontakte zu Sozialarbeitern. Daraus ist zu schließen, dass das Vorhandensein von Schulsozialarbeitern auch die Kooperationsbereitschaft der Lehrer erweitert.

Der Zusammenhang zwischen der „Verbesserung der fachlichen Kompetenz“, der „Einstellung der Beteiligten gegenüber dem Kooperationspartner“ und den „gemeinsamen Fort- und Weiterbildungen“ scheint den ASD-Mitarbeitern nicht bewusst zu sein. Denn diejenigen, die den erstgenannten Voraussetzungen eine äußerst hohe Wichtigkeit zuschreiben, messen den gemeinsamen Fort- und Weiterbildungen nicht zwingend eine starke Bedeutung zu. Diesbezüglich besteht Aufklärungsbedarf innerhalb des Jugendamtes.

Eher erwartungswidrig ist der zeitliche Faktor nur als „wichtig“ angegeben worden, denn betrachtet man die weiteren Ergebnisse, so geben doch 50 % der Befragten an, dass die knappen zeitlichen Ressourcen der Grund für die Ablehnung von Kooperation seitens des schulischen Personals sei. Anzunehmen ist daher, dass sich die Mitarbeiter des ASD bei der Beantwortung dieser Teilfrage auf die eigenen zeitlichen Möglichkeiten beschränkten und die Situation des schulischen Personals außer Acht ließen. Weiterhin ist der zeitliche Faktor zwar wichtig, steht aber den fachlichen Kompetenzen nach, so dass zwar zeitliche Möglichkeiten geschaffen werden müssen, allerdings das Augenmerk nicht nur auf diese Ressource gelegt werden darf.

Nicht zuletzt ist der zeitliche Faktor für den Prozess des Aufbaus von Kooperationsbeziehungen von großer Bedeutung. Den Akteuren sollte bewusst gemacht werden, dass in dieser Phase viel Zeit verstreicht, bevor über Einzelfälle diskutiert werden kann, da akteursbezogene Kooperationserfahrungen nur langsam entstehen und Planungssicherheit erfordern. Personen mit früheren (positiven) Kooperationserfahrungen zeigen sich auch später stärker kooperationsbereit; dies gilt sowohl für Lehrer als auch für Sozialarbeiter (vgl. Olk/Speck 2001). Weiterhin eröffnen gelungene Kooperationsbeziehungen einen Ort des voneinander Lernens. Durch das Anerkennen der jeweils anderen Handlungspraxis aufgrund positiver Kooperationserfahrungen wird der eigene Handlungsspielraum erweitert und neue Perspektiven für die gemeinsame und individuelle Arbeit eröffnet. Ferner können hierdurch negative Zuschreibungen und Vorurteile gegenüber dem Kooperationspartner abgebaut werden.

Ein zusätzlicher struktureller Aspekt, der bei der Erhebung nicht abgefragt wurde, ist die personelle Situation in den Einrichtungen. In der Literatur wird diesem Punkt auch eine hohe Bedeutung zugemessen. So schreiben Balnis, Demmer und Rademacker, dass für die Intensivierung der Kooperationsbereitschaft „eine bedarfsgerechte personelle Besetzung in Jugendhilfe und Schule sicherzustellen ist, damit die Förderung der jungen Menschen, die Zusammenarbeit mit den Erziehungsberechtigten, die Zusammenarbeit des pädagogischen Personals und die Kooperation mit anderen Beteiligten möglich ist" (Balnis/Demmer/Rademacker 2005: 15). Erst eine bedarfsangemessene personelle Besetzung schafft den Mitarbeitern Ressourcen für

1. Vor- und Nachbereitung
2. Teambesprechungen und Koordination
3. Fortbildungen und Information sowie für die
4. konzeptionelle Arbeit bzw. Vernetzung.

2.5 Inhalte von Kooperationen

Jenseits der Thematisierung von strukturellen Aspekten der Hilfegewährung, wie das Finden, Planen und die Durchführung der geeigneten Hilfe, kooperieren die Lehrer und ASD-Mitarbeiter insbesondere auch bei schulischen und erzieherischen Belangen. Die nachfolgende Grafik zeigt, dass – unabhängig von der Art der Hilfe zur Erziehung (ambulant, teilstationär oder stationär) – über die schulischen Belange am häufigsten gesprochen wird. Erzieherische Aspekte werden in weniger Fällen zum Gegenstand der Gespräche.

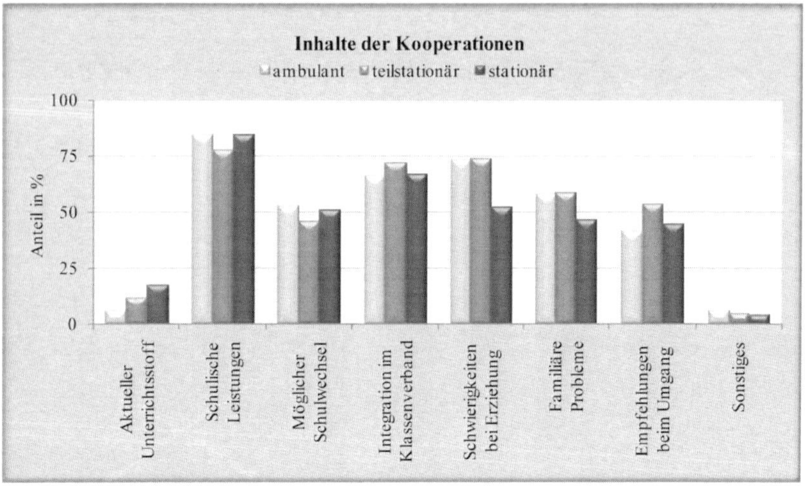

Abb. 5: Inhalte der Kooperation

Im Speziellen bilden insbesondere die schulischen Leistungen und die Integration in den Klassenverband Hauptkooperationsthemen. Mögliche Schulwechsel werden in rund 50 % der Kooperationen angesprochen. Dabei ist zu beachten, dass mit hoher Wahrscheinlichkeit nicht in jedem Falle der Gewährung einer Hilfe zur Erziehung auch ein Schulwechsel – zu einer anderen Schule mit gleichwertigem Bildungsabschluss oder in eine andere Schulform – verbunden sein muss. Es besteht folglich nicht immer die Notwendigkeit, dies zu thematisieren. Weiterhin findet der aktuelle Unterrichtsstoff kaum Beachtung. Dies liegt darin begründet, dass bei der Hilfegewährung beispielsweise die Hausaufgabenhilfe kein Ziel innerhalb der Zusammenarbeit mit dem schulischen Personal darstellt. Die Inhalte beziehen sich vielmehr auf die allgemeine schulische Situation der Kinder und Jugendlichen im Rahmen des Einbezuges des sozialen Umfeldes. Spezifisch schulleistungsbezogene Probleme bleiben als Aufgabe der Lehrer bestehen (vgl. Balnis/Demmer/Rademacker 2005: 13ff.).

Weiterhin bilden Themen wie „Schwierigkeiten bei der Erziehung“, „familiäre Probleme“, sowie der „Umgang mit dem Kind oder Jugendlichen“ Kooperationsinhalte. Erzieherische Inhalte werden insgesamt bei allen Hilfeformen seltener thematisiert als schulische Belange. Vor dem Hintergrund des verstärkt geforderten Einbezuges der Lebenswelt der Kinder in die Hilfegewährung besteht für die ASD-Mitarbeiter ein Zwang zur Kooperation über schulische Themen. Der Nutzen von Kooperationen für die Lehrer kann dann erfolgen, wenn ihnen Sozialarbeiter Hinweise im Umgang mit den Schülern geben bzw. wenn beide Professionen gemeinsam Strategien im Umgang mit den Problemen der Kinder entwickeln. Zudem kann der zuständige Sozialarbeiter eine vermittelnde Rolle einnehmen, indem er Lernräume (z.B. offene Kinder- und Jugendarbeit) erschließt. Schule sollte sich verstärkt auch für neue Bildungswelten öffnen, um „ihr schulisches Bildungsangebot durch Aspekte aus der Lebenswirklichkeit junger Menschen zu bereichern" (Balnis/ Demmer/Rademacker 2005: 23).

Unterschiede bezüglich der verschiedenen Hilfeformen treten im Wesentlichen bei den erzieherischen Inhalten auf. Dabei wird bei der Gewährung von stationären Hilfen, im Vergleich zu ambulanten und teilstationären Hilfen, in durchschnittlich 20 % der Fälle weniger über Erziehung, Familie und dem Umgang mit dem Klienten gesprochen.

2.6 Kooperationsvereinbarungen

Am Ende des Verständigungsprozesses zwischen Fachkräften der Jugendhilfe und Schule (z.B. im Rahmen von Arbeitskreisen oder -tagungen, s.o.) können Kooperationsvereinbarungen stehen. Diese enthalten die grundlegenden Ziele, die beide Professionen teilen, die Aufgaben der einzelnen Akteure sowie konkrete Umsetzungsformen. Letztere können Aussagen enthalten über gemeinsame Arbeitsweisen, z. B. die konkrete Benennung gemeinsamer Beratungen oder Konferenzen oder in welchen Fällen es zu einer Zusammenarbeit kommt. Über Kooperationsvereinbarungen können also die Erwartungen der Akteure an den jeweils Andern gesteuert werden. Jeder weiß wechselseitig, welche Aufgaben er selbst und sein Kooperationspartner hat und wie in welchen Fällen die gemeinsame Arbeit ausgestaltet werden soll.

Bei der Erarbeitung von Kooperationsvereinbarungen besteht aber einerseits die Schwierigkeit, die Vorgaben nicht zu konkret zu gestalten, damit genug Handlungsspielraum für die Akteure bleibt, um dem konkreten Einzelfall mit seinen lebensweltlichen Bezügen gerecht zu werden. Andererseits sollten die Empfehlungen wiederum nicht zu allgemein bleiben, da sich die Formulierungen ansonsten in leeren Wortphrasen erschöpfen und somit keine Steuerungswirkung entfalten können.

In der Regel sind Kooperationsvereinbarungen von den betroffenen Akteuren selbst durch gemeinsame Dialoge und Aushandlungsprozesse zu erarbeiten. Dahinter steht die Annahme, dass sich die Beteiligten durch die aktive Mitarbeit und Auseinandersetzung dann eher mit den entsprechenden Vereinbarungen identifizieren. Hierdurch werden die Vereinbarungen eher umgesetzt und mit einer konkreten praktischen Arbeitsweise verbunden.

Kooperationsvereinbarungen können auf verschiedenen Ebenen (z.B. auf Ebene der Länder, der Kommunen, der Einrichtungen oder zwischen einzelnen Personen) bestehen und werden nicht zwingend schriftlich festgehalten.

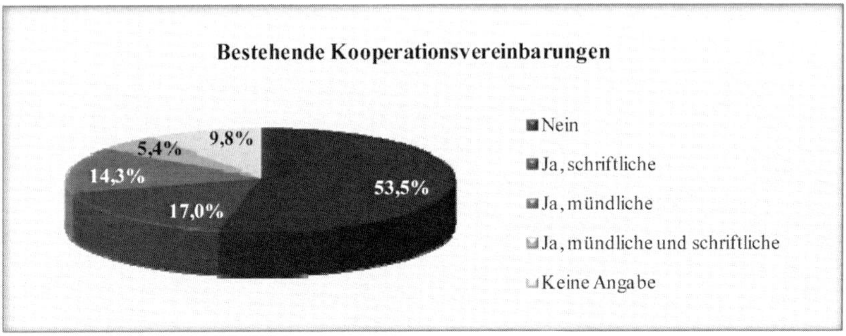

Abb. 6: Bestehende Kooperationsvereinbarungen

Weniger als der Hälfte der sächsischen ASD-Mitarbeiter verfügen über Kooperationsvereinbarungen mit dem schulischen Personal. Zudem beantworteten knapp zehn Prozent der Befragten diese sowie die darauffolgende Frage bezüglich der Kooperationsvereinbarungen nicht, daher kann vermutet werden, dass auch dieser Teil der Fachkräfte keine Vereinbarungen mit Lehrern abschließt. Die verbleibenden 36,7 % treffen Kooperationsvereinbarungen, wobei 17 % ihre Absprachen in schriftlicher Form festhalten, 14,3 % in mündlicher Form und weitere 5,4 % verfügen über Kooperationsvereinbarungen sowohl auf schriftlicher als auch mündlicher Ebene.

Um bereits im Vorfeld Schwierigkeiten zu umgehen und eine für alle Seiten transparente Basis der Zusammenarbeit zu schaffen, ist es notwendig, dass die Kooperationspartner der beiden Professionen zukünftig regelmäßig ihre inhaltlichen Erwartungen und eine Verständigung über vorhandene bzw. notwendige Rahmenbedingungen miteinander abstimmen. Dabei geht es vornehmlich um die Fixierung der Willensbekundungen, wodurch eine stärkere gegenseitige Verbindlichkeit erzeugt wird. Denn es können Probleme auftreten, wenn mündliche Absprachen getroffen wurden, über die sich die Kooperationspartner im Laufe der Zusammenarbeit aber nicht mehr im Einzelnen einig sind. Diese inhaltlichen Unstimmigkeiten können behoben werden, wenn oben genannte Bereiche im Vorfeld der Kooperation verschriftlicht wurden (vgl. Schmitt 2008: 516ff.). Vor allem Kooperationsvereinbarungen, die zwischen mehr als zwei Personen getroffen werden, sollten für alle Beteiligten in schriftlicher Form vorliegen.

Für die Mitarbeiter des ASD sowie für das schulische Personal in Sachsen gilt es weitere Vereinbarungen zu treffen und diese für alle Mitwirkenden zu verschriftlichen.

Bei genauer Untersuchung der Aufnahme von Kooperationsinhalten und deren praktischer Umsetzung zeigt sich, dass allein das Festhalten gemeinsamer Inhalte keine Verbindlichkeit herzustellen im Stande ist.

Inhalte	**in Kooperations-vereinbarung aufgenommen?**		**Umsetzung**		**Zusammen-hang**
Grundsätze der gemeinsamen Arbeit	gar nicht - wenig:	13 %	nie - kaum:	0 %	nein
	mittelmäßig:	27 %	teilweise:	44 %	
	stark - sehr stark:	60 %	meist - immer:	56 %	
Ziele	gar nicht - wenig:	7 %	nie - kaum:	0 %	nein
	mittelmäßig:	30 %	teilweise:	43 %	
	stark - sehr stark	63 %	meist - immer:	57 %	
Rechtsgrundlagen	gar nicht - wenig:	17 %	nie - kaum:	13 %	nein
	mittelmäßig:	28 %	teilweise:	30 %	
	stark - sehr stark:	55 %	meist - immer:	57 %	
Kooperations-bereiche	gar nicht - wenig:	17 %	nie - kaum:	7 %	nein
	mittelmäßig:	20 %	teilweise:	37 %	
	stark - sehr stark:	63 %	meist - immer:	57 %	
konkrete Handlungs-anweisungen	gar nicht - wenig:	14 %	nie - kaum:	13 %	nein
	mittelmäßig:	14 %	teilweise:	28 %	
	stark - sehr stark:	71 %	meist - immer:	59 %	
Ressourcen	gar nicht - wenig:	40 %	nie - kaum:	28 %	stark
	mittelmäßig:	20 %	teilweise:	28 %	
	stark - sehr stark:	40 %	meist - immer:	44 %	
gegenseitiger Informations-austausch	gar nicht - wenig:	16 %	nie - kaum:	0 %	stark
	mittelmäßig:	26 %	teilweise:	15 %	
	stark - sehr stark:	58 %	meist - immer:	85 %	
Datenschutz	gar nicht - wenig:	10 %	nie - kaum:	6 %	stark
	mittelmäßig:	17 %	teilweise:	39 %	
	stark - sehr stark:	72 %	meist - immer:	55 %	
Ansprechpartner	gar nicht - wenig:	11 %	nie - kaum:	3 %	stark
	mittelmäßig:	25 %	teilweise:	14 %	
	stark - sehr stark:	64 %	meist - immer:	83 %	
Laufzeit	gar nicht - wenig	42 %	nie - kaum:	42 %	stark
	mittelmäßig:	23 %	teilweise:	8 %	
	stark - sehr stark:	35 %	meist - immer:	50 %	

Aus vorstehender Tabelle kann entnommen werden, dass gerade bei inhaltlichen Themen kein Zusammenhang zwischen der Aufnahme in die Vereinbarungen und deren Umsetzung zu finden ist. Unter Grundsätze der gemeinsamen Arbeit, ist beispielsweise das Verhalten zueinander oder beim Auftreten von Konflikten gemeint. Unter Ziele wird u.a. die Verbesserung der sozialen und bildungsbezogenen Situation verstanden. Der Begriff Rechtsgrundlagen bezieht sich auf Förderrichtlinien, Schulprogramme oder bestehenden Kooperationsvereinbarungen. Vereinbarungen zu den Kooperationsbereiche können folgende Felder umfassen: Einrichtungen und Angebote, Unterstützung und Beratung der Klienten, Zusammenarbeit bei oder gemeinsame Maßnahmen zum Kinder- und Jugendschutz oder die Unterstützung der Eltern (vgl. Schmitt 2008: 524). Ferner werden unter konkreten Handlungsanweisungen Absprachen bezüglich der Unterstützung in gemeinsamen Projekten oder das Verhalten beim Eintreten bestimmter Situationen verstanden. Diese fünf Kategorien werden in der Hälfte bis Dreiviertel der Fälle stark bis sehr stark in den Vereinbarungen einbezogen. Durchschnittlich rund 15 % der Befragten gaben an, diese Aspekte nie oder nur wenig in die Kooperationsvereinbarungen aufzunehmen. In der Regel werden diese Kooperationsinhalte zu rund 60 % umgesetzt, wobei dies jedoch zumeist unabhängig von den schriftlichen Vereinbarungen geschieht.

Hingegen erzeugt die Aufnahme von Rahmenbedingungen eine sehr starke Verbindlichkeit. In der Erhebung wurden diesbezüglich die folgenden fünf Bereiche untersucht: Ressourcen, das heißt, welche und wie z.B. Räumlichkeiten oder Gegenstände gemeinsam genutzt werden; Absprachen, in welcher Form und wie oft ein gegenseitiger Informationsaustausch erfolgt; Datenschutz; Festlegung von Ansprechpartnern für die jeweils andere Institution sowie die Laufzeitbestimmungen, in der Form, dass vereinbart wird, wann eine Vereinbarung in Kraft tritt, wie lange sie Gültigkeit besitzt und wie die Kündigung der Vereinbarung erfolgen soll.

Entsprechend ergibt sich die Frage nach der Bedeutung von Kooperationsvereinbarungen für die Akteure. Diese kann nicht pauschal beantwortet werden, sondern ist gerade auch vor dem Hintergrund des Zustandekommens der Vereinbarungen zu betrachten. In der Untersuchung konnte festgestellt werden, dass einerseits nicht alle Mitarbeiter im ASD von bestehenden Kooperationsvereinbarungen wissen. Dies zeigt sich beispielsweise, wenn mehrere Sozialarbeiter des selben Jugendamtes unterschiedliche Angaben zum Vorhandensein von Vereinbarungen für ihre Institution machen. Diese mangelnde Informiertheit der Akteure kann beispielsweise auf eine unzureichende Einbeziehung der am Fall arbeitenden ASD-Mitarbeiter durch die Leitungsebene zurückgeführt werden. Werden die Mitarbeiter in die Kooperationsverhandlung mit einbezogen, kann von einem dreifachen Nutzen gesprochen werden. Zum einen können sie durch ihre Praxiserfahrungen eine große Expertise einbringen. Zum zweiten kennen die Betroffenen die Inhalte der Kooperationsvereinbarungen und ihnen muss der Sinn bzw. die Bedeutung der „verbindliche[n] sowie für alle Seiten transparente[n] Grundlage der Zusammenarbeit“ (Schmitt 2008: 517) nicht mehr verdeutlicht werden. Ferner erzeugt die eigene Beteiligung an der Erstellung der Vereinbarung zum dritten eine größere Verbindlichkeit, da sie selbst die Ziele mit ihren Partnern zusammen formuliert haben.

3 Handlungsempfehlungen

Aus den Ergebnissen der Untersuchung zur Kooperation zwischen ASD-Mitarbeitern und dem schulischen Personal in Sachsen können einerseits positive Entwicklungen konstatiert werden. Andererseits lässt sich auch eine Reihe an Handlungsempfehlungen ableiten, deren Umsetzung die bestehenden Lücken und Engstellen kompensieren helfen können. Diese Handlungsempfehlungen sind nachfolgend noch einmal zusammengefasst.

Wenn Kooperationen zwischen den Mitarbeitern des ASD und dem schulischen Personal stattfinden, erfolgt ein Informationsaustausch, der zur Erreichung der gemeinsam definierten Ziele betragen soll. Die beiden Professionen verbindet dabei grundsätzlich die gemeinsame Zielgruppe. Durch die Zusammenarbeit leisten sie eine optimierte Erfüllung ihrer Aufgaben. Sobald eine hohe Kooperationsbereitschaft bei den Mitarbeitern des ASD besteht, kommt es auch zu sehr regelmäßigen Kontakten mit dem schulischen Personal. Diese Bereitschaft kann beispielsweise durch Aufklärungsarbeit und innerhalb verschiedener gemeinsamer Fort- und Weiterbildungsveranstaltungen ausgebaut werden. Somit können die Mitglieder der beiden Professionen gleichzeitig Kontakte knüpfen und Vorurteile gegenüber der jeweils anderen Profession durch gemeinsame Gespräche abbauen.

Für das Zustandekommen von Kooperationen bedarf es bestimmter Voraussetzungen. Die Mitarbeiter des ASD schätzen hier nicht die Rahmenbedingungen, wie z.B. gesetzliche Regelungen, finanzielle, zeitliche oder räumliche Ressourcen als besonders bedeutungsvoll ein. Für sie spielen die Kompetenzen der Mitglieder der beiden Professionen die grundlegende Rolle. Daher sollten diese weiter gefördert und ausgebaut werden (z.B. durch Weiterbildungen), aber auch bereits in die Ausbildung maßgeblich einfließen. Aufklärungsarbeit und auch das Bestehen von sozialen Netzwerken sind weitere Aspekte, die nicht vordergründig für das Zustandekommen von Kooperationen sind. Allerdings ermöglicht die Informierung des schulischen Personals über die Aufgaben, Leistungen und Grenzen der Jugendhilfe deren Inanspruchnahme durch die Lehrkräfte.

Aufklärungsarbeit ist daher nicht zu vernachlässigen, aber es darf ihr auch kein zu hoher Stellenwert eingeräumt werden.

Kooperationen zwischen ASD-Mitarbeitern und dem schulischen Personal finden nicht kontinuierlich während des gesamten Hilfeprozesses statt; in einzelnen Phasen (bei der Anamnese, den Hilfeplangesprächen und der Überprüfung der gewährten Hilfe) wird mehr kooperiert, als in anderen (bei den Teamgesprächen und der Beratung der Personensorgeberechtigten). Vor allem bei den Teamgesprächen ist das schulische Personal nur in wenigen Fällen eingebunden. An dieser Stelle besteht Handlungsbedarf, da die Mitwirkung der Lehrkräfte gesteigert werden kann, wenn sie alle Handlungsschritte kennen und mitgestalten können.

Innerhalb der einzelnen Hilfephasen gibt es keine grundlegenden Differenzen zwischen den drei Hilfeformen (ambulant, teilstationär und stationär) bezüglich der Häufigkeit der Kooperationen mit dem schulischen Personal. Allerdings wäre eine generelle Erhöhung der Kontakthäufigkeit zwischen den Mitarbeitern der beiden Professionen bedeutungsvoll, um die Möglichkeiten der Zusammenarbeit effektiv zu nutzen sowie die Aufgaben und Ziele der Gewährung von Hilfen zur Erziehung bestmöglich umzusetzen.

Zur Herstellung von Verbindlichkeit und zur Schaffung einer transparenten Grundlage der Zusammenarbeit wird in der Literatur immer wieder die Erarbeitung von Kooperationsvereinbarungen gefordert (vgl. dazu Schmitt 2008; Thimm 2004). Diese haben weniger einen substanziellen Gehalt; vielmehr handelt es sich dabei um die Dokumentation einer gegenseitigen Willensbekundung. Für Sachsen kann festgehalten werden, dass weniger als die Hälfte der ASD-Mitarbeiter von bestehenden Kooperationsvereinbarungen wissen. Dabei kann nicht davon ausgegangen werden, dass nur innerhalb dieses Rahmens Absprachen getroffen wurden. Es konnte festgestellt werden, dass Mitarbeitern bestimmter Jugendämter bestehende Vereinbarungen nicht bekannt waren. Hier ist dringende Aufklärung innerhalb der Einrichtungen erforderlich.

Ferner stellte sich heraus, dass bezüglich des Grads der Einbeziehung von inhaltlichen Absprachen (z.B. Kooperationsinhalte, Handlungsanweisungen) in die Kooperationsvereinbarungen und deren Umsetzung kein Zusammenhang besteht. Ein gegensätzliches Bild zeigt sich bei den Regelungen über die Rahmenbedingungen (z.B. Ansprechpartner, Laufzeit), hier besteht ein starker Zusammenhang zwischen dem Maß der Aufnahme in die Vereinbarung und deren Umsetzung. Diese Differenz sollte aufgehoben werden, in dem Sinne dass die Vereinbarungen auch eingehalten und umgesetzt werden, da diese ansonsten wenig Gehalt haben.

Abschließend ist festzuhalten, dass noch großer Handlungsbedarf bezüglich der Kooperationen zwischen den ASD-Mitarbeitern und dem schulischen Personal besteht. Es zeigen sich bereits positive Entwicklungen, die in den kommenden Jahren weiter optimiert werden sollten. Gerade auch dem Stellenwert von Bildung sollten die Beteiligten dabei eine höhere Bedeutung einräumen.

Literatur

Balnis, Peter/Demmer, Marianne/Rademacker, Hermann (2005): Leitgedanken zur Kooperation von Schule und Jugendhilfe. In: http://www.bmfsfj.de/Publikationen/kjhg/01-Redaktion/PDF-Anlagen/gew-schule-jugendhilfe-sozialarbeit-leitgedanken,property=pdf,bereich=kjhg,sprache=de,rwb=true.pdf, Zugriff 20.10.2010.

Bayerisches Staatsministerien für Unterricht und Kultus/ Bayerisches Staatsministerien für Arbeit und Sozialordnung, Familie, Frauen und Gesundheit (Hrsg.) (2000): Gemeinsam geht's besser. Zusammenarbeit von Schule und Jugendhilfe. Hinweise für die Praxis. München: Ludwig Auer GmbH.

Coelen, Thomas/Oelerich, Gertrud/Prüß, Franz (2008): Jugendhilfe und Schule. In: Bielefelder Arbeitsgruppe 8 (Hrsg.): 356-362.

Deutscher Verein für private und öffentliche Fürsorge (2001): Empfehlungen und Arbeitshilfe für den Ausbau und die Verbesserung der Zusammenarbeit der Kinder- und Jugendhilfe mit der Schule. In: http://www.deutscher-verein.de/05-empfehlungen/empfehlungen_archiv/2000/pdf/Empfehlungen_und_Arbeitshilfe_fuer_den_Ausbau_und_die_Verbesserung_der_Zusammenarbeit_der_Kinder-und_Jugendhilfe_mit_der_Schule.pdf, Zugriff 20.12.2010.

Krüger, Rolf (2008): Probleme des Datentransfers zwischen Jugendhilfe und Schule. In: Henschel et. al. (2008): 648-652.

Landkreis Potsdam-Mittelmark, Arbeitsgruppe Schule - Jugendhilfe u.a. (2007): Sozialpädagogik in der Schule. Eine Handreichung für Lehrer. In: http://www.potsdam-mittelmark.de/images/bilder/SchuleJuhi07.pdf, Zugriff: 17.04.2008.

Meysen, Thomas (2009): § 36 Mitwirkung, Hilfeplan. In: Münder/Meysen/Trenczek (2009): 338-349.

Möller, Winfried/Nix, Christoph/Busch, Manfred (2006): Kurzkommentar zum SGB VIII – Kinder- und Jugendhilfe. München et. al.: Reinhardt.

Olk, Thomas/Speck, Karsten (2001): LehrerInnen und SchulsozialarbeiterInnen – Institutionelle und berufskulturelle Bedingungen einer „schwierigen" Zusammenarbeit. In: Becker/Schirp (2001): 46-85.

Petermann, Franz (2002): Bedeutung von Diagnose und Indikationsstellung im Prozess der Hilfeplanung. In: Fröhlich-Gildhoff (2002): 17-31.

Schäfer, Klaus (2009): §81 Zusammenarbeit mit anderen Stellen und öffentlichen Einrichtungen. In: Münder/Meysen/Trenczek (2009): 690-694.

Schmitt, Christof (2008): Kooperationsvereinbarungen als Baustein gelingender Kooperation. In: Henschel/Krüger/Schmitt/Stange (2008): 517-526.

Wiesner, Reinhard (Hrsg.) (2006): SGB VIII. Kinder- und Jugendhilfe. Kommentar. München: Beck.

Karl Friedrich Bohler | Tobias Franzheld

Kindeswohlgefährdung zwischen Jugendhilfe und Schule – statistische Befunde und qualitative Analysen

Wendet man sich in der Sozialforschung dem Thema Schule und Jugendhilfe zu und betrachtet *nicht* die Schulsozialarbeit – also Soziale Arbeit *in* der Institution Schule –, sondern die Beziehung *zwischen* Schulen und Trägern der Jugendhilfe, fällt der Sachverhalt auf, dass es dazu keinen nennenswerten „Stand der Forschung" mit entsprechenden Untersuchungsergebnissen gibt. Wir greifen deshalb in unserem Beitrag auf allgemeine sozialstatistische Daten zurück sowie auf eigene Forschung zur regionalen Ausprägung der Jugendhilfepraxis[1] auch im Bereich der Kindeswohlgefährdung. (Aufgrund der gegebenen Datenlage beschränken sich unsere Analysen auf Kindeswohlgefährdungen und sparen die Problematik präventiver Maßnahmen des Kinderschutzes aus). Wir beginnen mit der Analyse der Beziehung von Jugendhilfe und Schule und betrachten danach die einschlägigen Daten des Statistischen Bundesamts zu Kindeswohlgefährdungen und Schutzmaßnahmen der Jugendämter. Wer Kindeswohlgefährdungen bei den zuständigen Behörden meldet, schlüsseln wir mittels selbst erhobener Daten aus drei Jugendämtern auf. Das institutionelle Schnittfeld wird anhand erster Experteninterviews skizziert. Zum Schluss veranschaulicht eine paradigmatische Fallgeschichte die zu untersuchende Problematik.

1 Von 2001 bis 2012 analysieren wir (Projektleiter: Prof. Dr. Bruno Hildenbrand; derzeitige Wissenschaftliche Mitarbeiter: PD Dr. Karl Friedrich Bohler, Dr. Anna Engelstädter, Tobias Franzheld M.A.) im Rahmen des von der DFG geförderten Sonderforschungsbereichs 580 an der Universität Jena die „Entwicklung der Kinder- und Jugendhilfe in Deutschland nach 1990".

1 Die distanzierte Beziehung von Schule und Jugendhilfe

Wir beginnen mit der Frage nach den Gründen für die zumeist „distanzierte Beziehung“ von Schule und Jugendhilfe. Aus der Sicht der soziologischen Systemtheorie ist dies nichts Besonderes. Denn sie geht von der hohen Komplexität der modernen Gesellschaft aus, die zu einer starken Differenzierung je spezifischer sozialer Systeme nötige. Diese Vielfalt ermögliche es, „mit sehr verschiedenartigen Bezugsgruppen und Realitätskonstruktionen nebeneinander zu leben und nur noch Medien der Kommunikation zwischen Systemen gesamtgesellschaftlich zu institutionalisieren“ (Luhmann 1970: 40). Dieses Medium kann beispielsweise der gemeinsame gesellschaftliche Organisationsrahmen eines Ministeriums für Volksbildung in der DDR sein.[2] Ohne eine solche Institutionalisierung können sich zwar Handlungsfelder „überschneiden“, daraus resultierende Kontakte verbleiben jedoch auf der Ebene bloßer sozialer Faktizität – ohne institutionelle und institutionalisierte Schnittstellen in Form fester Kooperationsstrukturen. Das ist die bundesdeutsche Situation im Verhältnis von Jugendhilfe und Schule (auf jeden Fall von Regelschulen und nicht Sonder- und Förderschulen) mindestens bis zur Jahrhundertwende.

In der strukturfunktionalistischen Betrachtung werden unterschiedliche Zweckbestimmungen, aber auch strukturelle Spannungsverhältnisse von Jugendhilfe und Schule hervorgehoben. Die

> „Schule ist ein in unterschiedlichen Schulformen und Schulstufen zergliederter Strukturbereich des Bildungswesens, dessen erzieherischer Auftrag sich zwar aus den Schulgesetzen der im Prinzip zuständigen Bundesländer ableiten lässt, der gleichwohl aber ein Bildungsverständnis repräsentiert, das durch unterrichtliche Wissensvermittlung und Bestenauslese charakterisiert ist. Erziehung im engeren Sinne wird von den Eltern bzw. ersatzweise von der Kinder- und Jugendhilfe erwartet.“ (Greese 2004: 449)

Schule übt eine Selektionsfunktion hinsichtlich der Lebenschancen junger Menschen in einer nach-ständischen, meritokratischen Gesellschaft aus. Das Lehrerhandeln steht dabei in der Spannung von Wissensvermittlung in der Gruppe und individueller Leistungsauslese.

Die Jugendhilfe, und hier insbesondere die Erziehungshilfe, hat dagegen explizit (vgl. §1 SGB VIII) die Aufgabe der Förderung und *Erziehung* junger Menschen. Der Jugendhilfe kommt damit gesellschaftstheoretisch betrachtet eine umfassende Integrationsfunktion zu. Die Soziale Arbeit in den Erziehungshilfen hat Kinder und Jugendliche aber nicht nur zu fördern und Eltern zu un-

2 Zum Umgang mit Kindeswohlgefährdung zu DDR-Zeiten vgl. Bohler 2006 mit einer einschlägigen Fallgeschichte (Neubert).

terstützen, sondern Kinder und Jugendliche auch vor Gefahren für ihr Wohl zu schützen. Das sozialpädagogische Handeln steht so in der Spannung von Hilfe und Kontrolle.

Dieses Spannungsfeld verweist institutionell auf vertikale und horizontale Zuständigkeitsprobleme zwischen Jugendhilfe und Schule.

> „Vertikal, weil die fachliche Zuständigkeit für die Jugendhilfe beim örtlichen Träger der Jugendhilfe, das heißt auf der kommunalen Ebene liegt. Der Bildungsbereich wiederum wird vom Land verantwortet, das u.a. für Fragen des Unterrichts und des Lehrpersonals zuständig ist. … Ein horizontales Problem ist darin zu sehen, dass Jugendhilfe und Schule sowohl auf der örtlichen als auch auf der überörtlichen Ebene bei unterschiedlichen Institutionen angesiedelt sind." (Speck 2006: 113)

Im pädagogischen Praxisfeld agieren Berufe, denen gemeinhin die Professionalisierungsbedürftigkeit bescheinigt und teilweise auch ein professioneller Status zugeschrieben wird. Schule und Jugendhilfe sind also auch professionssoziologisch von Interesse. Andrew Abbott (1988) erhebt die Durchsetzung von Zuständigkeit zum zentralen Statusmerkmal von Professionen. Für ihn konstituieren diese keine abgeschotteten sozialen Systeme, sondern sind Teil eines größeren Ganzen. In diesem Modell werden interprofessionelle Beziehungen nicht per se als Kooperationsformen konzeptualisiert. Abbott rekonstruiert sie konflikttheoretisch: Einzelne Berufe seien auf sich überschneidenden Handlungsfeldern in Kämpfe („professional war") um Zuständigkeit und Deutungshoheit verwickelt. Sich auf solche Auseinandersetzungen einzulassen wird geradezu zum Kriterium für „starke" Professionen.

Instruktiv sind dann in diesem Zusammenhang die Ausführungen bei Greese (2004: 452):

> „Heute besteht die Erwartung der Schule, die Kinder- und Jugendhilfe möge ihr Störungen ihres Unterrichtsgeschehens durch verhaltensauffällige Schülerinnen und Schüler vom Halse schaffen." Ähnliches zeigt sich jedoch auch auf Seiten der Jugendhilfe. Das führt zu dem Versuch, sich wechselseitig die Fälle wie „heiße Kartoffeln" zuzuschieben. Eine solche Strategie zeugt nicht von einem professionellen Willen zu einem „Kampf um Zuständigkeit".[3]

Nach Abbott wäre dies ein deutlicher Hinweis auf eine „schwache" Professionalisierung.

3 Wie es aussieht, wenn „alte" Professionen wie Medizin und Rechtspflege in die institutionelle Bewältigung eines Falles von Kindeswohlgefährdung involviert sind, zeigt sich anschaulich in Bohler/Franzheld 2011.

Neben unterschiedlichen Zuständigkeiten weist Speck (2006: 113) auf differente Handlungslogiken in Schule und Jugendhilfe hin. Dazu bemerkt Raingard Knauer (2010: 43):

> „Während Bildung und Erziehung … gemeinsame Aufgabe von Jugendhilfe und Schule sind, in die beide ihre spezifischen Kompetenzen einbringen, ist Unterricht primär die Tätigkeit von Lehrkräften, Unterstützung bei der Lebensbewältigung primär Aufgabe von sozialpädagogischen Fachkräften."

Gemeinsames Ziel von Schule und Jugendhilfe sei „die Unterstützung der Kinder und Jugendlichen bei der Aneignung von Welt und damit bei der Lebensbewältigung" (ebd.: 47). Ulrich Oevermann sieht das Gemeinsame aller spezifischen Erziehungsanstrengungen aus professionssoziologischer Sicht in der objektiv gegebenen therapeutischen Dimension allen pädagogischen Handelns (das heißt u.a.: Orientierung am Einzelfall und an nicht standardisierten Handlungsmustern).

Wie sich die jeweiligen Subdisziplinen in diesem professionellen Feld einer solchen Anforderung stellen, begründet für Oevermann zu einem Gutteil die unterschiedliche Handlungsorientierung von „normaler" Schulpädagogik und allen Formen von Sonderpädagogik:

> „Weil nämlich tatsächlich das Selbstverständnis der Normalpädagogik sich auf die Funktion der Wissens- und Normvermittlung beschränkt und die therapeutische Dimension ihrer Praxis ausblendet, kommt es zur Differenzierung von Normal- und Sonderpädagogik. An letztere werden alle jene Fälle delegiert, die als auffällige oder manifeste Abweichung bzw. Störung aus der Normalpädagogik herausfallen. … Sie ist zugleich jene Pädagogik, die sich von ihrem Selbstverständnis her der objektiv gegebenen Professionalisierungsbedürftigkeit entzieht und diese an den sonderpädagogischen Bereich delegiert und für ihn reserviert." (Oevermann 1996: 151)

Aus einer professionstheoretischen Perspektive argumentiert auch Knauer (2010: 51): „Ob Kooperationsangebote von Jugendhilfe und Schule die Chance nutzen, im Sinne der Gemeinsamkeit von Bildung und Erziehung, Unterricht und Unterstützung zu einer qualitativ neuen Bildungseinrichtung zusammenzuwachsen, wird davon abhängen, wie gut es den Beteiligten gelingt, sich von der jeweiligen Institutionslogik zu lösen und sich am Kind zu orientieren." Sie weist damit auf ein zweites mögliches Medium i.S. Luhmanns für die Kooperation zweier ausdifferenzierter pädagogischer Praxisfelder und Institutionenbündel – neben der äußerlichen organisatorischen Kopplung – hin: die professionelle Zusammenarbeit mit Bezug auf das Klientenwohl. Gerade in Fragen der Kindeswohlgefährdung zeigt sich u.E. die Relevanz einer professionellen Fallorientierung besonders nachdrücklich.

2 Die Entwicklung im Bereich Kindeswohlgefährdung in den letzten beiden Jahrzehnten

Verschaffen wir uns zuerst einen allgemeinen Überblick zur Situation in Deutschland. Der gesetzliche Rahmen für den Umgang mit Kindeswohlgefährdungen wird insbesondere durch §8a SGB VIII festgelegt.[4] Dort wird das Wächteramt des öffentlichen Trägers der Jugendhilfe in Fragen des Kinderschutzes hervorgehoben. Vom Jugendamt ausgehend, heißt es in einer Verlautbarung des Bundesministeriums für Familie; Jugend etc.[5] 2006, müsse die öffentliche Verantwortung so organisiert werden, dass es keine Lücke mehr in der Verantwortung geben könne und zu jedem Zeitpunkt jemand für ein Kind verantwortlich ist. In diesem Zusammenhang wird immer wieder die Differenz von präventiven und eingreifenden Hilfen bzw. Schutzverwirklichung durch Hilfe und Schutzauftrag durch eingreifende Maßnahmen angeführt (so Kunkel 2006: 119).[6]

Weder ist diese Differenzierung trennscharf, was hier nicht unser Thema ist, noch kann man aus ihr eine einfache Aufteilung herleiten, wonach Schule für präventive Hilfen und Jugendhilfe für Eingriffe und Maßnahmen zuständig sei. Nicht nur das: Wie beschrieben werden in den letzten Jahren alle Institutionen und Fachkräfte „in die Pflicht genommen", die qua Tätigkeit bemerken können, dass das Wohl eines Kindes gefährdet ist. Betrachten wir die „Normalbiografie" im Kindesalter, so sind dies typischerweise: die Geburtsklinik, Kinderärzte, Erzieherinnen in Krippen, Kindergärten und Horteinrichtungen, schließlich Grundschul- oder Sonderschullehrerinnen und -lehrer. Alle diese Berufe sind gehalten, dem Jugendamt „auffällige Beobachtungen" zu melden. Tun sie das auch?

Wir betrachten die Daten, die das Statistische Bundesamt in diesem Bereich erhebt. Ersichtlich wird aus einer Aufstellung die jährliche Anzahl vorläufiger Schutzmaßnahmen für Kinder und Jugendliche bzw. Inobhutnahmen im gesam-

---

4 Vgl. zu §8a SGB VIII den Beitrag von Christian Schrapper in diesem Band.

5 Siehe http://www.bmfsfj.de/bmfsfj/generator/Kategorien/aktuelles,did=85162.html.

6 Zur Kritik dieser vor allem in der Jugendrechtspflege verbreiteten Position siehe Wohlgemuth 2009: 118: „Mit der Fokussierung auf die Verhinderung von Gefährdungen für das Kindeswohl dominiert … die Vorstellung kausaler Zusammenhänge. Dies zeigt sich in der Suche und Identifikation von Risikofaktoren und Schwellenwerten, die als ursächlich für familiale Krisen und Kindeswohlgefährdungen betrachtet werden. Standardisierungen von Verfahren sind ausdrücklich angestrebt und sollen Sicherheit in Bezug auf eine lückenlose Wahrnehmung von Gefährdungen geben."

ten Bundesgebiet seit 1995. Wir haben die bis 2008 reichenden Zahlen im folgenden Schaubild zusammengestellt.

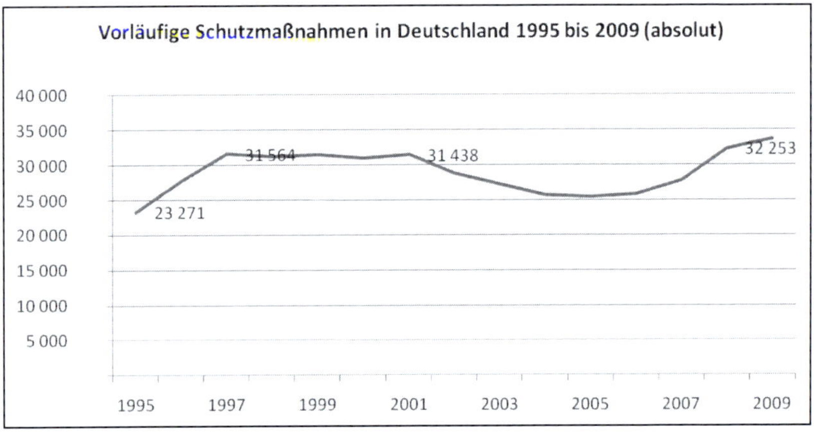

Quelle: Statistisches Bundesamt, vorläufige Schutzmaßnahmen 1995-2009

Diese Entwicklung der Fallzahlen im Feld des Kinderschutzes kommentiert das Statistische Bundesamt selbst so: „Im Jahr 2008 haben die Jugendämter in Deutschland 32 300 Kinder und Jugendliche in Obhut genommen. Das sind rund 4 100 (+ 14,4%) mehr als 2007. Gegenüber dem Jahr 2005 beträgt die Steigerung 26%. ... Bereits um die Jahrtausendwende hatte die Zahl der jährlichen Inobhutnahmen bei über 31 000 gelegen, war dann aber bis 2005 auf 25 700 gesunken. Seitdem ist die Zahl wieder deutlich angewachsen. Berücksichtigt man die rückläufige Zahl junger Menschen in der Bevölkerung, zeigt sich gegenüber dem Jahr 2000 auch eine gestiegene Intensität der Inobhutnahmen: Im Jahr 2000 wurden 20 von 10 000 Kindern und Jugendlichen unter 18 Jahren in Obhut genommen, im Jahr 2008 waren es 23 von 10 000.

Insbesondere in der Altersstruktur der in Obhut genommenen Kinder hat es erhebliche Veränderungen gegeben. Der Anteil der unter Dreijährigen an allen in Obhut genommenen Minderjährigen hat sich von 5% im Jahr 2000 auf 10% im Jahr 2008 verdoppelt. Bei den Drei- bis Achtjährigen stieg der Anteil im gleichen Zeitraum von 9 auf 14%. Im Jahr 2000 wurden, wiederum auf die Bevölkerung bezogen, 6 von 10 000 Kindern unter neun Jahren in Obhut genommen, im Jahr 2008 waren es dagegen 12 von 10 000. Diese Zahlen deuten darauf hin, dass die Jugendämter verstärkt den Schutz jüngerer Kinder im Blick haben." (Pressemitteilung des Statistischen Bundesamts Nr. 234 vom 25.6.2009)

Interessant ist die hier wiedergegebene Entwicklung zu vorläufigen Schutzmaßnahmen noch aus anderen Gründen. Bleiben etwa die Zahlen der Inobhutnahmen zwischen 1998 und 2002 stabil, so sinken sie zwischen 2003 und 2006 – und das, obwohl bereits am 1.10. 2005 der „Kinderschutzparagraph" 8a im Rahmen des Kinder- und Jugendhilfeweiterentwicklungsgesetzes (KICK) in Kraft tritt. Erst nach 2006 steigen sie (wieder) deutlich an. Grund sind nach allgemeiner Lesart die „aktuellen und in der Öffentlichkeit breit erörterten schweren Fälle von Kindesmisshandlung und –vernachlässigung", so z.B. Biesel (2008: 6), für welche die Namen „Kevin" und „Lea-Sophie" eine sprichwörtliche Bedeutung bekommen haben.

Wir betrachten im Folgenden das statistisch zuletzt erfasste Jahr 2009 genauer. Die Zahl vorläufiger Schutzmaßnahmen hat laut Statistischem Bundesamt gegenüber 2008 mit 32.253 Fällen weiter auf 33.710 zugenommen. Wer hat in diesem Jahr durch Meldungen an die Jugendämter Schutzmaßnahmen im Falle einer Kindeswohlgefährdung angeregt? Einen ersten Überblick bietet das folgende Schaubild:

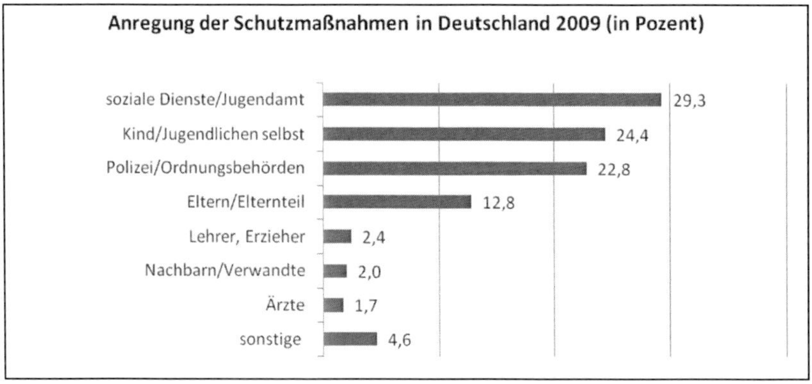

Quelle: Statistisches Bundesamt; Anregung vorläufige Schutzmaßnahmen 2009

Nach dieser Aufstellung kommen die Anregungen in den meisten Fällen aus den Bereichen des primärsozialisatorischen Milieus einschließlich „Selbstmelder" mit 39,2%, den Sozialen Diensten bzw. Jugendämtern mit 29,3% und Ordnungsbehörden wie insbesondere der Polizei mit 22,8%. Ärzte, Lehrer und Erzieher machen mit insgesamt 4,1% weniger als die Sonstigen aus. Die Schulen und Kindertagesstätten kommen gerade einmal auf 2,4%.

Betrachten wir die letzten fünf Jahre, so sehen wir immerhin zwischen 2005 (dem Jahr des Inkrafttretens des Kinderschutzparagraphen im SGB VIII) und

2008 eine stetige Zunahme der Anregungen für Schutzmaßnahmen durch Schulen und Kindertagesstätten. Das folgende Schaubild verdeutlicht weiter, dass die Meldetätigkeit von Kindertagesstätten und Schulen bei Kindeswohlgefährdungen auf Bundesebene von 2008 auf 2009 wieder leicht zurückgeht.

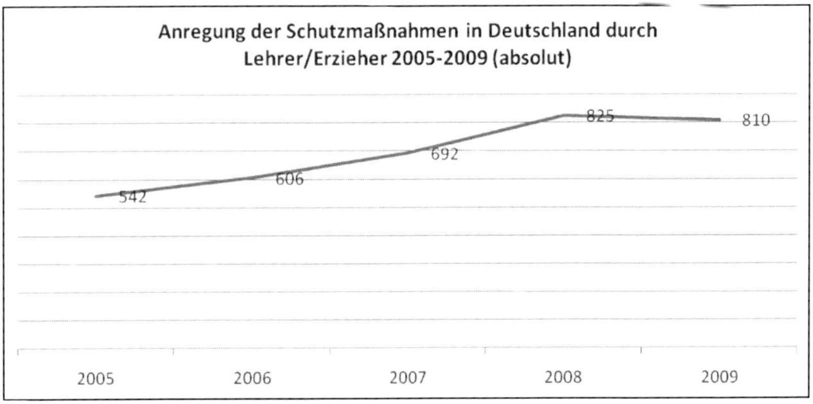

Quelle: Statistisches Bundesamt; Anregung vorläufiger Schutzmaßnahmen 2009

3 Kindeswohlgefährdung in drei Untersuchungsregionen

Aktuell haben wir in drei Landkreisen aus unterschiedlichen Bundesländern die Daten zu gemeldeten Kindeswohlgefährdungen erhoben. Uns interessieren dabei die regionalen Unterschiede, die für das Feld der Jugendhilfe insgesamt typisch sind und die in den bundesdeutschen Aggregatdaten gewissermaßen untergehen. Wir beginnen mit einem Blick auf die Zahl der Gefährdungsmeldungen und Schutzmaßnahmen im jeweiligen Kreisjugendamt. Hier zuerst die Situation in einem Thüringer Landkreis:

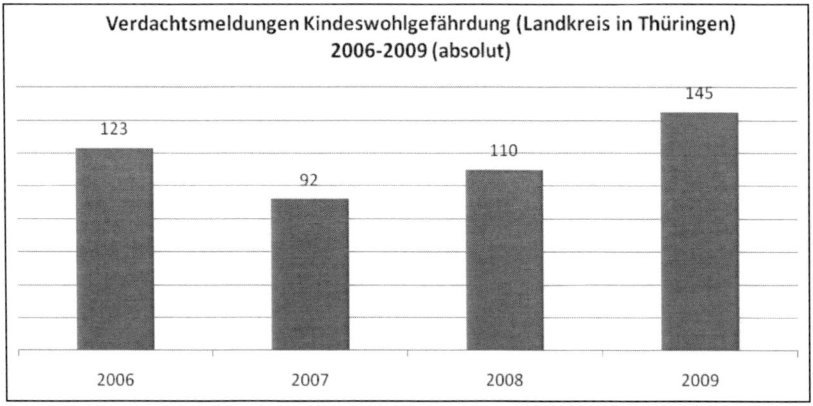

Quelle: eigene Erhebung

Diese Aufstellung entspricht offensichtlich nicht dem bundesdeutschen Durchschnitt mit einer kontinuierlichen Steigerung der Meldungen in diesem Zeitraum. Auf der Basis unserer Erhebungen können wir zeigen, woher die Gefährdungsmeldungen 2009 und 2010 kommen. Die Schulen rangieren interessanterweise noch vor den Kindertagesstätten, aber ansonsten dann nur noch vor „sonstigen Institutionen".

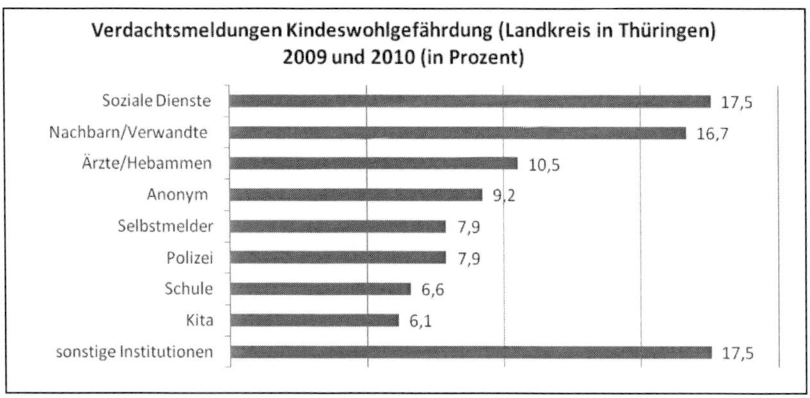

Quelle: eigene Erhebung

Einen ersten Aufschluss darüber, wie ernst das Jugendamt die Meldungen aus unterschiedlichen Institutionen jeweils nimmt, gibt das folgende Schaubild. Es informiert darüber, wie häufig der Soziale Dienst mit Schutz- und Hilfemaßnahmen auf eine angezeigte Kindeswohlgefährdung reagiert:

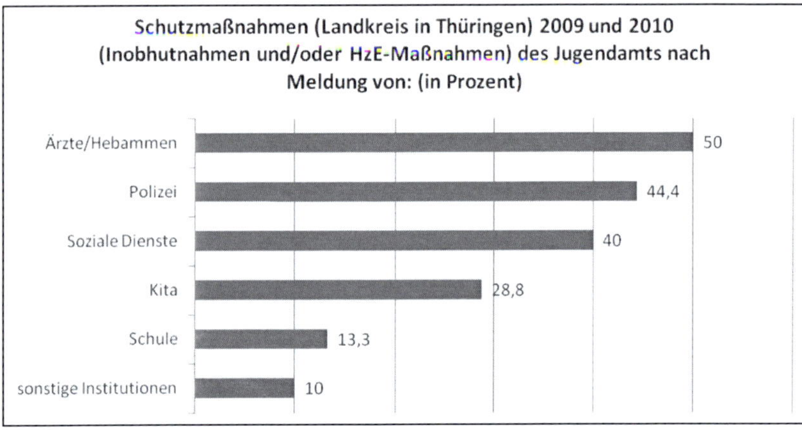

Quelle: eigene Erhebung

Deutlich ist zu sehen, dass das Jugendamt unter allen wichtigen meldenden Institutionen die Schule am wenigsten „ernst nimmt". Das allgemeine Vorurteil, die Schule wolle nur „auffällige" Schüler und Schülerinnen „abgeben", scheint sich hier niederzuschlagen. Ergänzend sei noch angefügt, dass in 74,1% der gemeldeten Kindeswohlgefährdungen im Thüringer Jugendamt keine weiteren Maßnahmen erfolgen, da die Fälle im Rahmen der Verdachtsabklärung durch den Sozialen Dienst nicht als hinreichend dringlich eingeschätzt werden. Erziehungshilfen erfolgen nur in 16,2% der Fälle.

Wie sieht es hinsichtlich der Meldungen zu Kindeswohlgefährdungen in dem von uns untersuchten Landkreis in Schleswig Holstein aus? Zuerst zeigen wir wieder die jeweilige Anzahl an Meldungen zu Kindeswohlgefährdung in den Jahren 2006-2009:

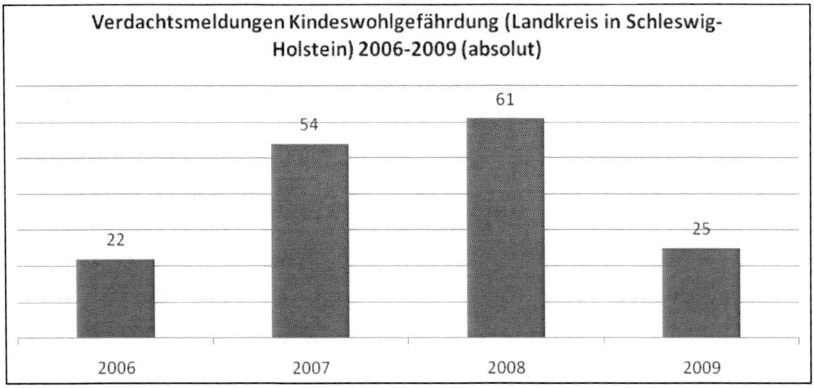

Quelle: eigene Erhebung

Es fällt sofort auf: Die Verlaufskurve ist invers zu der in Thüringen. Und auch die allgemeine Entwicklung in Deutschland, wie sie sich in der bundesweiten Statistik niederschlägt, reproduziert sich nicht gleichförmig auf der konkreten Kreisebene. Wir fragen an dieser Stelle wieder weiter: Wer meldet? Die Antwort bezieht sich hier auf die Jahre 2008 und 2009.

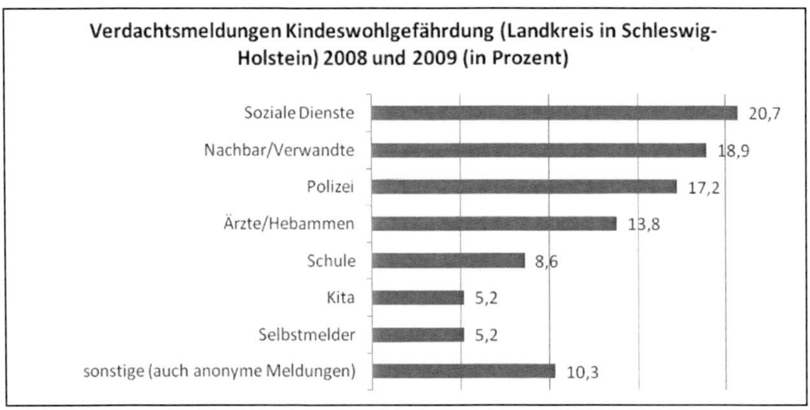

Quelle: eigene Erhebung

Die Schule im westdeutschen Bundesland steht zwar wieder an fünfter Stelle, was die Meldehäufigkeit anbelangt, sie zeigt aber einen geringeren prozentualen Anteil als der Schulsektor in Thüringen. Verbunden mit den noch deutlicheren Unterschieden bei der Meldeaktivität der Kindertagesstätten scheint dies für fortwirkende Ost-West Unterschiede im Verhältnis zwischen Jugendhilfe und Schule zu sprechen.

Sollte diese These plausibel sein, müsste sie sich in den Daten aus Mecklenburg-Vorpommern entsprechend niederschlagen. Wie ist die Situation bei den Meldungen zu Kindeswohlgefährdungen im dortigen Kreisjugendamt? Verlässliche Daten haben wir für die Jahre 2006-2008.

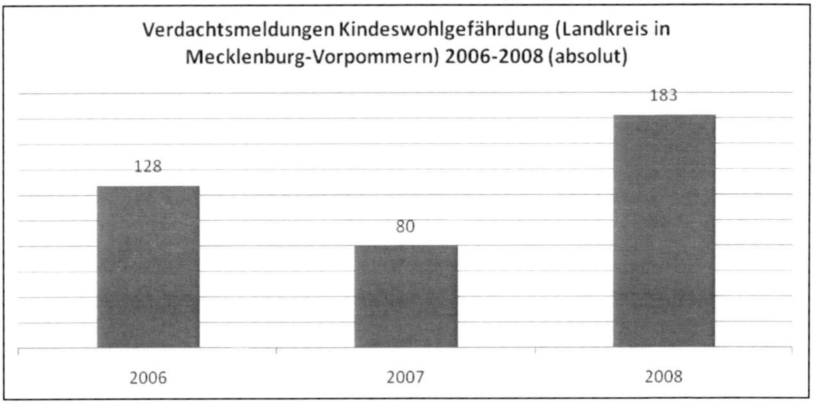

Quelle: eigene Erhebung

Die Verlaufskurve über drei Jahre entspricht wieder der in Thüringen. Das scheint einer Ost-West Differenzthese zu entsprechen. Betrachten wir daraufhin die Einrichtungen, Fachkräfte und Akteure, die einen Verdacht melden:

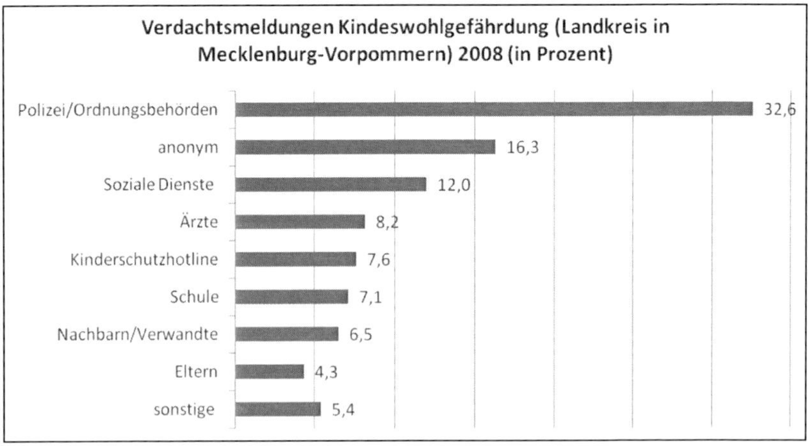

Quelle: eigene Erhebung

Es ist hier ganz offensichtlich: Weder wird die allgemeine Ost-West Differenzthese bestätigt noch die besondere These, wonach ostdeutsche Schulen generell aus institutionengeschichtlichen Gründen mehr mit der Jugendhilfe kooperieren als solche im Altbundesgebiet. Der prozentuale Anteil der Meldungen von Seiten der Schule ist noch geringer als in Schleswig-Holstein. Bei den Kindertagesstätten fragt man sich unwillkürlich, ob sie sich in diesem Kreisgebiet hinter den Kategorien „anonym" oder „sonstige" gewissermaßen verstecken. Es wird so deutlich, dass sich die Wirklichkeit der Jugendhilfe und die soziale Konstruktion der Kindeswohlgefährdung auf der kommunalen Ebene konstituiert und auch die Bedeutung der Schule von einer je konkreten Form des Austausches mit der Jugendhilfe vor Ort abhängen dürfte.

4 Die Problemtypik der Verdachtsmeldungen der Schule

Wir analysieren als nächstes den Inhalt der Meldungen aus zwei Jugendämtern, mit denen Schulen auf eine mögliche Kindeswohlgefährdung hinweisen. Sie werden üblicher Weise in so genannten „Verdachts- bzw. Meldebögen" erfasst. Aus ihnen lässt sich eine Handlungstypik rekonstruieren, die darüber Aufschluss gibt, mit welchen vordringlichen Problemen es die Schule bei Kindeswohlgefährdungen zu tun hat. Wir differenzieren die Meldungen nicht nur danach, welche Problemkonstellationen jeweils vorliegen, sondern fragen auch, wer ursprünglich initiativ wurde und wie sich der jeweilige Problemtypus auf die Zusammenarbeit mit der Jugendhilfe auswirkt.

Vernachlässigung/Misshandlung – offensichtlich wahrnehmbare Gefährdungsmomente

Der erste Problemtyp umfasst die von Lehrerseite *offensichtlich wahrnehmbaren bzw. beobachtbaren Anzeichen* einer Kindeswohlgefährdung. Initiiert sind diese Meldungen durch Beobachtungen der Lehrerinnen und Lehrer, die sich sowohl auf die Versorgung der Kinder und Jugendlichen als auch auf konkrete Anzeichen einer Gefährdung beziehen können. Wenn über einen längeren Zeitraum Schüler unsauber (Indikator: Läuse) oder ohne Essen „in der Schule erscheinen", sind dies Hinweise auf *Vernachlässigung* und damit auch auf eine drohende, aber noch *latente* Kindeswohlgefährdung. Kinderuntypische Verletzungen dagegen werden als konkrete Formen einer *manifesten* Kindeswohlgefährdung bewertet (bspw. *Misshandlung*).

Für die Zusammenarbeit mit der Jugendhilfe ist dieser Problemtyp insofern „problematisch", als hier die Schule die Beweislast für das Vorliegen einer Kindeswohlgefährdung trägt. Auf Seiten der Lehrer verlangen diese Problemkonstellationen eine aufwendige Dokumentation und Begründung. Darüber hinaus zeigen sich besonders im diffusen Bereich von Vernachlässigung zwischen Schule und Jugendhilfe unterschiedliche „Schwellen- bzw. Grenzwerte" für die Indikation einer Kindeswohlgefährdung. Sie verweisen auf die o.a. unterschiedlichen feld- und berufsspezifischen Normalitätsvorstellungen.

Familiäre Krisensituationen – Lehrer als Vertrauenspersonen
Der zweite Problemtyp bezieht sich auf familiäre Krisensituationen, die Lehrern bekannt werden, wenn sich Schüler oder Eltern an sie wenden. Familiäre Krisensituationen erstrecken sich von Beziehungsproblemen der Partner (häusliche Gewalt), über Misshandlungen von Kindern (Schläge) bis hin zu Anzeichen für sexuellen Missbrauch. Für diesen Problemtyp ist bezeichnend, dass sich Kinder (und teilweise auch Eltern) *dem Lehrpersonal der Schule anvertrauen* und über familiäre Probleme berichten. Die Schule ist in diesem Fall eine erste „Anlaufstelle" in familiären Krisensituationen.

Für die Zusammenarbeit mit der Jugendhilfe ist dieser Problemtyp insofern „unproblematisch", als hier der Handlungs- und Leidensdruck auf Seiten der Kinder und/oder Eltern bereits zu einem Akt der Anerkennung einer Krisensituation geführt hat. Die professionelle Herausforderung im Übergang von Schule zur Jugendhilfe besteht darin, informelle Beratung wenn möglich und nötig in adäquate Hilfemaßnahmen für die Schüler/Familien zu überführen, ohne personell wie institutionell einen Vertrauensbruch herbeizuführen.

Institutionell abgeleitete Gefährdungsmeldungen
Ein letzter Problemtyp umfasst institutionell erzeugte Gefährdungsmeldungen. Die Schule zeichnet sich, auch im Gegensatz zu anderen Meldeinstitutionen, durch eine gesetzlich verankerte Pflicht zu ihrem Besuch aus. Zahlreiche Meldungen resultieren daher aus dem *„unentschuldigten Fernbleiben am Unterricht"*. In diesen Fällen leiten sich die Gefährdungsmeldungen auch aus der institutionellen Kontrolllogik ab. Des Weiteren fallen hier Probleme auf, die sich auf Ablauf und Organisation des Unterrichts selbst beziehen. So melden Lehrer „Verhaltensauffälligkeiten" von Schülern, die den *„Unterricht stören"*. Hier geht es u.a. um Fragen der „geeigneten Schulform" bzw. der „Beschulbarkeit" von Kindern und Jugendlichen.

Für die Zusammenarbeit mit der Jugendhilfe sind besonders die Fälle von Schulabsentismus „hoch problematisch". Zeichnet sich dieser vage Gefährdungsverdacht doch dadurch aus, dass über die betreffenden Kinder und Jugendlichen keine Informationen vorliegen, die näheren Aufschluss über die Situation geben könnten. Konträr zum ersten Typus trägt die Jugendhilfe in der Abklärung der Situation die Beweislast für das Vorliegen einer Kindeswohlgefährdung.

5 Die Zusammenarbeit von Schule und Jugendhilfe aus Sicht der Sozialen Arbeit

Wir haben in unseren Untersuchungsgebieten auch Experteninterviews mit Jugendamts-, Fachdienstleitern und Kinderschutzbeauftragten geführt. Damit wollten wir die Problematik der Kindeswohlgefährdung aus der Perspektive der Fach- und Leitungskräfte eruieren. Ein erstes, in den Interviews immer wieder auftauchendes Problem sind, wie zu erwarten, die unterschiedlichen Erwartungshaltungen von Jugendhilfe und Schule. Die Toleranz für abweichendes Verhalten, um es noch einmal pauschal zu sagen, ist in der Sozialen Arbeit mit ihren professionellen Relevanzen deutlich größer als im in jeder Hinsicht stärker normierten Bereich der Schule.

Beispielhaft berichtet die Leiterin eines Sozialen Dienstes: „Wenn eine Schule eine Kindeswohlgefährdung meldet: Der Schüler hat in der Schule gesagt, der Vater hat mich mit einer Latte geschlagen. Und man ist froh, das Kind hat endlich mal was gesagt. Weil die Familie ständig auffällig ist, nicht wahr. Der Schüler stinkt, hat keine Schulmaterialien, hat kein Sportzeug und endlich sagt der mal was. Gott sei Dank, sagt die Schule, jetzt kommt das Kind endlich in eine Pflegefamilie. Aber dann kommt das Kind nach einer Woche wieder in die Schule und lebt bei den Eltern. Wie bringen sie das einem Lehrer bei?“

Oder wie eine Kinderschutzbeauftragte aus Thüringen bemerkt: „Die Lehrer haben auch falsche Erwartungen. Was kann das Jugendamt leisten. Manche Lehrer denken oftmals, da muss doch jetzt etwas passieren. Die Schule hat einen anderen Blick auf das Kindeswohl als das Jugendamt. Bei Schulen ist es ja oftmals schon so, wenn die (Schüler) jetzt ein bisschen schmuddelig daherkommen und gerade so die älteren Lehrerinnen, die dann sagen, denen muss doch einmal geholfen werden, der braucht ordentliche Hosen, der braucht auch jeden Tag Frühstück und und und, da sind die Sichtweisen anders. Oder auch die Verhaltensauffälligkeiten, die dann von der Schule kommen, was aber auch ein stückweit Verantwortung der Schule ist, wenn die Kinder in der Schule auffällig sind, dass da auch von Seiten der Schule auch mehr geguckt werden muss, was können wir leisten.“

Diese Kinderschutzbeauftragte sagt auf die Frage, welche Faktoren bei der Zusammenarbeit von Jugendamt und Schule die größte Rolle spielten, spontan: „Es steht und fällt mit dem Direktor“. Das heißt, die Schulleitung hat zum Zweiten eine „weichenstellende“ Bedeutung in diesem Feld. Aufgrund unserer Langzeitforschung (teilweise begannen die ersten Erhebungen 1990) können wir ungefähr den Zeitpunkt angeben, zu dem in der Schulleitung ein positiver Einstellungswandel in der Beziehung zur Jugendhilfe einsetzte. Wir datieren ihn um das Jahr 2000, als u.a. der Schulabsentismus zu einem institutionellen Problem wurde, das intern nicht mehr zu bewältigen war. Dies betrifft jedoch in erster Linie Förder- und Hauptschulen. Beziehungsweise in diesem Bereich haben wir für unser Untersuchungsgebiet Schleswig-Holstein verlässliche Daten aus einer Erhebung, die 2005 in ausgewählten Förder- und Hauptschulen des Landes durchgeführt wurde. Danach fehlten in den Hauptschulen 13% der Schülerinnen und Schüler mehr als 10 Tage, 4% mehr als 20 Tage im Schulhalbjahr, in den Förderschulen waren dies 20% mit mehr als 10 Tagen und 9% mit mehr als 20 Tagen unterrichtliches Fehlen im Schulhalbjahr (vgl. Rat für Kriminalitätsverhütung o.J.: 97).

Allerdings seien zwischen den Schulen erhebliche Unterschiede in den Absentismusquoten zu beobachten. „Dieses gilt für Hauptschulen und Förderschulen in gleichem Maße. So liegt der Anteil der Schülerinnen und Schüler mit signifikanten Fehltagen bei einem Drittel aller Hauptschulen unter 10%, während 10% der Hauptschulen Absentismusquoten von über 20% aufweisen. 18% der Förderschulen weisen geringe Absentismusquoten (unter 10%) auf. Andererseits sind bei 10% der Förderschulen Absentismusquoten von mehr als 30% festzustellen." (Ebd.: 98) Diese Zahlen, vor allem die zuletzt genannte, sind gesellschaftlich betrachtet und angesichts der deutschen Schulhistorie dramatisch. Die Entwicklung erreicht in abgeschwächter Form nun auch andere, weiterführende Schulen. Bei den Schulleitungen steigt entsprechend – je nach Schulform und Standort stärker oder schwächer – die Bereitschaft, Hilfe aus dem Bereich der Sozialen Arbeit anzunehmen (so einschlägige Interviewaussagen). Das ist jedoch eine Aussage über eine soziale Tendenz, das „letzte Wort" hat – siehe oben – immer noch die konkrete Leitungskraft.

Ein drittes Element im Rahmen der Kooperation von Jugendhilfe und Schule, das in den Gesprächen angesprochen wird, ist die Schulsozialarbeit. Wieder eine beispielhafte Interviewsequenz aus einem Gespräch mit einer Kinderschutzbeauftragten. „Da ging es einmal um einen Verdacht auf sexuellen Missbrauch. Dann war noch so ein Mutter-Tochter Konflikt. Da ist jedes Mal eine Inobhutnahme daraus geworden. Es ist schon so, dass die Schulen auch melden. Und was mir positiv auffällt – gerade die Schulsozialarbeiter. Explizit eine, die mich auch häufig kontaktiert und sagt, ich hab hier ein Problem, wie könnten wir da gemeinsam irgendwie zu Potte kommen." Bei einer solchen Vermittlerin wird es der Kinderschutzbeauftragten dann auch leichter möglich, an einem Lehrerstammtisch mit teilzunehmen und ihr Anliegen vorzubringen. „Aber es fängt jetzt gerade noch Mal so an", schließt die Befragte diese Schilderung aus dem Jahr 2010, „das fängt jetzt neu an".

Hierzu noch zwei Anmerkungen. In der eben wiedergegebenen Sequenz wird in Ansätzen erstens deutlich, wie sich mit der Schulsozialarbeit die Schnittstelle von Jugendhilfe und Schule ein Stück weit *in* die Schule hinein verlagert.

Anders gesagt: die Jugendhilfe hat einen Ansprechpartner mehr in der Schule, der darüber hinaus dem Anliegen der Sozialen Arbeit mit mehr „professioneller Sympathie" begegnet. Zweitens hat ein Sozialdezernent in diesem Kontext auf einer Tagung die vielleicht etwas überspitzte Bemerkung gemacht, in seinem Bundesland (Baden-Württemberg) werde es zu einer Frage des Prestiges einer Schule (bis hin zum Gymnasium), einen Schulsozialarbeiter zu haben. Der sachliche Hintergrund sei die in den Schulen als dramatisch wahrgenommene Zunahme an Verhaltensauffälligkeit in der Schülerschaft. (Das scheint bei den Akteuren neben dem Schulabsentismus das zweite zentrale Problemfeld zu sein, das Schule und Jugendhilfe näher zusammen rücken lässt.) Sei aber die Schulsozialarbeit nicht da oder reiche sie zur Behebung des Problems nicht aus, würde der Ruf nach dem Jugendamt laut.

Entsprechendes berichtet die bereits zitierte Kinderschutzbeauftragte: „Die Schulvertreter sagen dann: die (Schüler) kommen nicht regelmäßig oder kommen zwar regelmäßig, aber stören den Unterricht, sind auffällig. Wir brauchen (in der Schule) drei Leute Personal. Das kann doch wohl nicht sein. Jetzt macht mal (im Jugendamt). ... Aus Sicht der Schule bräuchten ganz viele Kinder einen Integrationshelfer, also noch jemand an die Seite gestellt und dann wäre da Ruhe." Entsprechend intensiviere sich der Kontakt, gerade auch hinsichtlich Kindeswohlgefährdungen, da hier der Soziale Dienst tätig werden müsse.

Schließlich zeigten sich viertens auf der Fallebene Probleme mit den Lehrern. „Gerade wenn die Lehrer sagen, wir haben da eine Meldung und sobald man (im Sozialen Dienst) dann wirklich sagt, ich möchte es gern schriftlich nach dem Verfahrensablauf, die haben ja auch ihren, und bei manchen passiert dann nie wieder was. Das ist so dieser Mehraufwand: Jetzt muss ich mich da hinsetzen und muss das auch noch aufschreiben. Ich habe denen das doch gesagt und damit ist doch jetzt gut, die wissen doch jetzt Bescheid und damit ist das auch getan für viele (in der Schule)." (Kinderschutzbeauftragte) Es gebe „aber auch Ängste", heißt es im Interview weiter, „vielleicht auch so, dass sie (die Lehrer) sagen, naja, wenn wir jetzt melden, es passiert ja vielleicht auch nichts, (dann war alle Mühe umsonst)".

Was aber könnte passieren, wenn das Jugendamt einen Fall übernimmt? Das Jugendamt hat das Gefährdungsrisiko abzuschätzen, die Mitwirkungsbereitschaft der Eltern festzustellen und diesen, falls notwendig und geeignet, angemessene Hilfen zur Erziehung anzubieten. Sind die Eltern nicht bereit und in der Lage, diese Angebote anzunehmen, schaltet das Jugendamt andere zuständige Stellen zur Abwendung einer Gefährdung ein. Beantragen sie jedoch eine Hilfe zur Erziehung, dann erweitert sich der Kooperationsrahmen auf die Elemente Schule, Jugendamt und freier Träger der Jugendhilfe (Leistungserbringer). Typische Maßnahmen in einer solchen Situation reichen von schulnahen Hilfen

(Hort, Tagesgruppe) bis zu stärker schulfernen (Erziehungsbeistand, Pflegefamilie, Heimunterbringung). Die dann entstehende Konfiguration und Falldynamik wollen wir im Folgenden an einem Beispiel nachzeichnen.

6 Ein paradigmatischer Fall aus den Akten eines Jugendamts

Die Fallgeschichte trägt sich in einer Kreisstadt in Thüringen zu. Ehepaar Dreher[7] (Herr Dreher, geb. 1970, Installationsmechaniker in einem Metallbetrieb,; Beate Dreher, geb. 1967, Bezieherin einer Erwerbsunfähigkeitsrente, da an MS erkrankt und gehbehindert) bekommt im Juni 1999 einen Sohn Alex. Im Oktober 2003 trennt sich das Ehepaar und lässt sich scheiden. Alex bleibt bei der Mutter, beide Eltern behalten das Sorgerecht. Frau Dreher nimmt wieder ihren Mädchennamen Könnitzer an. Seit Juni 2005 ist Herr Dreher wieder verheiratet und wohnt mit seiner zweiten Frau und einem im Juni 2006 geborenen gemeinsamen Sohn in einem Vorort der Kreisstadt. Dem Jugendamt ist die Familie aufgrund der Umgangsregelung nach der Trennung 2003 bekannt.

6.1 Erziehungsbeistand und erste Hinweise auf eine Kindeswohlgefährdung

Bei Alex Dreher wird im Kindergarten festgestellt, dass er „unkonzentriert und hyperaktiv" sei. Daraufhin ist er 2005 sechs Wochen in der Kinder- und Jugendpsychiatrie. Dort wird bei ihm ADHS diagnostiziert.[8] Der zuständige Sozialarbeiter bietet in der Folge Beate Könnitzer Unterstützung an, bekommt aber lt. Fallakte zur Antwort: „Hilfe bei der Erziehung für Alex bräuchte sie nicht, da gäbe es keinerlei Probleme zu Hause".

Erst am 16.2.2006, nach einigen weiteren Vorfällen im Kindergarten mit Alex, ist Frau Könnitzer „für eine Hilfe offen" und stellt einen Antrag auf Hilfe zu Erziehung. In der Situationsklärung unter Einbezug der Kita stellt sich heraus, dass das Verhalten von Alex nach dem Aufenthalt in der Psychiatrie noch auffälliger geworden sei. Als „geeignete und notwendige" Hilfe wird Beate Könnitzer ab 2.3.2006 eine junge Sozialpädagogin als Erziehungsbeistand (§30 SGB VIII) zur Seite gestellt. Sie solle bei Alex „zur Verbesserung der Konzent-

7 Alle Eigennamen sind anonymisiert.

8 Für den Sozialarbeiter ist diese Vorgehensweise typisch, wenn ein Kind verhaltensauffällig in Kita oder Schule wird. Zur Diagnostik brächten die Eltern ihre Kinder in die Psychiatrie. Meist verließen die Kinder die Klinik mit der Diagnose ADHS und bekämen eine medikamentöse Behandlung (Ritalin). Damit würden die Kinder im Kita- oder Schulbetrieb aber nur „ruhiggestellt".

ration und zum Abbau seiner Aggressivität beitragen" sowie ihn „auf die Schule vorbereiten".

Am 1.6.2006 ruft die Sozialpädagogin im Jugendamt an und teilt mit, dass Frau Könnitzer im Moment „sehr durcheinander wäre". Ihre Mutter sei verstorben und sie brauche eine Auszeit, denn im Moment sei ihr „alles zu viel". Am gleichen Tag meldet sich auch die Kita beim Jugendamt. Der Fahrer, der Alex morgens in die Kita fährt, berichte von Streitigkeiten zwischen Alex und seiner Mutter: „Alex hätte in der Wohnung randaliert und sie (die Mutter) hätte Alex auch geschlagen". Alex geht daraufhin eine Woche zu seinem Vater. An dieser Stelle taucht zum ersten Mal die Möglichkeit einer Kindeswohlgefährdung auf – nachdem Alex vorher als „verhaltensauffälliger" kindlicher Täter typisiert wurde.

Alex kommt im Sommer 2006 in die erste Klasse einer Grund- und Ganztagsschule seiner Heimatstadt. Am 13.9.2006 wird er für einen Tag in Obhut genommen. Veranlasst hat die vorläufige Schutzmaßnahme der Erziehungsbeistand: Alex sei „bei seiner Mutter von seelischer Misshandlung bedroht". Beate Könnitzer erzeuge Angst, drohe mit Polizei und Heim. Alex werde daraufhin gegen seine Mutter aggressiv, schlage sie, verwüste die Wohnung und würde weglaufen. Das versuche er auch in der Schule (wie bereits im Kindergarten). Er sei sehr auffällig in seinem Verhalten und kenne keine Einordnung in die Gruppe. Alex brauche eine 1:1 Betreuung.

Am 28.9.2006 wendet sich der Vater ans Jugendamt und stellt einen Antrag auf Vollzeitpflege für Alex, da er seinen Sohn nicht in seine neue Familie aufnehmen könne (er arbeite in Schichten, sie hätten noch ein Baby). Durch die Besuche sei ihnen klar geworden, dass Alex immer unter Aufsicht bleiben müsse. Auch die Mutter stimmt zu, dass Alex in einer Pflegefamilie untergebracht wird. Sie sei mit der Erziehung überfordert, heißt es. Die Schule wiederholt, dass ein Unterricht mit Alex kaum möglich sei. Für das Jugendamt kommen „die Tagesgruppe oder eine Pflegefamilie in Betracht." Am 6.10.2006 wird der Antrag auf Hilfe in einer Pflegefamilie für Alex positiv beschieden.

6.2 Betreuung in einer Pflegefamilie – ohne Kindeswohlgefährdung, aber mit Problemen in der Schule

Alex wird am 9.10.2006 als Pflegekind in einer Familie im Kreis aufgenommen. Damit erfolgt auch ein Wechsel an die Grundschule im Ort der Pflegeeltern. Bereits am 10.10.2006 erhält das Jugendamt einen Anruf von der dortigen Beratungs- und Klassenlehrerin. Der „Mobile Sonderpädagogische Dienst (MSD) wäre heute in der Schule gewesen und möchte eine Aussprache mit Schule und Jugendamt. Alex ist sehr auffällig in der Schule (Vokabular, Tür zugeschlossen, stört Unterricht)". Von Seiten des Jugendamts heißt es dazu: „Man soll Alex doch erstmal die Chance geben, sich in der Schule einzuleben".

Parallel zu den Problemen in der Schule, mitunter auch dadurch veranlasst, ergeben sich Krisen im Pflegeverhältnis. Am 16.10.2006 rufen die Pflegeeltern beim Jugendamt an und teilen mit, sie seien zu dem Entschluss gekommen, „dass wir es mit Alex nicht schaffen". Nach einer Fallkonferenz am 18.10.2006 nimmt die Pflegefamilie ihre Entscheidung dann jedoch wieder zurück. Im Protokoll heißt es zur Einschätzung der Situation: Der Soziale Dienst sehe keine akute Kindeswohlgefährdung, jedoch perspektivisch sei die Entwicklung des Jungen gefährdet. Die Pflegefamilie berichte, es gäbe Probleme mit dem anderen Pflegekind und Alex. Frau Könnitzer rufe ständig in der Schule und beim Arzt an. Dies sollte unterbunden werden. Die Mutter sehe die Pflegefamilie nur als Zwischenlösung und wolle wöchentlichen Umgang, die Pflegeeltern diesen Kontakt aber höchstens alle zwei Wochen.

Kurz darauf scheint sich die Pflegefamilie beruhig zu haben. Und auch in der Schule „läuft" es jetzt besser, wie sich in einer weiteren Fallkonferenz (am 8.11.2006) zeigt. Probleme ergäben sich nach Einschätzung der Pflegefamilie dann, wenn Alex Kontakt (Umgang) mit seinen leiblichen Eltern hat. Dann nähmen auch die Schulprobleme wieder zu. Aber am 30.11.2006 kommen die Pflegeeltern (wieder) zu dem Entschluss, „Alex nicht länger in Pflege zu nehmen". Daraufhin erfolgt am selben Tag ein Hausbesuch bei der Mutter. Ihr wird mitgeteilt, dass Alex wieder „nach Hause kommt" und an eine andere Grund- und Regelschule wechselt. Als Hilfemaßnahme soll ihm nun eine Tagesgruppe bewilligt werden. Allerdings erfolgt hier schon der Hinweis: „Sollte es zu Hause nicht klappen, dann werde übers Gericht eine Heimunterbringung veranlasst". Auch „frustriert" von der „Wankelmütigkeit" der Pflegefamilie (Anruf am 4.12.2006: „wollen Alex nun doch bei sich behalten") fällt das Jugendamt in einer Teamentscheidung am 5.12.2006 den Entschluss, „dass Alex wieder zur Mutter und ab sofort in die Tagesgruppe geht".

6.3 Hilfe in einer Tagesgruppe und die Meldung der Kindeswohlgefährdung

Auch in der neuen Grundschule und der angeschlossenen Tagesgruppe (TG) gibt es Probleme mit Alex. In einem Entwicklungsbericht vom 17.11.2006 liest man: „Alex Defizite im Sozialverhalten werden auch im schulischen Alltag spürbar. Nach Auskunft der Klassenlehrerin spricht er im Unterricht häufig dazwischen, ärgert, tritt oder schlägt andere Kinder". Dagegen seien „seine schulische Leistung und auch seine Lernmotivation gut." Am 21.2.2007 wird zwischen Schule, Jugendamt, Tagesgruppe und dem Förderschullehrer des MSD eine „Krisensitzung“ in der Schule abgehalten. Die Klassenlehrerin betont die Probleme und berichtet, Alex habe jetzt schon Arbeitsphasen allein im Flur. Zur Verbesserung der Situation schlägt sie vor, ihm auch im Unterricht Ritalin zu verabreichen. Zudem soll mittels einer „Langzeitdiagnostik“ in einem „Sonderpädagogischen Gutachten“ der Förderbedarf von Alex festgestellt werden.

Die Schule wendet sich darüber hinaus an die Mutter und empfiehlt ihr in einem sog. „Kompetenzgespräch“ eine „Therapie, am besten Familientherapie“ für Alex (und sich). Beate Könnitzer solle zumindest beim Jugendamt einen Integrationshelfer zur Verbesserung der Situation beantragen. Dieses lehnt das Jugendamt ab, denn „die Schule sollte erstmal alle Möglichkeiten ausschöpfen, um Alex weiterhin zu beschulen.“ Die Mitarbeiterinnen der Tagesgruppe und die Lehrerinnen versuchen weiter, das Jugendamt von der Notwendigkeit zusätzlicher erzieherischer Hilfen zu überzeugen. Jetzt aber auch mit der Begründung: „Langfristig kann durch die Einschränkungen der Mutter, deren weiterer Krankheitsverlauf nicht abschätzbar ist, eine Kindeswohlgefährdung im Sinne von Vernachlässigung nicht ausgeschlossen werden“.

Am 24.4.2007 kommt es zu einem Gespräch mit der Tagesgruppe, woraufhin das Jugendamt „keine Kindeswohlgefährdung mehr ausschließt“, es bestehe die Gefahr einer „Selbst- und Fremdgefährdung“. Am 3.5.2007 schließlich meldet die Tagesgruppe dem Jugendamt bezüglich Alex Dreher eine Kindeswohlgefährdung: „Alex berichtete in der TG, dass seine Mutti ihn auf den Boden gestoßen, getreten und geschlagen habe. Weiterhin wollte Alex am Abend nicht nach Hause gebracht werden. Er habe Angst, Ärger zu bekommen, weil er den Vorfall in der TG erzählt hat. Alex wurde an der Tür von einer mir fremden Frau empfangen“. Die Tagesgruppe nimmt daraufhin Kontakt zur Mutter auf.[9] Frau Könnitzer kommentiert die Situation mit den Worten: „Alex lügt“. Im speziellen Aufnahmebogen „bei Verdacht auf Kindeswohlgefährdung“ heißt es aus Sicht des Jugendamts: „Kindeswohlgefährdung ist nicht auszuschließen“.

Eine konkrete Maßnahme von Seiten des Jugendamts erfolgt aber nicht. In der Akte heißt es dazu nur am 7.5.2007: „Eine Kindeswohlgefährdung ist bei ihr (der Mutter) nicht mehr auszuschließen, und es wird weiterhin geprüft, ob Alex woanders untergebracht werden muss.“ Die Schwierigkeiten hören aber nicht auf. So musste Alex beispielsweise am 12.6.2007 aus der TG genommen und nach Hause gebracht werden, weil „er wieder Schüler provoziert hat“. Als Konsequenz fällt das Jugendamt die Entscheidung: „Wir beenden die Hilfe in der TG, sie (die TG) soll Frau Könnitzer informieren, dass sie ihn (Alex) ab Montag in den Hort bringt“. In einer Teamberatung vom 18.6.2007 wird beschlossen:

9 Dies entspricht dem vorgeschriebenen Vorgehen bei einer Kindeswohlgefährdung. Die Schule ist in Thüringen nach §55 ThürSchulG verpflichtet, die Erziehungsberechtigten an der Verdachtsabklärung zu beteiligen.

„An eine Fremdunterbringung kann zum jetzigen Zeitpunkt nicht gedacht werden, die Mutter und der Vater nehmen die Hilfeangebote wahr und Frau Könnitzer will ihren Sohn nicht woanders unterbringen lassen". Das Jugendamt „belohnt" damit primär die Kooperationsbereitschaft der Eltern und berücksichtigt im Sinne des Dienstleistungsgedankens die Klientenwünsche.

6.4 Betreuung im Hort und neue Schwierigkeiten in der Schule

Aber auch nachdem die Meldungen aus der Tagesgruppe aufhören, enden die Probleme mit Alex in der Schule und nun auch im Hort nicht. Sie verlagern sich gewissermaßen vom Bereich der Jugendhilfe wieder in den schulischen. Am 26.6.2007 ruft Frau Könnitzer beim Jugendamt an und teilt mit, es gäbe wieder Schwierigkeiten in der Schule. Die Klassenlehrerin war gestern bei ihr und berichtete wieder von einem Vorfall: „Alex sei auf ein Fensterbrett gestiegen und wollte aus dem 3. Stock rausspringen". Die Klassenlehrerin möchte wissen, „was das Jugendamt unternimmt und habe ihr gesagt, dass sie einen Antrag auf einen Integrationshelfer stellen solle".

Diesem Telefonat folgt die Stellungnahme zur Situation von Alex in Schule und Hort am 25.6.2007: „Seit Beginn seines Aufenthalts (18.6.2007) gab es massive Probleme im Umgang mit anderen Kindern unseres Hortes. ... Aus diesen Gründen kann ich die Aufsichtspflicht ihm gegenüber und die Fürsorgepflicht anderen gegenüber nicht gewährleisten". Das gleiche Schreiben enthält auch eine Stellungnahme der Klassenlehrerin: „Wir beobachten eine zunehmende Eskalation seines Verhaltens auch im Schulalltag". Hier lautet die entsprechende Schlussfolgerung: „Aufgrund der sich häufenden Vorkommnisse sehen wir die Sicherheit von Alex und seinen Mitschülern stark gefährdet".

Weiteren Handlungsdruck erzeugt die Schulleiterin: „Alex wird laut Schulgesetz §51 Abs. 3 Nr. 5 für 6 Tage vom Unterricht ausgeschlossen. Während dieser Zeit sollte das Jugendamt mögliche Unterstützungsmaßnahmen prüfen, die angeboten werden können, so dass danach eine Beschulung wieder möglich ist". Mit der Freistellung vom Unterricht verschärfen sich auch die Kooperationsprobleme zwischen Jugendamt und Schule. Denn jetzt wird zusätzlich das Schulamt über die Schwierigkeiten mit Alex informiert. Der Fall geht damit in die „nächsthöhere Instanz" (auf Seiten des Jugendamts ist bereits die Fachdienstleiterin in den Fall involviert).

Diesem Schreiben ist jetzt auch ein „förderdiagnostisches Gutachten" des MSD vom 17.4.2007 beigefügt. Dieses Gutachten spricht sich für die Fortführung der eingeleiteten Fördermaßnahmen aus. Diese „sollten im Interesse der sozialen Entwicklung des Jungen im Rahmen der integrativen Beschulung durch eine 1:1 Betreuung möglich werden". Und auch Frau Könnitzer wird von der

Schule weiter dazu angehalten, einen Antrag auf Integrationshilfe zu stellen, was diese schließlich am 27.6.2007 tut. Im Anschluss daran findet ein Hausbesuch des Bezirkssozialarbeiters bei der Mutter statt. Auf die Frage, weshalb sie einen solchen Antrag gestellt habe, antwortet Beate Könnitzer (lt. Protokollnotiz): „Das hätte die Schule so gewollt". Der Sozialarbeiter erklärt ihr dagegen, dass bei Kindern, die Probleme im Verhalten in der Schule haben, auch die Schule dafür verantwortlich sei, Hilfe zu installieren. Daraufhin nimmt Frau Könnitzer ihren Antrag zurück.

Der Hort meldet sich weiterhin in regelmäßigen Abständen beim Jugendamt. Auch am 10.9.2007: „Seit Beginn des neuen Schuljahres zeigt Alex wieder sein auffälliges und wechselhaftes Verhalten". An Tagen, an denen er seine morgendliche Tablette nehme, verhalte er sich bis auf Kleinigkeiten „normal". Jedoch falle Alex auch immer wieder in alte Verhaltensmuster zurück. Neu ist allerdings folgende Beobachtung: „Alex hat nie Frühstück mit und erbettelt sich mittlerweile Brote bei anderen Kindern". Unabdingbare Voraussetzungen für einen einigermaßen funktionierenden Schulalltag seien die regelmäßige tägliche Einnahme des Medikaments und ein regelmäßiges Schulfrühstück. Diese Meldung deutet auf eine Vernachlässigung durch die Mutter hin.

Neu ist im Folgenden auch, dass sich nun Eltern von Klassenkameraden beim Jugendamt melden. Eine Mutter teilt am 19.9.2007 dem zuständigen Sozialarbeiter mit, dass ihr Kind von Alex gewürgt wurde; Alex störe den Unterricht und behindere andere Kinder beim Lernen. Sie möchte, dass etwas unternommen und eine geeignete Schule für Alex gefunden wird. Die Direktorin der Grundschule meldet sich nach diesem Vorfall am selben Tag beim Jugendamt und klagt, „die Schule sehe keine Möglichkeit mehr, Alex zu beschulen". Auch verstärkt diese ihre Bestrebung, einen Integrationshelfer für Alex zu bekommen. In der nächsten Fallkonferenz am 2.10.2007 bemerkt die Schulleiterin: „Alex ist eine tickende Zeitbombe". Und sie müsse wieder „dem Schulamt über den Ausschluss vom Unterricht von Alex eine Mitteilung machen".

6.5 Letzte Hilfe im Heim und eine neue Situation in der Schule

An dieser Stelle kommt auch das Jugendamt zu der Auffassung, dass eine weitere Beschulung in der Grundschule nicht möglich sei. Es beschließt am 8.10.2007: „ab sofort HzE in einer Einrichtung nach §34 und 35 SGB VIII". Die „distanzierte Beziehung" zur Grundschule führt im Übrigen dazu, dass diese über die neue Entwicklung nicht informiert wird. Nach einer Benachrichtigung über den ausbleibenden Schüler meldet sich sogar das Kultusministerium am 22.10.2007 beim Jugendamt und will wissen, wo Alex jetzt in die Schule geht. Der fallzuständige Sozialarbeiter hält in der Akte fest, „dass er der Direktorin gesagt habe, sie hätte bei der Mutter bzw. den Eltern nachfragen können, wo Alex jetzt zur Schule geht".

Die Heimerziehung in einer Einrichtung im Thüringer Wald für Alex Dreher (ab dem 12.10.2007) ist gekoppelt an eine Kleinstgruppenbeschulung mit zwei Kindern. Zwar erhält das Jugendamt bereits drei Tage nach Beginn der Maßnahme am 15.11.2007 die Meldung vom Einrichtungsleiter: Alex störe sehr oft und falle auch während der Pausen durch verbale und tätliche Aggressionen auf. Im Folgenden gehen jedoch kaum noch Meldungen an das Jugendamt. Alex zeigt im Jahreszeugnis der Förderschule vom 9.7.2008 gute Schulnoten: In Deutsch: 3, in Mathematik: 2, in Heimat- und Sachkunde: 2. In der Beurteilung heißt es: „Das Lernen in der Gruppe fällt Alex nicht leicht. Sich unterzuordnen und die Regeln zu beachten, bereitet ihm täglich Mühe. Er neigt zu lautem, aggressiven Verhalten gegenüber seinen Mitschülern, wenn er nicht genügend Beachtung findet".

Die Heimunterbringung scheint als „Zwischenlösung" verstanden zu werden, wie aus einem Schreiben vom 24.11.2008 hervorgeht: „Schulverhalten stabilisiert sich, perspektivisch in eine Pflegefamilie". Es ist auch davon die Rede, dass „sich alle Beteiligten darüber einig sind, dass ein längerer Heimaufenthalt für Alex keine Lösung ist und er nach den Winterferien eine andere Schule besuchen soll". Vor allem Letzteres versucht die Einrichtung mit einem Gutachten, das kurioser Weise von der betreuenden Lehrerin selbst aufgesetzt wurde, zu verhindern: „Zum jetzigen Zeitpunkt wäre eine Reintegration in ein herkömmliches Schulsystem bzw. in eine heimatliche Grundschule zu früh. Ziel der verhaltensmodifizierenden Maßnahmen bzw. der sonderpädagogischen Förderung sollte eine langfristige Vorbereitung einer herkömmlichen Schule sein". Trotz des „Einspruchs" der Einrichtung forciert das Jugendamt zum neuen Schuljahr einen Wechsel in eine herkömmliche Grundschule (die Heimerziehung jedoch wird fortgesetzt).

Die Förderschule informiert allerdings die Grundschule der Gemeinde nicht rechtzeitig darüber, so dass Alex ohne fristgerechte Anmeldung im Unterricht erscheint. Die neue Klassenlehrerin äußert am 1.9.2009: „Alex war gestern den ganzen Tag in der Schule anwesend und es gab keine Probleme. Die Schule war auch positiv überrascht". Sie dachte, mit Alex bekomme sie ein „Horrorkind". Sie sei bereit, Alex weiterhin zu beschulen. Die Kluft zwischen dem Gutachten zum Förderbedarf und dem tatsächlichen Verhalten von Alex in der „Dorfschule" lösen im Jugendamt Irritationen aus. Die (inzwischen auch mit dem Fall befasste) Sozialdezernentin notiert: Der offensichtliche Widerspruch zwischen dem Gutachten des bisherigen Schulträgers und der Aussage in der Runde, dass der Junge „gar nicht so schlimm sei", müsse im Nachgang besprochen werden.[10]

10 Es stellt sich an dieser Stelle die Frage, ob solche „Gutachten" nicht auch erheblich dazu beitragen, dass Thüringen bei seinen Schülern den dritthöchsten Förderbedarf in Deutschland hat

In der staatlichen Grundschule im Thüringer Wald bleibt Alex auch weiterhin „unauffällig". Abschließend sei hier aus dem Entwicklungsbericht der Schule vom 17.6.2010 zitiert: „Obwohl Alex in den Pausen noch recht oft in Streitigkeiten verwickelt ist, schätzen wir ein, dass er recht gut integriert ist". Die Noten im Schuljahreszeugnis vom 23.6.2010 sind ebenfalls gut: In Deutsch: 2, in Heimat- und Sachkunde: 2, in Mathematik: 2 (sonst überall 2 und in Musik 1). In der Beurteilung ist noch zu lesen: „Alex, es ist schön zu sehen, wie wissbegierig Du bist. Das zeigst Du besonders durch Deine Aufmerksamkeit und Dein Mitdenken im Unterricht". Alex Dreher bleibt jedoch weiter im Heim untergebracht – trotz anders lautender Intentionen des Jugendamts seit November 2008.

7 Resümee

Wir fassen die wichtigsten Einsichten zusammen. Das Thema Kindeswohlgefährdung und Kinderschutz hat zahlenmäßig in den letzten fünf Jahren deutschlandweit an Relevanz gewonnen. Es gibt jedoch erste Anzeichen, dass der Höhepunkt des (fach-)öffentlichen Interesses bereits überschritten sein könnte. Zudem zeigt sich, dass die konkrete Wirklichkeit des Umgangs mit Kindeswohlgefährdungen sich auf regionaler und lokaler Ebene konstituiert, die mehr oder weniger vom Bundesdurchschnitt abweicht. Die Schule spielt bei Meldungen zu Kindeswohlgefährdungen, erst recht aber als Auslöser für Schutz- und Hilfemaßnahmen des Jugendamts, eine untergeordnete Rolle. Symptomatisch dafür ist der Tatbestand, dass in der Fallgeschichte die Tagesgruppe – deren Meldungen eher ernst genommen werden – die Gefährdung anzeigt, obwohl sich die Gründe vornehmlich aus der schulischen Situation ergeben.

Die Fallskizze manifestiert die konstitutive Bedeutung des Einzelfalls auch bei einer Kindeswohlgefährdung sowie den Schutz- und Hilfemaßnahmen. Dass beispielsweise keine adäquate Pflegefamilie gefunden wird, verweist als solches sowohl auf die soziale Infrastruktur vor Ort (welche Möglichkeiten, Angebote und Einrichtungen gibt es überhaupt) als auch die professionelle Kompetenz der Fach- und Leitungskräfte (ohne hinreichende sozialpädagogische Diagnose ist die Wahl der „passenden" Hilfemaßnahme eine Frage der Intuition oder des trial and error). In der Beziehung von Jugendhilfe und Schule wechseln Phasen der gemeinsamen Kindeswohlorientierung ab mit solchen der institutionellen Konkurrenz und des wechselseitigen „Abschiebens" des Falles. Dessen Spezifik zeigt sich u.a. in den fachlich fast kontraintuitiven Sachverhalten, dass die Heimerziehung deutlich weniger „auffälliges" Verhalten „erzeugt" als der Aufent-

(9% gegenüber 6% im Bundesdurchschnitt, insgesamt 13.800 Schüler; vgl. Bericht in der TLZ vom 30.11.2010 zu einer Studie der Bertelsmannstiftung).

halt bei der Mutter, und dass der Unterricht in einer „Dorfschule" erfolgreicher zu sein scheint als bei einer spezialisierten, besonders intensiven Unterrichtsgestaltung.

Die Schule bemerkt zwar zuerst Auffälligkeiten und Gefährdungsmomente, in erster Linie handelt es sich aber um einen Fall für die Erziehungshilfe. Entsprechende Zeugnisnoten verweisen auf keinen spezifischen schulischen Hilfebedarf auf der Wissensebene. Der Fall veranschaulicht auf seine Weise, dass das primäre sozialisatorische Milieu der Familie maßgeblicher für Erziehungsprobleme und Kindeswohl ist als das sekundäre sozialisatorische Milieu von Kindergarten und Schule.

Literatur

Abbott, Andrew (1988): The System of Professions. An Essay on the Division of Expert Labor. Chicago/London: University of Chicago Press.

Biesel, Kay (2008): Zwischen Fehlervermeidung und -offenheit. Wo stehen die sozialen Hilfesysteme? In: Sozial Extra, Heft 11/12. 6-10.

Bohler, Karl Friedrich (2006): Familie und Jugendhilfe in krisenhaften Erziehungsprozessen. In: Zeitschrift für qualitative Bildungs-, Beratungs- und Sozialforschung, 7. Jg., Heft1. 47-68.

Bohler, Karl Friedrich/Franzheld, Tobias (2011): Der Kinderschutz und der Status der Sozialarbeit als Profession. Erscheint in: Sozialer Sinn.

Greese, Dieter (2004): Zusammenarbeit von Schule und ASD. In: Harnuß /Maykus (2004): 449-458.

Knauer, Raingard (2010): Kooperation von Jugendhilfe und Schule im Spannungsfeld unterschiedlicher Anforderungen. In: Deinet /Icking (2010): 35-53.

Kunkel, Peter-Christian (Hg.) (2006): Sozialgesetzbuch VIII – Kinder- und Jugendhilfe, 3. Aufl., Baden-Baden: Nomos Verlagsgesellschaft mbH & Co.

Luhmann, Niklas (1970): Institutionalisierung – Funktion und Mechanismus im sozialen System der Gesellschaft. In: Schelsky (1970): 27-41.

Oevermann, Ulrich (1996): Theoretische Skizze einer revidierten Theorie professionalisierten Handelns. In: Combe/Helsper (1996): 70-183.

Rat für Kriminalitätsverhütung in Schleswig-Holstein (Hg.)(o.J.): Schulabsentismus – Konzept zur Kriminalitätsverhütung. Kiel.

Speck, Karsten (2006): Die Kooperation von Jugendhilfe und Schule im ostdeutschen Transformationsprozess – Das Beispiel der Schulsozialarbeit. In: Bütow, Birgit et. al. (2006): 101-116.

Wohlgemuth, Katja (2009): Prävention in der Kinder- und Jugendhilfe. Annäherung an eine Zauberformel. Wiesbaden: VS Verlag.

Peter Mosser

Umgang mit sexuellem Missbrauch in Schule und Jugendhilfe – Beobachtungen und Schlussfolgerungen aus der Praxis der Institutionsberatung

1 Gefährdungsszenarien

Institutionen sind gefährliche Orte für Kinder. Genauso wie Familien. Diese Feststellungen provozieren Widerspruch. Es fällt uns schwer die Tatsache anzuerkennen, dass Kinder an den Orten, an denen ihnen eigentlich Sicherheit, Geborgenheit, Förderung und Respekt zuteilwerden soll, von Gewalt und Übergriffen bedroht sind. Diese Tatsache anzuerkennen bedeutet nicht, sich mit ihr abzufinden und sie als unveränderbare Realität zu akzeptieren. Aber wir sind dazu aufgefordert, die Möglichkeit in Betracht zu ziehen, dass Kinder und Jugendliche sowohl in ihren Familien als auch in Einrichtungen der Kinder- und Jugendhilfe als auch in Schulen von unterschiedlichen Formen der Gewalt betroffen sein können.

Der vorliegende Text befasst sich mit einer spezifischen Form der Gewalt, nämlich mit sexuellem Missbrauch. Weiter unten wird beschrieben, worin sich sexueller Missbrauch von anderen Gewaltformen unterscheidet und welche Implikationen dies für einen entsprechenden institutionellen Umgang nach sich zieht. Zunächst ist es wichtig, die Erscheinungsformen sexueller Gewalt differenziert darzustellen, da häufig eine Tendenz besteht, implizit übereinstimmende Definitionen innerhalb bestimmte sozialer Zusammenhänge voreilig anzunehmen. Dies ist eine häufige Quelle von Missverständnissen und „blinden Flecken“. Fragen der Definition werden im Fachdiskurs ausführlich behandelt (vgl. Wipplinger & Amann 2007; Bange 2007), für unsere Zwecke empfiehlt es sich, Gefährdungsszenarien für den institutionellen Bereich grob zu kategorisieren, um ein mögliches Spektrum sexueller Gewaltszenarien in der Wahrnehmung von Fachkräften zu entfalten. Dabei ist zu erkennen, dass die Struktur solcher Szenarien in Schule und Jugendhilfe im Wesentlichen übereinstimmen:

1. Sexueller Missbrauch von erwachsenen Fachkräften gegenüber betreuten Kindern/Jugendlichen: Für den Bereich Schule bedeutet das, dass Schülerinnen und Schüler von sexuellen Übergriffen durch Lehrkräfte bedroht sein können. Im Bereich der Kinder- und Jugendhilfe finden wir analoge Szenarien, in denen Betreuungspersonal (Erzieher/innen, Sozialpädagog/inn/en, Therapeut/inn/en usw. ...) sexuelle Übergriffe gegenüber den ihnen anvertrauten Mädchen und Jungen begehen.
2. Sexueller Missbrauch von Erwachsenen, die keinen Erziehungs- bzw. Bildungsauftrag gegenüber Kindern haben: In diese Kategorie fallen zum Beispiel Hausmeister oder Busfahrer/innen, die im Kontext von Schulen oder Jugendhilfeeinrichtungen tätig sind und die „Verfügbarkeit“ von Kindern zu sexuellen Übergriffen ausnützen.
3. Sexuelle Gewalt von Jugendlichen gegen andere Jugendliche: Auch solche Vorkommnisse sind sowohl in der Schule als auch in Jugendhilfeeinrichtungen möglich. Das Spektrum möglicher Gewaltformen reicht von verbalen sexuellen Übergriffen bis zu Vergewaltigungen. Von zunehmender Bedeutung sind Grenzverletzungen, die unter Zuhilfenahme von Handys bzw. Internet begangen werden (Aufnahmen, die auf der Toilette gemacht werden; Überspielen von pornographischem Material, usw. …) (vgl. Innocence in Danger & Bundesverein 2007).
4. Sexueller Missbrauch von Jugendlichen gegen Kinder: Je nachdem, an welche Altersgruppe sich das Angebot der jeweiligen Institution richtet, muss sowohl in Schulen als auch in Einrichtungen der Kinder- und Jugendhilfe daran gedacht werden, dass Mädchen und Jungen durch sexuelle Übergriffe älterer Jugendlicher gefährdet sein können (vgl. Briken et al. 2010).
5. Sexuelle Übergriffe von Kindern gegen andere Kinder: Solche Gewaltkonstellationen sind lange Zeit weder in der praktischen Arbeit noch in der Fachliteratur in angemessener Weise berücksichtigt worden. Inzwischen beginnt sich das Ausmaß der Gefährdung, denen Kinder durch andere – zum Teil gleichaltrige – Kinder ausgesetzt sind, abzuzeichnen (für einen Überblick Johnson & Doonan 2005). Die Rede ist hier von Kindern unter 14 Jahren, wobei bereits Risiken in Betracht gezogen werden müssen, die für Mädchen und Jungen durch sexuelle Übergriffe anderer Kinder in Kindertagesstätten bestehen. Sorgfältige Abgrenzungen zu sog. „Doktorspielen“ sind zuweilen schwierig, aber in jedem Fall notwendig, um geeignete Interventionen zum Schutz gefährdeter Kinder zu initiieren (vgl. Freund & Riedel-Breidenstein 2002).

6. Kinder, die außerhalb der Institution sexuell misshandelt worden sind oder nach wie vor misshandelt werden und vor diesem Hintergrund in der Schule unterrichtet oder in Jugendhilfeeinrichtungen betreut werden. Auch aus einer solchen Konstellation ergibt sich ein Auftrag an diese Institutionen und die dort tätigen Fachkräfte. Zu unterscheiden ist dabei, ob die betroffenen Kinder nach wie vor von sexuellen Misshandlungen (etwa in der Familie) bedroht sind oder ob die Vorfälle bereits aufgedeckt sind. Im ersten Fall müssen Bedingungen geschaffen werden, die die Wahrscheinlichkeit einer Aufdeckung erhöhen, im zweiten Fall ist von Institutionen zu erwarten, dass sie einen Beitrag zur psychischen Stabilisierung des betroffenen Kindes leisten. Für Einrichtungen der Kinder- und Jugendhilfe gilt, dass eine erhöhte Wahrscheinlichkeit besteht, dass ihnen sexuell misshandelte Kinder anvertraut werden. Sexueller Missbrauch wird dabei jedoch in den seltensten Fällen als Zuweisungsgrund geltend gemacht (Farmer & Pollock 1998).

Diese kurze Zusammenstellung von Gefährdungsszenarien im Kontext sexueller Gewalt lässt bereits erkennen, dass es nicht ausreicht, sexuellen Missbrauch im Rahmen traditioneller Wahrnehmungsschablonen zu betrachten, wenn man Mädchen und Jungen nachhaltig vor dieser Form der Gewalt zu schützen versucht. Rückblickend kann man feststellen, dass sich die öffentliche Wahrnehmung sexueller Gewalt zunehmend ausdifferenziert hat. Dem „bösen Fremden" als finsteren, triebgesteuerten männlichen Täter wird inzwischen gemeinhin eine geringere epidemiologische Bedeutung zugemessen als Gefährdern innerhalb der Familie, also Vätern, Stiefvätern oder Onkeln. Seit wenigen Jahren wird nun auch der institutionelle Kontext verstärkt in den Blick genommen (vgl. Enders & Eberhardt 2007; Wolff 2007; Fegert & Wolff 2006), wobei die Aufdeckungswelle am Beginn des Jahres 2010, die sich vor allem auf kirchliche Institutionen bezog, einen weiteren Beitrag zur Fokussierung auf dieses Gefährdungsfeld leistete.

Der momentane Stand der Diskussion muss jedoch mit zwei kritischen Anmerkungen versehen werden: Erstens erscheint es gemeinhin nach wie vor extrem schwer vorstellbar, dass Frauen oder Minderjährige sexuelle Übergriffe begehen können. (Diese Bemerkung bezweckt keinesfalls, allen Mitmenschen mit vorauseilendem Misstrauen zu begegnen, sondern es soll vermieden werden, dass Gefährdungsszenarien allein deshalb übersehen werden, weil es „intuitiv" nicht vorstellbar ist, dass sexualisierte Gewalt beispielsweise von einer Erzieherin oder einem Grundschüler ausgeht). Und zweitens besteht sowohl in der Praxis als auch im theoretischen Diskurs häufig eine Tendenz zu „Entweder-Oder"-Wahrnehmungen: Die Fokussierung auf bestimmte Gefährdungskontexte (z.B. Institutionen) geht mehr oder weniger automatisch mit einer Vernachlässigung anderer Bereiche (z.B. Familie) einher, in denen Kinder oder Jugendliche von sexuellem Missbrauch bedroht sein können.

Das Thema sexuelle Gewalt gruppiert sich unweigerlich in vielfältigen Varianten sowohl um die Institution Schule als auch um Einrichtungen der Kinder- und Jugendhilfe. Welcher Art ist nun diese Problematik, mit der sich diese Systeme offenkundig auseinandersetzen müssen?

2 Besonderheiten sexuellen Missbrauchs

Um institutionelle Umgangsweisen mit sexuellem Missbrauch zu verstehen, ist es notwendig, spezifische Charakteristika dieses Phänomens ausfindig zu machen. Eines der wesentlichsten Merkmale, die sexuelle Gewalt von anderen Gewaltformen unterscheidet, ist ihr Verhältnis zur Geheimhaltung. Dies bedeutet nicht, dass nicht auch andere Formen von Gewalt ein Element der Geheimhaltung beinhalten könnten und auch die Behauptung, dass sexuelle Gewalt immer von einem Zwang zur Geheimhaltung begleitet ist, lässt sich nicht aufrecht erhalten. Aber das Ausmaß und die Konsequenz der Geheimhaltung sind konstitutiv für die Art und Weise, wie sexuelle Gewalt innerhalb bestimmter Kontexte sozial verhandelt wird. Um diesen Umstand zu verdeutlichen, soll hier die Vorstellung eingeführt werden, derzufolge sich um Vorfälle von sexueller Gewalt fünf konzentrische Kreise der Geheimhaltung formieren: Der innerste Kreis betrifft die Interaktion zwischen Täter und Opfer. Innerhalb dieser Konstellation wird Geheimhaltung beispielsweise durch Drohungen des Täters oder durch die Scham oder Angst des Opfers gewährleistet. Im zweiten Kreis versammeln sich eventuelle Mitwisser, zum Beispiel Mitschüler, die einen sexuellen Übergriff beobachtet haben. Im familiären Kontext wären an dieser Stelle zum Beispiel Mütter zu nennen, die die unerträgliche Realität des sexuellen Missbrauchs in der eigenen Familie abwehren, indem sie deutliche Hinweise ignorieren oder uminterpretieren. Der dritte Kreis der Geheimhaltung ist für unser Thema der interessanteste: In ihm befindet sich die Institution. Sie verfügt über die Möglichkeit, „unter den Teppich" zu kehren, was in den eigenen Reihen geschehen ist. Der vierte Kreis der Geheimhaltung bezieht sich auf den psychosozialen und juristischen Apparat, der die professionelle Behandlung von sexueller Gewalt repräsentiert. Er agiert im Auftrag einer Gesellschaft, die als „atmosphärische" Instanz im fünften Kreis der Geheimhaltung anzusiedeln ist.

Diese grobe Skizze ist offen für weitere Differenzierungen und Modifikationen. An dieser Stelle soll sie jedoch lediglich den Zweck erfüllen, zentrale Besonderheiten im sozialen Umgang mit sexueller Gewalt zu erleuchten. Wir sehen, dass die Anforderungen an einen angemessenen und hilfreichen sozialen Umgang mit Vorfällen sexueller Gewalt relativ hoch sind. Eine Rauferei im Schulhof bietet andere Indizes für Interventionen als die beiläufig hingeraunte Bemerkung eines Schülers, vom Sportlehrer „angetatscht" worden zu sein. Sexuelle Gewalt ist in den meisten Fällen ein hochkomplexes Beziehungsgeschehen. Die Notwendigkeit eines verantwortungsvollen Umgangs mit solchen Vorkommnissen erhöht die Vielfalt der damit zusammenhängenden sozialen Interaktionen. Es entstehen multi-institutionelle Kontexte, deren Dynamik auf komplexen, nicht-linearen Kausalitäten beruht (vgl. Fish, Munro & Bairstow 2008). Um das vermutete oder aufgedeckte Vorkommnis der sexuellen Gewalt gruppieren sich Menschen, die jeweils eigene Erfahrungen, Einstellungen, Haltungen, Interessen und Gefühle im Zusammenhang mit Sexualität und sexueller Gewalt in die Arena der sozialen Behandlung des Problems einbringen.

Dieser Umstand erklärt zweierlei: Erstens die hohe Emotionalität, die den Umgang mit Verdachtsfällen und aufgedeckten Fällen sexueller Gewalt begleitet. Und zweitens die Fehleranfälligkeit von Aufdeckungsprozessen. Der zunehmend zu beobachtende Versuch, mithilfe von Leitlinien, Richtlinien, Verfahrensabläufen, Qualitätssicherungsverfahren, Handlungsempfehlungen, Verhaltenskodices, Rahmenrichtlinien und Standards das Problem einer formalisierten Behandlung zuzuführen, mag als Reaktion auf die ihm innewohnende emotionale und soziale Komplexität interpretierbar sein. Der Einfluss des fehleranfälligen „Faktors Mensch" soll auf diese Weise möglichst reduziert werden (Fish, Munro & Bairstow, 2008). Fish, Munro und Bairstow haben in ihrer Analyse von Kinderschutzfällen festgestellt, dass Richtlinien und standardisierte Verfahren immer auch einen Interpretationsspielraum zulassen. Um zu verstehen, was zu gelingenden bzw. nicht gelingenden Aufdeckungs- und Hilfeprozessen beiträgt, sei es notwendig, auch „weichere" Faktoren wie Team (Kollegium), Organisationskultur, Prioritäten, offene und versteckte Botschaften usw. zu berücksichtigen. Zweifellos vermitteln die beschriebenen Verregelungsversuche eine gewisse Orientierung und erhöhen somit die Verfahrenssicherheit derer, die für die Beendigung sexueller Gewalt Verantwortung übernehmen (müssen). Ihre größere Bedeutung besteht aber möglicherweise in ihrem symbolischen Charakter: Indem sich eine soziale Gruppierung explizit Regeln für den Umgang mit sexueller Gewalt auferlegt (und diese auch verschriftlicht und zugänglich macht), legt sie Zeugnis davon ab, dass sie die Existenz des Problems und die Relevanz für die eigene Gruppierung anerkennt. Was bedeutet dies für Institutionen der Kinder- und Jugendhilfe und für Schulen?

3 Ist Prävention von sexuellem Missbrauch ein Kriterium für eine „gute Schule“?

Vor einigen Wochen habe ich in einer Schule einen Informationsabend zum Thema „Übertritt von der Grundschule in weiterführende Schulformen“ besucht. Die referierenden Lehrkräfte stellten Hauptschule, Realschule und Gymnasium in ihrer bemerkenswerten Vielgestaltigkeit dar. Die zuhörenden Eltern erfuhren, ab welchem Jahr die Kinder Chemieunterricht bekommen, welche Fächerkombinationen in Realschulen möglich sind und wie flexibel sich die Hauptschulen an die Anforderungen der Wirtschaft anpassen. Die Schulen wurden als Markt der Möglichkeiten präsentiert, innerhalb dessen für jedes Kind das Richtige zu finden sein würde und man wurde auch darüber informiert, welche Schule als Wahlfach Chinesisch anbietet und warum dies für die Zukunft unserer Kinder von Relevanz sein könnte. In dieser Situation entstand in mir folgendes Gedankenspiel: Was würde passieren, wenn ich mich jetzt melden und folgende Frage in den Raum werfen würde: „Könnten Sie mir bitte etwas darüber sagen, was die einzelnen Schulen zur Prävention von sexueller Gewalt tun?“ Ich beließ es beim Gedankenspiel. Weder wollte ich die Anwesenden verstören, noch wollte ich mich dem Verdacht aussetzen, dass mit mir irgendwas nicht stimme. Eine solche Frage wäre mir in diesem Kontext geradezu absurd, zumindest aber riskant erschienen. Hätte ich hingegen gefragt, ob es für die Zukunft meiner Tochter sinnvoller wäre, chinesisch oder spanisch zu lernen, hätte ich mich mit meinen Gesprächspartnern im Bereich einer nicht weiter hinterfragbaren pragmatischen Lehrkraft-Eltern-Kommunikation bewegt.

Welche Schlüsse sind aus dieser kleinen Episode (und ihrer Konkordanz mit meinen in vielen Jahren gesammelten Erfahrungen aus der Arbeit mit Missbrauchsopfern und der Beratung von Institutionen) zu ziehen? Unterhalb des oben angedeuteten Verregelungsdiskurses, der sich mühsam den Weg in eine kompetente Praxis der Verhinderung, Aufdeckung und Aufarbeitung sexualisierter Gewalt bahnen muss, existiert ein hochrelevanter informeller Raum, innerhalb dessen all die Gefühle versammelt sind, die uns belauern, wenn wir Sexualität oder gar sexuelle Gewalt thematisieren wollen – zumal dort, wo diese Themen „normalerweise“ nicht hingehören: Scham, Angst, Ambivalenz, Unsicherheit, Verwirrung. Dieser Raum der komplizierten, manchmal schwer zu ertragenden Gefühle unterhöhlt den manifesten Bereich des „guten Willens“. Und er erklärt zu einem gewissen Teil die Unfähigkeit von Institutionen, die Kinder zu schützen, die ihnen anvertraut wurden. An diesem Punkt ist es wichtig, Unterscheidungen zwischen Schule und Jugendhilfe zu treffen, um die unterschiedliche Bedingungen herauszuarbeiten, unter denen jeweils sexuelle Gewalt geschieht und unter denen solche Vorkommnisse behandelt werden.

4 „Kulturelle“ Bedingungen in Schule und Jugendhilfe – jenseits von Sicherheitsapparaturen und Richtlinienprosa. Beobachtungen aus der Beratungspraxis

Sowohl Schule als auch Jugendhilfe haben einen Erziehungsauftrag. So wenig sich die moderne Schule als Ort versteht, an dem es allein um die Vermittlung von Wissen geht, so wenig will sich die Kinder- und Jugendhilfe allein auf die Aufgabe reduziert sehen, aus gefährdeten Kindern sozial integrierte Erwachsene zu „machen“. Beide Institutionen bemühen sich um einen ganzheitlichen Blick auf die ihnen anvertrauten Kinder und Jugendlichen. Das Unbehagen bei der Verwendung der Formulierung „beide Institutionen“ (die die Suggestion amorpher Entitäten transportiert) nährt sich aus der unbestreitbaren Vielfältigkeit von pädagogischen Angeboten, die in ihnen versammelt sind. Es ist daher gar nicht so einfach, die Systeme „Schule“ und „Jugendhilfe“ trennscharf voneinander abzugrenzen und möglicherweise trägt das Denken in institutionellen Blöcken bereits dazu bei, dass sich die Implementierung von Maßnahmen zum Schutz vor sexuellem Missbrauch als bisher wenig überzeugend gestaltet.

Verfolgt man die gegenwärtige Diskussion über die institutionellen Reaktionen auf die Anfang des Jahres aufgedeckten Fälle sexueller Gewalt, dann kann man sich des Eindrucks nicht erwehren, dass das Ziel von Maßnahmen nicht immer primär in einem verbesserten Kinderschutz sondern in einer Art symbolischer Politik besteht: Präventions- und Interventionskonzepte wirken daher oft recht technologisch angelegt und vermitteln auf diese Weise zumindest Botschaften wie: „Die Schule tut etwas“ oder „In der Jugendhilfe wird man auf das Thema aufmerksam“. Daran ist nichts Verwerfliches, aber schnelle, öffentlichkeitswirksame Konzeptlösungen verstellen zuweilen den Weg für kritische Auseinandersetzungen, die eine „organische“ Implementierung von Prävention sexueller Gewalt in den jeweiligen Einrichtungen unter Berücksichtigung „lokaler Rationalitäten“ (Fish, Munro & Bairstow, 2008) begleiten müssten. Für einen solchen Prozess verfügt die Kinder- und Jugendhilfe – hier wieder ganz allgemein gesprochen – über die besseren Voraussetzungen. Und zwar aus folgenden Gründen:

Erstens handeln Institutionen der Kinder- und Jugendhilfe auftragsgemäß auf der Grundlage bestimmter Problemwahrnehmungen: Das heißt, dass ihr Auftrag dort entsteht, wo bei einem Kind etwas „nicht rund läuft“. Vereinfacht kann man also sagen, dass Kinder- und Jugendhilfe auf Probleme vorbereitet sind und demnach eine gewisse „traditionelle Vertrautheit“ mit Gewalt und eben auch sexueller Gewalt vorausgesetzt werden kann. Schule hingegen empfängt ihre Klientel nicht mit einem solchen vorauseilenden Problemblick. Schule definiert Normalitätsbereiche: Gute Schüler, durchschnittliche Schüler, schlechte

Schüler. Selbstverständlich ist dies grob vereinfacht dargestellt. Es geht hier allein darum zu zeigen, dass die unterschiedlichen institutionellen Aufträge von Jugendhilfe und Schule mit unterschiedlichen Wahrnehmungstraditionen und –gewohnheiten einhergehen: Schule muss nicht davon ausgehen, dass mit den ihr anvertrauten Kindern etwas nicht stimmt, Jugendhilfe dagegen schon.

Zweitens sind sexuell missbrauchte Kinder in der Kinder- und Jugendhilfe gegenüber der Schule überrepräsentiert, sodass eine erhöhte Wahrscheinlichkeit besteht, dass Mitarbeiterinnen der Kinder- und Jugendhilfe mit diesem Thema konfrontiert werden (vgl. Farmer & Pollock, 1998).

Drittens besteht der Auftrag der Kinder- und Jugendhilfe vielmehr als jener der Schule darin, Kinder vor Gefährdungen zu schützen und bei Gefährdungszeichen schnell und effizient zu reagieren (wodurch sich – nebenbei bemerkt – entsprechende Unterschiede in der Implementierung und Anwendbarkeit des §8a SGB VIII ergeben).

Viertens ergibt sich aus dem Gesagten, dass ein Kind im Kontext Schule höhere Wahrnehmungsschwellen überwinden muss, wenn es als von sexueller Gewalt betroffen und hilfebedürftig identifiziert werden soll.

Erinnern wir uns also an die oben genannten Kreise der Geheimhaltung und betrachten wir, wie Jugendhilfe und Schule dort jeweils positioniert sind. Daraus lassen sich möglicherweise Erkenntnisse für eine hilfreiche Präventions- und Interventionspraxis gewinnen.

5 Systemvoraussetzungen für die Aufdeckung sexuellen Missbrauchs

Es ist wichtig, intuitiv einleuchtende Fragestellungen kritisch zu überdenken, um einen gehaltvolleren Blick auf Möglichkeiten der Prävention und Intervention sexueller Gewalt werfen zu können: Die komplexe Dynamik von Aufdeckungsprozessen (vgl. Mosser 2009) lässt vermuten, dass es nicht ausreicht zu fragen: „Wie können es Kinder schaffen, sich bezüglich einer sexuellen Gewalterfahrung anzuvertrauen?“ Ertragreichere Informationen erhalten wir, wenn wir fragen: „Unter welchen kontextuellen Bedingungen erhöht sich die Wahrscheinlichkeit einer Aufdeckung sexueller Gewalt?“ Oder: „Wie müssen Systeme organisiert sein, damit sich innerhalb ihrer Grenzen die Wahrscheinlichkeit erhöht, dass sexueller Missbrauch aufgedeckt wird?“

Reason (2009) hat drei Merkmale von Systemen identifiziert, die anfällig sind für das Auftreten von Fehlern und unerwünschten Ereignissen: Erstens Schuldzuweisungen, zweitens Leugnen und drittens eine hartnäckige, blinde Verfolgung einer falschen Art von Exzellenz (wobei diese meist auf das Erreichen bestimmter Leistungsziele gerichtet ist. Bei dieser Formulierung fühlen wir uns unweigerlich an Elite-Institutionen wie Odenwaldschule oder Canisius-Kolleg erinnert). Sowohl in Schulen als auch in Jugendhilfeeinrichtungen besteht ein relevantes Risiko, dass diese drei Kriterien erfüllt werden. Welche Faktoren tragen konkret im Zusammenhang mit sexuellem Missbrauch in Institutionen zur Wahrscheinlichkeit des Auftretens solcher Gefährdungsmuster bei?

5.1 Durchlässigkeit nach innen und außen

Der dritte Kreis der Geheimhaltung, wie er oben beschrieben wurde, sollte möglichst durchlässig sein gegenüber den angrenzenden Kreisen, also nach innen gegenüber mitwissenden und betroffenen Systemmitgliedern und ebenso nach außen gegenüber Öffentlichkeiten, die mehr oder weniger unmittelbar mit solchen Fällen befasst sind. Durchlässigkeit nach innen würde bedeuten, dass betreute Kinder der Institution vertrauen, dass sie es gewöhnt sind, „kurze Wege" zu den Repräsentanten der Institution zurückzulegen und dass ihr Verhältnis zur Institution von der Erfahrung getragen ist, ernst genommen und wert geschätzt zu werden. Die Durchlässigkeit nach außen hängt von einer Reihe relevanter Variablen ab. Diese lassen sich auf die Frage zuspitzen, mit welchen Konsequenzen die Institution rechnen muss, wenn sexuelle Gewalt innerhalb ihres Verantwortungsbereichs aufgedeckt wird.[1] Eine häufig ausgesprochene Befürchtung besteht darin, dass der „Ruf der Institution" Schaden erleidet, wenn die Institution in der „öffentlichen Wahrnehmung" mit dem Vorkommen sexueller Gewalt assoziiert wird.

Diese Feststellung beinhaltet wenigstens zwei Termini, die einer näheren Präzision bedürften. Der „Ruf der Institution" ist ein vages Konstrukt, welches sich schwer operationalisieren lässt. Die relevanten Öffentlichkeiten, innerhalb derer das Ansehen einer Institution von Bedeutung werden könnten, sind einigermaßen heterogen: Aufsichtsbehörden, Jugendämter, Eltern, Medien, Fachöffentlichkeiten, Kinder und Jugendliche. Das heißt, dass die „öffentliche Wahrnehmung", von der oben die Rede war, ebenfalls nicht auf ein amorphes Meinungsbild reduzibel ist. Dies führt zu dem Effekt, dass die Folgen eines

1 In der subjektiven Wahrnehmung Betroffener gibt es einen Unterschied zwischen „anvertrauen" und „öffentlich machen". Dies rekurriert auf deren Kontrollbedürfnisse im Bezug auf die Verbreitung der Information über die eigene Betroffenheit (Mosser 2009). Auf der Ebene der Institution erscheint diese Unterscheidung zunächst sinnlos, weil Institutionen per se öffentlich sind und demnach nur im öffentlichen Raum kommunizieren können. Allerdings erscheint es wahrscheinlich, dass das Verhalten von Institutionen bei der Aufdeckung sexueller Gewalt dennoch in einem Spannungsfeld zwischen „anvertrauen" und „öffentlich machen" stattfindet, weil es ein – nachvollziehbares – Bedürfnis von Repräsentanten von Institutionen zu geben scheint, innerhalb des öffentlichen Raumes vertraulich zu kommunizieren.

schwerwiegenden Vorfalls für Institutionen ziemlich unübersichtlich werden. Vielfältige, wechselseitig mehr oder weniger intensiv kommunizierende Teilöffentlichkeiten produzieren auf der Basis mehr oder weniger unvollständiger Informationslagen Meinungsbilder über die Institution. Ein solcher Prozess macht Angst. Analog zu einem betroffenen Kind, dass im Rahmen der Aufdeckungskrise den Verlust von Einflussnahme erlebt und sich in den darauf folgenden juristischen und psychosozialen Prozeduren allzu oft als fremd gesteuert erlebt, droht die Institution aus den Fugen zu geraten, weil sie die Folgen der Aufdeckung nicht zu überblicken vermag. Aufdeckung bedeutet immer auch Risiko – sowohl für das betroffene Kind als auch für die Einrichtung.

5.2 Täter- vs. opferorientierte Perspektive

Beim Umgang mit Missbrauchsfällen ergibt sich eine interessante Diskrepanz je nachdem, ob die von der Institution initiierten Maßnahmen auf den Täter oder das Opfer fokussieren. Aus der Praxis der Fachberatung von Einrichtungen, die mit sexueller Gewalt konfrontiert sind, können wir die Erfahrung ableiten, dass die Intentionen der Einrichtungen primär auf einen „effektiven" Umgang mit dem Täter abzielen. Dies ist unmittelbar nachvollziehbar, denn aus der Perspektive der Einrichtung, ist nicht so sehr das Opfer das Problem, sondern ein Täter, von dem nicht mit Sicherheit angenommen werden kann, dass er in Zukunft von weiteren Taten Abstand nimmt. „Effektiv" im oben angedeuteten Sinn heißt demzufolge in vielen Fällen, dass sich die Einrichtung des Täters, in dem sich das Problem zu personalisieren scheint, entledigt. Die Entfernung des Täters stellt mithin eine klassische „schnelle Lösung" dar. Handelt es sich bei dem Täter um einen Schüler oder einen Betreuten, dann verfügen sowohl Schulen als auch Einrichtungen der Kinder- und Jugendhilfe über relativ leicht umzusetzende Mittel, den Schuldigen aus ihrem Verantwortungsbereich auszuschließen. Wurden der Missbrauch von einem Mitarbeiter der Einrichtung/Schule begangen, so stellen sich für die Institution je nach Beweislage mehr oder minder komplizierte arbeitsrechtliche Hindernisse für eine „schnelle Lösung". Allerdings gibt es auch hier eine Reihe von Interventionsmöglichkeiten, die es erlauben, den Täter bzw. Verdächtigen – zumindest bis zur Klärung des Verdachts – aus der Einrichtung zu entfernen (vgl. Zinsmeister 2007). Jugendhilfeeinrichtungen und – in noch ausgeprägterer Form – Schulen haben ein Bedürfnis, nach schwerwiegenden Zwischenfällen wieder zur „Tagesordnung" überzugehen. Die Favorisierung schneller Lösungen kommt einem solchen Ansinnen entgegen. Dies ist aber aus zweierlei Gründen problematisch: Erstens erscheinen Interventionen, die das Opfer betreffen, im Rahmen eines derartigen Handlungsregimes regelmäßig hierarchisch untergeordnet. Das Problem des Opfers besteht in einer persönlichen psychischen Destabilisierung, die eine mehr oder weniger wahrnehmbare Ausprägung annehmen kann. Aber es handelt sich eben um ein individuelles Problem und nicht um ein Problem der Einrichtung. Das Problem des Täters hingegen ist so lange ein Problem der Einrichtung, solange sich der Täter in der Einrichtung befindet (weil weitere Opfer zu befürchten sind). Für die Einrichtung ist es also wesentlich weniger riskant, den Bedürfnissen des Opfers nicht gerecht zu werden. Im Übrigen neigen von sexuellem Missbrauch betroffene Kinder nicht sehr stark dazu, ihre Ängste, Ambivalenzen und Ohnmachtsgefühle gegenüber ihrer Umwelt (und schon gar nicht gegenüber der Einrichtung, in der sie sexuelle Gewalt erfahren haben) plakativ zu formulieren; vordergründig asymptomatische Problembewältigungen sind keine Seltenheit (vgl. Mosser 2010).

Dennoch bietet die Übernahme einer opferorientierten Sichtweise für Einrichtungen eine ungleich höhere Chance zur Weiterentwicklung als das bloße Entfernen von Tätern. Einrichtungen können Vorfälle von sexueller Gewalt als Anlässe für konstruktive Krisen nutzen, die Reflexionen darüber in Gang zu setzen vermögen, wie der pädagogische Auftrag insgesamt umgesetzt wird. Opferorientierte Sichtweisen führen zu Fragen wie: „Was benötigen die Kinder in unserer Einrichtung?" „Welche Bedürfnisse und Ängste haben sie?" „Wie wird in unserer Einrichtung kommuniziert, wie gehen wir miteinander um?"

Nicht zur Tagesordnung überzugehen, ist eigentlich das Gebot der Stunde, wenn sexueller Missbrauch aufgedeckt wird. Es geht darum innezuhalten und die gesamte pädagogische Praxis einer kritischen Prüfung zu unterziehen. Die beschriebene Diskrepanz zwischen täter- und opferorientierten Sichtweisen lässt sich auf die kurze Frage zuspitzen: „Was hat der Vorfall von sexueller Gewalt mit unserer Einrichtung zu tun?" Die Entfernung des Täters erzeugt die Illusion, „alles" getan zu haben. Die Übernahme einer opferorientierten Sichtweise lässt die Aufgabe der Prävention als immanenten Bestandteil der pädagogischen Arbeit aufscheinen. Denn sexuelle Gewalt in Institutionen ist immer auch ein institutionelles, nicht nur individuelles Problem.

5.3 Marktwirtschaftliche Dynamiken als Risikofaktor

Der Schaden, der sowohl in der Kinder- und Jugendhilfe als auch im schulischen Bereich durch Verknappung von Ressourcen entsteht, lässt sich keinesfalls mithilfe einer Formalisierung von Handlungsstrategien und Verfahrensabläufen kompensieren. Wenn Jugendhilfeeinrichtungen und Schulen der Zwang auferlegt wird, sich auf ihren jeweiligen Märkten durchsetzen müssen, kann dies nur auf Kosten der Qualität der Betreuung der ihnen anvertrauten Kinder geschehen. „Kostengünstige" Anbieter werden bei der Belegung eher den Vorzug erhalten, „billiges“ Personal ist vor diesem Hintergrund gleichzusetzen mit einem Marktvorteil, „rationalisierte“ Arbeitsabläufe gewährleisten eine quantitativ „vorteilhaftere“ Versorgung als der immer wieder zu reflektierende Einsatz fachlich fundierter Methoden. Mitarbeiterinnen und Mitarbeiter stehen vor diesem Hintergrund unter einem erhöhten Leistungsdruck und werden verstärkt kontrolliert, um möglichst fehlerfreie Abläufe zu gewährleisten (vgl. Fish, Munro & Bairstow 2008).

Das Problem, dass uns im Zusammenhang mit dem Umgang mit sexuellem Missbrauch interessiert, besteht in den „kulturellen“ Folgen eines ständigen Kosten- und Konkurrenzdrucks: Qualitative Defizite dürfen nicht transparent gemacht werden, wenn eine Institution vermeiden will, im Wettlauf um verknappte Ressourcen den Anschluss zu verlieren. In der Praxis äußert sich dies in einer zunehmenden „Kultur der Unaufrichtigkeit“: Die Behauptung der Machbarkeit wird wichtiger als die Machbarkeit selbst. Die Kluft zwischen Anspruch und Wirklichkeit wächst genauso wie das kommunikative Geschick, mit dem Defizite in der Umsetzung wohlwollender Konzepte weggeredet werden. Institutionen, denen Kinder und Jugendliche anvertraut werden, haben sich längst eine Außendarstellung angewöhnt, die stark an Formen orientiert ist, deren Zweck in der Vermarktung von Produkten besteht. Im Rahmen einer solchen Konstellation kann sich das Vorkommen sexuellen Missbrauchs zu einem Marktnachteil auswachsen, der die gesamte Institution gefährdet.

Spezialisierte Beratungsstellen stimmen in der Beobachtung überein, dass Institutionen vor allem dann Hilfe und Beratung suchen, wenn in ihnen der Verdacht entstanden ist, dass ein betreutes Kind außerhalb der Institution sexuell missbraucht wird oder wenn es zu sexuellen Übergriffen zwischen den betreuten Kindern und/oder Jugendlichen in der Institution gekommen ist. Wesentlich seltener kommt es vor, dass sich Institutionen beraten lassen, wenn einer ihrer Mitarbeiter ein betreutes Kind sexuell missbraucht hat. Es liegt der Verdacht nahe, dass der klandestine Umgang mit Tätern in den eigenen Reihen mit verstärkten Befürchtungen im Bezug auf die „Außendarstellung“ in Zusammenhang steht. Was bedeutet dies für gefährdete und betroffene Kinder? Die Bedingungen für die Aufdeckung sexueller Gewalt sind ungünstig, wenn das System, dem gegenüber sie sich anvertrauen wollen, in einer „Kultur der Unaufrichtigkeit“ verstrickt ist. Dies kann zu einer Situation führen, in der die Interessen des Kindes und jene der Einrichtungen nicht nur nicht übereinstimmen, sondern gegenläufig sind. Das eigentliche Thema der Einrichtung besteht dann nicht im Schutz des Kindes sondern in der Abwendung von Schaden für die Einrichtung. Aufdeckungsprozesse sind von starken Ambivalenzen geprägt. Bei jeder Aufdeckung gibt es bei den beteiligten Akteuren immer auch eine Tendenz zur Nicht-Aufdeckung (vgl. Mosser 2009). Solche Ambivalenzen sind sowohl innerhalb von Personen vorhanden als auch innerhalb von Systemen in Gestalt verschiedener Personen repräsentiert (jenen, die aufdecken wollen und jenen, die nicht aufdecken wollen). Zu fordern ist daher, dass Institutionen in einer öffentlichen Struktur eingebettet sind, die die Aufdeckung sexueller Gewalt mit einem möglichst geringen Risiko verbindet. Weder die Jugendhilfe noch der schulische Bereich funktionieren nach den Gesetzen eines Marktes, der sich selbst reguliert. Vielmehr bedarf es zuverlässiger Strukturen auf der Grundlage eines gesellschaftlichen Konsens, demzufolge solche Institutionen auf eine Weise ausgestattet sein müssen, die die höchst mögliche Qualität in der Betreuung von Kindern und Jugendlichen gewährleistet.

6 Merkmale einer nachhaltigen Intervention und Prävention im Zusammenhang mit sexueller Gewalt in Institutionen:

Aus dem bisher Gesagten seien vier wesentliche Merkmale gelingender Interventionen und Präventionsbemühungen abgeleitet, die hier nur kurz dargestellt werden können:

- Systemisch: Intervention und Prävention sind als gemeinsame Aufgaben von Institutionen, Eltern und übergeordneten behördlichen Strukturen (Jugendämter, Schulaufsichten, Heimaufsichten, ...) festzulegen. Sexuelle Gewalt im Rahmen von Institutionen ist kein Geschehen, das auf die Interaktion zwischen Täter und Opfer zu reduzieren ist. Kontextbedingungen sind so zu gestalten, dass die Wahrscheinlichkeit des Auftretens sexueller Gewalt möglichst reduziert wird.
- Geschlechtsspezifisch: Mädchen und Jungen müssen in unterschiedlicher Weise mit Präventionsbotschaften angesprochen werden, da sich sowohl Gefährdungslagen als auch Erlebens- und Bewältigungsweisen im Zusammenhang mit sexueller Gewalt je nach Geschlecht unterscheiden (vgl. Gahleitner 2000).
- Differenziert: Die Thematisierung sexueller Gewalt muss von der Vorstellung ihrer vielfältigen Erscheinungsweisen getragen werden. Eine Verengung der Perspektive auf erwachsene (männliche) Täter führt zu einer Vernachlässigung von Gefährdungskonstellationen, die nicht diesem „typischen“ Muster entsprechen. Dies hat zur Konsequenz, dass weder Kinder noch Personal auf sexuelle Gewalt durch Jugendliche oder Kinder vorbereitet sind. Einrichtungsinterne Verfahrensrichtlinien befassen sich häufig allein mit institutionellen Reaktionen auf unzweifelhaft aufgedeckte Fälle. Nuancen des

Verdachts bleiben dabei weitgehend unberücksichtigt, sodass die Eignung solcher Richtlinien für die Praxis begrenzt ist. [2]

- Prozessorientiert: Prävention hört nie auf. Das punktuelle Platzieren von Kursen kann die Illusion erzeugen, dass das Thema „abzuhaken" ist. Prävention ist aber als Haltung zu verstehen, die die gesamte Einrichtung entwickeln muss. Dabei geht es nicht um die Fixierung auf das Thema sexuelle Gewalt. Gleichwohl bietet eine gute Prävention von sexueller Gewalt ein ertragreiches Muster für pädagogische Initiativen, die die Qualität der Betreuung der Kinder und Jugendlichen insgesamt zu verbessern vermögen.

Gegenwärtig kommt eine Vielzahl von Präventionskonzepten sowohl in Schulen als auch in Einrichtungen der Kinder- und Jugendhilfe zum Einsatz (für einen Überblick: Kapella, Schmidt & Hohenegger 2010). Die Bereitschaft von Einrichtungen zur Inanspruchnahme solcher Konzepte, die primär in Form pädagogischer Einheiten mit Kindern umgesetzt werden, scheint relativ hoch zu sein, auch wenn diese Bereitschaft häufig von finanziellen Erwägungen moduliert wird. Ein grundlegendes Problem dieser Kursmaßnahmen besteht in ihrem punktuellen Charakter. Dies erleichtert zwar einerseits ihre Implementierbarkeit, andererseits ist aber schwer vorstellbar, dass punktuelle Maßnahmen einen nachhaltigen Präventionszweck (der von der pädagogischen Kultur der gesamten Institution getragen werden muss) erfüllen. Eine interessante Ausnahme bietet der zielgruppenspezifische und prozessorientierte Präventionsansatz von Johnson (1997), der im deutschsprachigen Raum jedoch weitgehend unbekannt ist.

7 Fazit: „Schule und Jugendhilfe" statt „Schule oder Jugendhilfe"

Der Terminus der „Sexuellen Gewalt in Institutionen" beinhaltet zwei Verallgemeinerungen, die zu einem irreführenden Diskurs dieser Thematik beitragen können. Sowohl „Sexuelle Gewalt" als auch „Institutionen" beschreiben keine homogenen Entitäten. Am Beginn dieses Artikels wurde angedeutet, wie unterschiedlich sich allein die Täter-Opfer-Konstellationen in Fällen sexueller Gewalt darstellen können. Andere differenzierende Komponenten dieser Gewaltform

2 Ein Beispiel hierfür sind die im April 2010 von der Kultusministerkonferenz entwickelten „Handlungsempfehlungen zur Vorbeugung und Aufarbeitung von sexuellen Missbrauchsfällen und Gewalthandlungen in Schulen und schulnahen Einrichtungen". In diesem grundsätzlich sehr engagierten Papier fehlt ein expliziter Hinweis auf sexuelle Gewalt, die von Jugendlichen und Kindern ausgeübt wird.

(z.B. Alter des Opfers, Ausmaß der körperlichen Gewaltanwendung, Art des sexuellen Übergriffs, usw...) wurden dabei gar nicht in Betracht gezogen. Es gibt also nicht *die* sexuelle Gewalt, sondern es gibt eine Vielzahl von Gewaltszenarien, die sexuelle Komponenten beinhalten können. Die Wahrscheinlichkeit, dass eine Institution, die mit Kindern und Jugendlichen arbeitet, damit konfrontiert wird, ist sehr hoch. Geht man – auf der Grundlage vorliegender Prävalenzstudien – davon aus, dass 15- bis 20% aller Mädchen und 5- bis 10% aller Jungen von sexuellen Übergriffen betroffen sind (vgl. Bange, 2007), so besteht eine hohe Wahrscheinlichkeit, dass in jeder Schulklasse wenigstens zwei betroffene Kinder sitzen.

Aber was bedeutet „Institution"? Auch im Bezug auf diesen Begriff wäre es irreführend, Homogenität zu unterstellen. Selbst „Schule" und – in noch größerem Ausmaß – „Kinder- und Jugendhilfe" sind Bezeichnungen, die eine kaum zu überblickende Vielfalt möglicher Ausgestaltungen in sich vereinen. Es würde daher eine unzulässige Vereinfachung darstellen, „Schule" und „Jugendhilfe" dahingehend zu vergleichen, wie sie mit dem Problem der sexuellen Gewalt umgehen. Weder liegen hierzu vergleichende empirische Daten vor, noch lassen sich Praxiserfahrungen zu einer prägnanten Gesamteinschätzung zusammenfassen.

Ich habe einige Systemvoraussetzungen beschrieben, die mit einem gelingenden Umgang mit sexueller Gewalt in Zusammenhang stehen. Es ist dabei deutlich geworden, dass sowohl Schule als auch Jugendhilfe die Möglichkeit (bzw. Verpflichtung) haben, sich als schützendes System im beschriebenen Sinne zu gestalten. Allerdings habe ich auch beschrieben, dass Jugendhilfe gemäß ihrem Auftrag dem Problem der sexuellen Gewalt in gewisser Weise „näher steht". Dies lässt die Jugendhilfe (im Rahmen ihrer vielfältigen Erscheinungsformen) als den Ort erscheinen, an dem eher als in der Schule erwartet werden kann, dass Konzepte im Umgang mit und zur Prävention von sexuellem Missbrauch generiert werden. Die Verantwortung, die sich für die Schule (ebenfalls im Rahmen ihrer vielfältigen Erscheinungsformen) daraus ergibt, besteht in der Inanspruchnahme und Assimilation solcher Konzepte. Das heißt, Schule sollte sich für Entwicklungen, Ideen und Lösungsansätze der Jugendhilfe interessieren und diese für den eigenen Bereich anwendbar machen. Es geht also nicht um einen Wettlauf zwischen Jugendhilfe und Schule um die besseren Konzepte oder um den schnelleren (öffentlichkeitswirksameren?) Einsatz von Verfahrensrichtlinien oder Präventionskursen. Im (fach)politischen Diskurs existieren Reflexe, die den Eindruck entstehen lassen, dass es wichtig wäre herauszufinden, ob nun Schule oder Jugendhilfe „besser" mit dem Problem umgehen würden. Daraus wird nicht selten der Anspruch entwickelt, dass Schule sozusagen „jugendhilfeanalog" das Problem der sexuellen Gewalt handzuhaben hätte. Als ob die Konfrontation mit sexueller Gewalt die strukturellen Unterschiede zwischen diesen beiden Systemen aufheben würde. Schule und Jugendhilfe unterscheiden sich massiv voneinander: In den darin jeweils tätigen Berufsgruppen, in der Ausbildung ihres Personals, im zentralen professionellen Auftrag, in der institutionellen Kultur, in der Alltagsorganisation usw... Es gibt inzwischen erfolgreiche Modelle der Integration sozialpädagogischer Kulturen in schulische Institutionen (z.B. inside@school in München (http://www.condrobs.de/cms/index.php?idcatside=58) oder das Wiener Schulberatungsteam (http://www.schulen.wien.at/schulen/909013/sbt/index.html)). Diese verweisen auf die zentrale Bedeutung der Kooperation zwischen diesen beiden institutionellen Kulturen. Es geht also nicht darum, gegenüber Schulen den Anspruch zu erheben, einen professionellen Umgang mit sexueller Gewalt zum immanenten Bestandteil ihres pädagogischen Auftrags zu machen, sondern um die Ermöglichung von Wissens- und Erfahrungstransfers aus der Jugendhilfe. Die Beobachtung, wonach Lehrkräfte im Vergleich zu Fachkräften aus der Kinder- und Jugendhilfe eine geringere Bereitschaft aufweisen, sich zum Thema sexuelle Gewalt fortzubilden, wird häufig als Symptom für das mangelnde Engagement „der Schule" in diesem Bereich angeführt. Das Problem auf „unwillige" Lehrkräfte zu reduzieren hieße aber, die „kulturellen" Voraussetzungen für gelingende Kooperationen von Jugendhilfe und Schule aus dem Blick zu verlieren (siehe zur „Kultur der Schuldzuweisung" auch Fish, Munro & Bairstow, 2008).

Sexuelle Gewalt ist ein Thema, das allen Erwachsenen, die mit Kindern und Jugendlichen zu tun haben, die Verpflichtung auferlegt, mit wenig vertrauten institutionellen Strukturen in Kooperation zu treten. Rückzug und Isolation sind sowohl Entstehungsbedingungen als auch Folgen sexueller Missbrauchs. Sowohl Schule als auch Jugendhilfe können hingegen das Problem der sexuellen Gewalt zum Anlass nehmen, eine Kultur der Offenheit und Zusammenarbeit zu entwickeln.

Literatur

Amann, Gabriele/Wipplinger, Rudolf (Hrsg.) (1997): Sexueller Missbrauch. Überblick zu Forschung, Beratung und Therapie. Ein Handbuch. Tübingen: dgvt-Verlag.

Bange, Dirk (2007): Sexueller Missbrauch an Jungen. Die Mauer des Schweigens. Göttingen: Hogrefe.

Briken, Peer/Spehr, Aranke/Romer, Georg/Berner, Wolfgang (Hrsg.) (2010): Sexuell grenzverletzende Kinder und Jugendliche. Lengerich u.a.: Pabst Science Publishers.

Calder, Martin C. (2005): Children and Young People Who Sexually Abuse: New Theory, Research and Practice Developments. Lyme Regis, Dorset: Russell House Publishing.

Freund, Ulli/Riedel-Breidenstein, Dagmar (2004): Sexuelle Übergriffe unter Kindern. Handbuch zur Intervention und Prävention. Köln: Mebes & Noack.

Enders, Ursula/Eberhardt, Bernd (2007): Grenzen achten! Schutz vor sexuellen Übergriffen in Institutionen. Köln: Zartbitter e.V. (Eigenverlag).

Farmer, Elaine/Pollock, Sue (1998): Sexually abused and abusing children in substitute care. Chichester, New York: Wiley.

Fegert, Jörg Michael/Wolff, Mechthild (2006): Sexueller Missbrauch durch Professionelle in Institutionen. Prävention und Intervention. Ein Werkbuch, 2. aktual. Auflage, Weinheim u.a.: Juventa.

Fish, Sheila/Munro, Eileen/Bairstow, Sue (2008): SCIE Report 19. Learning together to safeguard children: developing a multi-agency systems approach for case. London: SCIE. Verfügbar unter: http://www.scie.org.uk/publications/reports/report19.pdf (Zugriff: 9.12.2010).

Gahleitner, Silke-Birgitta (2000): Sexueller Missbrauch und seine geschlechtsspezifischen Auswirkungen. Marburg: Tectum Verlag.

Innocence in Danger Deutsche Sektion e.V./Bundesverein zur Prävention von sexuellem Missbrauch an Mädchen und Jungen e.V. (2007): Mit einem Klick zum nächsten Kick. Aggression und sexuelle Gewalt im Cyberspace. Köln: Mebes & Noack.

Johnson, Toni Cavanagh (1997): Sexual, physical and emotional abuse in out-of-home care: Prevention skills for at-risk children. Binghampton: Haworth Maltreatment and Trauma Press.

Johnson, Toni Cavanagh/Doonan, Ronda (2005): Children twelve and younger with sexual behavior problems: What we know in 2005 that we didn't know in 1985. In: Calder, Martin C. (2005): 32-58.

Kapella, Olaf/Schmidt, Eva-Maria/Hohenegger, Sabine (2010): Prävention sexueller Missbrauch. Überblick zu praxisbezogenen Projekten und Angeboten. Recherchestand November 2010. Wien: Österreichisches Institut für Familienforschung.

Mosser, Peter (2009): Wege aus dem Dunkelfeld. Aufdeckung und Hilfesuche bei sexuellem Missbrauch an Jungen. Wiesbaden: VS-Verlag.

Mosser, Peter (2010): Sexueller Missbrauch als möglicher biographischer Hintergrund verhaltensauffälliger Jungen. In: Wiater & Menzel (2010): 286 – 306.

Reason, James (2009): The Human Contribution. Aldershot: Ashgate.

Wiater, Werner/Menzel, Dirk (Hrsg.) (2010): Kinder und Jugendliche mit Förderbedarf in der Regelschule, Band 3: Schülerinnen und Schüler mit Verhaltensbesonderheiten. Bad Heilbrunn: Klinkhardt Verlag.

Wipplinger, Rudolf/Amann, Gabriele (1997). Zur Bedeutung der Bezeichnungen und Definitionen von sexuellem Missbrauch. In: Amann & Wipplinger (1997): 13 – 38.

Wolff, Mechthild (2007): Sexualisierte Gewalt durch Professionelle in Institutionen. Kein neues, aber ein halbherzig verhandeltes Thema. In: IzKK- Nachrichten, 1/2007. 4-7.

Zinsmeister, Julia (2007): Rechtliche Handlungsmöglichkeiten und -pflichten der Einrichtungsleitungen bei Verdacht auf sexualisierte Gewalt in Institutionen. In: IzKK-Nachrichten, 1/2007. 17-20.

III Perspektiven gelingender Kinderschutz-kooperation von Jugendhilfe und Schule

Jörg Fischer

Lokale Bildungslandschaft als Instrument eines vernetzt kooperierenden Kinderschutzes

Im Mittelpunkt der Debatte um eine Verbesserung des Kinderschutzes steht neben einer organisationsinternen Optimierung der Wahrnehmungs- und Verfahrensabläufe bei Verdachtsmomenten auf Kindeswohlgefährdung und der Etablierung zusätzlicher Instrumente auch eine organisationsübergreifende Perspektive. Dahinter verbirgt sich der Anspruch, den Kinderschutz durch die Schaffung und den Ausbau tragfähiger und flächendeckender Kooperationsstrukturen umfassend zu gewährleisten. Für die am Kinderschutz beteiligten Institutionen bedeuten die gesetzlichen Änderungen sowie die verschärfte öffentliche Wahrnehmung von Kindeswohlgefährdung eine doppelte Herausforderung: Einerseits beinhaltet der sich wandelnde Kinderschutz die Aufforderung an die Institutionen, die professionellen und organisatorischen Bedingungen innerhalb der eigenen Einrichtung anzupassen. Darüber hinaus sind andererseits alle Institutionen aufgefordert, sich als Akteur im Sinne eines handelnden Trägers von Verantwortung für das Wohlergehen von Kindern zu verstehen und aktiv in einer interinstitutionell angelegten Kooperation zu wirken. Ziel dieser Zusammenarbeit ist die Schaffung eines möglichst lückenlosen Netzes, in dem alle Akteure des Kinderschutzes integriert sind.

Im folgenden Beitrag wird sich innerhalb dieser doppelten institutionellen Herausforderung vordergründig dem Aspekt der Vernetzung und der Frage gewidmet, wie die interinstitutionelle Zusammenarbeit im Kinderschutz weiter verbessert werden kann. Außerhalb des frühkindlichen Bereichs kommt der Kinder- und Jugendhilfe[1] sowie der Schule in dieser Vernetzung eine zentrale Funktion zu, die auf den dezidiert ausformulierten Kooperationsauftrag und deren Bedeutung für die Gewährleistung von gelingenden Bedingungen für

1 Die Begriffe ‚Kinder- und Jugendhilfe' und ‚Jugendhilfe' werden im folgenden Beitrag synonym verwendet.

das Aufwachsen von Kindern zurückzuführen ist. Daher soll ausgehend von diesen beiden Handlungssystemen der Kooperationsgedanke im Kinderschutz analysiert und der qualitative Unterschied zum Vernetzungsansatz verdeutlicht werden. Das Hauptaugenmerk dieses Beitrags richtet sich über eine bloße Ist-Stands-Analyse hinaus auf die perspcktivische Nutzung von derzeit stattfindenden bildungspolitischen Vernetzungsbemühungen auch für die Belange des Kinderschutzes. Dabei ist zu hinterfragen, inwieweit parallel stattfindende Vernetzungsaktivitäten im sozialen Bereich des Kinderschutzes einerseits und im Bildungsbereich mit der lokalen Bildungslandschaft andererseits auf eine gemeinsame Interessenlage zurückgeführt werden können.

Ausgangsthese für diesen Beitrag ist dabei die Überlegung, dass Bildung sehr wohl einen konstitutiven Bestandteil der Kinder- und Jugendhilfe und damit auch des Kinderschutzes darstellt. In einem noch näher zu erläuternden Verständnis von Kinderschutz wird dementsprechend nicht nur die Übernahme der hoheitlich festgelegten Wächterfunktion gesehen, sondern der Kinderschutz auch als Herausforderung für die Bildung zur Stärkung von Eltern betrachtet.

Im Zusammenhang von Bildung und Kinderschutz gilt es daher auszuloten, inwieweit die bildungspolitisch dominierte Strategie der lokalen Bildungslandschaft als Ansatz für einen bislang ausschließlich sozialpolitisch besetzten Kinderschutz in gemeinsamer Verantwortung von Kinder- und Jugendhilfe und Schule Verwendung finden kann. Um die Fragestellung beantworten zu können, sollen nachfolgend die Aufgaben für Jugendhilfe und Schule im Kinderschutz dargestellt werden. Im Übergang von einer bilateral zur vernetzten Kooperation wird der Ansatz der lokalen Bildungslandschaft eingeführt und abschließend in Bezug auf seinen möglichen Beitrag zu einem gelingenden Kinderschutz analysiert.

1 Kinderschutz als gemeinsame Aufgabe für Jugendhilfe und Schule

Der Umgang mit Kindeswohlgefährdung basiert in der Jugendhilfe und in der Schule auf einem voneinander abweichenden Rollenverständnis und einer heterogenen historischen Annäherung an den Kinderschutz.

In der Jugendhilfe kommt der Wahrnehmung des Kinderschutzes im Sinne des staatlichen Wächteramtes eine konstitutive Bedeutung zu. Über den freiwilligen Charakter von Angeboten und Leistungen der Kinder- und Jugendhilfe hinaus umfasst das Aufgabenspektrum des SGB VIII auch die Bereitstellung von Maßnahmen, die notfalls auch ohne das Wissen und das Zutun der Eltern zum Wohle des Kindes durchgeführt werden. Die Jugendhilfe lässt sich hierbei von einem erstmals von Rousseau formulierten Gedanken in seinem 1762 veröffentlichten Hauptwerk „Emile oder über die Erziehung“ leiten, wonach Kinder vernunftbegabte, förderungs- und schutzwürdige Wesen darstellen (vgl. Rousseau 1998). Obwohl damit noch keine eigene Rechtsposition für Kinder verbunden war und diese lediglich als kleine Erwachsene betrachtet wurden, entwickelten sich aus diesem Kindbegriff (vgl. Honig 2010: 336) die ersten Bemühungen um die Schaffung eines wirksamen Kinderschutzes (vgl. Fegert/Ziegenhain/Fangerau 2010: 32). Markierungspunkte innerhalb dieser Entwicklung stellen die Gründung der Gesellschaft zum Schutz sittlich vernachlässigter Kinder 1829 sowie die 1898 in Berlin erfolgte Bildung eines Vereins zum Schutze der Kinder gegen Ausbeutung und Misshandlung dar (vgl. Beckmann 2008: 25). Ausdruck einer Professionalisierung des Kinderschutzes ist die Etablierung eines flächendeckenden Netzes von Jugendämtern und die Einführung eines eigenen Reichsjugendwohlfahrtsgesetzes, mit dem die Rechte für Kinder erstmalig eine institutionelle Untersetzung und rechtliche Normierung erfahren haben (vgl. Heilmann/Salgo 2002: 955). Aus der historischen Entwicklung und dem zentralen Auftrag lässt sich eindeutig die konstitutive Bedeutung des Kinderschutzes für die Jugendhilfe ablesen.

Schule ist hingegen nicht aus dem Gedanken des Kinderschutzes heraus entstanden, sondern widmet sich dem Auftrag, formale Bildung zu vermitteln (vgl. Zymek 2008: 221). Aus der Perspektive des Kinderschutzes ist die Schule durch eine ambivalente Funktion gekennzeichnet. Einerseits ist es Anliegen der Schule, mit der Schaffung von geeigneten Lernsituationen ein gelingendes Aufwachsen von Menschen zu ermöglichen (vgl. Holtappels 2008: 509). Andererseits zeigt die historische Entwicklung aber auch, wie die Schule einen Teil des nicht kindgerechten Umgangs in der Gesellschaft abgebildet hat. So wurde erst 1973 in der Bundesrepublik das Züchtigungsrecht für Lehrkräfte an Schulen, die Prügelstrafe abgeschafft. In Bayern hatte diese Regelung noch bis 1980 Bestand. Dass seitdem sowohl in der gesellschaftlichen Akzeptanz von Gewalt gegenüber Kindern als auch in der Funktion von Schule enorme Veränderungen eingetreten sind, zeigt die flächendeckende Verankerung zur aktiven Wahrnehmung des Kinderschutzes und die Verpflichtung der Schulen zur Kooperation mit den Trägern der Kinder- und Jugendhilfe in den von den Ländern erlassenen Schulgesetzen (siehe beispielhaft hierfür den § 55a des Thüringer Schulgesetzes in der geänderten Fassung vom 20. Dezember 2010). Die Schulen sind innerhalb dieser Gesetzgebung aufgefordert, über die sensible Wahrnehmung von Kindeswohlgefährdungen und die frühzeitige Information des Allgemeinen Sozialen Dienstes in den Jugendämtern hinaus auch aktiv an der Bearbeitung der Gefährdungslage mitzuwirken. So ist einem Handlungsleitfaden für die Thüringer Schulen die nachfolgende Schrittfolge zu entnehmen (vgl. TMSFG 2009: 27):

	Handlungsschritte	
a	Beobachtungen des Lehrers bei Anzeichen für Vernachlässigung, Misshandlung, sexuellen Missbrauch oder einer sonstigen ernsthaften Gefährdung des Schülers → Information des Schulleiters	
b	Beginn der begleitenden Dokumentation und erste Einschätzung durch den Pädagogen	
c	Schulinterne Prüfung und Abschätzung des Gefährdungsrisikos, zur Abschätzung des Gefährdungsrisikos bezieht die Schule den schulpsychologischen Dienst oder andere erfahrene Fachkräfte ein	
d	Beteiligung der Erziehungsberechtigten, wenn dadurch der wirksame Schutz des Schülers nicht in Frage gestellt wird	
e	Bei Vorliegen gewichtiger Anhaltspunkte für eine Gefährdung des Wohls eines Schülers informiert der Schulleiter das Jugendamt.	
	Das Jugendamt bestätigt die Fallübernahme; Zusammenarbeit mit der Schule im Fall einer Hilfeplanung.	

Erkennbar ist hierbei ein Übergang von der reinen Wahrnehmung und Informationsweiterleitung zur Etablierung eines eigenen Auftrages für den Kinderschutz, der aus einer aktiven Sammlung von relevanten Daten, der Überprüfung einer Kontaktaufnahme zu den Personensorgeberechtigten sowie einer internen Abstimmung und Dokumentation besteht. Sowohl in der Kinder- und Jugendhilfe als auch in der Schule hat sich somit ein eigenständiger Auftrag zum Handeln bei einem Verdacht auf Kindeswohlgefährdung etabliert, der aus einer Aufforderung zur Professionalisierung des organisationsinternen Vorgehens und einer Verpflichtung zur Kooperation zwischen den Bildungs- und Sozialorganisationen besteht.

2 Kooperationen im Kinderschutz

Die Wahrnehmung des Kinderschutzes durch Jugendhilfe und Schule und die damit implizierte Zusammenarbeit zwischen diesen beiden Handlungssystemen bilden einen Bestandteil innerhalb der generellen Kooperation von Jugendhilfe und Schule ab. Während unter Kooperation im Kinderschutz klassischerweise die notwendige Zusammenarbeit zwischen den Trägern der Jugendhilfe und des Gesundheitswesens thematisiert wird (vgl. Meysen/Schönecker/Kindler 2009: 80ff.), soll nachfolgend versucht werden, die Kooperation im Kinderschutz auch zwischen Jugendhilfe und Schule zu analysieren. Über die besonderen Erkenntnisse der Kinderschutzanalyse hinaus ergeben sich aus eigenen Untersuchungen zum Stand der Zusammenarbeit zwischen Jugendhilfe und Schule auf kommunaler Ebene Hinweise für eine spezifisch ausgeprägte Kooperation der daran beteiligten Akteure zwischen den beiden Handlungssystemen (vgl.

Fischer 2010: 12). Die vorhandenen Daten sind Interviews und teilnehmenden Beobachtungen in einem später noch erläuterten Begleitprojekt zur Bildungsvernetzung entnommen. Bestehende Kooperationen im Sinne einer bilateralen Kooperation zwischen Schule und Jugendhilfe zeichnen sich im Verständnis der im Untersuchungsraum tätigen Akteure zufolge mehrheitlich aus durch:

1) die örtliche Begrenztheit der bestehenden Angebote
Die Wirkung von Kooperationen zwischen Schule und Jugendhilfe beziehen sich meist auf einen sehr eng gefassten Raum etwa im unmittelbaren schulischen Umfeld und erstrecken sich nicht auf die weitere räumliche Umgebung. Kindern und Jugendlichen stehen somit zwischen den sozialen Räumen und auch innerhalb eines einzelnen sozialen Raums eine unterschiedliche Anzahl an Hilfe- und Unterstützungsstrukturen zur Verfügung. Eine Gerechtigkeit im Sinne gleicher Chancen für ein gelingendes Aufwachsen der jungen Generation durch eine örtlich begrenzte Kooperation kann daher nicht gewährleistet werden.
2) eine zumeist bilaterale Ausrichtung, d.h. Kooperation zwischen maximal zwei Partnern
Kooperationen zwischen Schule und Jugendhilfe umfassen nach Einschätzung der befragten Akteure überwiegend nur die Zusammenarbeit zwischen zwei Akteuren. Durch das Fehlen weiterer Kooperationspartner verteilen sich die Kosten der Kooperation lediglich auf die Ressourcen der beiden beteiligten Institutionen, wodurch auch die Synergieeffekte eher spärlich bleiben.
3) die unsystematische Vereinbarung von Kooperationen vorwiegend auf der Grundlage pesönlicher Kontakte
Die Zusammenarbeit zwischen den Akteuren in der Jugendhilfe und der Schule wird häufig ausschließlich von einzelnen Beschäftigten getragen, die sich informell auf eine Kooperation einlassen. Der Aufbau und die Pflege dieser sozialen Kontakte erfolgt aufgrund persönlicher Kontakte und nicht als Ausdruck einer systematisierten Zusammenarbeit von zwei Institutionen. Die Zusammenarbeit ist aufgrund der Art des Zustandekommens in hohem Maß von den beteiligten Persönlichkeiten abhängig. Sollte eine der beiden Kooperationspartner aufgrund etwa eines Arbeitsplatzwechsels nicht mehr die Institution vertreten, fällt in der Regel die Grundlage für die Kooperation weg. Die hohe persönliche Abhängigkeit in der Kooperation geht demzufolge einher mit einer hohen Unsicherheit in Bezug auf die Langfristigkeit der Zusammenarbeit.

4) ein meist als zusätzlich definiertes Angebot außerhalb des institutionellen Kerngeschäfts
   Kooperationen sind in der Regel nicht als ursprüngliches Mittlerziel einer Institution vorgesehen. Vorhandene Formen einer bilateralen Zusammenarbeit sind daher eine ergänzende Form der Leistungserbringung, die meist nicht institutionell etwa im Geschäftsplan einer Sozial- oder Bildungseinrichtung abgebildet ist. Daher dienen Kooperationen innerhalb dieses Verständnisses nur als ergänzende Form zur Sicherstellung der angebotenen Leistungen, Maßnahmen und Unterstützungsformen.
5) die fehlende institutionelle Absicherung (Bsp. geringe Kenntnis und Unterstützung der Leitungsebene)
   Nach Einschätzung der befragten Akteure obliegt eine Kooperation häufig allein handelnden Personen der ausführenden Ebene. Das Eingehen einer Kooperation im bilateralen Sinne erfolgt vorwiegend ohne das Zutun von Akteuren der Entscheidungsebene. Insofern unterbleibt nach Einschätzung der befragten Akteure vor allem im Schulbereich eine Kooperation auch durch die Unterstützung des Leitungspersonals. Den vorliegenden Einschätzungen zufolge beinhaltet diese mangelnde Einbindung der Leitungsebene eine erhöhte Unsicherheit für die beteiligten Akteure im Falle eines aufgetretenen Problems innerhalb der Kooperationsbeziehung.
6) ein häufig in Mehrarbeit abhängiges Engagement einzelner Personen
   Die Bereitschaft zur und Mitwirkung in einer Kooperation erfolgt der Einschätzung zufolge zumeist durch Handlungsakteure, die sich sehr stark in ihre berufliche Tätigkeit einbringen und über ein ausgeprägtes professionelles Selbstverständnis verfügen. Innerhalb des eigenen Kollegenkreises erzeugt diese Form des Tätigkeitsbildes nicht nur positive Resonanz, sondern auch Missgunst.
7) den intervenierenden Charakter der Kooperationen, d.h. erst nach Kenntnis eines besonderen Handlungsbedarfs aufgrund entstandener Probleme implementiert
   In der Wahrnehmung durch die beteiligten Akteure entstehen Kooperationen zumeist erst nach dem Vorhandensein eines eigenen Handlungsdrucks und der Bereitschaft, das zugrundeliegende Problem auch gegenüber anderen Akteuren außerhalb der eigenen Institution zu äußern. Kooperationen kennzeichnen sich demzufolge durch einen regulierende Motivation aus, mit dem die Folgen vorhandener Problemstellungen minimiert werden sollen. Aus diesem Prozess der Problembearbeitung kann bei einem erfolgreichen Kooperationsverlauf mit entsprechender Bildung von Vertrauen auch ein Ansatz zur Problemvermeidung also mit einem präventiv angelegten Charakter entstehen.

8) vorhandene Informationsdefizite und unterschiedliche Berufskulturen
Aus der getrennten Entwicklung und der unterschiedlichen Aufgabenverteilung beider Handlungssysteme heraus haben Schule und Jugendhilfe verschiedene Berufskulturen entwickelt, die sich direkt auf die Arbeitsweise, das Selbstverständnis und die Kommunikationskultur auswirken (vgl. Buchholz 2009: 213; Olk 2004). Hinzu kommt, dass die Akteure der Schule und Jugendhilfe teilweise nicht über die jeweils andere Profession informiert sind (vgl. Olk/Speck 2001). Diese Vorbedingungen können die Etablierung einer auf Dauer ausgerichteten Kooperationskultur im Kinderschutz erschweren.

Bei der Wahrnehmung dieses Verständnisses einer bilateral angelegten Kooperation ist zu berücksichtigen, dass diese idealtypische Kennzeichnung von Kooperation lediglich der Schaffung eines einheitlichen Arbeitsverständnisses innerhalb einer Bildungsvernetzung dient. Kooperation unterliegt als auslegungsbedürftiger Begriff innerhalb eines Ansatzes zur Verstärkung einer interinstitutionellen Zusammenarbeit einer definitorischen Feinabstimmung, um den besonderen Charakter der im Projekt avisierten vernetzten Kooperation betonen und die programmatischen Differenzen markieren zu können. Aufgrund dieses Verständnisses von Kooperation soll nachfolgend der Übergang zur vernetzten Kooperation skizziert werden.

3 Von der bilateralen Kooperation zur vernetzten Kooperation im Kinderschutz

Entsprechend des zuvor dargestellten Verständnisses einer bilateral angelegten Kooperation ist unter einer vernetzt wirkenden Kooperation im Bildungs- und Sozialbereich demgegenüber zu verstehen:

- ein/e flächendeckend nutzbare/s Angebot bzw. Maßnahme,
- die systematisch geplant, vereinbart und begleitet wird,
- als eine professionelle Alltagserfahrung von der ausführenden Ebene wahrgenommen wird und mit Rückendeckung der Leitung erfolgt,
- die präventiv angelegt ist,
- die sich auf einen definierten lokalen Raum bezieht,
- die sich durch eine umfassende interinstitutionelle Qualitätssicherung kennzeichnet und letztlich
- den im Sozialraum lebenden Kindern und Jugendlichen gleiche Chancen für die Inanspruchnahme von unterstützenden Hilfen und Angeboten für ein gelingendes Aufwachsen ermöglicht.

Eine vernetzende Kooperation unterliegt hierbei aber einer Vielzahl von zu berücksichtigenden Faktoren, die in der Eigenart von Institutionen selbst und der Verschiedenheit der institutionellen Handlungslogiken und Aufbauformen begründet liegen. Einen geeigneten Erklärungsansatz zur Beschreibung von daraus resultierenden innerlichen und äußerlichen Vernetzungsbarrieren unternimmt Schubert mit seiner Netzwerkanalyse (vgl. Schubert 2008).

Demnach zeichnen sich Institutionen durch unterschiedlich stark ausgeprägte Funktions- und Hierarchiebarrieren aus, die eine Zusammenarbeit innerhalb einer Institution und darüber hinaus auch die Kooperation mit anderen Institutionen erschweren.

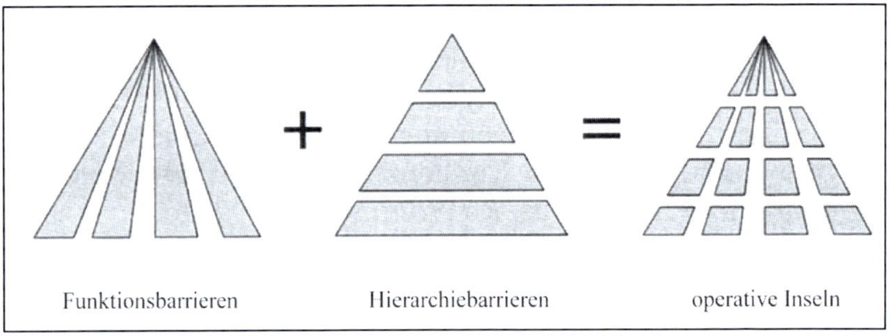

(aus: Schubert 2008: 21)

Wie der Grafik zu entnehmen ist, sind unter Funktionsbarrieren innerhalb von Organisationen thematische Abgrenzungen etwa zwischen organisatorischen Untereinheiten zu verstehen, die eine Zusammenarbeit erschweren. Unabhängig davon ob es sich bei der betreffenden Institution um einen öffentlichen, frei-gemeinnützigen oder frei-gewinnorientierten Träger handelt, stellt die Sicherstellung des horizontalen Informationsflusses und Zusammenwirkens eine institutionelle Herausforderung dar, die durch die Einbindung verschiedener Professionen noch zusätzlich erschwert wird.

Hingegen lassen sich unter den Hierarchiebarrieren interne institutionelle Begrenzungen in der einheitlichen Wahrnehmung und Bearbeitung von Herausforderungen fassen, die einer divergierenden Sichtweise und unterschiedlichen Handlungskompetenzen im Gefüge zwischen der Leitung, eventuell vorhandenen Zwischenebenen und der ausführenden Ebene einer Institution entstehen. Darunter ist die Herausforderung zu begreifen, den wechselseitigen Transfer von Informationen und Formen der Zusammenarbeit sicherzustellen. Eine Leitungsebene, die es beispielsweise nicht vermag, die ausführende Ebene in die Ausgestaltung des institutionellen Fortschritts einzubinden, nimmt das Risiko auf sich, eine engagierte Belegschaft in ein nur pro forma handelndes Personal zu verwandeln, das keinerlei Impulse mehr zu setzen bereit ist.

Diese gleichzeitig wirkenden funktional und hierarchisch begründeten Begrenzungen führen schließlich zu einer Engführung des institutionellen Denkens und Handelns in operativen Inseln. In diesen Einzeluntergliederungen erfolgt eine eigenständige Umsetzung von normativen und strategischen Vorgaben, wobei die Entwicklung eines einheitlichen Verständnisses dieser Vorgaben aufgrund der Verinselung der jeweiligen Beteiligten in den Institutionen nicht gewährleistet ist. Innerhalb einer Institution bestehen somit Tendenzen einer Vereinzelung, die einen systematisch aufgebauten und miteinander verzahnten Prozess der Informationsgewinnung, der Entscheidungsfindung, der Leistungsentwicklung und -umsetzung sowie des Controllings erschweren und die Nutzung von internen Synergieeffekten verhindern.

Über die beschriebenen Auswirkungen einer Verinselung im operativen Bereich einer Institution hinaus wirkt sich diese Tendenz im avisierten Zusammenspiel mehrerer Institutionen noch deutlicher aus. Sollten die benannten Barrieren von den an der Vernetzung beteiligten Institutionen folienartig übereinander gelegt werden, so ist nicht nur eine institutionelle Verinselung innerhalb einer Institution, sondern auch zwischen den operativen Einheiten der verschiedenen Institutionen festzustellen. Das heißt, innerhalb einer vernetzt angelegten Kooperation potenzieren sich die Tendenzen einer operativen Verinselung, so dass im Ansatz einer Vernetzung noch größeres Augenmerk auf die adäquate Zielformulierung und angemessene Form der Umsetzung zu legen ist.

Als fachlicher Anspruch innerhalb einer vernetzten Kooperation dient die Ausrichtung an der Lebenswelt der Adressaten. Entgegen der vielfachen Untergliederung innerhalb und zwischen den Institutionen erleben die Adressaten ihre Lebenswelt in der Regel als einen gemeinsamen Erfahrungszusammenhang. Biografische Erfahrungen fließen in einen gemeinsamen Speicher ein, der bei jeglichen persönlichen Entscheidungen abrufbar zur Verfügung steht.

Auf den Kinderschutz übertragen bedeutet dies die Herausforderung, sich in der Bearbeitung von Verdachtsmomenten bei Kindeswohlgefährdung bewusst zu sein:

- der ganzheitlichen persönlichen Wirkung des jeweiligen institutionellen Handelns,
- der personenbezogenen Zugänge von anderen Institutionen, die im Kinderschutz mitwirken,
- der Auswirkungen, die ein Handeln verschiedener Institutionen in einer von den Adressaten als traumatisch erfassten Situation auslöst,
- der Möglichkeiten und Begrenzungen der anderen beteiligten Institutionen und

- der gemeinsamen institutionellen Schnittmenge, in der eine vernetzte Kooperation sinnvoll und geboten erscheint.

Um dieses Verständnis in der Bearbeitung von Kindeswohlgefährdungslagen tatsächlich umsetzen zu können, bedarf es eines professionell untersetzen Verständnisses von vernetzter Kooperation. Hierbei sind die eigenen institutionellen Ressourcen und Begrenzungen in Bezug zu den Möglichkeiten und Barrieren der beteiligten Institutionen auf der Basis einer an den Betroffenen ausgerichteten Fallperspektive zu setzen. Diesem Verständnis liegt der Ansatz zugrunde, im Kinderschutz ein ganzheitliches Hilfesystem zu etablieren, mit dem vom Nebeneinander zu einem Miteinander in der Leistungserbringung für Kinder und Jugendliche mit Integrationsrisiken übergegangen wird. Ziel ist dabei, ein abgestimmtes System an Komplexleistungen zu entwickeln (Fegert/Ziegenhain/Fangerau 2010: 355).

Jenseits einer Überwindung der darin enthaltenen Funktionsbarrieren in den Institutionen selbst und zwischen den Institutionen kann eine vernetzte Kooperation durch das Aufbrechen der operativen Verinselung nur gelingen, wenn Vernetzung gleichzeitig zum Abbau von hierarchischen Barrieren beiträgt. Im Prozess von der meist durch die Leitungsebene umgesetzten Zielentwicklung zur Umsetzungsabstimmung auf der Ebene der ausführenden Kräfte ist daher ein Kommunikationskreislauf zu etablieren, mit dessen Hilfe hierarchische Beschränkungen überwunden werden können. Gelingende Kooperationen zwischen dem Personal auf den ausführenden Ebenen verschiedener Institutionen setzen demzufolge einen funktionierenden Austausch an Informationen, einen zirkulären Gestaltungsprozess und eine gemeinsame Auswertung zwischen der Leitung und dem Personal innerhalb der eigenen Institution voraus. Die Einbindung von Schulleitungen in ein Netzwerk zum Kinderschutz zeitigt demzufolge nur dann nachhaltige Wirkung, wenn innerhalb der beteiligten Schule das Lehrpersonal in den Ausgestaltungsprozess eingebunden ist und beispielsweise die Beratungslehrer den Informationstransfer in den Alltag unterstützen. Im Zwischenfazit ist daher festzuhalten, dass ein Übergang von der bilateralen zur vernetzten Kooperation im Kinderschutz zwischen Schule und Jugendhilfe nur dann als gelungen betrachtet werden kann, wenn neben der Überwindung funktionaler Barrieren zwischen den Institutionen auch die internen hierarchischen Strukturen auf den Prüfstand gestellt werden.

4 Lokale Bildungslandschaft – Bildung als Teil des Kinderschutzes?

Die Herausforderungen im Übergang von vereinzelt stattfindenden Kooperationen hin zu vernetzten Formen der interinstitutionellen Zusammenarbeit lassen sich nicht allein auf das Handlungsfeld im Umgang mit Kindeswohlgefährdung reduzieren. Darüber hinaus existieren derzeit noch eine Vielzahl weiterer institutioneller Entwicklungsfelder, die eine vernetzte Kooperation zwischen Jugendhilfe und Schule ratsam erscheinen lassen. Stichworte hierfür sind etwa der Umgang mit Kindern, die einen erhöhten Förderbedarf aufweisen, die Stärkung von Unterstützungsangeboten für Kinder mit Migrationshintergrund, die flächendeckende Etablierung der Schulsozialarbeit oder die Bestrebungen zur Stärkung der kommunalen Verantwortung vordergründig im Hort- und Grundschulbereich.

Die Suche nach geeigneten Handlungslösungen lassen sich unter hohem Arbeitsaufwand in jeweils thematisch abgegrenzten Gremien herbeiführen, in die neben den Fachvertretern von Schule und Jugendhilfe vor Ort auch die kommunalen Entscheidungsträger und die Vertreter des Schulamtes einzubinden sind. Über diese versäulte und funktional wiederum abgegrenzte Bearbeitung hinaus erscheint es vielmehr sinnvoll, die Kooperation zwischen Jugendhilfe und Schule über verschiedene Themen hinweg ganzheitlich zu bearbeiten.

Bevor mit der lokalen Bildungslandschaft ein entsprechender Ansatz der Bildungsvernetzung vorgestellt wird, soll das inhaltliche Bindeglied zwischen all den eingangs benannten Herausforderungen der Kooperation zwischen Jugendhilfe und Schule in die Diskussion eingeführt werden – Bildung.

Die Zeiten, in denen der Bildungsauftrag das Alleinstellungsmerkmal von Schule gewesen ist, sind eindeutig vorbei. Mit der Ausgangsfrage „Was lernen junge Menschen wo, wie und durch wen“ findet der 12. Kinder- und Jugendbericht eine klare Antwort (vgl. BMFSFJ 2005). Lernen findet in unterschiedlichster Weise statt. Schule ist nicht mehr allein als der Ort zu begreifen, an dem Kinder Bildung erfahren. Im Rahmen der zunehmenden Entgrenzung von Bildungsprozessen geraten auch außerschulische Lernorte in den Fokus, die Kinder beim Lernen unterstützen. Dieses Lernen ist als ein komplexer Prozess zu verstehen, der größtenteils auf der Eigenaktivität des Lernenden beruht und informell stattfindet. Im Zuge der Betrachtung dieser neuen Lernorte fällt auf, dass auch Familie, Peers, Kindergarten und die anderen Bestandteile der Jugendhilfe Bildungsorte darstellen.

Zunehmend gilt es also, diese Bildungsangebote zu verzahnen und in ein abgestimmtes System von Bildung, Betreuung und Erziehung zu überführen. Dieses System ist dabei als ein entgrenztes Gefüge zu verstehen, in dem sowohl biografisch, als auch institutionell und thematisch Überlappungen bestehen (vgl. Maykus 2009: 41).

Aus dieser Erkenntnis lässt sich für die Jugendhilfe und Schule zweierlei herauslesen: Einerseits ergibt sich daraus ein eigener Bildungsauftrag für die Jugendhilfe. Bildung ist mehr als Schule und ist daher auch durch die Jugendhilfe vor allem im Bereich der non-formalen Bildung zu fördern. Andererseits resultiert aus der Entgrenzung von Bildung, Betreuung und Erziehung ein dezidierter Auftrag an Schule, sich nicht nur als Ort des formalen Wissenserwerbs zu verstehen, sondern auch als ein Platz zu begreifen, in dem Kinder im Sinne eines ganzheitlichen Erziehungs- und Betreuungsaspekts Förderung, Hilfe und Schutz im Prozess des persönlichen Aufwachsens erfahren sollen.

Entsprechend dieses erweiterten Bildungsverständnisses ist Bildung, Betreuung und Erziehung nicht losgelöst voneinander, sondern gemeinsam zu denken. Mit Blick auf den Kinderschutz ergibt sich hieraus eine erweiterte Verantwortung für den Schutz von jungen Menschen auch in der Schule. Demzufolge ist innerhalb des Kinderschutzes nicht nur die Optimierung des Schutzauftrages zu subsumieren, sondern auch die Frage, wie Schule Kinder, Jugendliche und deren Eltern fördern kann, um die elterliche Erziehungsverantwortung und -kompetenz bzw. Resilienz von Kindern zu stärken. Neben diesen allgemeinen Förderaspekt ist im Rahmen des Kinderschutzes zu hinterfragen, wie die Schule Kinder mit besonderem Hilfebedarf eigenverantwortlich unterstützt oder bestehende Hilfesettings etwa im Rahmen der erzieherischen Hilfen durch die Jugendhilfe mit Schule vernetzt werden können.

Analog zu der Herausforderung für die Jugendhilfe, die eigenen Angebote zur Förderung und Unterstützung auch nach Bildungsaspekten auszurichten, hat die Schule Aufgaben der Erziehung und Betreuung wahrzunehmen. Dieser Auftrag an die Schule impliziert einen Beitrag zur Schaffung positiver Lebensbedingungen etwa durch Schaffung von sozialen Lernformen, Angeboten zur Verknüpfung von Lernformen zwischen Elternhaus, Schule und Peers oder aber Bildungsleistungen, die für die Zielgruppen tatsächlich biografisch relevant, attraktiv und verwertbar sind (vgl. Maykus 2009: 41). Als Orientierung für die Schule im Rahmen des Kinderschutzes kann die nachfolgende Darstellung der Handlungssystematik für die Jugendhilfe dienen.

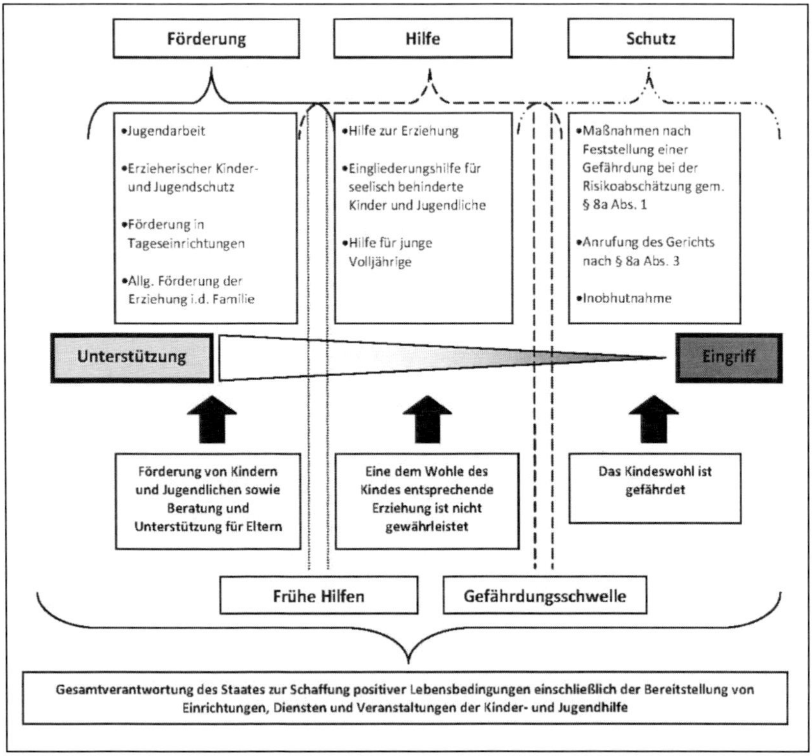

(aus: Jakob 2006 zit. nach Hensen/Schone 2010: 330)

In der schulischen Auseinandersetzung eines mit der Jugendhilfe vernetzten Vorgehens im Kinderschutz stellt sich die Aufgabe, eigene Angebote und Maßnahmen innerhalb der Systematik des Förderns, des Helfens und des Schützens zu entwickeln. Darüber hinaus ist zu klären, wie der schulische Anteil in einem derartigen Netzwerk für den Kinderschutz aussehen kann, wo die Ressourcen und Kompetenzen, aber auch die Begrenzungen liegen. Des Weiteren gilt es zu hinterfragen, in welcher Form eine frühzeitige und niedrigschwellige Abstimmung jenseits der Optimierung des Procedere bei Verdacht auf eine Kindeswohlgefährdung im Sinne des Zuvorkommens systematisch vereinbart und umgesetzt werden kann.

Im Spannungsfeld zwischen der Stärkung individueller Elternverantwortung und erweiterter gesellschaftlicher Verantwortung für das Aufwachsen von Kindern ist daher neben dem Kontrollaspekt ein Verständnis für die Übernahme des Präventionsgedankens durch die Schule zu entwickeln (vgl. Helming 2010: 182f.). Eine Schule erfüllt demnach ihren Auftrag lediglich dann, wenn sie nicht nur die Bedingungen des Lernens in der Schule fokussiert, sondern auch im Zutun mit der Jugendhilfe die individuellen Voraussetzungen für das Lernen unter dem Aspekt des Kinderschutzes proaktiv im Verbund mit der Jugendhilfe hinterfragt.

Ein Ansatz, in dem im Rahmen einer Bildungsvernetzung derartige Aspekte systematisch analysiert und bearbeitet werden können, ist die lokale Bildungslandschaft. Dabei ist klassischerweise ein Vorgehen zu begreifen, in dem langfristig und planvoll versucht wird, in einem sozialen Raum auf kommunalpolitischer Ebene Bildungsorte zu vernetzen. Die Entwicklung eines derartigen Ansatzes soll von der Perspektive des lernenden Subjektes ausgehen und sich von einem erweiterten Bildungsverständnis unter Einbezug von formalen Bildungsorten und non-formalen Lernwelten leiten lassen (vgl. Bleckmann/Durdel 2009: 12).

Innerhalb dieser kurzen Zusammenfassung sind mehrere methodische Schwerpunkte ableitbar, die das theoretische Fundament von lokaler Bildungslandschaft darstellen. Im Einzelnen sind dies:

- ein erweitertes *Bildungsverständnis*, in dem über den Schulbezug hinaus auch andere Bildungsformen vor allem im non-formalen Bereich einbezogen sind. Darunter sind im Verständnis der lokalen Bildungslandschaft vor allem die Angebote der Kinder- und Jugendhilfe sowie der anderen außerschulischen Bildungsträger zu verstehen (vgl. Coelen/Otto 2008: 19f.),
- ein gemeinsames Denken von *Bildung, Betreuung und Erziehung* innerhalb eines abgestimmten Systems (vgl. BMFSFJ 2005; AGJ 2006; Balnis/Demmer/Rademacker 2005: 9f.),
- eine strikte *Sozialraumorientierung*, durch die sich Bildungsangebote an den heterogenen lebensweltlichen Bezügen sowohl sozialräumlich als auch adressatenbezogen ausrichten (vgl. Mack 2009: 57f.) und
- die Betonung des *Netzwerkgedankens*, der über eine bilaterale Kooperation hinaus zu einer interaktiv miteinander verflochtenen Zusammenarbeit auf horizontaler und vertikaler Ebene zwischen den Institutionen und Professionen führen soll (vgl. Schubert 2008: 27f.).

Innerhalb der lokalen Bildungslandschaft wird sich aus diesem Verständnis heraus den tatsächlichen Bedingungen des Aufwachsens von Kindern gewidmet und das Leistungssystem der Bildung, Erziehung und Betreuung auf diese Bedarfe in vernetzter Form abgestimmt. Lokale Bildungslandschaft bietet also den theoretischen Hintergrund, um sich auch den Fragen des Kinderschutzes in der Kooperation von Jugendhilfe und Schule systematisch widmen zu können.

Darüber hinaus bildet dieser Vernetzungsansatz die Chance, aus dem Anspruch einer Entgrenzung von Bildung, Erziehung und Betreuung heraus die schulischen Aspekte im Fördern, Helfen und Schützen des kindlichen Aufwachsens herauszuarbeiten. Lokale Bildungslandschaft ist daher nicht nur als ein Ansatz zu verstehen, in dem institutionelle Eigenverantwortung durch Markierung der jeweiligen Verantwortungsbereiche gestärkt wird, sondern in dem auch eine systematische Vernetzung von Angeboten über Bildung hinaus in den Bereichen der Erziehung und Betreuung erfolgt. Die lokale Bildungslandschaft hebelt somit nicht bestehende Kooperationsstrukturen entsprechend des § 8a SGB VIII auf. Vielmehr werden diese Verbindungen gestärkt und in eine ganzheitliche Perspektive und eine frühzeitig angelegtes Abstimmungsprocedere überführt. Programmatisch lässt sich somit die lokale Bildungslandschaft als Instrument eines vernetzt kooperierenden Kinderschutzes begründen.

5 Perspektiven eines Kinderschutzes durch lokale Bildungslandschaften

Jenseits dieser theoretischen Einordnung von lokaler Bildungslandschaft lässt sich ergänzend hinterfragen, inwieweit dieser Vernetzungsansatz auch in der praktischen Rezeption als Instrument des Kinderschutzes begriffen werden kann. In Ermangelung einer flächendeckend vorhandenen empirischen Basis soll daher exemplarisch anhand eines ausgewählten Ansatzes der lokalen Bildungslandschaft veranschaulicht werden, wie der Kinderschutzgedanke im Rahmen der Bildungsvernetzung verankert werden kann. Analog zur theoretischen Auseinandersetzung ist zu beachten, dass durch die Bildungslandschaft die vorhandenen Reaktionsstrukturen bei Verdachtsmomenten für eine Kindeswohlgefährdung bestehen bleiben und um ein interinstitutionelles Vorwarnsystem sowie eine niedrigschwellig angelegte Präventionskette erweitert werden.

Zur Illustration wird aufgrund eines seit zwei Jahren bestehenden eigenen Zugangs als fachliche Begleitung die lokale Bildungslandschaft Jena vorgestellt. Hinter dieser Bildungslandschaft verbergen sich neben den Vertretern der öffentlichen Jugendhilfe und des Schulamts die Bildungs- und Sozialakteure aus acht beteiligten Schulen und den Trägern der Jugendhilfe in zwei als benachteiligt geltenden Planungsbezirken. Unter Moderation der fachlichen Begleitung haben die beteiligten Akteure innerhalb eines Jahres in einem umfangreichen Prozess der Strategieentwicklung eine Struktur zur Bildungsvernetzung geschaffen (vgl. Fischer 2010). Seitens der politischen Entscheidungsträger auf der kommunalen Ebene bestand die Bedingung, die Kooperation einführend von der Zielgruppe der zehn- bis vierzehnjährigen Kinder aus zu denken. In der weiteren Umsetzung wurde aber allen Akteuren auch in der Politik schnell bewusst, wie intensiv sich die entwickelten Kooperationsformen nicht nur über alle Altersgruppen, sondern auch über vielfältige thematische Bereiche erstrecken. Auf der folgenden Seite werden die Säulen der Kooperation dargestellt.

Der Ansatz der lokalen Bildungslandschaft beruht auf der Stärkung präventiv angelegter Vernetzung. Um jedoch die Schulen als feste Partner nachhaltig einbinden zu können, galt es jenseits dieses Gedankens auch deren Erwartung nach einer intervenierend angelegten Kooperationsform in der Bearbeitung von als problematisch empfundenen Einzelfällen einzubinden. Dementsprechend haben sich die beteiligten Akteure auf eine Säule der Kooperation eingelassen, in der unter dem Stichwort der kooperativen Praxisberatung monatlich Abstimmungstreffen stattfinden. In diesen Treffen soll unter persönlicher Beteiligung oder schriftlicher Zustimmung der Eltern eine Abstimmung zu als hilfebedürftig empfundenen Verhalten von Kindern durch einen Vertreter des Allgemeinen Sozialen Dienstes, der Schulsozialarbeit, der Schule sowie der freien Jugendhilfe erfolgen. Der Teilnehmerkreis ist fest benannt und alle beteiligten Akteure haben sich im Rahmen von einheitlichen und schriftlich fixierten Kooperationsvereinbarungen zu einer verbindlichen Vorgehensweise verpflichtet.

Den bisher erfolgten kooperativen Praxisberatungen ist zu entnehmen, dass in der Mehrzahl der angesprochenen Fälle ein erzieherischer Bedarf gegeben ist, aus dem sich nach Einschätzung der beteiligten Akteure ohne ein fachliches Zutun perspektivisch Verdachtsmomente auf Kindeswohlgefährdung ergeben könnten. Erklärtes Ziel der Akteure ist es, Unterstützungsbedarfe frühzeitig zu erkennen, die Eltern in einer geeigneten Form frühzeitig einzubinden und multiprofessionell abzustimmen, um Kindeswohlgefährdungen frühzeitig zu verhindern. Die Einbindung der Eltern ist aus der bisherigen Praxis heraus als eine besondere Herausforderung zu betrachten, die noch einer Verbesserung in der Herangehensweise bedarf.

Neben dieser einzelfallbezogenen und intervenierend angelegten kooperativen Praxisberatung kann mit ‚Soziale Schule' auch die zweite Säule der Bildungslandschaft Jena der Stärkung des Kinderschutzes dienen. In abgestimmten Prozessen der altersgruppen- und klassenbezogenen Bedarfsfeststellung auf Schulebene finden sich Akteure der Jugendhilfe und der Schule zusammen, um schul- und sozialpädagogische Lernangebote zu planen und zu begleiten. Ziel dieser Bildungsangebote ist es, auch aus Sicht des Kinderschutzes die Resilienz von Kindern zu stärken, Eltern stärker in die Bildungsangebote von Schule und Jugendhilfe zu integrieren und soziale Lernformen zu etablieren. Aus den Erfahrungen der kooperativen Praxisberatung heraus ist es Absicht, dass eine Häufung von einzelfallbezogenen Absprachen in bestimmten Gruppenkonstellationen als Anlass zu der Frage dient, inwieweit eine nachgelagerte Bearbei-

Säulen der Kooperation in der Bildungslandschaft Jena

	Kooperative Praxis-beratung	Soziale Schule	Bildungs-vernetzung im Stadtteil	Interinstitu-tionelle Fortbildung	Fachliche Begleitung/ Steuerung/ Evaluation
Ziele	Ein niedrig-schwelliges, verbindliches und vernetztes Abstimmung-sangebot zur Klärung individueller und sozialer Bedarfe bei den Bildungs-partnern ist fest etabliert.	Zwischen Schule und Jugendhilfe werden unter Einbezug des sozialen Um-felds Bildung-sangebote in und mit Schule entwickelt, die soziales Lernen ermöglichen.	Das soziale Umfeld und die Politik sind in die Bildungsko-operation ein-bezogen und eine Vernet-zung mit dem kulturellen und sportlichen Bereich ist hergestellt.	Zwischen den Akteuren existiert ein einheitliches Basiswissen zu Strukturen, Ansätzen und Kompetenzen aller Bildungspart-ner.	Die Bildungs-landschaft unterliegt einer klaren Steue-rung, externer fachlicher Begleitung und Evaluation.
Instru-mente	Die Akteure be-teiligen sich an fest etablierten Abstimmungs-runden von örtlichen Bil-dungspartnern aus Schule, Jugendamt und freier Jugendhilfe im mind. monatlichen Rhythmus.	Alle im Koope-rationsvertrag genannten Akteure betei-ligen sich an Netzwerktref-fen auf Stadt-teilebene im mind. zweim-onatlichen Rhythmus.	Alle Akteure verpflichten sich zum Er-gebnistransfer der Bildungs-landschaft in/ von andere/n Gremien. So-ziale Bedarfe, Strukturen, neue Angebote sind in der Stadtteilrunde abzuklären.	Die Akteure führen gemein-same und thematisch fixierte Fort-bildungen in gemeinsamer Verantwortung durch.	Für klar abgrenzbare Zeiträume wer-den die Säulen der Koopera-tion fachlich begleitet und evaluiert.
Auf-gaben	Analyse, Klärung und Durchführung von Einzelfallange-boten präventiven Gruppenange-boten allgemein-bildenden Gruppenange-boten	gemeinsame Bestands- und Bedarfsanalyse kooperative Erarbeitung von schul- und sozialpäda-gogischen Lernangeboten (Ganztag) Aufbau einer offenen Schule mit Bildungs-trägern des sozialen Umfelds	Abstimmung zum Ergebnistrans-fer Austausch zu neuen Bedar-fen Politische Rückkopplung Konzeptionelle Fortentwick-lung zum strukturierten Einbezug weiterer Bildungsträger des Stadtteils	Mögliche Themen: Erkennung und Verhalten bei Kindeswohlge-fährdung Was ist erziehe-rischer Bedarf? Kooperation mit den Eltern Wie sind gemeinsame Bildungsan-gebote von Schule und Jugendhilfe umzusetzen?	Unterstützung bei der Qua-lifikation der ausführenden Ebene Mitwirkung bei der Erstellung von vernet-zungsfähigen Stellenbe-schreibungen Durchführung der Evaluation

tung von Einzelfällen nicht in eine präventiv ausgerichtete Gruppenbearbeitung überführt werden kann. In der vernetzten Kooperation sollen hierbei Angebote zur formalen aber auch non-formalen Bildung entstehen, die an und mit Schule umgesetzt werden.

Drittens und abschließend kann sich im Rahmen der dritten Säule ‚Bildungsvernetzung im Stadtteil' der Aufgabe gewidmet werden, Bildungsangebote aus Sicht der Kinder zu definieren und die Verwirklichung von Kinderrechten in einem sozialen Nahraum unter Hinzuziehung von politischen Entscheidungsvertretern zu fokussieren. Die Stärkung von Kinderrechten in der Umsetzung eines erweiterten Bildungsverständnisses und in der Ausgestaltung von Bildungsangeboten von Jugendhilfe und Schule ist insofern als ein Instrument zur Verbesserung des Kinderschutzes im erweiterten Sinne zu verstehen. Bildungsvernetzung bedeutet in diesem Sinne auch, die Belange des Kinderschutzes in weiteren Handlungsfeldern zu verankern. Dazu gehört etwa eine Sensibilisierung von Trägern, die Bildungsangebote im Bereich des Sports oder der Kultur anbieten und mit zum erweiterten Akteursspektrum einer lokalen Bildungslandschaft gehören.

Nur der Vollständigkeit halber sei an dieser Stelle erwähnt, dass die vierte und fünfte Säule der Kooperation nicht aus der Bildung weiterer und Übernahme vorhandener Abstimmungsrunden bestehen. Stattdessen wird querschnittartig auf die ersten drei genannten Säulen durch einen interinstitutionell entwickelten und durchgeführten Kanon an Fortbildungsveranstaltungen sowie durch eine weitere fachliche Begleitung, festgelegte Steuerung und Evaluation unterstützend eingewirkt. Gemeinsame Fortbildungen sollen in diesem Rahmen dazu dienen, dass alle beteiligten professionellen und ehrenamtlich engagierten Personen über ein abgestimmtes Verständnis zu wichtigen Kernbegriffen wie etwa der Kindeswohlgefährdung verfügen und sich ihrer jeweiligen Verantwortung zum eigenständigen Handeln und zur Kooperation über die bloße Informationsweitergabe hinaus bewusst sind.

6 Fazit

Zusammenfassend kann festgehalten werden, dass mit dem Ansatz der lokalen Bildungslandschaft nicht nur theoretisch, sondern auch in der praktischen Umsetzung die Belange des Kinderschutzes gestärkt werden können. Aus dem Anspruch einer Bildungsvernetzung heraus lässt sich unter dem Paradigma eines erweiterten Bildungsverständnisses Kinderschutz als ein gemeinsames Thema für die Schule und Jugendhilfe nicht nur in der abgestimmten Bearbeitung von Verdachtsmomenten auf Kindeswohlgefährdung begreifen, sondern auch als ein Instrument zur Vermeidung von gefährdenden Lebenslagen verstehen. Im Rahmen einer bildungspolitisch dominierten Strategie erscheint es demzufolge möglich, mit dem Kinderschutz nicht nur sozialpolitische Inhalte zu verankern, sondern auch ein gemeinsames Verständnis von vernetzter Kooperation zu entwickeln. Die Wahrnehmung des Kinderschutzes kann in einer lokalen Bildungslandschaft aus ihrer versäulten Bearbeitung in ein vielfältig gestaffeltes, interinstitutionell verankertes und multiprofessionell umgesetztes Leistungsspektrum überführt werden. Jenseits einer reinen Optimierung des Verfahrensprocedere bei Verdachtsmomenten stehen somit ergänzend eine Vielzahl von weiteren Unterstützungsformen zur Verfügung, um Kinderschutz in gemeinsamer Verantwortung frühzeitig, fachlich angemessen und zielgenau bearbeiten zu können.

Literatur

AGJ [Arbeitsgemeinschaft für Kinder- und Jugendhilfe] (2006): Handlungsempfehlungen zur Kooperation von Jugendhilfe und Schule. Berlin.

Balnis, Peter/Demmer, Marianne/Rademacker, Herrmann (2005): Leitgedanken zur Kooperation von Schule und Jugendhilfe. Darmstadt.

Beckmann, Kathinka (2008): Kinderschutz in öffentlicher Verantwortung. Entscheidungskriterien und Handlungsperspektiven für die kommunale Sozialpolitik. Schwalbach/Ts.: Wochenschau Verlag.

Bleckmann, Peter/Durdel, Anja (2009): Einführung: Lokale Bildungslandschaften – die zweifache Öffnung. In: Bleckmann/Durdel (2009): 11-16.

Buchholz, Thomas (2009): Kooperation zwischen der Kinder- und Jugendhilfe und Schule in Fällen von Hilfen zur Erziehung. Empirische Ergebnisse zur Verbesserung der Kooperationslandschaft. In: Die Kinderschutz-Zentren (2009): 211-234.

Bundesministerium für Familie, Senioren, Frauen und Jugend (BMFSFJ; Hrsg.) (2005): Zwölfter Kinder- und Jugendbericht. Bericht über die Lebenssituation junger Menschen und die Leistungen der Kinder- und Jugendhilfe in Deutschland. Bundestagsdrucksache 15/6014. Berlin.

Coelen, Thomas/Otto, Hans-Uwe (2008): Zur Grundlegung eines neuen Bildungsverständnisses. In: Coelen/Otto (2008): 17-25.

Fegert, Jörg M./Ziegenhain, Ute/Fangerau, Heiner (2010): Problematische Kinderschutzverläufe. Mediale Skandalisierung, fachliche Fehleranalyse und Strategien zur Verbesserung des Kinderschutzes. Weinheim: Juventa.

Fischer, Jörg (2010): Lokale Bildungslandschaft. Stadtteilspezifische Strategie für den Aufbau einer vernetzten Bildungskooperation in Jena. Expertise im Auftrag der Stadt Jena.

Heilmann, Stefan/Salgo, Ludwig (2002): Der Schutz des Kindes durch das Recht – Eine Betrachtung der deutschen Gesetzeslage. In: Helfer/Kempe/Krugman (2002): 955-989.

Helming, Elisabeth (2010): Kontrollstrategien der Kinder- und Jugendhilfe am Beispiel der Entwicklung von Frühwarnsystemen und Frühen Hilfe. In: Michel-Schwartze (2010): 173-204.

Hensen, Gregor/Schone, Reinhold (2010): Kinderschutz und Frühe Hilfen für Familien als Planungsthema. In: Maykus/Schone (2010): 329-348.

Holtappels, Heinz Günter (2008): Schule und Sozialpädagogik. In: Helsper/Böhme (2008): 495-512.

Honig, Michael-Sebastian (2010): Geschichte der Kindheit im „Jahrhundert des Kindes". In: Krüger/Grunert (2010): 335-358.

Jakob, M. (2006): Soziale Arbeit zwischen Hilfe und Kontrolle – Mögliche Auswirkungen des § 8a SGB VIII auf die Träger der Jugendhilfe (unveröffentlichte Diplomarbeit an der Fachhochschule Münster, Fachbereich Sozialwesen). Münster.

Mack, Wolfgang (2009): Bildung in sozialräumlicher Perspektive. Das Konzept Bildungslandschaften. In: Bleckmann/Durdel (2009): 57-66.

Maykus, Stephan (2009): Neue Perspektiven für Kooperation: Jugendhilfe und Schule gestalten kommunale Systeme von Bildung, Betreuung und Erziehung. In: Bleckmann/Durdel (2009): 37-55.

Meysen, Thomas/Schönecker, Lydia (2010): Kooperationen für einen guten Start ins Kinderleben. In: Meysen/Schönecker/Kindler (2010): 25-169.

Olk, Thomas (2004): Kooperation von Jugendhilfe und Schule – das Verhältnis zweier Institutionen auf dem Prüfstand. In: Hartnuß/Maykus (2004): 69-101.

Olk, Thomas/Speck, Karsten (2001): LehrerInnen und SchulsozialarbeiterInnen – Institutionelle und berufskulturelle Bedingungen einer „schwierigen" Zusammenarbeit. In: Becker/Schirp (2001): 46-85.

Rousseau, Jean-Jacques (1998): Emil oder Über die Erziehung. Stuttgart: UTB.

Schubert, Herbert (2008): Netzwerkkooperation – Organisation und Koordination von professionellen Vernetzungen. In: Schubert (2008): 7-105.

TMSFG [Thüringer Ministerium für Soziales, Familie und Gesundheit] (Hrsg.) (2009): Gemeinsame Empfehlung zur Verbesserung der ressortübergreifenden Kooperation beim Kinderschutz in Thüringen.

Zymek, Bernd (2008): Geschichte des Schulwesens und des Lehrerberufs. In: Helsper/Böhme (2008): 203-238.

Hans Brügelmann | Axel Backhaus

Kinder als Kinderschützer

1 Standards „guter Schule“ stärken die Partizipation von Schüler/inne/n[1]

„Gute Schule“ – das ist mehr als guter Unterricht. Wie die im Frühjahr 2010 bekannt gewordenen Fälle sexueller Gewalt gezeigt haben, *muss* sie auch mehr sein als guter Unterricht. „Bildungs“standards, Lernstandserhebungen, Schulinspektionen, Lehrplanreformen – im Gefolge des sog. „PISA-Schocks“ haben sich die Anstrengungen von Schulpolitik und Schulverwaltung darauf konzentriert die Fachleistungen in den Kernfächern zu verbessern. Aber guter Unterricht umfasst mehr als die Förderung von Fachleistungen und eine gute Schule kann nicht allein didaktisch, sie muss auch pädagogisch gedacht werden.

In der Schule geht es nicht nur um fachliches Lernen, sondern auch um Förderung der Persönlichkeit und ihrer Entwicklung in sozialen Bezügen. Schule ist zudem nicht nur Lern-, sondern zuvörderst auch Lebensraum. Kinder und Jugendliche verbringen einen großen Anteil ihrer Lebenszeit in der Institution Schule. Dieses Leben hat seinen Eigenwert. Was dort geschieht, kann nicht allein mit seiner Bedeutung für das zukünftige Leben der Kinder und Jugendlichen begründet werden. Es hat auch ihre aktuellen Bedürfnisse und Rechte zu respektieren. Der polnische Arzt und Pädagoge Janusz Korczak (1994 [1928]) hat sie gebündelt in seiner – teilweise für viele erschreckend radikalen – Formulierung der drei Rechte des Kindes:

- auf seinen Tod,
- auf den heutigen Tag,
- das zu sein, was es ist.

1 Ms. für Buchholz, Thomas/Fischer, Jörg/Merten, Roland (Hrsg.) (2011): Kinderschutz in gemeinsamer Verantwortung von Jugendhilfe und Schule. VS Verlag für Sozialwissenschaften: Wiesbaden (in Vorb.).

Kinderschutz ist damit keine institutionell definierte Zuständigkeit bestimmter Einrichtungen der Jugendhilfe, sie ist Aufgabe aller, die mit Heranwachsenden zu tun haben, und er fordert eine bestimmte Haltung: Kinder und Jugendliche als eigenständige Persönlichkeiten wahr- und ernst nehmen.

Was dies bedeuten kann, soll im Folgenden am Selbstanspruch der Schulen des Netzwerks „Blick über den Zaun“ aufgezeigt werden.

„Blick über den Zaun“ ist ein Verbund von anfänglich weniger als 20, inzwischen über 100 reformpädagogisch orientierten Schulen. Vor 20 Jahren gegründet folgt er dem Prinzip „Schulen lernen von Schulen“ (Harder 2004; Seydel 2007).

2 Schulentwicklung von unten durch Peer-Review von nebenan

Der Verbund ist in Arbeitskreisen mit je acht bis zehn Mitgliedsschulen organisiert. Jeder Arbeitskreis besteht aus Schulen, die bewusst aus unterschiedlichen Regionen, unterschiedlichen pädagogischen Traditionen und unterschiedlichen Schulformen und -stufen sowie Trägerschaften stammen. Diese treffen sich in der Regel zweimal pro Jahr (Frühjahr und Herbst) zu einem Schulbesuch in einer der Schulen (vgl. zum Ablauf: Backhaus u. a. 2009). Je ein Vertreter der Schulleitung und des Kollegiums als Team reisen zu der einladenden Schule, so dass etwa 15-20 „kritische Freunde“ zu Besuch kommen.

Die gastgebende Schule lädt ein und richtet den Besuch entsprechend den Gegebenheiten und den Bedürfnissen vor Ort aus. Sie stellt ihre Schule vor und ermöglicht einen Einblick in den Stand der Schulentwicklung. Die Gäste hospitieren in der Schule und besichtigen diese mit der Brille eines durch die Schule gestellten Hospitationsauftrages. Ein Besuch dauert zwei Zeittage bzw. mit An- und Abreise drei Kalendertage Zwischendurch ist Zeit für Gespräche mit Kollegen, Schülern und Eltern. Die Gäste bereiten eine Rückmeldung vor, an das Gesamtkollegium gegeben wird, evtl. noch einmal gesondert an die Schulleitung, inzwischen teilweise auch an Schüler/innen, z. B. in den Mitwirkungsgremien. Anschließend reflektiert der Arbeitskreis den Besuch, zieht daraus Konsequenzen für die Weiterarbeit und vereinbart neue Termine. Beim nächsten Besuch berichtet die zuletzt besuchte Schule über Konsequenzen, die sie aus den Rückmeldungen gezogen hat.

Die Schulen verstehen sich also als lernende Institutionen. Grundlage für die Schulentwicklung waren und sind gemeinsame Standards für eine „gute Schule“ (vgl. Groeben u. a. 2005). Anders als die sog. „Bildungsstandards“ der Kultusministerkonferenz beschränken sie sich nicht auf Anforderungen an zu erreichende Fachleistungen („Output“). Vielmehr beschreiben sie Kriterien für

Prozesse und Bedingungen guter Schule. Jeder Standard richtet sich an *alle* an Schule Beteiligten und wird deshalb in drei Dimensionen ausgelegt, d. h. als Prinzipien für pädagogisches Handeln des Einzelnen im Klassenzimmer bzw. in der Kooperation mit anderen, für die Entwicklung der Schule als ganzer und für die von Politik und Verwaltung zu sichernden Rahmenbedingungen. Dies zeigt, dass auf jeder dieser Ebenen alles den Zuständigen Mögliche getan werden muss, um eine gute Schule zu sichern. Lehrer/innen vor Ort sind aufgefordert, sich zu engagieren, aber sie können nicht alleine erfolgreich sein, wenn nicht auch entsprechende Maßnahmen bzw. geeignete Rahmenbedingungen geschaffen werden.

Vier Grundideen bündeln die Ansprüche inhaltlich:

- Den Einzelnen gerecht werden – individuelle Förderung und Herausforderung Schule muss sich um jedes einzelne Kind kümmern, ganz egal, ob es größer oder kleiner, alt oder jung ist, einfacher oder schwieriger lernt.
- Das andere Lernen – erziehender Unterricht, Wissensvermittlung, Bildung Lernen ist eine Sache der ganzen Person. Erfahrung und Erlebnis gehören ebenso dazu wie Erklärung und systematisches Üben.
- Schule als Gemeinschaft – Demokratie lernen und leben Werte müssen täglich gelebt werden, ebenso wie demokratisches Handeln. Das ist keine Sache einzelner Fächer, sondern des Schullebens.
- Schule als lernende Institution – Reformen „von innen" und „von unten" Gute Schulen entstehen nicht von selbst und kommen nicht von „oben". Verantwortlich für eine Schule sind diejenigen, die sie gestalten.

Das Besondere an diesen Standards ist, dass sie zu einer Selbstverpflichtung aller Mitglieder geworden sind und keine Vorschrift von oben darstellen. Sie beschreiben überfachlich in mehr als 100 Einzelstandards, wie Schule gestaltet werden muss, um allen Schüler/innen gerecht zu werden. Dabei sind die Standards offen genug formuliert, um unterschiedliche Realisierungen zu ermöglichen, aber verbindlich genug, um eine gemeinsame Orientierung zu geben.

3 Gewalt gegen Kinder und Jugendliche als pädagogische Herausforderung

Angesichts dieser Ansprüche war die Erfahrung besonders erschreckend, als im Frühjahr 2010 bekannt wurde, dass auch in Schulen des „Blick über den Zaun", vor allem aber auch in der traditionsreichen Odenwaldschule, systematisch sexuelle Gewalt gegenüber Schülern ausgeübt worden war. Dass solche Übergriffe nicht systematisch mit Reformpädagogik zu tun haben wird deutlich, wenn man diese Standards oder das sie einleitende Leitbild des Schulverbunds liest. Dennoch sind sie geschehen und waren deshalb Anlass für eine gründliche Aufarbeitung.

Intensive Diskussionen in den betroffenen Schulen, aber auch in den anderen Mitgliedsschulen des „Blick über den Zaun" und gemeinsam auf einer Tagung im Mai 2010 halfen und helfen bei der Klärung von Bedingungen, um solche Übergriffe zukünftig unwahrscheinlicher zu machen (vgl. LEH 2010; Schulverbund Blick über den Zaun 2010).

Dafür ist uns ein Gedanke besonders wichtig, weil er das Verhältnis von Schulen zu ihren Schüler/inne/n grundsätzlich betrifft. Die UN-Kinderrechtskonvention von 1989, rechtliche Folge pädagogischer Vorläufer wie der Pädagogik des oben zitierte Janusz Korczak, von Deutschland im Jahre 1992 ratifiziert, beschreibt konkrete Rechte der Kinder und Jugendlichen – nicht nur auf Schutz vor Übergriffen und Vernachlässigung, sondern auch auf Selbstbestimmung ihres eigenen Lebens und auf Teilhabe an Entscheidungen über ihr Zusammenleben mit anderen (so explizit KMK 2006). Wie die Fälle sexueller Gewalt gezeigt haben, reicht es nicht, wenn sich Erwachsene um die Einhaltung dieser Rechte kümmern. Daneben müssen auch die Kinder und Jugendlichen selbst müssen gestärkt werden und infolgedessen stark genug sein, sich zu wehren, und sie müssen institutionelle Möglichkeiten[2] haben, ihre Interessen wie auch ihre Probleme und Sorgen geltend zu machen.

Denn die Gefährdungen kindlicher Integrität reichen weit über die in den Medien heiß diskutierten Übergriffe an Landerziehungsheimen und in kirchlichen Einrichtungen hinaus. Zu Recht hat die Münchener Grundschullehrerin Fee Czisch[3] in ihrer Kritik an der einseitig auf sexuelle Gewalt fokussierten öffentlichen Empörung darauf hingewiesen,

> „dass in vielen staatlichen Schulen der in den ‚Menschenrechten für Kinder' der UNESCO garantierte Schutz vor Missachtung und Demütigung täglich massenhaft mit Füßen getreten wird. Die strikte und gnadenlose Aussortierung von kleinen Kindern zum Zwecke der Herstellung ‚homogener Lerngruppen' produziert Gewinner und Verlierer von Anfang an. [...] Diese Variante kindlicher Zerstörung von Anfang an ist deshalb so dramatisch, weil Kinder in der Schule neben Können, Wissen und neuen Fähigkeiten ja auch eine persönliche Haltung zu sich selbst entwickeln, zu anderen und zum Leben und Lernen allgemein."

2 Damit ist nicht allein eine in Schulgesetzen festgesetzte Mitwirkung in Schulgremien gemeint, sondern pädagogische und zugleich politische Orte wie Klassenrat und Schulparlament (siehe unten).

3 Vgl. auch: Czisch (2005); s. zudem Czerny (2010) und viele andere Berichte aus dem Alltag heutiger Schule (z. B. in Stähling/ Wenders 2009).

Und sie folgert:

> „Sollten die aktuellen Nachrichten über schreckliche Verletzungen kindlicher und jugendlicher Integrität uns wirklich aufrütteln, dann müssen wir auch handeln: Sinnvolles Handeln im Sinne aller Kinder aber hieße, die massenhafte Zerstörung kindlicher Hoffnungen im ganz normalen Schulalltag dieser Republik anzuklagen – und uns gemeinsam an deren Überwindung zu machen."

Dass dies keine persönlichen Einzelmeinungen aufgrund zufälliger Beobachtungen sind, zeigen empirische Studien, z. B. von Krumm u. a. Die Befunde einer seiner Studien, der retrospektiven Befragung von deutschen Studierenden (1999), lassen sich wie folgt zusammenfassen (vgl. Rackwitz 2005: 16-17):

> „Während 23 Prozent der Befragten sich nie durch ihre Lehrer verletzt oder gekränkt fühlten, gaben 48 Prozent an, dass dies öfter vorkam. 20 Prozent machten die Erfahrung mindestens einmal pro Woche, davon 17,6 Prozent mindestens 6 Monate oder länger."

Und zu Recht hat Prantl (2010) in seinem Beitrag zu der eingangs erwähnten Debatte über sexuelle Gewalt in Erinnerung gerufen:

> „Das Recht des Ehemanns, die Ehefrau zu züchtigen, wurde erst 1947 offiziell aufgehoben; das Recht des Lehrherrn zur väterlichen Zucht der Lehrlinge wurde erst 1951 abgeschafft; die schulischen Körperstrafen, also die von Lehrern verabreichten Ohrfeigen, Kopfnüsse und Tatzen, wurden in der Bundesrepublik erst 1973 umfassend verboten. Erst seit 1998 sind ‚körperliche und seelische Misshandlungen' im Bürgerlichen Gesetzbuch für unzulässig erklärt. Und erst seit dem Jahr 2000 steht dort der klare Satz, der Kindern ein ‚Recht auf gewaltfreie Erziehung' gibt. Dagegen gab es vor einem Jahrzehnt massive Widerstände."

Realisiert ist dieser Anspruch bis heute nicht. Damit wollen wir die Bedeutung sexueller Gewalt nicht herunterspielen oder von der Verantwortung ablenken, die Schule zu tragen hat, sondern deutlich machen, dass es um ein tiefer gründendes Problem geht.

4 Kinderrechte und Partizipation im Schulalltag als Schutz gegen Übergriffe

Bereits beim Betreten der Schule am ersten Schultag sollten alle Kinder und Jugendlichen eine Information an die Hand bekommen, die ihnen deutlich macht, dass sie in der Schule nicht schutzlos sind.

Hier ein Beispiel:

> Liebe/r …
> herzlich willkommen in deiner neuen Schule. Wir, eure Lehrer/innen wollen eine gute Schule machen. Aber wir sind auch nur Menschen, haben unsere Schwächen, machen Fehler.
> Ihr sollt wissen, dass ihr das Recht habt, euch gegen solches Fehlverhalten zu wehren. Damit ihr wisst, welches eure Rechte sind, haben wir unser Bild einer guten Schule in den anliegenden Standards beschrieben. Keine Schule entspricht diesen Standards voll. Aber wir haben uns vorgenommen, sie so gut wie möglich umzusetzen. Dies kann nur mit eurer Hilfe gelingen. Darum gibt es in jeder Klasse einen Klassenrat, in dem ihr eure Wünsche, eure Klagen, euren Streit einbringen und gemeinsam klären könnt. Darum könnt ihr Klassensprecher/innen wählen, die eure Interessen und Vorstellungen gegenüber dem Kollegium und der Schulleitung vertreten sollen. Darum haben wir ein Schülerparlament, eine Schulversammlung und eine Schulkonferenz, in der ihr selbst oder eure Vertreter an Entscheidungen mitwirken.
> Manchmal aber gibt es Probleme, über die man mit anderen in der Schule nicht reden kann oder mag. Dann könnt ihr euch vertraulich an Frau/ Herrn X wenden (Tel. XXXX). Sie/ er wird euch dabei helfen, einen guten Weg zu finden, euer Problem zu lösen.
> Aber auch ihr könnt helfen, dass alle in unserer Schule gut miteinander umgehen. Lest die Standards mit euren Eltern! Sprecht mit euren Mitschüler/inne/n darüber! Achtet im Alltag darauf, freundlich miteinander umzugehen.
> Wir wünschen dir eine gute Zeit in unserer Schule!

Nun kann man acht- oder auch zwölfjährigen Schüler/inne/n nicht die für professionelle Pädagog/inn/en geschriebenen Standards in die Hand geben. Sie würden sie sonst vermutlich rasch beiseite legen. Deshalb haben wir versucht, den Katalog in eine einfache Sprache zu übertragen (vgl. Backhaus/ Brügelmann 2010). Diese Übersetzung unserer Standards für Kinder und Jugendliche soll Lehrer/inne/n ermöglichen[4]

- ihren Schüler/inne/n zu zeigen, in welcher Form die Schule daran arbeitet, sich weiter zu entwickeln, aber auch

4 Aber auch ein solcher Text braucht noch eine rahmende Besprechung.

- mit ihnen ins Gespräch darüber zu kommen, inwiefern die Schule aus Schülerperspektive bereits einzelne Standards erfüllt oder an welchen Stellen die Kinder/ Jugendlichen Handlungsbedarf sehen[5].

Wir haben versucht, *alle* Standards zu übersetzen, da die Schüler/innen die Möglichkeit haben sollten, das ganze Spektrum – in eigener Auswahl – zur Kenntnis zu nehmen. Nicht alle Standards eignen sich jedoch gleichermaßen dazu, von Kindern oder Jugendlichen eingeschätzt zu werden, da sie in manchen Punkten zu geringe Einsichten in die Abläufe erhalten können. Da diese Einsichtsmöglichkeit an den verschiedenen Schulen aber unterschiedlich sein wird (abhängig von den Arbeits- und Organisationsstrukturen, aber auch abhängig vom Alter der Schüler/innen), haben wir keine Auswahl vorgenommen, sondern stellen die vollständige Fassung zur Verfügung. Lehrer/innen können dann – nach ihrem Bedarf und nach ihrer Einschätzung – auswählen, an welchen Standards sie mit den Kindern oder Jugendlichen arbeiten wollen oder den Kindern die Wahl überlassen. Aus den drei Dimensionen der Konkretisierung (Unterricht und Schulleben; Schulentwicklung; Rahmenbedingungen) haben wir allerdings nur die Standards für die konkrete pädagogische Arbeit einbezogen, da sie für die Schüler/innen die stärkste Bedeutung haben.

Der Austausch über die Standards zwischen Lehrperson und Lerngruppe hat eine mehrfache Funktion:

- Den Schüler/inne/n soll deutlich werden, welche Ansprüche die Schule an sich selbst stellt, welche Ansprüche also auch sie an ihre Schule stellen können.
- Sie sollen aber zugleich erkennen, dass die Umsetzung der Standards auch von ihrer Mitwirkung abhängt.
- Aus ihrer persönlichen Erfahrung können sie auf spezifische Missstände aufmerksam machen und damit Schulentwicklung konkret anregen.
- Über das Gespräch mit ihren Schüler/inne/n setzen sich auch die Lehrer/innen intensiver mit dem Standards auseinander, als wenn sie sie nur am Schreibtisch lesen.

Bezogen auf das Thema Gewalt gegen Kinder: In der Schule entsteht ein Klima, in dem Übergriffe riskanter und die Aufmerksamkeit aller Beteiligten geschärft, zugleich ihre Rolle als Wächter gestärkt wird.

5 Hier wird deutlich, wie die Schule sich versteht: Versteht sie sich als Ort, der von Professionellen gemacht wird, in der Schüler bloß „Abnehmer“ der Veranstaltung Unterricht sind, oder versteht sich Schule als ein Ort, der von Schülern, Eltern und pädagogisch tätigen Erwachsenen – also allen daran beteiligten Personen – gemeinsam gestaltet und verantwortet wird?

Den Schüler/inne/n versuchen wir dies mit folgendem Begleittext zu den „Standards für Kinder" deutlich zu machen:

Liebe Schülerinnen und Schüler,

die Erwachsenen in eurer Schule sind Experten für das „Schule-Machen". Das merkt ihr hoffentlich daran, wie eure Schule aussieht, wie interessant euer Unterricht abläuft und dass ihr euch wohl fühlen könnt in der Schule. Das merkt ihr auch daran, wie eure Freunde über die Schule reden.
Ihr wisst vielleicht nicht, dass eure Schule versucht, mit anderen Schulen zusammenzuarbeiten, um noch besser zu werden. Eure Schule arbeitet im ‚Blick über den Zaun' mit[6]. Der ‚Blick über den Zaun' ist eine Gruppe von mehr als 100 besonderen Schulen, die sich austauschen, um die eigene Arbeit zu verbessern und den anderen zu helfen, besser zu werden.
Die Menschen im ‚Blick über den Zaun' haben gemeinsame Ideen entwickelt, wie eine gute Schule aussieht. Die vier Grundideen sind:

1 *Schule muss sich um jedes einzelne Kind kümmern,*
2 *Man kann nicht alles aus Büchern und von Lehrer/inne/n lernen.*
3 *Schüler sollen in der Schule mitentscheiden können.*
4 *Gute Schulen entstehen nur, wenn alle gemeinsam daran arbeiten.*

Zu diesen Ideen haben sie noch viele Punkte aufgeschrieben, die sie „Standards" nennen. Diese Anforderungen an eine gute Schule findet ihr hier in diesem Heft „Unsere Standards für Kinder". Schaut euch die einzelnen Forderungen genau an. Überlegt dann: Was macht eure Schule, um sie zu erfüllen? Was kann sie besser machen?
Da der Text eigentlich für Erwachsene geschrieben ist, haben wir versucht ihn für euch zu „übersetzen". Wir haben dafür eine einfachere Sprache benutzt. Trotzdem sind noch einige Wörter dabei, die wir erklären müssen:

Lernraum: In vielen Schulen arbeiten die Kinder in Klassenräumen. Das ist dann ihr Lernraum. In anderen Schulen können sie auch in anderen Räumen, auf den Fluren und draußen arbeiten. Auch das sind dann ihre Lernräume. Weil es in den Schulen so unterschiedlich ist, wo die Kinder lernen, benutzen wir das Wort Lernraum. Wir meinen damit jeden Ort, an dem Schüler/innen in ihrer Schule lernen.

Lerngruppe: In vielen Schulen lernen die Kinder in Klassen mit Gleichaltrigen. Andere Schulen haben keine festen Klassen. Oder sie mischen das Alter der Kinder in einer Gruppe. In fast allen Schulen gibt es aber eine Gruppe, in der die Kinder fest zusammen kommen, zusammen gehören. Dies ist die Lerngruppe.

6 Hinweis: Schulen außerhalb des „Blick über den Zaun" sind ausdrücklich eingeladen, die Standards auch für ihre Arbeit zu nutzen. Sie sind nicht für reformpädagogische Schulen formuliert, und können entsprechend von anderen für ihre eigene Schulentwicklung genutzt werden.

Erwachsene: Die Erwachsenen, die ihr in der Schule seht, sind meist Lehrer. Es gibt aber auch Hausmeister, Sozialpädagog/inn/en, Reinigungskräfte und Erwachsene mit anderen Berufen. Wir benutzen deshalb das Wort Erwachsene, weil wir alle meinen, die an einer Schule arbeiten.
Kinder: Nur in einer Grundschule arbeiten nur Kinder. In anderen Schulen lernen auch Jugendliche und junge Erwachsene. Sie sind alle Schülerinnen und Schüler. Damit der Text einfacher zu lesen ist, benutzen wir nur das Wort Kinder, meinen damit aber alle, die in der Schule lernen.

Schulprogramm: Die Menschen in einer Schule besprechen, wie sie gute Schule machen wollen. Sie schreiben das auf. Diese Texte nennen wir Schulprogramm.

Wir hoffen auf euer Interesse an den „Standards" - und wünschen euch gute Gespräche mit den Erwachsenen in eurer Schule.

Konkret verdeutlichen die Auszüge zur dritten Grundüberzeugung im Anhang zu diesem Beitrag, wie wir die Standards den Schüler/inne/n zugänglich machen wollen. Dabei sind das keine in Bronze gegossenen ehernen Gesetze. Wer sie genau liest, merkt rasch, dass die Rechte der Kinder gegenüber Erwachsenen und ihre Ansprüche auf Mitwirkung an schulischen Entscheidungen noch zu wenig deutlich formuliert sind. Hier sind die Standards zu schärfen – gemeinsam mit den Kindern bzw. Jugendlichen. Genau das aber ist der Sinn unseres Übersetzungsversuchs: gemeinsam mit den SchülerInnen zu klären und zu vereinbaren, an welchen Prinzipien die Schule ihre Arbeit und das gemeinsame Zusammenleben orientieren will.

Insofern können die Standards als Einstieg von jeder interessierten Schule genutzt werden, auch wenn sie und die Schülerfassung im Reformverbund „Blick über den Zaun" entstanden sind – vorausgesetzt das Kollegium nimmt die pädagogischen Ansprüche ernst, ist bereit, sich auf konkrete Aktivitäten zu ihrer Umsetzung einzulassen, und schafft im Schulalltag Institutionen (wie Klassenrat und Schulparlament), die die Einhaltung der Standards absichern.

Literatur

Backhaus, Axel/Brügelmann, Hans (2010): Standards. Fassung für Schüler/innen. Vervielf. Ms. Reformpädagogische Arbeitsstelle des „Blick über den Zaun". Universität: Siegen. Download: http://www.agprim.uni-siegen.de/blickueberdenzaun/kinderstandards.doc (Abruf: 7.9.10).

Backhaus, Axel et. al. (2009): „Blick über den Zaun": Schulen lernen von Schulen. Vorschläge zur Planung und organisatorischen Ausgestaltung von Peer-Reviews durch kritische Freunde. Reformpädagogische Arbeitsstelle ‚Blick über den Zaun' an der Universität: Siegen.

Czerny, Sabine (2010): Was wir unseren Kindern in der Schule antun: ... und wie wir das ändern können. München: Südwest Verlag.

Czisch, Fee (2005): Kinder können mehr. Anders lernen in der Grundschule. München: Antje Kunstmann.

Groeben, Annemarie von der et. al. (2005): Unsere Standards. Ein Diskussionsentwurf, vorgelegt von „Blick über den Zaun“ – Bündnis reformpädagogisch engagierter Schulen. In: Neue Sammlung, 55. Jg., H. 2, 253-297. s. a. Download: http://www.blickueberdenzaun.de/publikationen/standards.html (Abruf: 7.9.2010).

Harder, Wolfgang (2004): Von anderen Schulen lernen. Blick über den Zaun auf pädagogischen Erkundungsreisen. In: Pädagogik, 56. Jg., H. 1. 45-48.

KMK (2006): Erklärung der Kultusministerkonferenz zur Umsetzung des Übereinkommens der Vereinten Nationen über die Rechte des Kindes. Beschluss vom 03.03.2006. Berlin: Sekretariat der Kultusministerkonferenz.

Korczak, Janusz (1994): Das Recht des Kindes auf Achtung. Herausgegeben von Elisabeth Heimpel und Hans Roos: Göttingen: Vandenhoeck und Ruprecht (5. Aufl.; 1. Aufl. 1967; Or. 1928).

LEH (2010): Vereinigung der Deutschen Landerziehungsheime: Erklärung vom 18.3.2010. Download: www.blickueberdenzaun.de/home/103-erklaerung-der-vereinigung-der-deutschen-landerziehungsheime-vom-18032010.html (Abruf: 7.9.2010).

Prantl, Heribert (2010): Eiszeiten der Erziehung. In: Süddeutsche Zeitung, Nr. 82 v. 10.4.2010, 4.

Rackwitz, Rüdiger-Philipp (2005): Gewalt von Lehrern gegenüber Schülern – ein Überblick. Seminarpapier. Schwäbisch Gmünd: Pädagogische Hochschule.

Schulverbund „Blick über den Zaun“ (Hrsg.) (2007): Beobachten, bewerten, beraten. Verfahren und Werkzeuge für eine andere Evaluation. Reformpädagogische Arbeitsstelle „Blick über den Zaun“. Universität: Siegen.

Schulverbund „Blick über den Zaun“ (Hrsg.) (2010): Den Einzelnen gerecht werden – Leistung herausfordern – begleiten – würdigen. Dokumentation der Tagung des Schulverbunds „Blick über den Zaun“ 02.-04. Mai 2010/Bensberg. Siegen: Reformpädagogische Arbeitsstelle an der Universität.

Seydel, Otto (2007): „Blick über den Zaun“. Wie Schulen voneinander lernen können. In: Schulverbund „Blick über den Zaun“ (2007).

Stähling, Reinhard/Wenders, Barbara (Hrsg.) (2009): Ungehorsam im Schuldienst. Der praktische Weg zu einer Schule für alle. Hohengehren: Schneider Verlag.

Thomas Buchholz

Präventiver Kinderschutz durch Stärkung von Schutzfaktoren. Zur Resilienzförderung in Schulen

Der Schutz von Kindern ist von dem Ziel getragen, möglichst positive Lebensbedingungen für Kinder sicherzustellen. Diese Lebensbedingungen sollen in Einklang mit dem stehen, was das Beste für das Kindeswohl ist. Unter dem Begriff Kindeswohl ist demnach „die für die Persönlichkeitsentwicklung eines Kindes oder Jugendlichen günstige Relation zwischen seiner Bedürfnislage und seinen Lebensbedingungen zu verstehen“ (Dettenborn 2007, 50). Auf der personalen Ebene wird das Kindeswohl dadurch bestimmt, was der junge Mensch für ein gesundes Aufwachsen und eine gelingende Sozialisation benötigt (basic needs; vgl. auch Maywald 2009, Brazelton/Greenspan 2008). Auf verfassungsrechtlicher Ebene steht die Erfüllung von Grundbedürfnissen von Kindern in engem Zusammenhang zu den Grundrechten des Kindes auf freie Entfaltung seiner Persönlichkeit (Art. 2 Abs. 1 GG) und auf Leben und körperliche Unversehrtheit (Art. 2 Abs. 2 GG).

Kinder wachsen jedoch auch unter Bedingungen auf, die nicht ihren Bedürfnissen entsprechen und eine positive Entwicklung erschweren bzw. verhindern. Dann besteht die Gefahr, dass Kinder in ihrer Entwicklung zurückbleiben oder in ihrem körperlichen, geistigen bzw. seelischen Befinden Schaden nehmen. In diesen Fällen spricht der Gesetzgeber von einer Kindeswohlgefährdung, die die Voraussetzung für staatliche Eingriffe zugunsten des Kindeswohls ist. Eine Kindeswohlgefährdung tritt dann ein, wenn die Bedingungen nicht realisiert sind, die ein Kind braucht um sich angemessen entwickeln und entfalten zu können. Kindeswohlgefährdungen können in sehr unterschiedlichen Ausprägungen auftreten (vgl. Maywald 2008: 55-104; Deegener/Körner 2005). Auch sind die hiermit verbundenen Kurz- oder Langzeitfolgen bzw. die Hinweise, die auf eine Kindeswohlgefährdung hindeuten, höchst unterschiedlich. Nach Urteil des Bundesgerichtshofes ist von einer Gefährdung zu sprechen, wenn die Befriedigung der körperlichen, seelischen, geistigen oder erzieherischen Bedürfnisse soweit defizitär ist, „dass sich bei der weiteren Entwicklung eine erhebliche Schädigung des Kindes mit ziemlicher Sicherheit voraussehen lässt“ (BGH, FamRZ 1956, 350).

Eine Kindeswohlgefährdung kann durch ungünstige Lebensbedingungen verursacht werden. Dem Eintreten einer Kinderwohlgefährdung geht häufig eine Situation voraus, in der ungünstige Lebensumstände (Risikofaktoren) in der Lebenswelt des Kindes über eine sehr lange Zeit wirken und einem gewissen Grad an Intensität entwickeln. Diese Risikofaktoren müssen nicht zwangsläufig zu einer Schädigung der kindlichen Entwicklung führen. Tatsächlich ist es so, dass die Auswirkungen von ungünstigen Lebensumständen auf die kindliche Entwicklung von Kind zu Kind höchst verschieden sind. Es gibt Kinder, die sich trotz dieser widrigen Lebensumstände ohne Beeinträchtigungen entwickeln und keine wesentlichen Entwicklungsgefährdung zeigen. Kinder, die sich trotz dieser schwierigen Aufwachsensbedingungen gut entwickeln, werden als „resilient“ bezeichnet.

1 Der Resilienzbegriff und das Schutz- und Risikofaktorenkonzept

Der Begriff Resilienz bezeichnet die Fähigkeit eines Kindes mit belastenden Ereignissen bzw. Lebensumständen und den negativen Folgen von Stress erfolgreich umzugehen, d.h. diese zu bewältigen (vgl. Wustmann 2004; vgl. auch Opp/Fingerle 2008). Bei diesen belastenden Lebensumständen handelt es sich um Faktoren, die auf die kindliche Entwicklung negativ einwirken und diese zum Stillstand bringen oder gefährden; die also zu einer Kindeswohlgefährdung führen können. Entwickeln Kinder trotz anhaltender belastender Lebensumstände keine Entwicklungsauffälligkeiten, kann man davon ausgehen, dass sie über eine hohe Resilienz verfügen.

Emmy Werner hat mehrere amerikanische Studien ausgewertet und den Resilienzbegriff auf Kinder angewendet, die in einer spezifischen Notsituation (absolute Armut; körperliche Behinderung; psychische Erkrankungen der Eltern; Drogensucht; Naturkatastrophen und Bürgerkriege) ihre gesunde Entwicklung aufrecht erhalten und die Schule erfolgreich durchlaufen konnten (vgl. Werner 2008). In der Folge kann heute zwischen mehreren belastenden Lebensumständen in der Resilienzforschung unterschieden:

- Andauerndes hohes Risikoniveau (Risikofaktoren sind z.B. chronische Armut[1], junge Elternschaft oder psychische Erkrankungen eines Elternteils)
- Akute Stressbedingungen in einer Lebensphase (kritische Lebensereignisse; z.B. Trennung und Scheidung der Eltern; Geburt eines Geschwisterkindes; Weggang eines Familienangehörigen) und
- Traumatische Lebensereignisse (z.B. Tod eines Elternteils, Kriegserlebnisse, Gewalterfahrungen) (vgl. Wustmann 2006).

Wustmann (2006) weist darauf hin, dass sich Resilienz nicht nur auf die erfolgreiche Vermeidung einer Entwicklungsgefährdung oder Vermeidung von psychischen Beeinträchtigungen bezieht. Vielmehr besteht ein weiterer Effekt darin, dass Kinder in belastenden Lebenssituationen weitergehende Kompetenzen im Umgang mit problematischen Situationen und Herausforderungen (dies können auch Entwicklungsaufgaben sein) entwickeln (ebd.). Insofern beinhaltet die positive Bewältigung von Belastungen und schwierigen Lebensbedingungen auch einen Moment der Weiterentwicklung und Persönlichkeitsbildung. Die erfolgreiche Bewältigung von Entwicklungsaufgaben trotz schwieriger Lebensumstände setzt somit weitere Kompetenzentfaltungen frei, die auch im weiteren Verlauf des Lebens wirken können. Daher wird Resilienz heute nicht mehr als eine angeborene Eigenschaft eines Menschen verstanden, sondern als ein „dynamischer, transaktionaler Prozess zwischen Kind und Umwelt“ (Wustmann 2004: 28).

Dem Resilienzbegriff liegt das Risiko- und Schutzfaktorenkonzept zugrunde. Dabei wird davon ausgegangen, dass es spezifische Faktoren gibt, die in belastenden Lebensereignissen auf die Entwicklung von Kindern hemmend oder unterstützend wirken können (vgl. Wustmann 2004). Risikofaktoren oder *Stressoren* sind solche Faktoren, die die Wahrscheinlichkeit einer Entwicklungsbeeinträchtigung oder Kindeswohlgefährdung oder die Herausbildung einer (psychischen) Störung erhöht. Die tatsächlichen Auswirkungen unterschiedlicher Risikofaktoren sind häufig kaum vorhersagbar. „So können verschiedene Bedingungen zu denselben Erlebens- und Verhaltensproblemen führen (Equifinität) und bestimmte Bedingungen unterschiedliche Entwicklungsergebnisse haben (Multifinität)“ (Lösel/Bender 2008). Insbesondere sind diese abhängig von

- der Dauer ihres Wirkens
- der Intensität bzw. der Häufigkeit ihres Auftretens
- Alter und Geschlecht des Kindes sowie
- der subjektiven Bewertung des Stresses (vgl. hierzu ausführlich Wustmann 2004).

1 Zur Bedeutung des Resilienzkonzeptes für das Thema Kinderarmut vgl. Zander 2010

Man geht heute nicht mehr davon aus, dass es einzelne Risikofaktoren gibt, die sich immer negativ auf die Entwicklung des Kindes auswirken. Dieses Haupteffektemodell wurde abgelöst durch additive Erklärungsansätze: „Tatsächlich scheinen kindliche Entwicklungsprozesse im Großen und Ganzen eher von der kumulativen Wirkung von Stressoren beeinflusst zu werden als von einzelnen Entwicklungsrisiken" (Opp/Fingerle 2008: 13). Andere Studien belegen, dass die Effekte von Risikofaktoren nur bei Auftreten bestimmter anderer Risikofaktoren eintreten (ebd.: 14).

Den Risikofaktoren können sogenannte Schutz- oder protektive Faktoren entgegen wirken. Diese bezeichnen Faktoren, die dazu beitragen, dass sich das Kind trotz erhöhtem Risiko für eine Entwicklungsgefährdung (durch anhaltende Risikofaktoren oder einschneidende Lebensereignisse) gesund entwickelt. Man geht davon aus, dass protektive Faktoren Risikofaktoren moderieren bzw. kompensieren können und die belastenden Faktoren daher ihre negativen Auswirkungen auf die Entwicklung des Kindes nicht voll entfalten können. In der Folge steigt die Wahrscheinlichkeit, dass das Kind sich trotz bestehender belastender Faktoren erfolgreich entwickeln kann.

Im Folgenden findet sich eine Klassifikation möglicher Schutz- und Risikofaktoren. Diese können in den folgenden Bereichen auftreten:

- Kompetenzbereiche des Kindes
  - angeborene personale Faktoren (z.B. Temperament)
  - erworbene personale Faktoren
- Soziale Faktoren
  - Soziales Umfeld des Kindes
  - Bindungsqualität zu Bezugspersonen und Erziehungsverhalten
  - Bildungsaspiration des sozialen Umfelds
- Umfeldfaktoren (z.B. materielle Faktoren; Wohnort; Erreichbarkeit von Freizeiteinrichtungen).

Zu bedenken ist weiterhin, dass Faktoren in diesen Bereichen schützenden und gefährdenden Charakter haben können. So kann zum einen die Ausprägung eines Faktors negativ oder positiv sein (z.B. Temperament; ein aufbrausendes Temperament gilt generell eher als Risikofaktor, wohin gegen ein ausgeglichenes, ruhiges Temperament schützenden Charakter haben kann). Zum Anderen kann ein und derselbe Faktor (z.B. hohes Selbstvertrauen) in unterschiedlichen Situationen positiv oder negativ wirken. Ähnliches gilt auch für das Qualität der Mutter-Kind-Beziehung: Bis zu einem bestimmten Alter des Kindes wirkt sich ein beständig fürsorgliches Verhalten der Mutter positiv auf die Entwicklung des Kindes aus. Dieses kann auch in fremden Situationen als stabilisierend und beruhigend auf das Kind wirken. Ab einem bestimmten Alter erschwert ein solches Verhaltensmuster der Mutter die Verselbstständigungsprozesse des Jugendlichen. In diesen Fällen muss der Jugendliche mehr Eigenaktivität aufbringen, um diese Entwicklungsaufgabe zu bewältigen (vgl. auch Eickhoff/Zinnecker 2000; zit. n. Wustmann 2004).

1.1 Mögliche Risikofaktoren von Kindeswohlgefährdung

Risikofaktoren sind Faktoren, bei deren Vorliegen ein erhöhtes Risiko für eine Kindeswohlgefährdung besteht, jedoch nicht zwangsläufig auch eintreten muss (Es gibt keine eindeutige Ursache-Wirkungs-Beziehung, s.o.). Risikofaktoren können belastende Umstände sein, die sich insbesondere auf das Familiensystem auswirken. Vielen Familien wird es gelingen trotz dieser belastenden Faktoren eine dem Wohle des Kindes entsprechende Erziehung sicherzustellen und das Kind vor Gefahren zu schützen. Es gibt aber auch Familien, die diese Risikofaktoren nicht aus eigener Kraft kompensieren oder bewältigen können. In diesen Familien steigt das Risiko dafür, dass eine mögliche Kindeswohlgefährdung eintritt.

Wie oben beschrieben, hält die Kinder- und Jugendhilfe für diese Familien Hilfen bereit, um die Erziehung in der Familie wiederherzustellen (vgl. die Beiträge von Schrapper und Buchholz in diesem Band). Jedoch können diese Hilfen nur wirken, wenn die Eltern bereit sind, diese anzunehmen und ein möglichst frühzeitiger Zugang der Familie zum Hilfesystem hergestellt werden kann – möglichst, **bevor** es zu einer Kindeswohlgefährdung kommt. Wenn sich nun z.B. diese Risikofaktoren bündeln, sollten Fachkräfte in Schulen und der Kinder- und Jugendhilfe auf Anzeichen für eine Kindeswohlgefährdung achten. Generell gilt: Risikofaktoren treten häufig nicht isoliert auf, sondern in Kombinationen. Je mehr Risikofaktoren zusammentreffen, desto höher ist das Risiko für eine Kindeswohlgefährdung.

Tab. 1: Risikofaktoren für die kindliche Entwicklung (Quelle: DKSB; Landesverband NRW 2000: 24f.)

Risikofaktoren		
Kind	**Eltern**	**Familie**
· Unerwünschtheit · Abweichendes und unerwartetes Verhalten · Entwicklungsstörungen · Missbildungen und Deformationen · Niedriges Geburtsgewicht und daraus resultierende körperliche und geistige Schwächen · Stiefkinder	· Misshandlungen in der eigenen Vorgeschichte · Akzeptanz körperlicher Züchtigung · Mangel an erzieherischer Kompetenz · Unkenntnis über Pflege, Erziehung und Entwicklung von Kindern · Aggressives Verhalten · Niedriger Bildungstand · Suchtkrankheiten · Bestimmte Persönlichkeitszüge wie mangelnde Impulssteuerung, Sensitivität, Isolationstendenz oder hoher Angstpegel · Depressivität	· Niedriges Einkommen · Arbeitslosigkeit · Mangelnde Strukturen sozialer Unterstützung und Entlastung · Kinderreichtum · Schlechte Wohnverhältnisse · Isolation · Eheliche Auseinandersetzungen · Minderjährige Eltern · Psychische innerfamiliäre Krisen

1.2 Mögliche Schutzfaktoren bei Kindeswohlgefährdung

Die Resilienzforschung hat zahlreiche Faktoren bestimmt, die unter Umständen als Schutzmechanismen in belastenden Situationen und Risikolagen wirken können (vgl. Lösel/Bendel 2008; Fröhlich-Gildhoff/Dörner/Rönnau 2007; Wustmann 2004). Die folgende Übersicht zeigt Schutzfaktoren, die sich auf Kompetenzbereiche des Kindes beziehen (personale Faktoren) und veränderbar, d.h. erwerbbar, sind.[2] Diese können durch pädagogische Bemühungen weiter gestärkt werden und stellen mithin mögliche Schutzfaktoren bei Kindeswohlgefährdung dar. Weitere Schutzfaktoren bei Kindeswohlgefährdung können in der sozialen Umwelt des Kindes angelegt sein. So hat z.B. das Erziehungsverhalten der Eltern oder die Bindungsqualität unmittelbar einen Einfluss auf die Entwicklung des Kindes und sein Wohlergehen. Im Folgenden soll jedoch der Fokus auf die personalen Schutzfaktoren und deren Unterstützung durch Schule gelegt werden.

---

2 Schutzfaktoren können auch im sozialen Umfeld des Kindes gefördert werden (z.B. stellt eine hohe Bindungsqualität zwischen Eltern und Kind einen wichtigen Schutzfaktor dar; vgl. Bundeszentrale für gesundheitliche Aufklärung 2009; zur Bindungsqualität vgl. auch Ahnert 2008). Im Rahmen dieses Beitrags werden jedoch ausschließlich kindbezogene (personale) Schutzfaktoren in den Blick genommen.

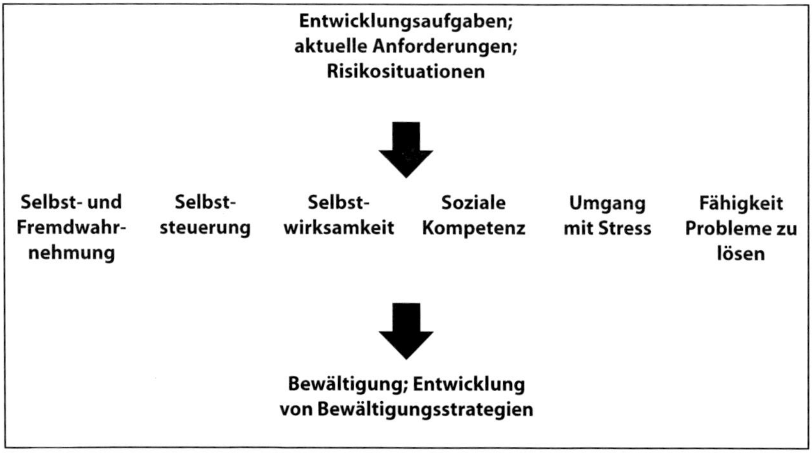

Abb. 1: Übersicht über Resilienzfaktoren (Quelle: Rönnau-Böse/Fröhlich-Gildhoff 2010: 22)

Wie sich diese Fähigkeiten insbesondere auch bei Hochrisikokindern auswirken, macht eine Studie von Lösel und Bender (2008) deutlich. Sie untersuchten Jugendliche, die in Heimen getrennt von ihrer Herkunftsfamilie untergebracht wurden: Trotz massiver Risikofaktoren (z.B. Scheidung der Eltern, Elternkonflikte, Vernachlässigung und Alkoholprobleme) zeigten „stabil resiliente Jugendliche … ein flexibleres und weniger impulsives Temperament, hatten eine realistischere Zukunftsperspektive, waren in ihrem Bewältigungsverhalten aktiver und weniger vermeidend, erlebten sich als weniger hilflos und mehr selbst vertrauend, waren leistungsmotivierter und in der Schule besser als die Jugendlichen mit Verhaltensstörungen" (Lösel/Bender 2008: 58). Auch andere Studien aus dem amerikanischen Raum bestätigten die Ergebnisse von Lösel und Bender, wonach Kinder mit spezifischen Schutzfaktoren bei gleichzeitigen multiplen Problembelastungen gute Entwicklungschancen haben (vgl. Werner/Smith 1992; zit. n. Lösel/Bender 2008). Trotz massiver und multipler Problembelastungen besteht eine hohe Wahrscheinlichkeit, dass sich Kinder mit spezifischen Schutzfaktoren altersangemessen entwickeln und keine Verhaltensauffälligkeiten oder sonstige erhebliche Beeinträchtigungen in ihrer Entwicklung zeigen. Es scheint vielmehr so, dass resiliente Kinder trotz akuter Problembelastungen Fähigkeiten zur Lebensbewältigung aufbauen.

1.3 Zusammenspiel von Risiko- und Schutzfaktoren

Opp und Fingerle (2008) weisen darauf hin, dass das Zusammenspiel von Risiko- und Schutzfaktoren bis heute nicht geklärt werden konnte und eine forschungsmethodische Herausforderung darstellen. Dies umso mehr, da man heute weiß, dass Resilienz keine statische Eigenschaft von Menschen ist, sondern vielmehr situations- und lebensbereichsspezifisch. D.h. wie ein Mensch ein belastendes Lebensereignis bewältiget, ist abhängig von der konkreten Situation und dem Lebensbereich, in der sie auftritt sowie von der individuellen Verfügbarkeit von Schutzfaktoren (vgl. Wustmann 2004 „Insgesamt muss das Zusammenspiel von Risiko- und Schutzfaktoren als ein integrierter, komplexer Prozess verstanden werden, in dem a-priori-Unterscheidungen zwischen Risiko- und Schutzfaktoren nicht unbedingt sinnvoll sind" (Opp/Fingerle 2008: 15; zu den Modellen des Zusammenwirkens von Risiko- und Schutzfaktoren vgl. Wustmann 2004). Daher können „Schutz- und Risikofaktoren … nicht einfach gegeneinander aufgerechnet werden. In beiden Gruppen gibt es Faktoren, die mehr Einfluss auf die Entwicklung haben als andere" (Rönnau-Böse/Fröhlich-Gildhoff 2010: 21).

Auch wenn die Prozesse und Mechanismen, die zwischen den Schutz- und Risikofaktoren bis heute noch nicht vollends verstanden wurden, so kann davon ausgegangen werden, dass die gezielte Förderung von Schutzfaktoren sich positiv auf die Entwicklung des Kindes auswirkt. Belastende Lebensumstände, die sich negativ auf das Kindeswohl auswirken könnten, werden z.B. durch die Fähigkeit, mit Stress produktiv umzugehen, Probleme aktiv zu lösen oder durch das Einfordern von Unterstützung (soziale Kompetenz) entschärft. Im Einzelfall besteht die Chance, dass hierdurch einer weiteren Verschärfung der kindeswohlgefährdenden Situation frühzeitig vorgebeugt werden kann.

Als besonders förderlich für die Prävention von Kindeswohlgefährdung erscheinen daher solche Schutzfaktoren des Kindes, die auf die Herstellung eines positiven Selbstbildes, realistischen Attributionsmustern und auf die Überzeugung zur Selbstwirksamkeit zielen. Hat ein Kind eine grundlegend positive Einstellung zu sich selbst und ist sich seiner Talente und Fähigkeiten bewusst, wird es zuversichtlich mit Entwicklungsherausforderungen umgehen. Realistische Attributionsmuster tragen dazu bei, dass das Kind den eigenen Anteil am Gelingen oder Scheitern einer Situation realistisch einschätzt und sich nicht ausschließlich selbst verantwortlich macht z.B. für Probleme im häuslichen Umfeld. Selbstwirksamkeitsüberzeugungen können dazu beitragen, dass das Kind aktiv Probleme angeht und zu lösen versucht. In Fällen drohender Kindeswohlgefährdung kann dies bedeuten, dass das Kind Hilfe bei Vertrauenspersonen einfordert. Diese Schutzfaktoren setzen eine kognitive Entwicklung des Kindes voraus, die bereits im Vorschulalter und später auch in der Schule gefördert werden kann (vgl. Rönnau-Böse/Fröhlich-Gildhoff 2010: 54)

Zu bedenken ist weiterhin, dass die Stärkung von Schutzfaktoren beim Kind das Bestehen von Risikofaktoren, die zu einer kindeswohlgefährdenden Situation führen können, nicht aufheben oder neutralisieren kann. Wenn das Kind z.B. unter multiplen Problembelastungen, wie Armut, niedrige Bildungsaspiration der Eltern, gewalttätiges Verhalten innerhalb der Familie, niedrige Beziehungsqualität zwischen Mutter und Kind, aufwächst, werden diese Faktoren weiter bestehen. Je älter das Kind ist, desto stärker kann jedoch durch die Förderung von Schutzfaktoren, der wirkungsvolle Umgang mit Risiken und Belastungen unterstützt werden (vgl. Rönnau-Böse/Fröhlich-Gildhoff 2010; Werner 2008).

2 Förderung von Schutzfaktoren in der Schule

Angesichts komplexer werdender Aufwachsensbedingungen von Kindern und Jugendlichen (vgl. Lüders 2007) haben es LehrerInnen in Schulen mit einer heterogenen Schülerschaft zu tun: „Die Schulen sind im Zuge der gesellschaftlichen Individualisierungsprozessen mit den Folgen von Migration, Arbeitslosigkeit, Armutsentwicklung und den Einflüssen neuer Medienwelten, mit heterogener werdenden Schülerpopulationen sowie mit neuen Lernbedürfnissen und normativen Verunsicherungen konfrontiert“ (vgl. Opp/Fingerle 2008: 11). Kinder in den Schulen bringen höchst individuelle Ausgangsbedingungen i.S. von individuellen Kompetenzen, Fähigkeiten aber auch Risiko- und Schutzfaktoren mit. Risikofaktoren in der Lebenswelt des Kindes können durch die gezielte Unterstützung personaler Schutzfaktoren nicht abgebaut oder minimiert werden. Vielmehr zielt die Stärkung von Kindern in ihren Schutzfaktoren darauf ab, Kinder dazu zu befähigen, effektiv mit diesen Risikofaktoren umzugehen. Der Einfluss, den Schule dabei auf Kinder hat, kann für Kinder, „die in belastenden Lebenswelten aufwachsen, am stärksten sein, denn für sie kann die Schule zu einer strukturierten Gegenwelt zu dem alltäglichen Chaos werden, das sie in ihren angestammten Lebenswelten erleben. Die Lehrer können gerade auf die Entwicklung von Risikoschülern mehr Einfluss haben als sie glauben wollen“ (Opp 2008: 230).

Der Einbezug des Resilienzkonzeptes auf die Gestaltung von Schule könnte verstärkt den Fokus von LehrerInnen auf die Unterstützung von Bewältigungskompetenzen von Kindern im Umgang mit herausfordernden Lebenslagen legen. Andere Arbeitsfelder machen es vor: So wurde das Resilienzkonzept vielfach auf den Bereich der Kindertagesbetreuung übertragen. ErzieherInnen in Kindertageseinrichtungen können durch gezielte Angebote aber auch durch eine günstige Erzieher-Kind-Interaktion die Widerstandsfähigkeiten von Kindern unterstützen (vgl. Rönnau-Böse/Fröhlich-Gildhoff 2010; Jungmann/Reichenbach 2009; Wustmann 2004; 2006). Darüber hinaus gibt es zahlreiche Präventionsprogramme zur Förderung von Resilienz (z.B. ‚B.A.S.E.', vgl. Brisch 2007; ‚Prävention und Resilienzförderung in Kindertageseinrichtungen' [PRiK]; vgl. Fröhlich-Gildhoff/Dörner/Rönnau 2007; ‚Kindergarten plus', vgl. Schneewind/Landowsky 2002; ‚FAUSTLOS-Curriculum', vgl. Schick/Cierpka 2002; eine Übersicht findet sich bei Bundeszentrale für gesundheitliche Aufklärung 2009; Kaluza/Lohaus 2006). Weiterhin gibt es zahlreiche Programme, die sich an Eltern richten und zum Ziel haben, die elterlichen Feinfühligkeit und Erziehungskompetenz nachhaltig zu verbessern (z.B. das Programm ‚Starke Eltern – starke Kinder des DKSB, http://www.starkeeltern-starkekinder.de/; das Programm ‚Kinder im Blick: Trainingsprogramm für Eltern in Trennung und Scheidung', http://kib.familien-notruf-muenchen.de/ oder ‚SAFE – Sichere Ausbildung für Eltern' http://www.safe-programm.de/, vgl. auch Brisch 2008).

Es kann davon ausgegangen werden, dass zahlreiche schulische Aktivitäten, Projekte und Schüler-Schüler- sowie Schüler-Lehrer-Interaktionen personale Schutzfaktoren von Kindern bereits unterstützen, ohne diese pädagogisch intendiert zu haben. Für den Bereich der Kindertagesbetreuung stellen Rönnau-Böse und Fröhlich-Gildhoff (2010: 45) fest: „Viele Dinge, die in den Einrichtungen täglich angewendet werden, fördern bereits die Resilienz – es ist vielen pädagogischen Fachkräften nur nicht bewusst". Daher sollten LehrerInnen sich mit dem Resilienzkonzept vertraut machen und ihren Alltag auf resilienzfördernde Momente hin prüfen. Diese gilt es dann bewusst zu reflektieren und pädagogisch zu verfestigen. Denn durch eine bewusste Gestaltung des schulischen Alltags, der auf die Förderung von Schutzfaktoren ausgerichtet ist, können Kinder weiter gestärkt werden.

Im Folgenden werden Impulse und Anregungen für LehrerInnen gesammelt, die Kinder in ihrer Entwicklung von Schutzfaktoren im Schulalltag zu unterstützen können. Dabei werden insbesondere die Schutzfaktoren *positive Selbst- und Fremdwahrnehmung*, *Selbstwirksamkeitsüberzeugung* und *Selbststeuerung* in den Blick genommen.

Selbstwahrnehmung: „Resiliente Kinder kennen die verschiedenen Gefühle und können sie adäquat ausdrücken (mimisch und sprachlich). Sie können Stimmungen bei sich und anderen erkennen und einordnen. Außerdem können sie sich, ihre Gefühle und Gedanken reflektieren und in Bezug zu anderen setzen" (Fröhlich-Gildhoff/Rönnau-Böse 2009: 45). Neben den individuellen Fähigkeiten eines Kindes, eigene Gefühle zu verstehen und auszudrücken gehört auch das Selbstbild eines Kindes zu diesem Schutzfaktor. Wie ein Kind sich selbst erlebt, welche Stärken und Talente es sich zuschreibt ist eng mit dem eigenen Selbstbewusstsein und der Fähigkeit, auf anderen zuzugehen, verbunden.

Wesentliche Bedingung für die Entwicklung eines Selbstbildes sind Bezugspersonen, die durch die Art ihrer Verhaltensäußerungen Kindern rückmelden, wie ihr Verhalten wahrgenommen wird. LehrerInnen, die ein positives Selbstbild von Kindern unterstützen wollen, geben Kindern ein konstruktives Feedback in einer Atmosphäre, in der dieses auch angenommen werden kann (vgl. Nordt 2009: 92). Das Feedback sollte stets im eigenen Namen und in der Form einer Ich-Botschaft erfolgen. Dies schließt auch ein, ehrliche Freude an vom Kind hergestellten Arbeitsprodukten zu zeigen und ein kongruentes Gesprächsverhalten (Mimik, Gestik, Tonfall und Inhalt der Äußerung stimmen überein) zu zeigen (vgl. Brazelton/Greenspan 2008). Ein differenziertes Feedback kann nach folgendem Schema ablaufen: (1) Es sollte beschrieben werden, was das Kind getan oder produziert hat. (2) Feedbackgeber sollte die eigenen Gefühle benennen, die dabei entstanden sind und (3) sollte er die Folgen des Tuns für sich und andere verdeutlichen. Diese Art der Gesprächsführung kann dazu beitragen, dass Kinder durch die direkte Reaktion auf deren Verhalten ‚Urheberschaftserfahrungen‘ (‚Ich verursache Effekte‘) machen können.

Positiv auf das Selbstbild eines Kindes wirkt sich auch das Bewusstmachen von individuellen Stärken aus. Hierzu hat sich in der Elementarpädagogik die Einführung eines Stärkenbuches bewährt (vgl. Rönnau-Böse/Fröhlich-Gildhoff 2010). In diesem werden für das Kind Stärken, Fähigkeiten und Kompetenzen festgehalten. Es sollte darauf geachtet werden, dass hier nicht ausschließlich schulische Leistungen erfasst werden, sondern Stärken, die sich auf andere Kompetenzfelder beziehen (z.B. Schüler-Schüler-Interaktion). Das Stärkenbuch kann ein Teil der Portfolio-Arbeit sein, welches manche Grundschulen bereits eingeführt haben (zum Portfolio-Ansatz in der Grundschule vgl. Hirth-Schaudt 2010; Bostelmann 2006; Brunner u.a. 2006).

Nicht nur LehrerInnen können Kindern ein positives Selbstbild vermitteln. Auch andere Kinder und Vertrauenspersonen können positiv auf das Bild, das ein Kind von sich hat, zurückwirken. Dies kann z.B. entsprechend des ‚Buddy‘-Prinzips pädagogisch genutzt werden: Eine resiliente Person ist Vorbild für ein weniger resilientes Kind. Die ‚Vorbild-Person‘ kann ein älteres Kind oder auch eine Erwachsener sein, der mit dem belasteten Kind spielt, ihn bei Anforderungen unterstützt usw. Derzeit gibt es zwei Programme, die sich dieses Prinzip zur Grundlage gemacht haben (vgl. das Buddy-Programm, http://www.buddy-ev.de und das Programm ‚Balu und du‘, http://www.balu-und-du.de). Letzteres richtet sich an Kinder im Grundschulalter in belastenden Lebenssituationen. Jedem Kind steht ein Mentor (Balu) zur Seite. Durch sie macht das Kind (Mogli) neue Erfahrungen und erhält außerschulische Lernanregungen. Solche und ähnliche Mentorenprogramme für die Grundschule unterstützen nicht nur die Selbstwahrnehmung eines Kindes durch konstruktive Rückmeldung an das Kind, sondern können sich auch positiv auf weitere Resilienzfaktoren, wie z.B. die sozialen Kompetenzen und die Fähigkeit Probleme zu lösen und mit Stress umzugehen, auswirken.

Weiterhin können im Unterricht Gefühle thematisiert werden, z.B. über Bücher und Geschichten. LehrerInnen sind dabei selbst Vorbild für das Ausdrücken und Reflektieren von Gefühlen. Im Mittelpunkt der Reflexion mit Kindern kann z.B. die Frage stehen, wie Kinder mit Angst, Wut und Ärger umgehen können. LehrerInnen versorgen Kinder durch Geschichten und Bücher mit resilienten Vorbildern. Anhand des Modells können Kinder Strategien im Umgang mit Gefühlen lernen. Bücher und Geschichten können sich darüber hinaus durch ein positives Rollenmodell auch auf andere Schutzfaktoren förderlich auswirken. Eine Übersicht über Merkmale resilienzfördernder Geschichten findet sich bei Wustmann (2004: 130).

Selbststeuerung: „Resiliente Kinder können sich und ihre Gefühlszustände selbstständig regulieren bzw. kontrollieren. Sie wissen, was ihnen hilft, um sich selber zu beruhigen und wo sie sich ggf. Hilfe holen können. Sie kennen Handlungsalternativen und Strategien zur Selbstberuhigung und haben gelernt, innere Anforderungen zu bewältigen und ihnen zu begegnen“ (Fröhlich-Gildhoff/ Rönnau-Böse 2009: 46).

Die Fähigkeit zur Selbststeuerung ist vor allem in Situationen hilfreich, in denen Kinder Stress und Unsicherheiten ausgesetzt sind. Zum einen können sich solche Situationen im Schulalltag ergeben, ausgelöst z.B. durch schulische Anforderungen an Kinder oder auch durch Mobbing und Gewalt an Schulen. Es soll an dieser Stelle jedoch nicht diskutiert werden, welchen Anteil Schulen unter Umständen an der Entstehung von kindeswohlgefährdenden Situationen haben (vgl. hierzu Greese in diesem Band; vgl. auch Opp 2008). Zum anderen können belastende Lebensumstände im häuslichen Umfeld das Kind unter Stress setzen. Vor diesem Hintergrund kommt der Fähigkeit zur Stressregulation eine Bedeutung als personaler Schutzfaktor zu (Wustmann 2006: 126). Zur Unterstützung von Fähigkeiten zur Stressregulationen im schulischen Alltag lassen sich folgende Beispiele finden:

- Im Unterricht oder im Rahmen spezieller Projekte wird mit den Kindern thematisiert, was Stress bedeutet, wann dieser entsteht und welche körperlichen Reaktionen in Stresssituationen auftreten können. Insbesondere dem Thema Gefühle wird in diesem Zusammenhang Raum gegeben.

- Die Kinder überlegen gemeinsam, wie sie mit Stress und gestellten Anforderungen umgehen. Welche Strategien kennen die Kinder? Welche können neu entwickelt werden?
- Die Kinder probieren gemeinsam verschiedene Stressbewältigungs- und Entspannungsübungen, wie z.B. Fantasiereisen, aus. Letztere fördern durch die Entwicklung eigener innerer Bilder zusätzlich die Kreativität, Lernbereitschaft und Selbstbewusstsein.
- Die Raumgestaltung der Schule ermöglicht das Einrichten von Bewegungsräumen zum Stressabbau und Räume als Rückzugsmöglichkeiten. In diesem Zusammenhang werden auch die Pausen stärker als Teil der Schulkultur gewichtet, in denen z.B. Bewegungs- und Entspannungsspiele angeboten werden können.
- Aufwertung des Sportunterrichts mit Angeboten zur Selbstwahrnehmung und Entspannung zu einem lernfördernden Unterrichtsfach.

In einigen Schulen hat sich auch das Konzept der Schulinseln oder Schulstationsarbeit bewährt (vgl. hierzu Streblow 2010). Schulinseln sind Räume außerhalb der klassischen Klassenstruktur, die Kindern für eine definierte Zeit während Unterrichts eine Phase des time-out (Rückzugsmöglichkeit) ermöglichen. Die kurzzeitige Herausnahme des Kindes kann positive Auswirkungen auf das Lernklima einer Klasse haben. Das Kind, das die Schulinsel besucht, wird die Möglichkeit gegeben, seine Probleme innerhalb der Schule individuell und mit Begleitung eines Schulsozialarbeiters zu bewältigen. Hinter dem Konzept der Schulinseln steht die Erwartung, dass hierdurch Verhaltensänderungen angestrebt, Aggressionen abgebaut und Lerndefizite überwunden werden können. Weitere inhaltliche Schwerpunkte der Schulinsel können sein: Es „werden Einzel- und Gruppenarbeit für die Schüler/innen angeboten, Konfliktlösungsstrategien entwickelt (z.B. auch Konfliktlotsentraining für SchülerInnen), Klassenfahrten sowie weitere schulische Aktivitäten begleitet und Eltern einbezogen (aufsuchende Elternarbeit, Elterncafé etc.). … Nicht zuletzt sind Schulinseln häufig bereits vor und nach dem Unterricht geöffnet, so dass berufstätige Eltern ihre Kinder in ‚Brückenzeiten' betreut wissen" (Streblow 2010: 138). Die thematische Erweiterung der Schulinseln auf Angebote der Jugendbildung und die potentiell hohe Bandbreite möglicher Themen eröffnen Kindern und Jugendlichen zahlreiche Erfahrungs- und Lernräume außerhalb des Klassenkontextes.

Gerade in der Zusammenarbeit mit SchulsozialpädagogInnen können auch Möglichkeiten der Selbstberuhigung und Impulskontrolle mit SchülerInnen besprochen und geübt werden. Strategien zur Selbstberuhigung werden z.B. von Fröhlich-Gildhoff, Dörner und Rönnau (2007) mit dem ‚Ampelsystem' vorgeschlagen. In emotional belastenden Situationen können die Kinder sich eine

Ampel visualisieren. Rot steht hierbei für ‚Stopp! Ich höre auf wütend zu sein', bei gelb sucht das Kind allein oder gemeinsam nach Handlungs- und Reaktionsmöglichkeiten in der betroffenen Situation. Grünes Licht bedeutet, dass das Kind die unterschiedlichen Möglichkeiten gegeneinander abgewogen und sich für eine Handlungsstrategie entschieden hat. Dieses Verfahren kann auch mit anderen Symbolen visualisiert werden, in jedem Fall aber setzt es auf Seiten der Kinder einen gewissen Grad an Übung mit einem Erwachsenen und eine gewisse kognitive Reflexionsfähigkeit voraus.

Selbstwirksamkeitsüberzeugung: „Resiliente Kinder kennen ihre eigenen Stärken und Fähigkeiten und sind stolz darauf. Sie können ihre Erfolge auf ihr Handeln beziehen und wissen, welche Strategien und Wege sie zu diesem Ziel gebracht haben. Sie können diese Strategien auf andere Situationen übertragen und wissen, welche Auswirkungen ihr Handeln hat und vor allem, dass ihr Handeln auch etwas bewirkt" (Fröhlich-Gildhoff/Rönnau-Böse 2009: 48).

Eine Möglichkeit, das Vertrauen von Kindern in die eigenen Fähigkeiten zu stärken, ist Partizipationsmöglichkeiten zu eröffnen. Kindern grundlegende Beteiligungsmöglichkeiten einzuräumen, wirkt sich positiv auf die Einstellung des Kindes zu sich und seinen Fähigkeiten aus: Es fühlt sich nicht nur in seiner Meinung respektiert, sondern erfährt auch, dass es durch seine Meinung und durch eigene Anstrengungen etwas bewegen kann (vgl. Börner/Buchholz 2009). Partizipation von Kindern zu ermöglichen, bedeutet nicht nur die Beteiligungsrechte von Kindern, sondern vielmehr auch „individuelle Voraussetzungen und Kompetenzen wie Ich-Stärke, soziale Kompetenz, Toleranz, Zivilcourage, Verantwortung, Beziehung zwischen mir und den anderen" (Burk 2003: 24) herauszubilden. Darüber hinaus entspricht eine aktive Beteiligungskultur in den Einrichtungen kindlicher Bildung der UN-Konvention über die Rechte des Kindes (UN-Kinderrechtskonvention) (vgl. hierzu Liebel 2008; BMFSFJ 2008, 2007). Beteiligungsmöglichkeiten von Kindern in Einrichtungen zu eröffnen, bedeutet also nicht nur die Selbstverpflichtung zur Umsetzung der Partizipationsrechte in der UN-Kinderrechtskonvention, sondern vor allem auch, Kinder bei der Entwicklung personaler Schutzfaktoren zu unterstützen. Den Zusammenhang von Beteiligungsmöglichkeiten und der positiven Entwicklung von Kindern haben Opp und Wenzel nachgewiesen (vgl. Opp/Wenzel 2003).

Die Ausgangsfrage für einen partizipativ gestalteten Schulalltag kann sein: Wie kommen Kinderinteressen in den Blick – zum Beispiel bei der Gestaltung von Räumen, beim Umgang von Erwachsenen und Kindern miteinander, bei der Gestaltung von pädagogischen Angeboten sowie bei der gemeinsamen Auswahl von Themen? Solche Formen von Partizipation und Mitbestimmung sollten bereits in den Konzeptionen von Schule fest verankert sein und das Alter und Entwicklungsniveau der Kinder berücksichtigen.

In einem ersten Schritt sollten Kinder bereits in der Grundschule über ihre spezifischen Kinderrechte informiert werden. Hierzu gibt es bereits eine Fülle an Arbeitsmaterialen und Konzepten. Zum anderen sollten Formen der Partizipation von Kindern gelebt werden. Dies setzt eine entsprechende Haltung auf Seiten von Lehrkräften und anderen PädagogInnen voraus: Nur in einem Umfeld, in dem Kinder selbst eine Kultur der Anerkennung und Wertschätzung des Anderen und dessen Meinung (er)leben, können sie ihre Fähigkeiten zur Beteiligung und Aushandlung entwickeln. Daher bedürfen Gestaltungs- und Mitgestaltungsmöglichkeiten einer wertschätzenden und gleichberechtigten Beziehungsgestaltung zwischen Kindern und Erwachsenen in einer auf gegenseitiger Anerkennung basierenden Kultur des Miteinanders. Kinder als gleichberechtigt anzuerkennen, ist Grundlage eines professionellen Arbeitsbündnisses zwischen allen Beteiligten und damit Basis für eine ernstgemeinte Partizipation. Das bedeutet z.B., wenn Kinder Entscheidungen treffen können, dass diese auch verbindlich sind. „Gefragt ist hier vor allem das Vertrauen in die Stärken der Kinder (Vertrauensvorschuss). Das ist auch eine Form des Loslassens, die beinhaltet, dass nicht der Erwachsene allein die Lösungen hat, sondern Kinder und Erwachsene sich gemeinsam in einen Lern- und Lösungsprozess begeben.“ (TKM 2008: 24). Das bedeutet für PädagogInnen, Kinder in diesem Prozess als Personen zu achten, die sie noch nicht sind, sondern erst durch Selbsttätigkeit werden.

Eine Möglichkeit zur Gestaltung von demokratischen Aushandlungsprozessen stellt beispielsweise das Kinderparlament dar. In gemeinsamen Abstimmungsprozessen können Kinder erfahren, dass es auf jede Meinung ankommt und sie sich in Diskussions- und Entscheidungsprozess einbringen können. Sie lernen die Grundform demokratischer Entscheidungsprozesse kennen und erleben sich darüber hinaus im Prozess der Willensbildung als selbsttätig. Kinder sind in diesem Prozess dazu angehalten, sich dialogisch zu bestimmten Fragestellungen auseinanderzusetzen und eine eigene Meinung zu bilden. Kinder lernen auch, eigene Interessen zugunsten des demokratischen Mehrheitswillens zurückzustellen. Auf diese Weise erfahren Kinder Toleranz ihrer eigenen Meinung aber auch der Meinung anderen Kindern gegenüber. Kinder akzeptieren Entscheidungen, die zwar nicht ihrem eigenen Willen entsprechen, aber durch Abstimmungsprozesse getroffen wurden.

Kinder in ihrer Selbstwirksamkeit zu stärken, kann auch durch spezifische schulbezogene Projekte erreicht werden, zum Beispiel durch die Einrichtung von Schülerfirmen. Schülerfirmen sind pädagogische Projekte, die ursprünglich konzipiert wurden, um Berufswahlorientierungsprozesse an Schulen zu bereichern. Allerdings geht die Gewinnung von Fähigkeiten und Kompetenzen, die in diesem Lernarrangement erzielt werden, weit über die reine Frage „Welcher Beruf passt zu mir?“ hinaus. Schülerfirmen beeinflussen Persönlichkeitsbildung, indem Kinder sich in der gemeinsamen Arbeit einem Ziel widmen. Die Erfahrung, gemeinsam etwas erreichen zu können, kann sich positiv auf die Selbstwirksamkeit auswirken (zu Schülerfirmen siehe Exkurs).

In jedem Fall sollten Kinder gemeinsam mit den PädagogInnen über Erfolge und Misserfolge reflektieren. Wie bin ich zu meinem Ziel gekommen? Was habe ich dafür gemacht? Warum bin ich nicht zum Ziel gekommen? Welche meiner Fähigkeiten hätte mir helfen können? Was muss ich das nächste Mal anderes machen? (vgl. Rönnau-Böse/Fröhlich-Gildhoff 2010: 58). Solche und andere Fragen helfen Kindern, sich ihres individuellen Anteils und ihrer Leistungen am Erfolg oder Misserfolg eines Projektes zu versichern. Findet ein Kind neue Stärken oder ist besonders stolz auf eine Leistung, kann diese in seinem Stärkenbuch festgehalten werden (s.o.). Durch die Reflexion von Erfolgen und Misserfolgen werden Kinder in die Lage versetzt, realistische Kontrollüberzeugungen und Attribuierungsmuster aufzubauen.

Exkurs: Schülerfirmen als Möglichkeit der Resilienzförderung (Frank Liffers)

Schülerfirmen lassen sich in verschiedenen Ausprägungen und Komplexitätsstufen in jeder Schulform, von Grundschule, über weiterführenden Schulen, Förderschulen sowie Berufsbildenden Schulen einrichten. In einer Klasse oder im Idealfall in einer kleinen Gruppe (z.B. einer freiwilligen Arbeitsgemeinschaft oder in einem Wahlpflichtfach) erarbeiten und kreieren SchülerInnen Produkte oder Dienstleistungen und verkaufen diese auf dem realen Markt. Sie lernen in der Praxis, wie Wirtschaft funktioniert. Innerhalb des Projektes Schülerfirma stehen die SchülerInnen im Vordergrund, die PädagogInnen treten als Coachs in den Hintergrund. So entsteht ein hoher Grad an Partizipation.

Die Schülerfirmen-MitarbeiterInnen erfahren Bestätigung für ihr Engagement, für ihre Ideen und für ihre Arbeit. Sie lernen, Beratung (z.B. von außerschulischen Partnern, Coachs und Experten) in Anspruch zu nehmen. Dieses könnte sie auch dazu bewegen, die Inanspruchnahme von Beratung und Unterstützung als nützlich und positiv zu bewerten und sie auch im außerschulischen Bereich anzuwenden.

Außerschulische PartnerInnen, ExpertInnen und bundesweit agierende Projekte bieten Schulen Unterstützung in Form von Beratung und Materialien an, um Schülerfirmen zu initiieren (vgl. www.unternehmergeist-macht-schule.de). Für Schulen sind Schülerfirmen ein geeignetes Mittel, um SchülerInnen einen sicheren Raum und Rahmen zu bieten, der ihre Persönlichkeitsentwicklung unterstützt und ihre Selbstwirksamkeitsüberzeugung stärkt.

3 Zusammenarbeit mit der Kinder- und Jugendhilfe

Einige der hier nur exemplarisch vorgestellten Ansätze zur Förderung von personalen Schutzfaktoren von Kindern ließen sich mühelos in den Schulalltag integrieren. Sie setzen lediglich die Kenntnis des Resilienzkonzeptes sowie die fachliche Reflexion eigener Haltungen und Arbeitsweisen auf Seiten der Lehrkräfte voraus. Andere Ansätze kommen ohne Zusammenarbeit mit der Jugendhilfe nicht aus. Erinnert sei hier an umfassende Projekte und Programme, wie z.B. das Programm ‚Balu und du‘, die Projekte der Schülerfirmen oder die Etablierung der Schulinseln. Für die Etablierung entsprechender Programme spricht, dass Schule vor dem Hintergrund ihres Schutzauftrages (z.B. Bundeskinderschutzgesetz; vgl. Buchholz in diesem Band) und ihres Erziehungsauftrages, die Notwendigkeit anerkennen muss, auch sozialpädagogische Anteile in der schulischen Arbeit mit Kindern und Jugendlichen stärker in den Blick zu nehmen (vgl. BMFSFJ 2002). Gleichzeitig stellen jedoch die komplexen Problemlagen, mit denen LehrerInnen konfrontiert werden, Schulen vor große Herausforderungen.

Als Handlungsstrategie setzen zahlreiche AutorInnen auf die Vernetzung von unterschiedlichen BildungsakteurInnen, besonders von Jugendhilfe und Schule (vgl. für Viele Deinet/Icking 2010; Henschel 2009, Held/Struck 2008, Hartnuß/Maykus 2004). Die Jugendhilfe zeichnet sich hierbei durch Kompetenzen und Arbeitsweisen aus, die insbesondere informelle und nonformale Bildungsprozesse unterstützt und Kinder in ihrer Persönlichkeitsbildung fördert. Ihr kommt mit ihren systemeigenen Bearbeitungsstrategien zur Problemregulation sowie zur Unterstützung von personalen Schutzfaktoren eine zentrale Rolle zu. Es empfiehlt sich daher, die Ansätze zur Förderung von Kindern und Jugendlichen aus der Kinder- und Jugendhilfe auch stärker als bisher am Lernort Schule zu initiieren: „Die Einrichtungen des Bildungs- und Sozialwesens, insbesondere Schule sowie Kinder- und Jugendhilfe, [stehen, A.d.A.] vor der Aufgabe, nicht nur ihre eigene konzeptionelle Ausrichtung, sondern auch ihr Verhältnis untereinander mit Blick auf die Veränderungen des Aufwachsens auszurichten … So wenig die Schule sich auf einen allein unterrichtsbezogenen Bildungsauftrag berufen kann, so wenig kann sich die Kinder- und Jugendhilfe lediglich auf familienunterstützende bzw. -ersetzende Leistungen im Bereich der Betreuung und Versorgung von Kindern jenseits des Bildungswesens zurückziehen“ (BMFSFJ 2002: 114). Und: „Schulen können ihre ureigensten Aufgaben ohne stärkere Beachtung sozialpädagogischer Aufgaben nicht mehr bewältigen, und die Jugendhilfe ist nicht in der Lage, ihre Aufgaben ohne die Berücksichtigung der zentralen Lebensthematik junger Menschen – der Bildung – zufriedenstellend zu lösen. Es kommt darauf an, die beiden gesellschaftlichen Systeme Jugendhilfe und Schule besser miteinander zu vernetzen. Das schließt ein, dass sich beide Systeme selbst erneuern, ihre Arbeit neuen gesellschaftlichen Herausforderungen anpassen und ihre eigenen ‚Hausaufgaben' machen" (Balnis u.a. 2005: 7).

In diesem Kontext wurde bisher der Ausbau von Ganztagsschulen gefordert. Das vom Bund in Auftrag gegebene Projekt „Zukunft Bildung und Betreuung" ist ein Schritt in diese Richtung. Daneben wurde die Zusammenarbeit im Übergang von der Kindertageseinrichtung in die Grundschule oder der Ausbau von Projekten der Schulsozialarbeit weiter forciert. Gerade Schulsozialarbeit stellt derzeit eine der intensivsten Formen der Zusammenarbeit von Jugendhilfe und Schule dar (vgl. Stuckstätte 2009; Ministerium für Bildung, Wissenschaft, Jugend und Kultur Rheinland-Pfalz u.a. 2007). Vernachlässigt wurden hingegen Kooperationsbeziehungen zwischen Schule und Jugendhilfe in den Fällen, in denen ein spezifischer erzieherischer oder speziell ein sonderpädagogischer Bedarf besteht. „Mit Blick auf die bundesweite Fachdebatte verdichtet sich der Eindruck, dass bei der Bearbeitung der strukturellen Kooperationsfragen der Bereich der Hilfen zur Erziehung (§§ 27 ff SGB VIII) eher ein randständiges Dasein führt bzw. sogar ausgespart wird" (Ministerium für Bildung, Wissenschaft, Jugend und Kultur Rheinland-Pfalz u.a. 2007: 12).

Im landesweiten Ausbau der ganztägigen Betreuung wird ein wichtiger Schritt hin zur Integration der Bildungs-, Erziehungs- und Betreuungsinstanzen zu einem konsistenten Gesamtsystem gesehen (Beschluss der Jugendministerkonferenz vom 18. und 19. Mai 2000; Balnis u.a. 2005). Hierbei handelt es sich um „ein System, das bei Anerkennung der Eigenständigkeit der einzelnen Bereiche (Jugendhilfe, Schule), die gemeinsame Verantwortung für das Aufwachsen junger Menschen sieht und daraus einheitliche, zusammenhängende und sich ergänzende Angebote und Leistungen ableitet" (AGJ 2006: 2). Die Akteure in diesem Gesamtsystem richten ihre Bemühungen an den Bedürfnissen der Kinder bzw. Jugendlichen und deren Familien aus und beziehen dabei alle drei Dimensionen (Bildung, Erziehung und Betreuung) ein, mit dem Ziel, dass „Entwicklungs- und Bildungschancen … unabhängiger von den Zufälligkeiten des Lebensortes oder vom sozialen, ökonomischen und ‚kulturellen' Kapital der Familien werden" (BMFSFJ 2002: 158). Der präventive Kinderschutz erscheint in diesem Gesamtsystem als ein weiterer Schnittpunkt von Jugendhilfe und Schule. Hier gilt es, Konzepte und Modelle in gemeinsamer Zusammenarbeit der beiden Professionen zu erarbeiten.

Dass ein derartiges System nicht voraussetzungsfrei zu etablieren ist, machen die Ausführungen in diesem Band deutlich. Es wurde bereits festgestellt, dass sich aus systembedingten Unterschieden zwischen den einzelnen Akteuren und den je eigenen fachlichen Arbeitsweisen kooperationshemmende Faktoren ergeben können. Diese können nur durch die Erarbeitung einer entsprechenden

Kooperationskultur und die Beteiligung aller Akteure an kooperationsbezogenen Aushandlungsprozessen behoben werden. So haben sich beispielsweise die Kultusministerkonferenz (KMK) und die Arbeitsgemeinschaft für Jugendhilfe (AGJ) in einem gemeinsamen Projekt zum Ziel gesetzt, Gelingensbedingungen für die Zusammenarbeit zwischen der Kinder- und Jugendhilfe und Schule zusammenzutragen und mithin einen Beitrag zur Weiterentwicklung des Gesamtsystems für Erziehung, Bildung und Betreuung zu leisten (vgl. Stolz 2008).

4 Schlussbemerkung

Kinder in ihren Stärken zu unterstützen und protektive Faktoren zu fördern, stellt einen möglichen Weg dar, um Gefährdungen von Kindern in ihrem Wohl und ihrer Entwicklung vorzubeugen. Das bedeutet nicht, dass spezifische Risikolagen verharmlost werden sollen und durch die Stärkung von kindlichen Ressourcen und Kompetenzen vollends aufgehoben werden können. Wie im Beitrag angesprochen, wirken Schutzfaktoren nicht kausal schützend auf die kindliche Entwicklung ein. Es wird trotz jeglicher Bemühungen zur Stärkung von Kindern auch immer Fälle geben, in denen trotz des Engagements der Kinder, ihrer Eltern und der PädagogInnen die Risikofaktoren zu einer Belastung, wenn nicht sogar zu einer Gefährdung des Kindeswohls führen können. In der Folge werden andere Strategien zur Intervention bei Kindeswohlgefährdung auch weiterhin zur Anwendung kommen müssen. Erst in der Gesamtheit der Hilfestellungen können Kinder vor Gefahren für ihr Wohl umfassend geschützt werden. Und genau hier kommt es darauf an, dass Schule und Jugendhilfe ihre Leistungen aufeinander abstimmen und Konzepte zur Zusammenarbeit weiter entwickeln, um Kinder präventiv und interventiv vor Gefahren für ihr Wohl zu schützen. Denn das Ziel ist klar: Kein Kind sollte unter den Augen von Jugendhilfe und Schule in seinem Wohl gefährdet werden.

Literatur

AGJ [Arbeitsgemeinschaft für Kinder- und Jugendhilfe] (2006): Handlungsempfehlungen zur Kooperation von Jugendhilfe und Schule. Berlin. (http://www.agj.de/pdf/5/2006/Handlungsempfehlungen%20AGJ.pdf, Zugriff am 24.04.2008).

Ahnert, Liselotte (Hrsg.) (2008): Frühe Bindung. Entstehung und Entwicklung. München.

Balnis, Peter/Demmer, Marianne/Rademacker, Hermann (2005): Leitgedanken zur Kooperation von Schule und Jugendhilfe. Darmstadt. [http://www.gew.de/Binaries/Binary28112/Broschuere_Schule-Juhi.pdf; zuletzt abgerufen am 26.01.2009].

Bundeszentrale für gesundheitliche Aufklärung (2009): Schutzfaktoren bei Kindern und Jugendlichen. Stand der Forschung zu psychosozialen Schutzfaktoren für Gesundheit. Forschung und Praxis der Gesundheitsförderung 35. Köln: BZgA.

BMFSFJ [Bundesministerium für Familie, Senioren, Frauen und Jugend] (2002): Elfter Kinder- und Jugendbericht. Bericht über die Lebenssituation junger Menschen und die Leistungen der Kinder- und Jugendhilfe in Deutschland. Bonn.

BMFSFJ [Bundesministerium für Familie, Senioren, Frauen und Jugend] (2007): Übereinkommen über die Rechte des Kindes. UN-Kinderrechtskonvention im Wortlaut mit Materialien. Berlin.

BMFSFJ [Bundesministerium für Familie, Senioren, Frauen und Jugend] (2008): Die Rechte der Kinder von logo! einfach erklärt. Berlin.

Börner, Simone & Buchholz, Thomas (2009): „Da habe ich ein Recht drauf!" –Kindergarten- und Grundschulkinder lernen Kinderrechte kennen. In: Deutsch Differenziert 04/09. 36-43.

Bostelmann, Antje (2006): Das Portfolio-Konzept in der Grundschule: Individualisiertes Lernen organisieren. Klasse 1-4. Mühlheim a.d.R.

Brazelton, T.Berry/Greenspan, Stanley (2008): Die sieben Grundbedürfnisse von Kindern. Was jedes Kind braucht, um gesund aufzuwachsen, gut zu lernen und glücklich zu sein. Weinheim u.a.

Brisch, Karl H. (2007): Prävention von Bindungsstörungen. In: von Suchodoletz, Waldemar (Hrsg.) Prävention von Entwicklungsstörungen. Göttingen. 167-181.

Brisch, Karl H. (2010): SAFE – Sichere Ausbildung für Eltern: Sichere Bindung zwischen Eltern und Kind. Stuttgart: Klett-Cotta.

Brunner, Ilse/Häcker, Thomas/Winter, Felix (2006): Das Handbuch Portfolioarbeit: Konzepte – Anregungen – Erfahrungen aus Schule und Lehrerbildung. Seelze-Velber: Kallmeyer Verlag.

Burk, Karlheinz (2003): Demokratie lernen in der Grundschule – Fragezeichen. In: Burk, Karlheinz/Speck-Hamdan, Angelika/Wedekind, Hartmut (Hrsg.): Kinder beteiligen – Demokratie lernen? Frankfurt/M.: Grundschulverband – Arbeitskreis Grundschule. 14-24.

Deegener, Günther/Körner, Wilhelm (Hrsg.) (2005): Kindesmisshandlung und Vernachlässigung. Ein Handbuch. Göttingen u.a: Hogrefe.

Deinet, Ulrich/Icking, Maria (Hrsg.) (2010): Jugendhilfe und Schule. Analysen und Konzepte für die kommunale Kooperation. Opladen: Verlag Babara Budrich.

Dettenborn, Harry (2007): Kindeswohl und Kindeswille. Psychologische und rechtliche Aspekte. München: Reinhardt Verlag.

Deutscher Kinderschutzbund, Landesverband NRW e.V./Institut für soziale Arbeit e.V. (Hrsg.) (2000): Kindesvernachlässigung. Erkennen, Beurteilen, Handeln. Münster/ Wuppertal.

Eickhoff, C./Zinnecker, J. (2000): Schutz oder Risiko? Familienumwelten im Spiegel der Kommunikation zwischen Eltern und ihren Kindern. Eine Studie im Auftrag der BZgA. Köln.

Fröhlich-Gildhoff, K./Dörner, T./Rönnau, M. (2007): Prävention und Resilienzförderung in Kindertageseinrichtungen – PRiK. Trainingsmanual für Erzieherinnen. München, Basel.

Fröhlich-Gildhoff, K./Rönnau-Böse, M. (2009): Resilienz. München.

Hartnuß, Birger/Maykus, Stephan (Hrsg.): Handbuch Kooperation von Jugendhilfe und Schule. Ein Leitfaden für Praxisreflexionen, theoretischen Verortungen und Forschungsfragen. Berlin: Lambertus.

Held, K.-H./Struck, N. (2008): Zwischenbilanz zur Zusammenarbeit von AGJ und KMK im Themenbereich Kooperation von Jugendhilfe und Schule. In: Forum Jugendhilfe; H. 3/2008. 2-3.

Henschel, Angelika/Krüger, Rolf/Schmitt, Christof/Stange, Waldemar (Hrsg.) (2008): Jugendhilfe und Schule: Handbuch für eine gelingende Kooperation. Wiesbaden: VS Verlag für Sozialwissenschaften.

Hirth-Schaudt, S. (2010): Das kreative Kunst-Portfolio für die Grundschule, 3. und 4. Klasse. Augsburg.

Jungmann, T./Reichenbach, C. (2009): Bindungstheorie und pädagogisches Handeln. Ein Praxisleitfaden. Dortmund.

Kaluza, G./Lohaus, A. (2006): Psychologische Gesundheitsförderung im Kindes- und Jugendalter. Eine Sammlung empirisch evaluierter Interventionsprogramme. Zeitschrift für Gesundheitspsychologie H. 14/3. 119-134.

Lösel, F./Bender, D. (2008): Von generellen Schutzfaktoren zu spezifischen protektiven Prozessen: Konzeptionelle Grundlagen und Ergebnisse der Resilienzforschung. In: Opp, G./Fingerle, M. (Hrsg.): Was Kinder stärkt. Erziehung zwischen Risiko und Resilienz. München. 57-78.

Lüders, C. (2007): Entgrenzt, individualisiert, verdichtet. Überlegungen zum Strukturwandel des Aufwachsens. In: Sozialpädagogisches Institut (SPI) im SOS-Kinderdorf e.V. (Hrsg.): Jugendliche zwischen Aufbruch und Anpassung. München. 4-10.

Maywald, J. (2008): Kinderschutz in der Kita. Ein praktischer Leitfaden für Erzieherinnen. Freiburg i.B.

Ministerium für Bildung, Wissenschaft, Jugend und Kultur Rheinland-Pfalz u.a. (Hrsg.) (2007): Qualifizierte Kooperation von Jugendhilfe und Schule im (Vor-)Feld der Hilfen zur Erziehung. Eine Arbeitshilfe für die Praxis. Mainz. (http://sonderpaedagogik.bildung-rp.de/fileadmin/user_upload/sonderpaedagogik.bildung-rp.de/Kooperation/Schule_und_Jugendhilfe/Veroeffentlichungen/Bericht_JH-Schule_2007.pdf, letzter Zugriff am 28.04.08).

Nordt, G. (2009): Methodenkoffer zur Qualitätsentwicklung in Tageseinrichtungen für Schul- und Vorschulkinder. Berlin, Düsseldorf.

Opp, G. (2008): Schule – Chance oder Risiko? In: Opp, G./Fingerle, M. (Hrsg.): Was Kinder stärkt. Erziehung zwischen Risiko und Resilienz. München. 227-244.

Opp, G./Fingerle, M. (2008): Erziehung zwischen Risiko und Protektion. In: Opp, G./Fingerle, M. (Hrsg.): Was Kinder stärkt. Erziehung zwischen Risiko und Resilienz. München. 7-18.

Opp, G./Wenzel, E. (2003): Schule: Schutz- oder Risikofaktor kindlicher Entwicklung. In: Brisch, K.H./Hellbrügge, T. (Hrsg.): Bindung und Trauma. Risiken und Schutzfaktoren für die Entwicklung von Kindern. Stuttgart. 84-93.

Rönnau-Böse, M./Fröhlich-Gildhoff, K. (2010): Resilienzförderung im Kita-Alltag. Was Kinder stark und widerstandsfähig macht. Freiburg i.B.

Schick, A./Cierpka, M. (2002): FAUSTLOS – Ein Gewaltpräventions-Curriculum für Grundschule und Kindergärten. Praktische Anwendung und Effektivität. epd-Dokumentation, 49. 66-75.

Schneewind, J./Landowsky, A. (2002): Kindergarten plus – Ein Programm zur Förderung von sozialen und emotionalen Kompetenzen im Kindergarten. http://www.juliaschneewind.de/documents/Kindergartenplus_SchneewindLandowsky_2003.pdf [03.02.11]

Stolz, H.-J. (2008): Zukunftsfelder der Kooperation Schule – Jugendhilfe. In: Forum Jugendhilfe; H. 3/2008. 3-9.

Stuckstätte, E. C. (2009): Schulsozialarbeit als Bindeglied zwischen Schule und Jugendhilfe im Ganztag. In: Jugendhilfe aktuell. H. 1/2009. 23-29.

Streblow, Claudia (2010): Schulstationsarbeit zwischen schulischer Vorder- und Hinterbühne. In: Deinet, Ulrich/Icking, Maria (Hrsg.) (2010): Jugendhilfe und Schule. Analysen und Konzepte für die kommunale Kooperation. Opladen: Verlag Babara Budrich. 137-153.

TKM [Thüringer Kultusministerium] (Hrsg.) (2008): Thüringer Bildungsplan für Kinder bis 10 Jahre. Weimar, Berlin: Verlag das Netz.

Werner, E.E. (2008): Entwicklung zwischen Risiko und Resilienz. In: Opp, G./Fingerle, M. (Hrsg.): Was Kinder stärkt. Erziehung zwischen Risiko und Resilienz. München. 20-31.

Werner, E.E./Smith, R.S. (1992): Vulnerable but invincible. New York.

Wustmann, C. (2004): Resilienz. Widerstandsfähigkeit von Kindern in Tageseinrichtungen fördern. Weinheim und Basel.

Wustmann, C. (2006): Von den Stärken der Kinder ausgehen. Das Konzept der Resilienz und seine Bedeutung für das pädagogische Handeln. In: Bundesarbeitsgemeinschaft Kinder- und Jugendschutz (Hrsg.): Bildung schützt! Kinder- und Jugendschutz als integraler Bestandteil von Bildungsprozessen in Tageseinrichtungen für Kinder. Berlin. 114-133.

Zander, M. (Hrsg.) (2010): Armes Kindes – starkes Kind?: Die Chance der Resilienz. Wiesbaden.

Zusammenarbeit von Jugendhilfe und Schule (2004): Bericht über gemeinsame Beratungen von Kultusministerkonferenz (KMK) und Arbeitsgemeinschaft für Jugendhilfe (AGJ). In: Hartnuß, B./Maykus, S. (Hrsg.): Handbuch Kooperation von Jugendhilfe und Schule. Ein Leitfaden für Praxisreflexionen, theoretischen Verortungen und Forschungsfragen. Berlin. 1134-1140.

Hans Günther Homfeldt

Kinderschutz durch gesundheitsbezogene Hilfe als gemeinsame Aufgabe von Schule, Jugendhilfe und Gesundheitswesen

Nach den Ergebnissen der KIGGS-Studie von 2007 wächst der größte Teil der Kinder und Jugendlichen in Deutschland gesund auf. Sie werden nach ihren Fähigkeiten gefördert und leiden nicht an Hunger und fehlender Geborgenheit. Garanten dafür sind Familie, Schule und gegebenenfalls soziale Dienste wie Beratungsstellen und auch das Gesundheitsamt. Ungefähr 20 % aller Kinder und Jugendlichen aber wachsen unter sie bedrängenden Bedingungen heran, geprägt von Armut, spezifischen Beeinträchtigungen wie Behinderung, chronischen Krankheiten, fehlender Geborgenheit in der Familie, Vernachlässigung, Gewalt und Misshandlung sowie psychischen Belastungen durch sucht- und alkoholkranke Eltern und, bezogen auf eine spezifische Zielgruppe von Kindern und Jugendlichen, traumatisiert durch Flucht, nicht selten durch eine unbegleitete Flucht (vgl. Kauffmann, Riedelsheimer 2010).

Kinder und Jugendliche mit chronisch traumatischen Erfahrungen, Kinder psychisch kranker und suchtkranker Eltern, Kinder und Jugendliche mit einer Behinderung und auch chronisch kranke Kinder und Jugendliche finden bislang immer noch zu wenig fachlich fundierte Beachtung in Bezug auf ihre spezifischen Bedarfslagen durch die Kinder- und Jugendhilfe und auch durch die Schule. Diese Kinder und Jugendlichen profitieren im Vergleich zu den nach den Ergebnissen der KIGGS-Studie gesund heranwachsenden Kindern und Jugendlichen außerdem weniger von den sozialen Diensten. Insbesondere leiden sie aufgrund oftmals komplexer Risiko- und Problemlagen an einer untereinander noch zu wenig ausdifferenzierten Kooperation zwischen Schule, Elternhaus und sozialen Diensten (Kinder- und Jugendhilfe und Gesundheitshilfe).

Abgesehen von drogen- und suchtpräventiven Angeboten nehmen die gesundheitsbezogenen Angebote in der Kinder- und Jugendhilfe wie auch im Bereich der Gesundheitshilfen (des Öffentlichen Gesundheitsdienstes und auch der Kinder- und Jugendärzte) mit wachsendem Lebensalter bis hin zum jungen Erwachsenenalter ab. Gibt es noch ein dichtes Netz von Schwangerschaftsuntersuchungen und im Bereich der Kindheit (bis zum Alter von sechs Jahren) Früherkennungsuntersuchungen nach der Kinder-Richtlinie zur Verhinderung von Kindeswohlgefährdung (vgl. Meysen, Schönecker, Kindler 2009: 111f.), so findet sich für Jugendliche und junge Erwachsene nichts Vergleichbares. Ähnliches trifft auf Brückenangebote der sozialen Dienste zu. Dies ist umso bedenklicher, zumal die Armut – von der Kindheit zum Jugendalter – erheblich zunimmt: von 14 % der unter 6-Jährigen, 16 % der 6- bis unter 15-Jährigen auf 24 % der 15- bis 18-Jährigen (vgl. Memorandum des Bundesjugendkuratoriums vom Mai 2009: 13 und Merten 2010: 150ff.). Die Armutsrisikoquote von Kindern und Jugendlichen unter 15 Jahren mit Migrationshintergrund wächst sogar auf 32, 6 % an (vgl. BMAS 2008: 141).Armut, Armutsrisiko und soziale Ungleichheit stehen bekanntlich mit gesundheitlichen Belastungen bzw. gesundheitlicher Ungleichheit in einem engen Wechselverhältnis. Nicht zuletzt deshalb ist eine umfassende gesundheitliche Kooperation zwischen Schule, Jugendhilfe und Gesundheitshilfe von großer Bedeutung.

Als von der Gesellschaftspolitik im zurückliegenden Jahrzehnt weitgehend vergessene bzw. an den Rand gedrängte Lebensphase mit massivem jugendpolitischem Handlungsbedarf stelle ich das Lebensalter Jugend in den Vordergrund meiner Überlegungen zu gesundheitsbezogenen Hilfen im Settingkontext von Schule, Jugendhilfe und Gesundheitswesen. Dabei bildet der Dreizehnte Kinder- und Jugendbericht von 2009 den Darstellungshintergrund.

Was aber wird überhaupt unter gesundheitsbezogenen Hilfen verstanden? Dieser Frage will ich im Folgenden nachgehen. Dabei werde ich eine weiten Rahmen gesundheitsbezogener Hilfen abstecken, der eben nicht nur Einrichtungen und Praxen der expliziten Gesundheitshilfe (wie das Gesundheitsamt, Praxen der Gynäkologen/-innen, und Kinderärzte/-innen, die Frühförderung, Hebammen und Familienhebammen, die Kinder- und Jugendpsychotherapie sowie die Kinder- und Jugendpsychiatrie) umfasst, sondern diesem Rahmen werden ebenso gesundheitsbezogene Prävention und Gesundheitsförderung zugerechnet. Sie bieten akteurs- und settingbezogen im Kontext von Kindertagesstätten, der Kinder- und Jugendhilfe, der Schule, aber auch im Bereich von Projekten zur Entwicklung gesunder Stadtteile Hilfen an, die für ein gesundes Aufwachsen von Kindern und Jugendlichen benötigt werden.

1 Gesundheitsbezogene Prävention und Gesundheitsförderung

Zu Gesundheit und Krankheit gibt es eine Vielzahl von Definitionen. Es gibt ebenso eine Vielzahl von Krankheits- und Gesundheitsmodellen und verschiedene Ansätze, das Verhältnis von Gesundheit und Krankheit zueinander zu bestimmen und Hinweise darauf, Gesundheit und Krankheit voneinander abzugrenzen (vgl. dazu die Überblicke von Franke 2010). In diesem Beitrag fasse ich Gesundheit sowohl als körperliches, seelisches, soziales und spirituelles Wohlbefinden einzelner Subjekte und Gesundheitsförderung als die Herstellung von Bedingungen, um ihnen auf dieser Grundlage eine persönlich umfassende Entwicklung für ein gelingendes Leben zu ermöglichen. Als Gestaltungsaufgabe im Alltag ist Gesundheit als Balance zwischen gesund erhaltenden und krank machenden Faktoren vom Einzelnen immer wieder neu herzustellen. Professionelle können hierbei den Kindern und Jugendlichen beistehen.

In diesem Zusammenhang umgreifen gesundheitsbezogene Prävention oder Krankheitsprävention als Teilgebiet psychischer, sozialer und medizinischer Intervention alle Formen der Vermeidung und frühzeitigen Verhinderung gesundheitlicher Belastungen und Krankheiten. Am bekanntesten ist das triadische Strukturmodell als primäre, sekundäre und tertiäre Prävention, das sich als vorbeugendes professionelles Praxishandeln auf unterschiedliche Abschnitte einer Krankheitskarriere bezieht (vgl. Homfeldt, Franzkowiak, Mühlum 2011, Kap.11). Im Kontext der US-amerikanischen Public Health und Clinical Social Work entstand zum Beginn der 80ger Jahre eine Systematik, die präventive Maßnahmen nach der Spezifität und dem Maß der Gefährdung formulierte. Diese Systematik hat in Deutschland zuerst in der Gemeindepsychiatrie und Suchthilfe, dann jedoch auch in der Suchtprävention und in Public Health an Bedeutung gewonnen. Die drei Formen der universellen, selektiven und indizierten Prävention umfassen nicht nur die Vorsorge, Früherkennung und Behandlung, sondern auch Langzeitbetreuung und Rehabilitation. Im Kontext meiner Überlegungen sind vor allem die selektive und die indizierte Prävention von Interesse. Die universelle Prävention umschließt Maßnahmen, die für alle Kinder und Jugendlichen gedacht sind, z. B. in Gestalt von Sexualaufklärung und Suchtprävention in der Schule. Die selektive Prävention richtet sich an spezielle Zielgruppen. Während diese durch Vorsorge und Früherkennung Kinder alkohol- und suchtabhängiger Eltern sowie chronisch kranke Kinder unterstützen kann, zielt eine indizierte Prävention darauf, auf Hochrisikopersonen vorsorgend, aber auch schadensminimierend und rückfallpräventiv einzuwirken (vgl. Homfeldt, Franzkowiak, Mühlum 2011, Kap. 10).

Zwischen der gesundheitsbezogenen Prävention und der Gesundheitsförderung gibt es trotz unterschiedlicher wissenschaftlicher und professioneller

Verortung auch fließende Übergänge, z. B. im Bereich der kontextorientierten Verhaltensprävention und der Verhältnisprävention. Ansätze zur Gesundheitserziehung, Gesundheitsberatung und Patientenschulung reichen über Verhaltensprävention hinaus, sofern sie systemische und kontextorientierte Bezüge aufweisen. Ernährungs- und bewegungsorientierte Ansätze (vgl. www.bzga.de), aber auch gewaltpräventive Ansätze und solche zur Suchtprävention mit biografischen Bezügen, z. B. „Sucht hat immer eine Geschichte“ (vgl. www.gingko-stiftung.de) sind entsprechende Beispiele.

Gesundheitsförderung, verknüpft mit der Ottawa-Charta der WHO von 1986, die sich von der medizinischen Version „Gesundheit als Abwesenheit von Krankheit“ abgrenzt, orientiert sich am salutogenetischen Ansatz von A. Antonovsky (1997). Fragt ein pathogenetisch ausgerichteter Ansatz „Was macht Menschen krank?“, so der salutogenetische Ansatz „Was erhält Menschen gesund, obwohl...?“ Gesundheit und Krankheit sind dabei keine Gegensätze, sondern auf dem Kontinuum eines Mehr oder Weniger verortet.

Antonovskys Ansatz geht von der Prämisse aus, dass Personen einer Vielzahl von Stressoren ausgesetzt sind: im biochemischen, im psychischen und auch psychosozialen Bereich. Um mit den Stressoren umgehen zu können, verfügen Menschen über unterschiedlich gut ausgeprägte Widerstandsressourcen. Ihre Unterschiedlichkeit ist durch die jeweiligen Lebenslagen bedingt. Herzstück der Widerstandsressourcen ist der sense of coherence, der aus drei Komponenten, der Verstehbarkeit, der Handhabbarkeit/ Bewältigbarkeit und der Sinnhaftigkeit besteht.

Umgesetzt wird Gesundheitsförderung über drei Handlungsstrategien:

- über anwaltschaftliches Eintreten und gesundheitliche Interessenvertretung,
- über Vermittlung und Vernetzung und
- über Befähigung und Ermöglichung der Akteure und Gemeinschaften, ihr Gesundheitspotential zu verwirklichen.

Ob und wie dieser Ansatz als theoretische Grundlage berufspraktischen Handelns fungieren kann, ist eine Frage jeweiliger professioneller Verortung. Wird eher einem schutz- bzw. reparaturorientierten oder einem ressourcenorientierten Arbeitsprinzip oder je nach situativer Gegebenheit verfahren? Eine krankheitspräventive wie auch eine gesundheitsfördernde Kinder- und Jugendhilfe sind im Setting Schule gut realisierbar mit dem Ziel einer Belastungssenkung und Ressourcenstärkung von Kindern und Jugendlichen vor allem mit prekären Lebenslagen. Belastungen senkend und Ressourcen stärkend kann auch der Aufbau einer kommunalen Infrastruktur zur Gesundheitsförderung wirken, die das Setting Schule und Familie einbezieht.

2 Gesundheit(sförderung) im Blick von Schule, Jugendhilfe und Gesundheitswesen

Nach der Veröffentlichung der Ottawa-Charta 1986 entstanden international und national Projekte zur Gesundheitsförderung in der Schule. Im Sinne der Settingidee haben sich diese immer weiter entwickelt. In der Entwicklung des Zusammenhangs von Gesundheitsförderung und Schule identifiziert P. Paulus drei Phasen (2010: 561f.):

- bis 1990 eine initial experimentelle Phase (Merkmal: Verankerung von Gesundheit als Gesundheitsförderung in der Schule),
- in den 1990ger Jahren eine projektbezogene und strategische Phase (Merkmal: Der Bildungssektor registriert die Bedeutung von Gesundheit und ihrer Förderung, so dass eine strategische Phase der organisatorischen Verankerung beginnen konnte),
- ab 2000 eine flächendeckende Etablierung (Merkmal: Gesundheitsbildung wird in die Bildungsarbeit integriert).

War über fast zwei Jahrzehnte die Frage zentral: Wie die Schule Gesundheit fördern und als Institution selber gesünder werden kann, so hat sich die Frage in den zurückliegenden Jahren quasi umgekehrt: Wie kann Gesundheitsförderung zur Steigerung schulischer Bildungsqualität beitragen? (vgl. Paulus 2010: 17). Hierzu gehören in Bezug auf die in ihr tätigen Akteure zuvörderst die Schüler/innen und Lehrkräfte. Es gehören dazu aber ebenso die Familien, die Eltern und Geschwister. Dabei geht es weniger um die Implementierung neuer Modelle institutioneller Machbarkeit, sondern darum, Ansätze zu entwickeln, die die im Kontext der Schule Tätigen in Bezug auf ihre Bildung und Entwicklungsaufgaben unterstützen.

Zur Gesundheitsförderung und gesundheitsbezogenen Prävention in der Kinder- und Jugendhilfe gibt der Teil D des 13. Kinder- und Jugendberichts (2009) facettenreich Auskunft. Der Teil D liefert einen Überblick über eine Vielzahl von Praxisbeispielen und Projekten. Sie stehen in einem eigentümlichen Kontrast zu der Gegebenheit, dass nur wenige Bezüge zur Gesundheit im SGB VIII zu finden sind (BMFSFJ 2009: 159):

- im § 8a in Bezug auf das Tätigwerden von Einrichtungen der Gesundheitshilfe zur Abwendung von Kindeswohlgefährdung,
- im § 11 durch gesundheitliche Bildung in der Jugendarbeit,
- im § 20 durch die Betreuung von Kindern in Notsituationen,
- im § 35a durch die Regelung des Anspruchs auf Eingliederungshilfe, sofern Kinder und Jugendliche von seelischer Behinderung bedroht bzw. betroffen sind,

- im § 45 durch die Regelung der Bedingung für den Betrieb einer Einrichtung und des Verweigerns einer Erlaubnis, wenn das Wohlergehen der Kinder und Jugendlichen nicht garantiert ist,
- durch den § 81, in dem die Kooperation der öffentlichen Träger der Kinder- und Jugendhilfe mit Einrichtungen des ÖGD und sonstigen Einrichtungen des Gesundheitswesens sichtbar gemacht wird.

Die zentralen Begriffe der Entwicklung und Förderung (§ 1 SGB VIII) können überdies so verstanden werden, dass sie Gesundheit und ihre Förderung einbeziehen.

Die schulbezogene Jugendhilfe als gesundheitsförderliche Jugendhilfe (Homfeldt 2004: 381) verbindet Schule mit der außerschulischen Lebenswelt, der Familie und der Freizeit.der Kinder und Jugendlichen. Ihre Aufmerksamkeit richtet die gesundheitsbezogene Jugendhilfe in der Schule auf die Gesundheitsförderung im Setting Schule, aber auch in Form selektiver und indizierter Prävention auf Kinder und Jugendliche mit den größten Risiken, bildungsbezogenen Anforderungen nicht gewachsen zu sein, nicht zuletzt auch aufgrund spezieller Versorgungsbedarfe und sozialer und mit ihr verknüpfter gesundheitlicher Ungleichheit. Einzubeziehen sind dabei die Eltern und Geschwister mit ihren spezifischen gesundheitsbezogenen Versorgungsbedarfen.

Für die Schule und die Kinder- und Jugendhilfe sind vor allem im Bereich des Öffentlichen Gesundheitsdienstes die Gesundheitsämter von Bedeutung. In den beiden zurückliegenden Jahrzehnten haben sie, zunehmend mehr der Sozialepidemiologie verpflichtet, immer stärker ihr Leistungsspektrum verändert:

„– von überwiegend einzelfallbezogenen zu gruppen- und sozialraumbezogenen Leistungen,
– von unmittelbaren Dienstleistungen zu Managementleistungen und Qualitätssicherung,
– von Kriseninterventionen zu Prävention und Gesundheitsförderung“ (BMFSFJ 2009: 171).

Zu den Kernbereichen gehören u. a. Gesundheitshilfe und Kinder- und Jugendgesundheitsdienst. Er „leistet untersuchende und beratende Arbeit zu allen Belangen der Schulfähigkeit von Kindern, begutachtet drohende Behinderungen bei Kindern und wird tätig etwa bei Kindesmisshandlung, Schulverweigerung und Verhaltensauffälligkeiten“ (Steen 2005: 42). Der kinder- und jugendpsychiatrische Dienst hilft Kindern und Jugendlichen mit psychischen Problemen, die der Schule fern bleiben, in Krisensituationen (bei Eigen- und Fremdgefährdung) und mit einer Abhängigkeitserkrankung (vgl. Denner 2008: 58). Betroffene Familien, aber auch Lehrkräfte und Erzieher können sich in Form von Beratung,

Untersuchung und Betreuung, wegen der Veranlassung und Begleitung ambulanter und stationärer Therapien und auch der Herstellung von Koordinierung der Zusammenarbeit verschiedener sozialer Dienste Hilfe holen.

Die kurzen Porträts zu Schule, Kinder- und Jugendhilfe und Gesundheitswesen (hier Gesundheitsamt) mit Blick auf ihre gesundheitsbezogenen Aufgaben deuten bereits an, wie nahe liegend und auch wichtig Kooperationen zwischen den familienrelevanten Institutionen sind. Kooperationen in Projekten zu Frühen Hilfen und in der Frühförderung haben im zurückliegenden Jahrzehnt einen gesellschaftspolitischen Schwerpunkt gebildet, um Konzepte zur Verhinderung von Kindesvernachlässigungen, -misshandlung bis zu -tötung zu entwickeln. Leider hat die unbestritten notwendige Ausrichtung des Blicks auf Frühe Hilfen eine negative Nebenwirkung zur Folge gehabt: eine Vernachlässigung des Lebensalters Jugend.

3 Jugendliche als Zielgruppe

Die jeweiligen Lebensalter stellen Kinder und Jugendliche vor unterschiedliche gesundheitsbezogene Entwicklungsaufgaben. Im Dreizehnten Kinder- und Jugendbericht werden für Jugendliche im Alter zwischen 12 bis 18 Jahren (2009: 116ff.) als zentrale Aufgaben genannt: den Körper spüren, Grenzen suchen und die eigene Identität finden. Werden die mit den gesundheitsrelevanten Themen verknüpften Chancen zur besseren Entwicklung genutzt, können sie sich zu wichtigen Ressourcen im Lebensverlauf für die eigene Gesundheit entfalten, anderenfalls aber auch im Lebensverlauf kumulierende Risiken bilden, die sich gegebenenfalls bis zu massiven Störungen entwickeln und zu Risikoketten verdichten:

> „Im Jugend- und jungen Erwachsenenalter sind die wichtigsten gesundheitlichen Beeinträchtigungen Übergewicht und Adipositas, Essstörungen (Anorexie und Bulimie), depressive Erkrankungen (bis hin zu Suizidalität) sowie psychosoziale Auffälligkeiten und Missbrauch bzw. Abhängigkeit von Alkohol und Drogen. Alle genannten gesundheitlichen Beeinträchtigungen wirken häufig langfristig (z. B. bei Adipositas in Form von Gelenkerkrankungen oder Diabetes-Typ 2 oder Steigerung des Depressionsrisikos im Erwachsenenalter)." (BMFSFJ 2009: 36)

Besondere Belastungen zeigen sich bei Jugendlichen aus benachteiligten Lebensverhältnissen, aus Familien mit unzulänglichen sozialen und personalen Ressourcen, z. B. in Form fehlender vertrauensbasierter Sozialbeziehungen und damit oft verbundener psychosozialer Auffälligkeiten. Eine weitere Zuspitzung können gesundheitsrelevante Problematiken noch einmal bei spezifischen Zielgruppen erhalten. Eine solche Hochrisikogruppe sind Jugendliche in stationären Hilfen der Jugendhilfe. So haben Fegert, Ziegenhain und Goldbeck (2010) in ihrer klinischen Studie ermittelt, dass über 60 % der in Heimen lebenden Jugendlichen behandlungsbedürftige jugendpsychiatrische Erkrankungen aufweisen, nicht zuletzt aufgrund häufiger Beziehungsabbrüche im Hilfesystem. Entsprechend stellt M. Schmid (2010: 6) fest:

> „Betroffene Kinder müssen ... möglichst früh eine stabilisierende Beziehungserfahrung im Jugendhilfesystem erleben. Jeder weitere vermeidbare Beziehungsabbruch verstärkt die vorliegenden Problemlagen und Störungen“.

In besonderem Maße problematisch ist, dass sich die Jugendpolitik – soweit sie überhaupt existent ist – im Jahr 2011 noch immer nicht des Themas umfassend annimmt, weder in grundsätzlicher noch in zielgruppenspezifischer Hinsicht.

Seitens der Sozialen Arbeit wird dieser Missstand von einigen Fachvertretern seit Jahren angesprochen. So fragen Rauschenbach und Züchner (2006): „Was ist eigentlich mit der Jugend?“ und stellen fest, dass es um Jugendpolitik in Deutschland auffällig still geworden und keine eigenständige Jugendpolitik erkennbar ist (2006: 199f.). Der überfällige Ausbau der Tagesbetreuung von Kindern – jünger als drei Jahre – werde politisch in den Vordergrund gerückt. Schließlich hätten sich die Versprechungen eines Sozialinvestitionsstaates, nämlich durch frühzeitige Investitionen in eine positive Entwicklung der Kinder quasi präventiv zukünftige Probleme vermeiden zu können oder zumindest für deren Lösung nicht mehr zuständig zu sein, auch in der Kinder- und Jugendhilfe verfangen. Dies spiegele sich in der magischen Formel der „Frühen Hilfen“ wider. Eine solche Sicht verstelle den Blick auf die in der Jugendphase zu bewältigenden Entwicklungsaufgaben, so Seckinger und van Santen (2009: 186). In einem Memorandum vom Mai 2009 stellt das Bundesjugendkuratorium fest, dass Jugend als Element der generationalen Ordnung gesellschaftspolitisch kaum vorkommt. Einer ausdifferenzierten Schutz- und Förderungspolitik bedarf die Jugend insbesondere wegen der für sie anstehenden Entwicklungsaufgaben, um mit Hilfe ihrer Bewältigung die Voraussetzungen für eine eigene sinnvoll erscheinende Lebensperspektive zu schaffen.

4 Kooperationsnotwendigkeiten zwischen Schule, Jugendhilfe und Gesundheitswesen

Im vierten von insgesamt fünf Gesundheitszielen mit zu überprüfenden Fortschritten geht es dem Dreizehnten Kinder- und Jugendbericht um den flächendeckenden Auf- und Ausbau der Angebote und Netzwerke der gesundheitsbezogenen Prävention und Gesundheitsförderung schulbezogener Kinder- und Jugendhilfe. Zielbezogen formuliert, heißt es (BMFSFJ 2009: 262):

> „Beginnend mit dem Primarbereich und insbesondere in der schulbezogenen Ganztagsbetreuung muss die schulbezogene Kinder- und Jugendhilfe im Bereich der gesundheitsbezogene Prävention und Gesundheitsförderung ausgebaut und in fünf Jahren in mindestens 25 Prozent aller Schulen und Schultypen aufgebaut werden.“

Kooperationsnotwendigkeiten zwischen Schule, Jugendhilfe und Gesundheitswesen entstehen aus den wachsenden Risikokonstellationen des Aufwachsens: zum einen ganz grundsätzlich, aber vor allem auch in Bezug auf die wachsende Zahl von Kindern und Jugendlichen, die durch psychische Probleme ihrer Eltern belastet sind und die wachsende Zahl chronisch kranker Kinder und Jugendlichen. Versorgungsleistungen für Kinder und Jugendliche mit speziellen Versorgungsbedarfen erfolgen in der Regel immer noch durch verschiedene Institutionen an verschiedenen Orten (vgl. Thyen 2010: 231) mit unterschiedlichen Herangehensweisen und Unklarheiten in den Zuständigkeiten. Die große Gruppe der Kinder und Jugendlichen mit chronischen Erkrankungen und drohenden seelischen Schäden bzw. mit Beeinträchtigungen seelischer wie körperlicher Ausprägung (vgl. Hölling, Schlack, Kurth 2010: 113f.) dokumentiert die Notwendigkeit einer möglichst umfassenden Gesundheitsförderung und selektiven bzw. indizierten Prävention unter Einbeziehung von Eltern und Geschwistern.

5 Kinder und Jugendliche mit speziellen Versorgungsbedarfen

Erst in den zurückliegenden Jahren hat sich die Datenlage zu chronischen Erkrankungen in Deutschland, nicht zuletzt durch die KIGGS-Studie (2007), wesentlich verbessert. Ihr zufolge haben 14 % der Kinder und Jugendlichen – vor allem solche mit fortwährenden bzw. längerfristigen gesundheitlichen Einschränkungen, z. B. chronischen Erkrankungen und mit Verhaltens- und Entwicklungsstörungen – einen speziellen Versorgungsbedarf (vgl. BMFSFJ 2009: 104).

5.1 Chronisch kranke Kinder und Jugendliche

Die meisten chronischen Erkrankungen sind atopischer Art (wie Neurodermitis, Bronchial-Asthma, obstruktive Bronchitis, Heuschnupfen, ganzjährige allergische Rhinitis und auch allergische Magen-/Darmerkrankungen). Als mögliche Ursachen werden Umwelt- und Lebensstilfaktoren wie auch veränderte Ernährungsgewohnheiten und die verstärkte Einnahme von Antibiotika diskutiert (vgl. Hölling, Schlack, Kurth 2010: 103f.). Weitere häufig auftretende chronische Erkränkungen sind Essstörungen und ADHS.

Den häufigsten chronischen Erkrankungen folgen Diabetes Typ 1, Epilepsie und Rheuma. Kinder und Jugendliche mit chronischen Erkrankungen leiden unter vielfältigen Belastungen und haben oftmals ungünstigere Entwicklungsmöglichkeiten als unbelastete Heranwachsende. Familien und auch die Schule stehen zumeist vor großen, sie nicht selten überfordernden Herausforderungen. Im Dreizehnten Kinder- und Jugendbericht (2009: 107) heißt es dazu:

> „Betroffene erfahren Einengungen in ihren Alltagsaktivitäten und häufig eine beständige Abhängigkeit von medizinischer Unterstützung. Eine ungenügende Bewältigung der krankheitsbegründeten Belastungen und Beschränkungen kann aber nicht nur den Krankheitsverlauf verschlechtern, sondern außerdem das Selbstwert- und Kompetenzerleben beeinträchtigen bis hin zum Risiko der Entwicklung einer psychischen Begleiterkrankung."

Zwar befindet sich die Mehrheit der Erkrankten in den Spätphasen des Lebensverlaufs, chronische Erkrankungen können aber Menschen in jedem Lebensalter erfassen und dann ein ganzes Leben begleiten (vgl. Schaeffer 2009: 7). Dies bedeutet, dass chronisch erkrankte Kinder und Jugendliche ihre Erkrankung in ihr Leben, auch in Bezug auf ihren Schulbesuch zu integrieren haben.

Gegenwärtig fehlt es allerdings noch an qualitativ-empirischen Studien, die den Blick auf die Problemsicht und die Bewältigungsstrategien der erkrankten Kinder und Jugendlichen richten. Hervorzuheben ist die Studie von Ohlbrecht (2006), die konsequent an den Deutungsmustern von Jugendlichen ansetzt, die an Asthma bronchiale und Diabetes mellitus erkrankt sind. Rekonstruiert werden Sichtweisen zur Entwicklungsgeschichte der Erkrankung Handlungsroutinen und Strategien zur Bewältigung des Lebenszusamenhanges (2006: 115).

Nicht nur nach Geschlechtern variiert die Bewältigungsweise einer chronischen Erkrankung, sondern auch das Erleben einer chronischen Erkrankung wird in den unteren sozialen Schichten anders erlebt und beantwortet als in den höheren (vgl. Schaeffer 2009: 10). Dieses Ergebnis ist sicherlich mit gravierenden unterschiedlichen Ressourcenausstattungen sowie biografischen Spielräumen und mit ihnen einhergehenden Bewältigungsmöglichkeiten in Zusammenhang zu bringen. Gleichwohl fällt es allen Jugendlichen schwer, notwendige Therapien im Alltag konsequent einzuhalten, nicht so sehr wegen der technischen Krankheitsbewältigung, sondern das soziale Management ist die viel schwerer zu lösende Aufgabe, „da die Krankheit als weitere und zugleich neue Dimension der Biografie zu begreifen ist und ihr somit ein Platz im Leben eingeräumt werden muss“ (Ohlbrecht 2006: 254). Da Jugend nicht selten mit Gesundheit und Fitness assoziiert werden, entstehen für chronisch kranke Jugendliche zusätzliche Begründungsverpflichtungen. Hinzu kommt noch Folgendes:

> „Das zunehmend häufige Auftreten von chronischen Krankheiten im Kindes- und Jugendalter produziert nicht mehr Verständnis im sozialen Umfeld, beispielsweise bei den Lehrern, sondern führt zu Verharmlosungen und Bagatellisierungen.“ (Ohlbrecht 2006: 255)

In dieser qualitativ empirischen Untersuchung von Ohlbrecht (2006: 254) beschreiben alle Jugendlichen Situationen, in der sie sich erklären, fast dafür entschuldigen mussten, bei einer Wanderung nicht mithalten zu können, in der Fast-Food-Kette kein Menü bestellen zu können und beim Schulsport nicht oder nur eingeschränkt teilnehmen zu können.

Familien allein sind nicht selten mit der internen sozialen Unterstützung ihrer chronisch erkrankten Kinder, vor allem auch im Hinblick auf Schule, überfordert. Insofern bedarf es sowohl bei der biografischen Identitätsarbeit, bei der Sicherung des biografischen Fahrplans als auch der Erschließung biografischer Möglichkeitsräume professioneller Unterstützung durch Gesundheitshilfe, Kinder- und Jugendhilfe und vor allem auch der Schule.

5.2 Kinder und Jugendliche mit seelischen und körperlichen Beeinträchtigungen

Die Verabschiedung der UN-Konvention über die Rechte von Menschen mit Behinderungen vom 13. Dezember 2006 hat in Deutschland viele Leerstellen sichtbar werden lassen und, in den Bundesländern unterschiedlich intensiv, einen massiven Regelungsbedarf erzeugt, die gesellschaftliche Teilhabe von Menschen mit Behinderung in verschiedenen Feldern wie Arbeitsplatz, Freizeit und Verwaltung umzusetzen. Endlich ist auch in Deutschland das Übereinkommen zur UN-Konvention, die ein wichtiger Schritt zur Stärkung der Menschenrechte behinderter Menschen einer gesellschaftlichen Teilhabe darstellt, seit dem 26. März 2009 uneingeschränkt verbindlich. Während das medizinisch-individuelle Modell von Behinderung vorrangig die persönliche Schädigung in den Blick nimmt, die vorgibt, auch die soziale Lage zu erklären, wird durch das menschenrechtliche Modell von Behinderung der Achtungsanspruch aller Menschen in ihrer Verschiedenheit zugrunde gelegt (vgl. Degener 2009: 273f,).

In Bezug auf eine gesundheitsbezogene Hilfe als gemeinsame Aufgabe von Schule, Kinder- und Jugendhilfe und Gesundheitswesen werden nunmehr, auch unter der Maxime von Kindeswohl und Kinderschutz, inklusive Konzepte bedeutsam: Inklusive Konzepte im Sinne einer „Großen Lösung“ der Förderung behinderter Kinder und Jugendlicher. So befürwortet in ihrer Stellungnahme zum Dreizehnten Kinder- und Jugendbericht die Bundesregierung im Jahre 2009 diese Lösung, da ein Verantwortungssplitting für die Förderung seelisch behinderter Kinder und Jugendlichen nach §35a SGB VIII und nach der Eingliederungshilfe gemäß SGB XII bei geistiger und körperlicher Behinderung praktisch obsolet ist (vgl. Dritter und Vierter Staatenbericht der Bundesrepublik Deutschland zu dem Übereinkommen der Vereinten Nationen über die Rechte des Kindes 2010: 56). Nach der „Großen Lösung“ würde die Kinder- und Jugendhilfe für alle Kinder und Jugendlichen zuständig sein gemäß dem Grundsatz: Alle Kinder und Jugendlichen sind zu allererst einmal Kinder und Jugendliche auf der Grundlage ihrer Lebenslage und erst dann im Kontext ihrer spezifischen Gegebenheiten zu sehen. Für die Kinder- und Jugendhilfe bedeutet die „Große Lösung“ eine große Herausforderung. Die Kinder- und Jugendhilfe muss ihren „inklusiven Blick“ noch schärfen und differenzieren und vor allem ihre interprofessionelle Kooperationsfähigkeit erweitern. Vor allem wird es die Kinder- und Jugendhilfe wahrscheinlich mit massiven Widerständen zu tun bekommen. Widerstände in der Umsetzung sind wegen vermuteten Kostendrucks von den Kommunen, aber auch aufgrund finanzieller Macht- und Verlustängste von Behindertenverbänden und Einrichtungen einstweilen noch registrierbar.

Was bedeutet Inklusion für die Gesundheitsentwicklung junger Menschen mit Behinderung (vgl. Hintermair 2010: 168)? Inklusion erlangt ihre grundlegende Bedeutung im schulischen Feld durch den Anspruch, eine Schule für alle Kinder und Jugendlichen zu sein. Kinder und Jugendliche sind in ihrer Unterschiedlichkeit von vornherein zu respektieren. Dies erfordert, in Schulen Strukturen zu implementieren, die Teilhabemöglichkeiten eröffnen, zulassen und fördern. Umsetzbar ist Inklusion nur in Gestalt einer Schule als settingbezogene full service Station, d. h. unter Einbeziehung untereinander kooperierender sozialer, familienrelevanter Dienste. Kooperation ist für Kinder und Jugendliche mit Behinderung, chronischer Erkrankung, aus stark belasteten Elternhäusern zur Unterstüzung ihrer psychosozialen Gesundheit nötig, um mit ihr einen bestmöglichen Bildungserfolg zu erreichen. Andernfalls könnte die Schule zu einer „Chronifizierung von Folgestörungen“ (Fegert, Dieluweit, Thurn, Ziegenhain, Goldbeck 2010: 11) beitragen.

6 Kinder psychisch- und suchtkranker Eltern

Auch die Gruppe der Heranwachsenden mit psychisch- und suchtkranken Eltern rückt verstärkt ins Blickfeld der Kinder- und Jugendhilfe. Nicht weniger als 2,65 Millionen Heranwachsende (bis 18 Jahre) sind von elterlicher Alkoholabhängigkeit temporär bzw. dauerhaft betroffen. Kinder aus alkohol- und suchtbelasteten Familien stehen in der Gefahr, selber Abhängigkeiten – mit einem sechsfach erhöhten Risiko – zu entwickeln und mit psychosozialen Auffälligkeiten kämpfen zu müssen (vgl. Lexow, Wiese, Hahlweg 2008: 94). In Bezug auf psychisch kranke Eltern stellt A. Lenz fest (2010: 689):

> „Es kann als gesichert angenommen werden, dass das kindliche Störungsrisiko bei psychischen Auffälligkeiten der Eltern um den Faktor 2 bis 3 gegenüber unbelasteten Vergleichsgruppen erhöht ist".

Neben der frühen Kindheit gilt besonders das Jugendalter als Phase einer erhöhten Störungsanfälligkeit. So leiden ältere Kinder und Jugendliche an Scham- und Schuldgefühlen, an Einsamkeit und Mangel an guten Kontakten (vgl. AGJ 2010: 6). Es besteht die Gefahr, dass sie ihren Tagesablauf nach den Bedürfnissen der erkrankten Elternteile ausrichten (vgl. BMFSFJ 2009: 107). Besonders gefährdet sind Mädchen und Jungen Alleinerziehender aufgrund zusätzlicher psychosozialer und gesundheitlicher Belastungen im Vergleich zu verheirateten Müttern (vgl. Franz, Ulrich 2010: 296).

Oft noch bis ins Erwachsenenalter sind Kinder mit ihren psychisch erkrankten Eltern bzw. Elternteilen verstrickt, indem sie z. B. einen ständigen Kampf zwischen Abgrenzung und Verantwortungsübernahme führen. Als Kinder und Jugendliche fühlen sie sich mit den Problemen des Zusammenlebens bei häufiger Tabuisierung nach außen wie nach innen in der Familie allein gelassen (vgl. Gutmann 2008: 113).

Wichtig sind im Feld der Hilfen Beratungsangebote für die Heranwachsenden, aber auch Beratungsangebote für erkrankte Eltern, eine intensive sozialpädagogische Familienhilfe, aber vor allem auch eine koordinierte Hilfeplanung der unterschiedlichen sozialen Dienste. Bislang sind jedoch nach A. Lenz (2010: 712),

> „nahezu alle Hilfen für Kinder psychisch kranker und suchtkranker Eltern Projekte, die über Modellförderungen, kommunale Zuschüsse, Spenden und Eigenmittel der Träger finanziert ... Dauerfinanzierte Regelangebote, die im psychosozialen Versorgungssystem verankert sind, bestehen bislang nur vereinzelt. Aufgrund der lückenhaft über das Bundesgebiet verstreuten Projekte und Angebote kann zudem nur ein kleiner Teil der belasteten und in ihrer Entwicklung gefährdeten Kinder und ihrer Familien erreicht werden".

Ein Diskussionspapier (2010: 11ff.) der AGJ regt systemübergreifende Vernetzungen und eine verstärkte Zusammenarbeit zwischen den sozialen Diensten an. Dabei geht es nicht nur um eine Kooperation zwischen der Kinder- und Jugendhilfe und der Kinder- und Jugendpsychiatrie, sondern auch um die Einbeziehung der Beratungsstellen für sucht- und alkoholkranke Eltern(-teile).

> „Sinnvoll ist darüber hinaus die Kooperation von Gesundheits- und Suchthilfe mit Jugendhilfe und Schule: Für Kindertagesstätten und Schulen (z.B. Offene Ganztagsschulen) sollte es sowohl für die Fachkräfte als auch für das Lehrpersonal als auch für die Kinder und Jugendlichen auf die jeweilige Zielgruppe abgestimmte Informationen über psychische und Suchterkrankungen sowie über die Angebote der Kinder- und Jugendhilfe geben." (AGJ 2010: 13)

7 Kooperationsansätze und -perspektiven zwischen Schule, Jugendhilfe und Gesundheitshilfe

Kooperation der Schule mit der Kinder- und Jugendhilfe sowie der Gesundheitshilfe, z. B. in Form. der Kinder- und Jugendpsychiatrie, ist bei stark belasteten Kindern und Jugendlichen und solchen mit speziellen Versorgungsbedarfen von hoher Relevanz. Zwar existieren bereits kommunale Biotope mit mehrjährigen positiven Kooperationserfahrungen vor Ort, sie reichen jedoch bei weitem nicht.

Um eine angemessene Unterstützung für Kinder und Jugendliche mit speziellen Hilfebedarfen sicherstellen zu können, sind strukturell implementierte und somit institutionalisierte Formen der Kooperation und Regelungen unerlässlich. Auf diese Notwendigkeit wird seit Jahren, insbesondere zwischen Kinder- und Jugendhilfe und Kinder- und Jugendpsychiatrie (vgl. Dörr 2010: 968ff. und insbesondere Fegert, Besier 2010: 987-1110; Fegert, Ziegenhain, Goldbeck 2010)), aber auch zwischen Jugendhilfe und Schule (vgl. Maykus 2008: 22-35) verwiesen. Aber wie steht es um eine Kooperation zwischen Schule, Kinder- und Jugendhilfe und Gesundheitshilfe? Im Dreizehnten Kinder- und Jugendbericht (2009) wird sie als Notwendigkeit, vor allem in Verbindung mit der Behindertenhilfe wie auch der Kinder- und Jugendpsychiatrie und Kinder- und Jugendlichenpsychotherapie (vgl. Ziegenhain 2010: 27-35), problembezogen reflektiert, aber noch nicht lösungsorientiert entwickelt. Dazu fehlt es gegenwärtig noch immer an strukturellen Rahmungen auf der gesamtpolitischen Ebene und an interdisziplinär entwickelten Ansätzen:

- Kooperation ist bislang nur für die Träger öffentlicher Jugendhilfe nach § 81 SGB VIII verbindlich, nicht jedoch laut SGB V für das Gesundheitswesen und auf der Ebene der länderbezogenen Gesetzgebungen für die Schule. Hier ist es geboten, für die Kooperationspartner entsprechende Rechtsgrundlagen unter Einbeziehung auch des SGB IX herzustellen.

- Bei einer strukturell fundierten Kooperation geht es immer auch um die Bereitstellung finanzieller Mittel: Die Stärkung der gesundheitsbezogenen Hilfen im Präventions- wie Förderungsbereich zur Stärkung eines aktiven Kinderschutzes kann nur dann gelingen, wenn die jeweiligen Kostenträger endlich Mischfinanzierungen im Sinne einer integrierten Nutzung schaffen. Erfolgreich umgesetzt wird sie partiell – regional unterschiedlich – z. B. bereits in der Frühförderung. Relevant werden Mischfinanzierungen aber auch bei der „Großen Lösung“ unter Federführung der Kinder- und Jugendhilfe. Bei der Umsetzung der Inklusion in der Schule unter Mitwirkung von Kinder- und Jugendhilfe sowie der Gesundheitshilfe werden ebenfalls Mischfinanzierungen vonnöten sein.
- Schließlich sind Konzepte für eine interprofessionelle Kooperation, z. B. für eine interprofessionelle Hilfeplanung, zwischen den sozialen Diensten und Schule, zu entwickeln. Das Gelingen einer interprofessionellen Kooperation ist keineswegs vorauszusetzen, sondern auf der Grundlage zentraler Gemeinsamkeiten Schritt für Schritt zu erarbeiten (vgl. z. B. das Modellprojekt „Kooperation von Kinder- und Jugendpsychiatrie, Jugendhilfe und Schule in der Region Berlin Südwest 2005-2008). Erleichtert würden auf praktischer Ebene interprofessionelle Kooperationen, wenn Fächer wie Gesundheitswissenschaften, Pflegewissenschaften, Soziale Arbeit als Wissenschaft, Erziehungswissenschaft, klinische Psychologie und Soziologie interdisziplinär zusammenarbeiten und gemeinsame Forschungsprojekte entwickeln. Fachliche Gemeinsamkeit zwischen den sozialen Diensten und der Schule können Gesundheit(sförderung) und gesundheitsbezogene Prävention bilden, aber vor allem auch die Verbesserung institutioneller Anknüpfungsmöglichkeiten: So sollte sich die Schule ihres Schutzauftrages gegenüber Kindern und Jugendlichen bewusster werden, die Kinder- und Jugendhilfe ihr Selbstverständnis als Rehabilitationsträger weiterentwickeln (vgl. Fegert, Dieluweit, Thurn, Ziegenhain, Goldbeck 2010: 18), und die Gesundheitshilfe im engeren Sinne (Kinder- und Jugendpsychotherapie, Kinder- und Jugendpsychiatrie und Kinder- und Jugendärzte) ihres gesundheitsförderlichen Auftrages bewusster werden.

Der zentrale Satz in der Stellungnahme der Bundesregierung zum Dreizehnten Kinder- und Jugendbericht lautet (fett gedruckt): „Der junge Mensch muss im Mittelpunkt der verantwortlichen Teilsysteme stehen“ (BMFSFJ 2009: 13). Diesen gilt es, in der fachlich-praktischren Arbeit als Gemeinsamkeit festzuhalten, was nur dann ernsthaft gelingen kann, wenn die jeweilige Lebenslage, nicht jedoch eine spezifische Beeinträchtigung, den Ausgangspunkt der pädagogischen Arbeit bildet. Im Mittelpunkt stehen Kinder und Jugendliche mit ihrer Agency, ihrer spezifischen unverwechselbaren Handlungsmächtigkeit (vgl. Homfeldt, Schröer, Schweppe 2008). Dies gilt auch für Kinder mit speziellen Versorgungsbedarfen. Ein eindrucksvolles Beispiel liefert R. Szepanski (2002: 99-103) für asthmakranke Kinder im Sportunterricht.

Für asthmakranke Kinder und Jugendliche trage körperliche Aktivität zu einer Verbesserung der des Sekrettransportes bei. Auch die Entwicklung eines differenzierten Körpergefühls sei nur über körperliche Betätigung möglich. Er ist ein wichtiger Bestandteil der Asthmadauertherapie und verbessere den Gesamtstatus des betroffenen Kindes und Jugendlichen. Dazu gehöre jedoch eine richtige Belastungsdosierung. Für die Betreuung Asthma betroffener Kinder und Jugendlichen im Sportunterricht bedürfe es besonderer Kenntnisse. Da Lehrkräfte oftmals überfordert seien, beginnende Asthmasymptome zu erfassen, und dem Kind und Jugendlichen den nötigen Freiraum für eine Selbsthilfe zu ermöglichen, bedürfe es einer intensiven Asthmaschulung der Lehrkräfte und der Mitarbeiter schulbezogener Jugendhilfe.

Schulungsaufgaben können über medizinisches Fachpersonal und nach entsprechender Einweisung auch über Fachpersonal der Kinder- und Jugendhilfe erbracht werden. Eine gesundheitsbezogene Kinder- und Jugendhilfe in der Schule bietet sich an als Grundlage für eine differenzierte Unterstützung der Lehrkräfte nicht nur im Sportunterricht, sondern auch als gesundheitsbezogene Familienhilfe, und zwar nicht nur für asthma- und rheumakranke Kinder und Jugendliche, sondern grundsätzlich für Kinder und Jugendliche mit speziellen Versorgungsbedarfen.

Dass die Agency die Grundlage für ein inklusives Bildungs- und Hilfesystem zu bilden hat, unterstreicht eindrucksvoll der Bericht einer Mutter eines rheumakranken Kindes (2002: 105):

> „Der Klassenraum ist im obersten Stockwerk. Es war ein Theater ohne Ende, als ich bat, das Kind in den Pausen oben zu lassen. Es geht nur, wenn Sebastian ein Vokabelheft vorlegt, das ich unterschrieben habe und immer nur für den jeweiligen Tag. Und erschwerend kommt hinzu, dass Sebastian für den Unterricht fast stündlich den Klassenraum wechseln und für jede Unterrichtsstunde durch lange Flure und über Treppen rennen muss. Da hilft dann auch der doppelte Satz Bücher nichts mehr, denn die müssen ja vom Klassenraum doch durch die ganze Schule, treppauf, treppab getragen werden".

Der Begriff der Inklusion zielt auf die Umgestaltung der sozialen Umwelt als Voraussetzung für die gemeinsame Nutzung und gesellschaftliche Teilhabe durch heterogene Gruppen von Kindern und Jugendlichen, d. h die Leistungssysteme müssen sich so verändern, dass sie eine individuelle Förderung aller Kinder und Jugendlichen ermöglichen. Erst wenn sich die Leistungsangebote primär an der Lebenslage der Kinder und Jugendlichen und damit an ihre persönlichen Bedarfslagen ausrichten, könnten endlich die Selbstwirksamkeit hemmenden und stigmatisierenden Parallelstrukturen für Kinder und Jugendliche wegfallen.

Es geht jedoch nicht nur darum, die strukturellen Voraussetzungen, rechtlich, fachlich und räumlich zu schaffen. Jede Kooperation ist mit größter gegenseitiger Achtsamkeit umzusetzen. Bezogen auf den ASD im Jugendamt formuliert Tenhaken folgende Punkte (vgl. 2010: 95f.):

- Das Wissen über den Kooperationspartner muss gegeben sein,
- die Klärung von Erwartungen und Ressourcen ist im Vorfeld zu definieren,
- eine gemeinsame Arbeitsplanung muss erstellt werden,
- die Ergebnissicherung muss abgesprochen werden,
- Maßnahmen zur Vertrauensbildung, zur Verbesserung der Zusammenarbeit müssen in den Blick genommen werden,
- die zeitliche und personelle Kontinuität während des Prozesses ist sicher zu stellen,
- systematische Rückkopplungsprozesse sind zu initiieren, d. h. die Ergebnisse der Kooperation sind regelmäßig in die Organisation hineinzutragen,
- die Kooperationspartner müssen sich um die Herstellung einer doppelten Zielkongruenz bemühen (damit ist gemeint, dass Ziele sowohl im Blick auf das Innenverhältnis der Organisation als auch im Kooperationskontext abgeglichen werden müssen),
- Loyalitätskonflikte aus interprofessionell unterschiedlichen Zieldefinitionen müssen reflektiert werden,
- es muss ein nach außen sichtbares Kooperationsprofil existieren, welches die Identifikation und Legitimation erleichtert und
- eine Verantwortungsdiffusion muss vermieden werden".

8 Schließlich das gemeinsame Vierte und Fünfte: Stadtteil/ Gemeinwesen und die Entwicklung einer auf Gesundheitsförderung ausgerichteten Gesamtpolitik

Auch wenn die Kooperationsnotwendigkeiten zwischen den familienrelevanten Institutionen bei Kindern und Jugendlichen mit speziellen Entwicklungsbedarfen besonders hoch sind, so ist eine salutogenetisch gestärkte Schule letztlich für alle anderen Kinder und Jugendlichen und die in ihr Tätigen von höchster

Bedeutung. Schule als salutogenetisches Setting lässt sich auch im Verständnis der Ottawa-Charta von 1986 – erfolgreich realisieren,

- auf der Ebene der Akteure, indem gesunde Lebensweisen (z. B. durch gesunde Ernährung und Bewegung allgemein und Stärkung der Fähigkeit zur Risikobewältigung im Falle einer chronischen Erkrankung im Besonderen) entwickelt werden,
- auf der Ebene von Gruppen, indem gesundheitsförderliche Projekte allgemein umgesetzt und z.B. bei längeren Fehlzeiten Kinder und Jugendliche mit speziellen Versorgungsbedarfen bei der Aufarbeitung von Lerninhalten zu Hause unterstützt werden,
- auf der Ebene der Institutionen, indem auf der Basis von Helfen, Bilden, Heilen und Pflegen zusammen gearbeitet wird, z. B. Kindern und Jugendlichen mit einem speziellen Versorgungsbedarf der Weg von der Klinik in die Schule erleichtert wird,
- auf der Ebene des Gemeinwesens (z. B. eines Stadtteils), indem Kinder und Jugendliche, ob behindert oder nicht beeinträchtigt, freie Zeit miteinander verbringen; denn im Gemeinwesen leben sie mit ihren Familien. In ihm gestalten sie ihren Alltag.

Auf einer fünften Systemebene geht es in der Ottawa-Charta nicht zuletzt um eine gesundheitsförderliche Gesamtpolitik. Im Dreizehnten Kinder und Jugendbericht (vgl. 2009: 251) heißt es dazu:

> „Gesundheitsförderung und Prävention bedürfen einer gesellschaftspolitischen Rahmung und Prioritätensetzung. In vielen Konstellationen, in denen Heranwachsende Förderung und Unterstützung benötigen und die in hohem Maße gesundheitsrelevant sind (Sozialpolitik Armutsbekämpfung, Integration von Migranten und Migrantinnen und Menschen mit Behinderung, Bildung, Ökologie) ist eine integrierte Gesamtpolitik erforderlich".

Literatur

AGJ (2010): Kinder von psychisch erkrankten und suchtkranken Eltern. Diskussionspapier. Berlin.

Antonovsky, Aaron (1997): Salutogenese. Zur Entmystifizierung der Gesundheit. Deutsche erweiterte Ausgabe von Alexa Franke. Tübingen: dgvt-Verlag.

Bezirksamt Tempelhof-Schönenberg von Berlin, Abteilung Gesundheit und Soziales (2009) (Hrsg.): Abschlussbericht des Modellprojekts: „Kooperation von Kinder- und Jugendpsychiatrie, Jugendhilfe und Schule" in der Region Berlin Südwest 2005-2008.

Bundesjugendkuratorium (2009): Zur Neupositionierung von Jugendpolitik: Notwendigkeit und Stolpersteine. Berlin.

Bundesministerium für Arbeit und Soziales (2008): Lebenslagen in Deutschland. Der 3. Armuts-und Reichtumsbericht der Bundesregierung. Berlin.

Bundesministerium für Familie, Senioren, Frauen und Jugend (2009): Dreizehnter Kinder-und Jugendbericht. Mehr Chancen für gesundes Aufwachsen. Berlin.

Degener, Theresia (2009): Die neue UN-Behindertenrechtskonvention aus der Perspektive der Disability Studies. In: Behindertenpädagogik, Jg. 48, H. 3. 263-283.

Denner, Sylvia (2008): Arbeitsfelder der Sozialen Arbeit mit psychisch kranken und seelisch behinderten Kindern und Jugendlichen-ein Überblick. In: Denner (2008): 57-67.

Dritter und Vierter Staatenbericht der Bundesrepublik Deutschland zu dem Übereinkommen der Vereinten Nationen über die Rechte des Kindes (2010). Berlin.

Fegert, Jörg M./Dieluweit, Ute/Thurn, Leonore/Ziegenhain, Ute/Goldbeck, Lutz (2010): Einleitung: Traumatisierte Kinder und Jugendliche in Deutschland. In: Fegert, Ziegenhain, Goldbeck (2010): 9-26.

Franke, Alexa (2010): Modelle von Gesundheit und Krankheit. Bern: Verlag Hans Huber & Hogrefe, 2. Aufl.

Franz, Matthias/Ulrich, Wilhelm (2010): Die gesundheitliche Situation von Kindern in Einelternfamilien. In: Collatz (2010): 288-321.

Grave, Claudia (2002): Rheumakranke Kinder und Jugendliche-ihre psychosoziale Situation und die Auswirkungen auf den Schulalltag. In: Pädagogisches Forum, 30./15. Jg., H. 2. 105-113.

Gutmann, Renate (2008): Jugendliche mit einem psychisch kranken Elternteil-Welche Unterstützung brauchen sie? In: Lenz/Jungbauer (Hrsg.): Kinder und Partner psychisch kranker Menschen. Belastungen, Hilfebedarf, Interventionskonzepte. Tübingen: dgvt Verlag: 113-136.

Hintermair, Manfred (2010): Salutogenetische und Empowerment-Konzepte in der Arbeit mit Kindern und Jugendlichen mit Behinderungen. In: Sachverständigenkommission 13. Kinder-und Jugendbericht (2010): 155-191.

Hölling, Heike/Schlack, Robert/Kurth, Bärbel-Maria (2010).Kinder-Familien-Gesundheit: Fakten und Zahlen aus dem bundesweiten repräsentativen Kinder-und Jugendgesundheitssurvey (KIGGS): In. Collatz (2010): 97-131.

Homfeldt, Hans Günther (2004): Gesundheitsförderung und Schulsozialarbeit. In: Hartnuß (2004): 371-388.

Homfeldt, Hans Günther/Franzkowiak, Peter/Mühlum, Albert (2011): Lehrbuch Gesundheit. Weinheim, München: Juventa Verlag.

Homfeldt, Hans Günther/Schröer, Wolfgang/Schweppe, Cornelia (2008) (Hrsg.): Vom Adressaten zum Akteur. Soziale Arbeit und Agency. Opladen & Farmington Hills: Barbara Budrich Verlag.

Kauffmann, Heiko/Riedelsheimer, Albert (2010) (Hrsg.): Flüchtlingskinder in Deutschland. Karlsruhe: von Loeper Literaturverlag.

Lenz, Albert (2010): Riskante Lebensbedingungen von Kindern psychisch und suchtkranker Eltern-Stärkung ihrer Ressourcen durch Angebote der Jugendhilfe. In: Sachverständigenkommission 13. Kinder-und Jugendbericht (2010): 683-752.

Lexow, Anja/Wiese/Meike/Hahlweg, Kurt (2008): Kinder psychisch kranker Eltern: Ihre Chancen, im Rahmen einer ambulanten Psychotherapie der Eltern u profitieren. In: Lenz, Jungbauer (2008): 91-112.

Merten, Roland (2010): Jugend und Armut-Herausforderungen angesichts einer vergessenen Generation. In: Fischer, Merten (2010): 131-159.

Meysen, Thomas/Schönecker, Lydia/Kindler, Heinz (2009): Frühe Hilfen im Kinderschutz. Rechtliche Rahmenbedingungen und Risikodiagnostik in der Kooperation von Gesundheits-und Jugendhilfe. München, Weinheim: Juventa Verlag.

Ohlbrecht, Heike (2006): Jugend, Identität und chronische Krankheit. Soziologische Fallrekonstruktionen. Opladen: Barbara Budrich Verlag.

Paulus, Peter (2010): Gesundheitsförderung in Kooperation von Schule, Jugendhilfe und anderen Partnern. In: Sachverständigenkommission 13. Kinder-und Jugendbericht (2010): 535-619.

Paulus, Peter (2010) (Hrsg.): Bildungsförderung durch Gesundheit. Bestandsaufnahme und Perspektiven für eine gute gesunde Schule. München: Juventa.

Rauschenbach, Thomas/Züchner, Ivo (2006): Was ist eigentlich mit der Jugend? Zu „gefühlten“ und gemessenen Lagen der Jugend. In: Badawia, Luckas, Müller (2006): 199-223.

Schaeffer, Doris (2009): Bewältigung chronischer Krankheit im Lebenslauf-Einleitung. In: Schaeffer (2009): 7-12.

Schmid, Marc (2010): Kinder-und Jugendhilfe im Brennpunkt. Nachdenken über strukturell verursachte gesellschaftliche Folgekosten bei Jugendhilfeabbrüchen. In: Klinische Sozialarbeit, 6. Jg., H. 4. 6-8.

Schone, Reinhold (2008): Kinder-und Jugendhilfe als Kooperationspartner der Kinder- und Jugendpsychiatrie. In: Denner (2008): 141-153.

Seckinger, Mike/van Santen, Erik (2009): Jugend in der Kinder-und Jugendhilfe-Vom Fokus zum Rand. In: Schulze-Krüdener (2009): 186-209.

Szcepanski, Rüdiger (2002): Mit Asthma bronchiale in der Schule-eine chronische Krankheit im Alltag von Kindern und Jugendlichen. In: Pädagogisches Forum, 30./15. Jg., H. 2. 96-104.

Steen, Rainer (2005): Soziale Arbeit im Öffentlichen Gesundheitsdienst. München.

Tenhaken, Wolfgang (2010): Jugendhilfe und Dritte: (interinstitutionelle) Kooperation in der Arbeit des ASD. In: Institut für Sozialarbeit und Sozialpädagogik e. V. (2010): 92-109.

Thyen, Ute (2010): Familienorientierte Versorgung in der Kinder-und Jugendmedizin. Auswirkung von chronischen Erkrankungen von Kindern und Jugendlichen auf das Familiensystem und Erfordernisse an die Gesundheitsversorgung. In: Collatz (2010): 218-237.

Ziegenhain, Ute (2010): Traumabezogene Aspekte in Kinder-und Jugendlichengesundheit aus der Sicht der Jugendberichtskommission zum 13. Kinder-und Jugendbericht. In: Fegert, Ziegenhain, Goldbeck (2010): 27-35.

Maren Wichmann

Kinderrechte und Kinderschutz in der Ganztagsschule

Die aktuelle Debatte über Kinderschutz ist wichtig und dringend notwendig. Bezogen auf Schule besteht jedoch die Gefahr, dass sie den Blick einzig auf das Thema lenkt, wie wir Kinder und Jugendliche vor Gewalt durch Sorgeverantwortliche (Betreuende, Lehrende usw.) und Gleichaltrige schützen. Dabei geht es um weit mehr, nämlich die Frage nach einem umfassenden Schutz von Kinderrechten.

Jörg Maywald, Sprecher der National Coalition für die Umsetzung der UN-Kinderrechtskonvention in Deutschland, beschreibt Kinderrechtsschutz als Anerkennung jedes Kindes als (Rechts-)Subjekt und die Gewährleistung umfassender Schutz-, Förder- und Beteiligungsrechte im privaten wie auch im öffentlichen Raum (vgl. Maywald 2010), also auch in der öffentlichen Institution Ganztagsschule:

> „Kinderrechte gehen alle an: Kinder und Erwachsene, Regierungen und Nichtregierungsorganisationen. Besonders wichtig sind sie auch für das Zusammenleben in der Schule. Denn die Schule ist neben der Familie der zentrale Ort, an dem die Kinder ihre Rechte lernen und leben können. Lehrerinnen und Lehrer haben dabei eine bedeutsame Aufgabe: Kinder, die von klein auf erfahren, dass ihre Würde geachtet wird, lernen zugleich, die Rechte anderer zu respektieren und sich dafür stark zu machen." (Kinderrechte machen Schule 2010)

Der erste Kinder- und Jugendreport zur UN-Berichterstattung über die Umsetzung der UN-Kinderrechtskommission stellte den Kinderrechten im Jahr 2010 ein Zeugnis aus. Fragt man Kinder und Jugendliche danach, wo sie ihre Rechte verletzt sehen, berichten sie zum großen Teil von Erlebnissen, die mit menschlichen Beziehungen in der Schule zu tun haben. Bezogen auf das Verhalten von

Lehrkräften nennen sie Ungleichbehandlung und mangelnde Wertschätzung als häufige Verstöße, bezogen auf das soziale Miteinander unter Kindern und Jugendlichen vor allem Ausgrenzungen, Beleidigungen und Gewalt. (vgl. 1. Kinder- und Jugendreport 2010)

1 Kinderrechte und Ganztagschule

Es gibt mittlerweile kaum eine bildungspolitische (gesellschaftliche) Debatte, in der nicht die Ganztagsschule als „conditio sine qua non" zur Lösung drängender Probleme beschrieben wird: Bildungs- und Chancengerechtigkeit, Wandel der Lebensformen, Leistungsniveausteigerung und Fachkräftemangel sind nur einige aktuelle Beispiele. Kurz: Die in der Öffentlichkeit formulierten Erwartungen an Ganztagsschulen sind besonders hoch.

Sie sind deshalb hoch, weil von und für Ganztagschulen der Anspruch formuliert wird, nicht mehr nur eine Lehranstalt zu sein, in der es allein um die Vermittlung von Wissen geht, sondern um Bildung, Erziehung und Betreuung von Kindern. Auch ein solcher erweiterter gesellschaftlicher Auftrag weist – ebenso wie der rein auf Bildung begrenzte – darauf hin und verführt gleichzeitig dazu, Ganztagsschule rein aus der Perspektive der Erwachsenen zu denken. Denn in dem Dreiklang aus Bildung, Erziehung und Betreuung wird bereits deutlich, wer hier verantwortet und wer über wen entscheidet. Und natürlich sind die Erwachsenen durch ihren Entwicklungsvorsprung die Verantwortlichen, die für Kinder Sorge tragen. Aber Kinder dürfen ihnen nicht als unterstellt, sondern müssen als gleichwertig betrachtet werden.

Die Sichtweise, dass sich Schülerinnen und Schüler vorrangig den von Erwachsenen vorgeschriebenen Regeln und Strukturen unterordnen müssen, dass sie „funktionieren" müssen im System Schule, ist weit verbreitet – unabhängig davon, ob halbtägige oder ganztägige Schulen.

Im Programm „Ideen für mehr! Ganztägig lernen." – dem einzigen bundesweiten Programm zur qualitativen Unterstützung von Ganztagsschulen und allen, die es werden wollen – wird deshalb sehr bewusst die Perspektive des Kindes in den Mittelpunkt gerückt. So orientiert sich die Unterstützung von Ganztagsschulen, die der Bund, die Länder und die DKJS mit dem Programm gemeinsam leisten, an „23 Thesen für eine Ganztagsschule im Interesse der Kinder" (Enderlein/Krappmann 2005), die dabei helfen, die richtigen Antworten auf die alles entscheidende Frage zu finden: „Wie muss eine Schule sein, damit sie dem Kind oder Jugendlichen gerecht wird?" – und nicht andersherum.

Alle Schulen, vor allem aber Ganztagsschulen mit ihrem erweiterten Auftrag, dürfen nicht nur aus Erwachsenenperspektive gute Schulen, sondern müssen

Orte sein, an denen sich Kinder und Jugendliche wohl fühlen und bestmöglich entwickeln können. Sie müssen ihnen Anregungen zum Lernen bieten, spannende Begegnungen und Bedingungen für ein gesundes Aufwachsen in einem guten sozialen Miteinander. Und sie müssen sie teilhaben lassen an ihrer Gestaltung, sie ernst nehmen in ihren Bedürfnissen nach demokratischer Mitverantwortung und sie darin unterstützen und fördern. Denn eine gute Ganztagsschule darf kein künstlicher Ort sein, an dem nur Probehandeln geübt wird, das außerhalb der Schule keine Reichweite, keine Bedeutung hat oder schlimmstenfalls sogar im Widerspruch zur „realen Welt" steht. Eine gute Ganztagsschule ist ein Mittelpunkt, in dem wirkliches Leben stattfindet mit vielfältigen Bezügen nach außen: zum Gemeinwesen, zu Vereinen, Initiativen, Betrieben und so fort. Und sie ist offen – offen für neue Partnerschaften mit Einrichtungen und Personen, die an einer Zusammenarbeit interessiert sind.

Ein weiterer Grund, warum Kinderrechte an Ganztagsschulen eine größere Rolle als an herkömmlichen Halbtagsschulen spielen, ergibt sich aus der schlichten Tatsache, dass Kinder nicht mehr mittags die Schule verlassen: Viele Aktivitäten, die bislang außerhalb des Systems Schule lagen, gehören nun dazu, wie z.B. Freizeit, Freunde oder auch Hausaufgaben. Ihre Entwicklung, ihre Interessen und auch ihre Probleme sind an diesem Lebensort präsent und sie verbringen ein deutliches Mehr an Zeit mit Peers, aber auch mit erwachsenen Begleitern und Begleiterinnen. Damit erhalten auch Kinderrechte, Partizipation und Teilhabe einen weitaus höheren Stellenwert – in einer doppelten Dimension. Der Lebensort Ganztagsschule kann einerseits eine schützende Gegenwelt zu bedrohlichen Situationen in der Familie oder im sozialen Umfeld bieten und Kindeswohlgefährdung kann besser erkannt werden. Er kann Kinder andererseits aber auch neuen Bedrohungen aussetzen, die von den erwachsenen Begleitern oder anderen Kindern und Jugendlichen ausgehen.

2 Qualitätsentwicklung an der Ganztagsschule und Kinderrechte

Kinderrechte reichen über das Recht auf ein gewaltfreies Aufwachsen hinaus und umfassen auch ein Recht auf gleiche Chancen und Behandlung, auf eine gute, lebensnahe Bildung, auf Ruhe, Freizeit und Erholung, auf Privatsphäre und Respekt, auf Äußerung der eigenen Meinung und Mitbestimmung sowie auf besondere Förderung und Betreuung bei vorliegenden Beeinträchtigungen. Führen wir sie uns in dieser Breite vor Augen, so sind die Berührungspunkte zur Ganztagsschulentwicklung allgegenwärtig: sei es beim individualisierten Lernen, dem achtsamen Umgang mit jedem einzelnen Kind und Jugendlichen, bei der Frage einer sinnvollen Rhythmisierung – mit ausreichend Zeit für Rückzug, Kontakt, Erholung oder Anregung, Ruhe oder Bewegung –, bei der Förderung einer Schulkultur, die auf Wertschätzung und Akzeptanz aller Beteiligten ausgerichtet ist, der Entwicklung eines stimmigen Inklusionskonzepts und von Unterrichtskonzepten, die individuelle Förderung und selbstbestimmtes Lernen für jedes Kind ermöglichen, oder bei der Verwirklichung von ernstgemeinter Partizipation und Mitbestimmung. Schnell wird deutlich: Das Schlüsselelement für die Wahrung der Kinderrechte besteht in einer umfassenden Verbesserung der Qualität von Ganztagsschule.

In absehbarer Zeit werden Ganztagschulen auch in der Bundesrepublik die bestimmende Schulform sein. Schon heute arbeiten 42% der Schulen des Primar- und des Sekundarbereiches I ganztägig und in allen Bundesländern gibt es Programme zum quantitativen und qualitativen Ausbau von Ganztagsschulen (vgl. Bildungsbericht 2010). Das Kooperationsverbot des Föderalismus im Bildungsbereich hat dazu geführt, dass Ganztagsschulen in den einzelnen Ländern ganz unterschiedliche Prägungen aufweisen. Dennoch geht es nach der ersten stürmischen Phase des Aufbaus von Ganztagsschulen jetzt in allen Ländern darum, die Qualität der Ganztagsangebote weiterzuentwickeln. Unterstützt werden die Schulen dabei durch die regionalen Serviceagenturen "Ganztägig lernen", die von der DKJS in Zusammenarbeit mit den sechzehn Bundesländern und dem BMBF im Programm „Ideen für mehr. Ganztägig lernen" eingerichtet wurden. Ziel des Programms ist es, Lösungen zu erarbeiten, welche die „Ortszeit" der Schulen zum Ausgangspunkt für Schulentwicklung machen.

Kinderschutz und Kinderrechte bilden dabei eine wichtige Richtschnur. Sie können entscheidend dazu beitragen, dem Anspruch gerecht zu werden, nicht nur ein guter Lern-, sondern auch Lebensort zu sein:

> „Man lernt besser und motivierter, wenn man sich mit dem Lernort, den Lerninhalten und den Lernweisen identifizieren kann. Partizipation kann helfen, Schule zu einem Lebensort zu machen, an dem man sich gerne aufhält. Wenn man sie aktiv mitbestimmen und mitgestalten kann, dann wird Schule zu einem eigenen Ort, mit dem man sich identifiziert." (Interview Sturzenhecker 2008)

Viele Erfahrungen zeigen zudem, dass eine an den Rechten von Kindern orientierte Schulkultur nicht nur einseitig den Schülerinnen und Schülern zu Gute kommt, sondern dass Schule auch für die Lehrenden zufriedenstellender und im positiven Sinne herausfordernder wird, wenn sich das gemeinsame Arbeitsziel an den Interessen und Bedürfnissen der Kinder ausrichtet.

Hinweise dafür, dass es einen Zusammenhang zwischen der Qualität von Ganztagsschulen und Schulleistungen gibt, geben auch die Zwischenergebnissen der großen BMBF-Längsschnitt-Untersuchung „Studie zur Entwicklung von Ganztagsschulen", durchgeführt vom DiPF, dem DJI und dem IFS (vgl. StEG-Konsortium 2010). Die Befunde zeigen: Der Besuch des Ganztags wirkt sich positiv auf die Entwicklung des Sozialverhaltens, der Motivation sowie der schulischen Leistungen aus, wenn er dauerhaft und regelmäßig ist und die Qualität der Angebote hoch ist. Das bedeutet: Längere Schulzeiten alleine reichen nicht, um spezifische Förderung zu leisten, sondern die Qualität der Schule insgesamt und der einzelnen Angebote haben eine große Bedeutung. Kritische Größen sind dabei die Sozialbeziehungen in der Schule, die im Unterricht eingesetzten Lehrmethoden und die wahrgenommene (!) Qualität der Angebote, die beispielsweise dadurch bestimmt wird, dass ein Angebot das Interesse der Schülerinnen und Schüler weckt, an ihrem Vorwissen anknüpft und ihnen Partizipationsmöglichkeiten bietet.

Qualitätsentwicklung an Ganztagsschulen erfordert in erster Linie ein Umdenken. Weg von der Frage: „Welchem Anspruch müssen Kinder und Jugendliche in welchem Alter gerecht werden?" hin zu der Frage: „Was braucht dieses eine Kind, um sich in seiner ganzen Persönlichkeit gesund weiterentwickeln zu können?" Diese Grundhaltung heranwachsenden jungen Menschen gegenüber hat viel mit der Vermittlung und Verwirklichung mitmenschlicher und demokratischer Werte zu tun (vgl. Enderlein/Krappmann 2010).

3 Kinderschutz als Teil von Kinderrechten

Die neuen gesetzlichen Bestimmungen zum Schutz von Kindern und Jugendlichen bei Gefahren stellen ein sinnvolles und notwendiges Handlungsprogramm dar. Die Verankerung des Schutzauftrages bei Kindeswohlgefährdung in § 8a SGB VIII, (Kinder- und Jugendhilfegesetz) präzisiert den Schutzauftrag auch für Ganztagschulen. Bei der Kindeswohlgefährdung werden fünf Formen unterschieden: Kindesvernachlässigung, Körperliche Kindesmisshandlung, Seelische Kindesmisshandlung, Sexueller Missbrauch, Autonomiekonflikte und Erwachsenenkonflikte (Bathke 2007). Erste Bundesländer wie Nordrhein-Westfalen haben das Schulgesetz um eine entsprechende Korrespondenznorm ergänzt:

> „Die Sorge für das Wohl der Schülerinnen und Schüler erfordert es, jedem Anschein von Vernachlässigung oder Misshandlung nachzugehen. Die Schule entscheidet rechtzeitig über die Einbeziehung des Jugendamtes oder anderer Stellen." (§ 42 Abs.6 SchulG NRW)

Das massive Bekanntwerden der Vorfälle sexueller Gewalt an Schülerinnen und Schülern im Jahr 2010 hat die Aufmerksamkeit dafür geschärft, dass Schulen über Handlungskompetenz bei sexueller Gewalt verfügen müssen. „Schule ist nicht nur Lernort, sondern auch Beziehungsort. (…) Hier begegnen sich Lernende und Lehrende." (vgl. Wanzeck-Sielert 2010) Die Kultusministerkonferenz hat dazu im April 2010 einvernehmlich eine Handreichung verabschiedet, in der sie sich für eine größtmögliche Sensibilität gegenüber dem „Problem der sexuellen Übergriffe und des gewalttätigen Handelns in Schulen und schulnahen Einrichtungen und für ein engagiertes Handeln für die Opfer und gegen die Täter aus(spricht)". (KMK 2010) Unter den Überschriften „Schülerinnen und Schüler als Opfer: Erkennen und Wege zur Hilfe, Schule als Ort des Lernens und der Achtung: Vorsorgliches Handeln und Prävention, Aufklärung und Prävention bei Schülerinnen und Schülern, Sensibilisierung und Qualifizierung der Lehrkräfte, Dienst- und arbeitsrechtliche Fragen" werden in 28 Punkten konkrete Handlungswege aufgezeigt.

Kinderschutz hat über die Gefahr, die von den Erwachsenen im Ganztagsschulkontext selbst ausgehen könnte, hinaus noch eine weitere Dimension. So ist im Schulkontext gerade auch die Gewalt von Kindern und Jugendlichen untereinander von großer Bedeutung. Was häufig mit dem Begriff des Mobbing beschrieben wird, ist die absichtliche Verletzung oder Schikane eines Kindes durch einen einzelnen oder eine Gruppe von Tätern und Täterinnen, die über einen längeren Zeitraum wiederholt erfolgt. (vgl. Olweus 2006) Aus den deutschen Daten der internationalen Studie „Health Behavior in School Aged Children" ergibt sich, dass über ein Drittel der Befragten in der Vergangenheit Opfererfahrungen sammeln mussten, 5 % davon sind dabei mehrmals pro Woche betroffen. Als Täter/-innen sind insgesamt sogar 37% der Befragten mindestens ein Mal in Erscheinung getreten. 3,6 % schikanieren ihre Mitschüler/-innen dabei sogar mehrmals in der Woche (vgl. elzer/ Bilz/ Dümmler 2008). Diese Zahlen machen deutlich, dass zum Kinderschutz an Ganztagsschulen auch gehört, dass Kinder und Jugendliche vor den Angriffen ihrer Klassen- und Schulkameraden wirksam geschützt werden. Diesen Appell richten die Betroffenen auch selbst an die verantwortlichen Erwachsenen im Schulkontext. So beschreiben die vom Ersten Kinder- und Jugendreport befragten Kinder und Jugendlichen aus der Opferperspektive oder als allgemeinen Zustand, dass sie aufgrund ihrer Hautfarbe, ihrer Figur, ihrer Behinderung oder einfach, weil ein Opfer gesucht wird, nicht akzeptiert, gehänselt oder auch körperlicher Gewalt ausgesetzt sind. Die Schülerinnen und Schüler richten eindeutige Appelle an die Erwachsenen:

> „Nicht so weggucken bei Mobbing, Gewalt."
> „Dass die Lehrer nicht immer sagen: Klärt das allein."
> (1. Kinder- und Jugendreport 2010: 37)

Konflikte zwischen SchülerInnen sind zwar Bestandteil des sozialen Lernens, führen aber insbesondere in der Schule zu einer besonderen Dynamik, weil es sich im System Schule um eine „Zwangsgemeinschaft" handelt, in der die Personen und auch die Unterrichtsinhalte nicht frei gewählt wurden. Damit ist es ein starker Nährboden für Mobbingprozesse.

4 Kinderschutz – Chancen an Ganztagsschulen

Viele Ganztagsschulen zeichnen sich dadurch aus, dass an ihnen multiprofessionelle Teams wirken. Die Zusammenarbeit von Lehrkräften, Schulsozialarbeitern, Partnern aus der Jugendhilfe oder weiterem pädagogischen Personal kann den Blick für den Kinderschutz schärfen. Das Miteinander mit den Kindern und Jugendlichen außerhalb des Unterrichts, beim Mittagessen oder bei nachmittäglichen Angeboten ermöglicht den Erwachsenen, die Entwicklung der Schülerinnen und Schüler in unterschiedlichen Situationen und aus nächster Nähe zu verfolgen. Signale, die auf eine Gefährdung hindeuten, können besser wahrgenommen werden, wenn die erwachsenen Lehr- und Fachkräfte durch Kooperations- und Teamstrukturen eine besondere Aufmerksamkeit gegenüber der Gefährdung des Wohls von Kindern und Jugendlichen entwickeln, die multiprofessionell, fachlich versiert und im Zusammenspiel mehrerer Blickwinkel zustande kommt. Der angemessene Umgang mit Prävention und Verdachtsmomenten in Bezug auf Kindeswohlgefährdung hängt daher nicht nur vom fachlichen Wissen und Können der Pädagoginnen und Pädagogen ab, sondern ganz wesentlich von der Kultur des Miteinanders an einer Schule.

Kommunikationskultur dient dem Kindeswohl, da sie die Pädagoginnen und Pädagogen stärkt und potentielle Täter von unklaren Kommunikationsstrukturen profitieren. Sie bezieht sich aber nicht nur auf den Austausch in multiprofessionellen Teams, also zwischen der Schulleitung/den Lehrkräften, den pädagogischen Mitarbeitern/Kursleiterinnen, den Schulsozialarbeitern oder die Kooperation mit der Jugendhilfe, sondern auch auf eine ausgeprägte Gesprächskultur mit Eltern und Schülerinnen und Schülern.

Kinder und Jugendliche durch Teilhabe, Geborgenheit und Selbstwirksamkeitserfahrung zu stärken und auf diese Weise Sensibilität bzw. ein Frühwarnsystem für Opfer zu entwickeln, gelingt, wenn

- das Schulprogramm den Fokus auf die Interessen und Bedürfnissen von Kindern und Jugendlichen ausrichtet, Partizipation und Kinderrechte verankert sind.
- Evaluations- und Qualitätsentwicklungsprozesse die Personalentwicklung beinhalten, z.B. mit gemeinsamen Fortbildungen für Lehrkräfte, andere Päd-

agoginnen an der Schule und Kursleitungen sowie verbindlichen Ansprechpartnern für den Kinderschutz.

- Kooperation und Öffnung an der Schule großgeschrieben wird und Schulsozialarbeit einen anerkannten Platz in der Schule haben. Das bedeutet dann auch eine Vernetzung mit örtlichen Fachberatungsstellen bei den Kommunen und anderen Beratungseinrichtungen. In Schleswig-Holstein z.B. auferlegt das Kinderschutzgesetz aus dem Jahre 2008 die regionale Vernetzung. In acht von 14 Kreisen wirken Schulen mit. Eine Auswertung aus dem Jahre 2010 ergab, dass dieser Austausch wesentlich zu einer Verbesserung des Informationsflusses, der Kenntnis der Angebote und Struktur beiträgt. (vgl. SH Landtag Drs.: 67-68)

5 Kinder stark machen – konkrete Beispiele

Die folgenden Beispiele sollen einen Eindruck guter, gelingender Praxis vermitteln. Auch wenn zwei der vorgestellten Schulen für ihre Projekte ausgezeichnet worden sind, geht es nicht darum, Leuchttürme vorzustellen. Allen Beispielen ist gemeinsam, dass sie ihre Entwicklungsgeschichte transparent machen oder gemacht haben. Für interessierte „Nachahmer" besteht also die Möglichkeit, die „Ortszeit" der eigenen Schule mit der der anderen abgleichen und so abschätzen zu können, was übernommen oder ähnlich gemacht werden kann – und was nicht.

Seit Mitte 2010 liegen die Erfahrungen des Modellprojektes „Starke Kinder machen Schule" (www.starke-kinder-machen-schule.de) vor. (Wie Vielfalt 2010) Vier offene Ganztagsschulen in Berlin haben sich über einen Zeitraum von drei Jahren mit neuen Methoden der partizipativen Schul- und Unterrichtsentwicklung – Anti-Bias-Ansatz und Betzavta – und der Vermittlung von Kinderrechten vertraut gemacht. Ziele waren unter anderen, mit der Prävention früh zu beginnen, die Mitbestimmung aller an der Schule Beteiligen zu fördern und die Lehrerinnen und Lehrer sowie das pädagogische Fachpersonal bei diesem Prozess mit vier aufeinander aufbauenden Fortbildungsblöcken über ein Jahr zu begleiten und zu qualifizieren. Die Ergebnisse zeigen, wie wichtig der Austausch verschiedener Schulen untereinander, aber auch die Einbeziehung der Eltern und die Reflexion des externen Projektträgers sind, um Kinder stark zu machen.

Die 25. Grundschule Dresden (www.25-grundschule-dresden.de) stärkt ihre Schülerinnen und Schüler, indem sie dem Austausch und der Begegnung zwischen den Kindern der Schule, den Eltern, den Lehrerinnen und Lehrern, den Erzieherinnen und Erziehern, der Schulleitung und außerschulischen Partnern jede Woche einen festen Ort und einen festen Zeitpunkt einräumt. Der „Gemeinschaftstag" ist eine Institution. Jeden Dienstagnachmittag bespricht sich die Schulgemeinde – dies ist keine Schulvollversammlung, sondern ein offener Rahmen, der von allen angenommen und gemeinsam gestaltet wird. Die Schule wurde 2008 mit dem Projekt im Rahmen des Ganztagsschulwettbewerbs „Zeigt her eure Schule" der Deutschen Kinder- und Jugendstiftung ausgezeichnet.

Die Grundschule Süd Landau (www.gs-sued-ld.bildung-rp.de) gehört zu den Preisträgern des Deutschen Schulpreises 2010. Der Kinderschutz ist an dieser Schule gelebte Partizipation im Klassenrat oder im Schulparlament. Dies sind bekannte Formen der Beteiligung, der Schule gelingt es jedoch in besonderer Weise, diese Methoden in die Schulwirklichkeit zu integrieren, Beteiligung wird zur Selbstverständlichkeit. Die Grundschule Süd Landau ist eine Modellschule für Partizipation und Demokratie, die von der Serviceagentur „Ganztägig lernen" Rheinland-Pfalz im Rahmen des Programms „Ideen für mehr! Ganztägig lernen." der Deutschen Kinder- und Jugendstiftung begleitet wird.

Wie sieht eine kindgerechte Schule aus? Dieser Frage stellt sich die Heinrich-Böll-Gesamtschule im hessischen Hattersheim (www.heinrich-boell-schule.de). Sie ist eine von zehn Schulen des Modellschulnetzwerks für Kinderrechte, das sich seit Herbst 2010 für zwei Jahre zusammengeschlossen hat. Unter der wissenschaftlichen Begleitung von Prof. Dr. Lothar Krappmann, dem deutschen UN-Kinderrechtsbeauftragten, sind Unterrichtsmaterialen, gemeinsame Workshops, gegenseitige Schulbesuche und Netzwerktreffen geplant worden. Bereits jetzt sind die Zielvereinbarungen der Schulen im Internet zu lesen. Der gesamte Prozess ist dort dokumentiert.

6 Zusammenfassung

An Ganztagschulen stellt sich die Frage nach Kinderrechten und Kinderschutz drängend, weil die Schule einen größeren Teil der Lebensrealität von Kindern und Jugendlichen umfasst und die dort erlebten Erfahrungen auf alle Lebensbereiche ausstrahlen. Daraus ergeben sich große Chancen, Kindern und Jugendlichen, ihren Rechten und ihrem Schutz den notwendigen Raum zur Entfaltung zu geben. Kinderschutz und Kinderrechte bieten zudem einen wichtigen Beitrag für eine notwendige Qualitätsentwicklung, denn eine gute Ganztagschule zeichnet sich dadurch aus, dass sie sich an den Bedürfnissen und Interessen von Kindern und Jugendlichen orientiert.

Für die Stärkung von Kinderrechten und damit für einen wirksamen Kinderschutz ist es wichtig, dass sie von multiprofessionellen Teams, die Kinder und Jugendliche aus ganz unterschiedlichen Perspektiven sehen, gekannt, eingefordert und gewahrt werden; dass die Schule sich öffnet und den Austausch mit anderen guten Ganztagsschulen und Kooperationspartnern sucht, eigenes Wissen in diese Netzwerke einspeist und von den guten Erfahrungen anderer Schulen profitiert. Und schließlich, dass sie sich immer wieder befragt, welche Qualität sie in unterschiedlichen Feldern erreicht hat, sich Herausforderungen stellt und Erfolge feiert.

Auszüge der Thesen von Enderlein/Krappmann:

These 2: Hier wird mir das zugetraut und zugemutet, was ich leisten kann, und diese Leistung wird wertgeschätzt. Die Erwachsenen wissen, wo meine Stärken sind und fordern mich heraus. Aber sie kennen auch meine schwachen Seiten. Sie gestehen mir zu, dass ich manches noch nicht kann oder weiß, was andere in meinem Alter schon können und wissen, und sie ermutigen mich, an den Schwächen zu arbeiten, ohne dass ich mich minderwertig fühle und schämen muss oder gar ausgegliedert werde.

These 7: Weil Erwachsene in der Schule am Vor- und Nachmittag verschiedene Angebote machen, kann man noch mehr erfahren, tun und lernen: Fahrrad reparieren, Gitarre spielen, Fußball trainieren, tanzen, Theater spielen, Arabisch lernen, Vögel bestimmen – Dinge, die uns Lehrer und Erzieher nicht vermitteln, weil sie nicht alles können. Von diesen anderen Erwachsenen erfahren wir auch mehr darüber, wie das Leben außerhalb der Schule ist, wenn man erwachsen ist.

These 12: Hier gibt es Erwachsene, die mich mögen und schätzen, denen ich vertraue, weil sie mir zuhören, mich ernst nehmen und mich bestärken; die mir aber auch sagen, wenn ich mich falsch verhalte und wie ich es besser machen kann.

These 13: Ich brauche keine Angst vor der Schule zu haben, nicht vor Entwertung, Beschämung oder Ausgrenzung durch Lehrer und auch nicht vor seelischen oder körperlichen Verletzungen durch andere Kinder.

These 15: Wenn ich Energie habe, bekomme ich von den Erwachsenen etwas zu tun, wenn ich erschöpft und müde bin, kann ich mich zurück ziehen und ausruhen oder etwas für mich selbst machen.

These 18: In der unterrichtsfreien Zeit sind zwar Erwachsene da, die man rufen oder fragen kann, aber wir Kinder können selbst erfinden und entscheiden, was wir machen wollen, wenn es nicht gefährlich, schädlich oder rücksichtslos ist.

Literatur

Arbeitsgemeinschaft für Kinder- und Jugendhilfe (2010): Erster Kinder- und Jugendreport zur UN-Berichterstattung über die Umsetzung der UN-Kinderrechtskommission in Deutschland. Ein Zeugnis für die Kinderrechte in Deutschland, Berlin.

Autorengruppe Bildungsberichterstattung (Hrsg.): Bildung in Deutschland 2010. Ein indikatorengestützter Bericht mit einer Analyse zu Perspektiven des Bildungswesens im demografischen Wandel.

Bathke, Sigrid/Reichel, Norbert u.a. (2007): Kinderschutz macht Schule. Handlungsoptionen, Prozessgestaltungen und Praxisbeispiel zum Umgang mit Kindeswohlgefährdungen in der offenen Ganztagsschule. (= Der Ganztag in NRW. Beiträge zur Qualitätsentwicklung 5).

Bericht zur Situation von Kindern und Jugendlichen bei Gefahren für ihr körperliches, geistiges oder seelisches Wohl und Stellungnahme der Landesregierung. (=Schleswig-Holsteinischer Landtag, Drucksache 17/382).

Bilz, Ludwig/Melzer, Wolfgang (2008): Schule, psychische Gesundheit und soziale Ungleichheit. In: Richter et. al. (2008).

Bundesministerium für Familie, Senioren, Frauen und Jugend (2010): Perspektiven für ein kindergerechtes Deutschland. Abschlussbericht des Nationalen Aktionsplanes „Für ein kindergerechtes Deutschland 2005-2010".

Enderlein, Oggi/Krappmann, Lothar (2006): Thesen für eine „gute" Ganztagsschule. In: Knauer/Durdel (2006).

Handlungsempfehlungen der Kultusministerkonferenz zur Vorbeugung und Aufarbeitung von sexuellen Missbrauchsfällen und Gewalthandlungen in Schulen und schulnahen Einrichtungen. April 2010.

Interview mit Prof. Dr. Benedikt Sturzenhecker beim 8. Ganztagsschulkongress am 12. September 2008 „Partizipation kann Schule zu einem Lebensort machen" abrufbar unter http://www.ganztagsschulen.org/9810.php.

Kahl, Heike/Knauer, Sabine (Hrsg.) (2007): Bildungschancen in der neuen Ganztagsschule. Lernmöglichkeiten verwirklichen. Weinheim: Beltz-Verlag.

Kinderrechte machen Schule. Materialien zur Durchführung eines Projekttages. Hrsg: Macht Kinder stark für Demokratie e.V. mit Unterstützung vom Auswärtigen Amt, in Kooperation mit: UNICEF, September 2010.

Konsortium der Studie zur Entwicklung von Ganztagsschulen (StEG) (Hrsg.) (2010): Ganztagsschule: Entwicklung und Wirkungen. Ergebnisse der Studie zur Entwicklung von Ganztagsschulen 2005-2010.

Melzer, Wolfgang/ Bilz, Ludwig/ Dümmler, Kerstin (2008): Mobbing und Gewalt in der Schule im Kontext sozialer Ungleichheit. In: Richter et. al. (2008).

Maywald, Jörg (2010): UN-Kinderrechtskommission: Bilanz und Ausblick. In: Aus Politik und Zeitgeschichte 38. 8-15.

Olweus, Dan (2006): Gewalt in der Schule. Was Lehrer und Eltern wissen sollten – und tun können. Bern: Huber.

Universität Koblenz-Landau (Hrsg.) (2010): Mobbing bei Schülerinnen und Schüler in der Bundesrepublik Deutschland. Eine empirische Untersuchung auf Grundlage einer Online-Befragung. Zentrum für empirische pädagogische Forschung.

Wanzeck-Sielert, Christa (2010): Was geht das die Schule an? Zur Handlungskompetenz von Lehrkräften, Schulleitungen und Schulen bei sexueller Gewalt. In: Sexuelle Gewalt – hinsehen und handeln! Lernende Schule 51. 8-11.

Wie Vielfalt Schule machen kann! Erfahrungen mit dem Anti-Bias-Ansatz an Berliner Grundschulen (2010).

Autorenverzeichnis

Backhaus, Axel, Grundschullehrer, Universität Siegen, Arbeitsgruppe Primarstufe; Arbeitsschwerpunkte: Grundschulpädagogik, Schriftsprachdidaktik, Öffnung des Unterrichts, Evaluation;

Bathke, Sgirid A., Dr. phil.; Institut für soziale Arbeit e. V.; Arbeitsschwerpunkte: Kindeswohl und Kindeswohlgefährdung, Kooperation von Jugendhilfe und Schule, Kooperation von Institutionen im Kinderschutz. Frühe Hilfen, Vormundschaften, Einzelvormundschaften als bürgerschaftliches Engagement;

Behlert, Wolfgang, Dr. jur. habil.; Professor für Recht und Gesellschaft am FB Sozialwesen, FH Jena; Arbeitsschwerpunkte: Familienrecht, Zuwanderungsrecht, internationaler Menschenrechtsschutz;

Bendig, Rebekka, Max-Planck Institut Berlin;

Bohler, Karl Friedrich, PD Dr. phil., Friedrich-Schiller-Universität Jena, SFB 580/Institut für Soziologie, Arbeitsbereich Mikrosoziologie; Arbeitsschwerpunkte: Regional- und Organisationsforschung, Familien- und Professionssoziologie;

Börner, Simone, Dr. phil., Dipl.-Päd., Humboldt-Universität zu Berlin; Institut für Erziehungswissenschaften; Abteilung Grundschulpädagogik; Arbeitsschwerpunkte: Elementar- und Primarpädagogik, Coaching in pädagogischen Arbeitsfeldern und Konfliktbewältigung, Lehrerkooperation, Pädagogische Beobachtungs- und Dokumentationskonzepte;

Buchholz, Thomas, M.A., Bildungsakadmie BiS des Deutschen Kinderschutzbundes, Landesverband NRW e.V.; Arbeitsschwerpunkte: Kinder- und Jugendhilfe, Kinderschutz bei Kindeswohlgefährdung, Elementarpädagogik und frühkindliche Bildung, Thüringer Bildungsplan für Kinder bis 10 Jahre;

Braun, Karl-Heinz, Prof. Dr. phil. habil., Hochschule Magdeburg-Stendal, Fachbereich Sozial- und Gesundheitswesen; Arbeitsschwerpunkte: Pädagogische Handlungstheorie, Theorie und Praxis der Schulreform und Ganztagsbildung, Schulsozialarbeit, Sozialreportage, Visuelle Soziale Arbeit;

Brügelmann, Hans, Prof. Dr., Universität Siegen, Arbeitsgruppe, Primarstufe; Arbeitsschwerpunkte: Grundschulpädagogik, Schriftsprachdidaktik, Öffnung des Unterrichts, Evaluation;

Deegener, Günther, Prof. Dr. phil.; Arbeitsschwerpunkte: Kindesmisshandlung, Gewalt in der Familie;

Ebert, Susann, Friedrich-Schiller-Universität Jena, Institut für Erziehungswissenschaft;

Edelstein, Wolfgang, Prof. Dr. Dr. h.c.; Direktor emeritus, Max-Planck-Institut für Bildungsforschung, Berlin; Arbeitsschwerpunkte: Entwicklung und Sozialisation, Schulreform und Demokratiepädagogik;

Enderlein, Oggi, Dipl. Psych; Freiberufliche Kinder- und Jugendpsychologin, Supervisorin BDP;

Fischer, Jörg, Dr. phil., Vertretungsprofessor des Lehrstuhls für Sozialpädagogik und außerschulische Bildung an der Friedrich-Schiller-Universität Jena; Arbeitsschwerpunkte: Kinder- und Jugendhilfe, Kinderschutz und Kinderarmut, Schule und Jugendhilfe, Bildungskooperation, Politische Steuerung in der Sozialen Arbeit;

Franzheld, Tobias, M.A., Friedrich-Schiller-Universität Jena, Institut für Soziologie (SFB 580); Arbeitsschwerpunkte: Professionssoziologie, Transformation der Kinder- und Jugendhilfe, Fallrekonstruktive Forschungsmethoden;

Graßhoff, Gunther, Dr., Dipl. Päd., Johannes-Gutenberg-Universität Mainz, Institut für Erziehungswissenschaft, AG Sozialpädagogik;

Greese, Dieter, Vorsitzender des Deutschen Kinderschutzbundes Landesverband Nordrhein-Westfalen;

Homfeldt, Hans Günther, Prof. em., Universität Trier, Abt. Sozialpädagogik I; Arbeitsschwerpunkte: Gesundheit und Soziale Arbeit; Internationale Soziale Arbeit; Soziale Arbeit und Lebensalter;

Hummrich, Merle, PD Dr. phil. habil., Dipl.-Päd., Vertretungsprofessorin der Professur für Schulpädagogik mit dem Schwerpunkt Heterogenität an der Universität Duisburg-Essen; Arbeitsschwerpunkte: qualitative Schul-, Unterrichts- und Jugendforschung, Sozialisation, Raum, Macht, Anerkennung;

Jantowski, Andreas, Dr. phil., Direktor des Thüringer Instituts für Lehrerfortbildung, Lehrplanentwicklung und Medien; Arbeitsschwerpunkte: Empirische Unterrichtsforschung, Belastungsforschung, Neurodidaktik, Erwachsenenbildung;

Liffers, Frank, Liffers EventProjektManagement; Arbeitsschwerpunkte: Beratung und Projektentwicklung für Schul- und Bildungsprogramme, insbesondere im Themenfeld Schülerfirmen;

Meiner, Christiane, M.A., Friedrich-Schiller-Universität Jena; Arbeitsschwerpunkte: Armut, Armuts- und Sozialberichtserstattung, Regelleistungen nach dem SGB II und SGB XII, Tafeln, frühkindliche Bildung;

Merten, Roland, Prof. Dr., Staatssekretär im Thüringer Ministerium für Wissenschaft, Bildung und Kultur; Arbeitsschwerpunkte: Theorie und Geschichte der Sozialpädagogik/Sozialarbeit, Kinder- und Jugendhilfe, Kinderarmut, Bewältigungsforschung, Resilienz, Sozialpolitische Voraussetzungen der Sozialpädagogik/Sozialarbeit;

Mosser, Peter, Dr. phil., Dipl.-Psych.; Kinderschutz e.V., Beratungsstelle kibs; Arbeitsschwerpunkte: Jungen als Opfer sexualisierter Gewalt; geschlechtsspezifische Aspekte von Viktimisierungen/Traumatisierungen; sexualisierte Gewalt in Institutionen; traumatisierte Systeme;

Retzar, Michael, Institut für Erziehungswissenschaft, Friedrich-Schiller-Universität Jena, Arbeitsschwerpunkte: Demokratiepädagogik, Schulentwicklung, Reformpädagogik;

Schrapper, Christian, Prof. Dr., Universität Koblenz-Landau, Campus Koblenz, Institut für Pädagogik; Arbeitsschwerpunkt: Sozialpädagogik;

Wichmann, Maren, M.A.; Deutsche Kinder- und Jugendstiftung (DKJS), Leiterin des bundesweiten Ganztagsschulprogramms „Ideen für mehr! Ganztägig lernen.“.